신 자 유 주 의

이 후 의

라 틴

아 메 리 카

21세기에 대세를 전환하다

신자유주의
이후의
라틴
아메리카

에릭 허쉬버그 · 프레드 로젠 외 지음 | 김종돈 · 강혜정 옮김

모티브북

감사의 말

나는 이 방대한 내용의 책을 준비하면서 쏟은 노력만큼이나 많은 사람들에게 빚을 져 왔다. 우선, 라틴 아메리카에 관한 북미회의 NACLA : North American Congress on Latin America의 편집자로 이 책의 주제를 정하고 공동 저자들을 찾는 과정에서 가장 큰 역할을 했던 토우 벨 브Teo Vallve에게 감사의 뜻을 전하고 싶다. 그의 도움이 없었다면, 이 책은 전혀 다른 모습으로 만들어져 설득력을 잃었을 것이다. NACLA 의 공동 편집자이며, 이 책을 출간한 뉴 프레스 출판사The New Press 출신이었던 스티브 테오도르Steve Theodore와 마찬가지로, 앙드레 쉬프 랭Andre Schiffrin 역시 초기 기획 단계에서부터 격려를 아끼지 않았다. NACLA의 연구원인 크리스티 손톤Christy Thornton과 마리사 맥Marisa Maack과 뉴 프레스의 편집진를 포함하여, 특히, 앤디 시아오Andy Hsiao 는 정신적인 지원을 해주었다. 열렬히 지원한 뉴 프레스의 전 발행 인 콜린 로빈슨Colin Robinson은 이 책의 구성에 대해 유용한 평가를 제 공했다. 모리 보튼Maury Botton과 멜리사 리처드Melissa Richard를 비롯한 뉴프레스의 직원들은 이 책의 디자인과 제작에 도움을 주었다. 팰그 레이브 출판사Palgrave Press는 로즈마리 소프Rosemary Thorp와 밸피 피츠 제럴드Valpy Fitzgerald가 편집하여 2005년에 발간한 《라틴 아메리카의 경제 원칙Economic Doctrines in Latin America》에 수록된 폴 W. 드레이크Paul W. Drake의 원고를 보완하여 2장에 수록하도록 허락해 주었다. 더불어 편집과 관련된 몇 가지 제안 사항들을 기꺼이 승낙해주고, 급박한 원고 마감 시한에도 불구하고 여러 차례 보완 작업을 해준 모든 필 자들에게 감사를 전한다.

차례

1장

대세는 전환되는가

에릭 허쉬버그 Eric Hershberg · **프레드 로젠**Fred Rosen

라틴 아메리카는 오랫동안 두 가지 측면에서 사회정의를 추구해 왔다. 우선, 활동가들과 진보적 정책 결정자들이 남미 사회 내에 만연하던 불공정에 대항해 투쟁해 왔다. 실제로 아메리카 대륙 구석구석에서 정치권력 안팎의 정치 운동은 빈민과 추방자, 그리고 학대받던 인민들의 권리를 쟁취하기로 진행되었으며, 지배 엘리트와 특권 세력으로부터의 보복을 불러 일으켰다. 다른 한편으로, 사회정의를 부르짖던 정치 운동가들은 국제적인 체제가 자행하는 부당함에 대항하여 투쟁을 진행해 왔다. 이러한 국제적 범위의 운동은 지난 1세기 동안 유럽의 여러 정권과 미국의 지배에 맞서 자주적 국가 발전과 지역적 발전 전략을 실행할 권리를 위한 투쟁이었다.

라틴 아메리카 내에서 정의를 쟁취하기 위해 진행된 투쟁은 다양한 형태의 사회주의, 시민권, 그리고 민주주의의 발전을 위한 운동과 결합되었다. 20세기에 벌어진 이러한 투쟁의 대표적인 예는 빈곤한 농촌 노동자들의 권리를 옹호하는 광범위한 운동이다. 1910년부터 1920년까지 진행된 멕시코 혁명 이후의 투쟁은 농민과 토지 소유권이 없던 임금 노동자에게 완전한 시민권과 권리 인정, 생활수준의 향상을 보장할 것을 요구했다. 다른 한편으로, 광범위한 국제적 사회정의를 쟁취하기 위한 투쟁은 국가주의적 성향을 띠었고, 국가적, 혹은 지역적 자긍심을 결집시킬 수 있는 지도자들에 의해 주도되었다. 미국에 대해 적대적이지는 않더라도 독자적인 경제 제도와 정책을 개발하려는 라틴 아메리카의 진지한 노력은 20세기 중반으로 거슬러 올라가 유엔의 라틴 아메리카 경제위원회ECLA : Economic Commission on Latin America로부터 지원을 받았으며, 현재는 남미공동시장 Mercosur의 남아메리카 회원국들에 의해 진행되고 있다. 이러한 두 가지 투쟁, 즉 사회적 투쟁과 국가적 투쟁은 밀접하게 연관되어 있지만, 항상 편한 공존상태에 놓여 있던 것은 아니다. 그러나 양자는 라틴 아메리카의 진지하고 극적인 정치, 경제적 변혁의 기나긴 역사와 관련이 있다. 역사상 라틴 아메리카가 반복적으로 직면했던 변동은 라틴 아메리카와 국제적 체계가 맺는 관계, 그리고 라틴 아메리카의 내적인 역학관계에서 비롯되었다. 이는 국내외적으로 사회정의를 위해 다양하고 지속적으로 추구했던 노력과 연관되어 있다.

21세기 초반에 라틴 아메리카 전역에서 진보 성향의 정부들이 등장했고, 이들은 지역 공동체의 복지를 저해하는 장애물에 맞서기 위해 조직된 사회 집단들로부터 지지를 얻고 있다. 이러한 변화의 물결은 남아메리카의 남부 원추지대Southern Cone(남아메리카의 남단 지역을 가리키는 지리 용어로, 아르헨티나, 칠레, 우루과이 전역, 혹은, 파라과이와 남부 브라질 지역을 포괄한다. - 옮긴이)와 안데스 지역에서 가장 강하게 드러났다. 국내외적 역학관계가 라틴 아메리카 지역에 많은 영향을 미치고 있다. 이 책에서는 현재 어떤 맥락에서 변화를 위한 활동들이 진행되고 있으며, 그들이 직면하고 있는 문제점들은 무엇이고, 다양한 상황에서 이들이 택하고 있는 선택의 특징은 무엇인지를 집중적으로 다루고자 한다.

이 책은 라틴 아메리카의 정치적 현실, 민중들을 괴롭히는 다양한 사회 문제들과 불공정, 아메리카 대륙 각국을 정의롭게 만들기 위해 조직해 온 다양한 사회, 정치적 행위자들의 특징을 살펴보고, 세계적 경제로의 유례없는 통합 과정 속에서 발생한 중요한 정치적 변화를 이해하고자 한다. 또한 라틴 아메리카와 국제 사회, 특히 미국과의 관계 변화, 그리고 라틴 아메리카의 경제와 인구통계학적 변화 과정을 검토하게 될 것이다. 우리의 전반적 목표는 앞으로 수십 년 동안 나타날 발전과 사회정의를 위한 전망을 모색하는 것이다. 4반세기의 퇴보를 뒤로 하고 21세기가 시작되는 시점에서 대세는 더욱 포괄적이고 자율적이며 민주적인 미래를 향해 나아갈 것이라는 조심스럽고 낙관적인 전망을 제시하고자 한다.

이 책은 1980년대 라틴 아메리카 경제를 강타한 국제적 외채 위기로 발생한 발전 전략의 극적인 변화를 출발점으로 삼고 있다. 이 변화는 라틴 아메리카의 지난 4반세기를 폭넓게 규정한다. 미국 정부와 국제 금융 기구들이 장려하고 라틴 아메리카 전역의 엘리트들이 열광적으로 받아들였던 시장 지향적 경제 정책은 이 지역 내에 오랫동안 얼마간 존재해 왔던 발전 제도를 해체했다. 그렇지만 이러한 정책들은 안정적이고 대안적인 발전 전략이나 사회적 불공정을 극복할 처방이 되지 못했다. 경제적 성과는 칠레를 제외한 거의 모든 나라에서 실망스러울 정도로 기대에 미치지 못했고, 칠레조차도 경제 성장의 추세와는 별개로 불평등 지표들이 심각하게 악화되었다.

역설적인 것은 1980년대 초부터 라틴 아메리카 정치 체계의 유례 없는 개방이 이루어졌음에도 불구하고 부정적인 경제 지표들을 기록했다는 점이다. 오늘날 라틴 아메리카 거의 모든 나라에서 비록 취약하긴 하지만 선거 민주주의 제도가 존재한다. 더욱 인상적인 것은 해결하기 어려운 사회, 경제적 난제들이 존재하는 가운데, 인간다운 삶을 영위하는 데 필요한 조건들을 박탈당한 여성과 아프리카 출신 흑인, 원주민, 성적 소수자, 인권 침해의 희생자, 소작 농민, 도시 빈민 등 점점 늘어나는 사회 구성원들이 공적 영역에서 매우 중요한 문제들에 대한 의사 결정권을 점차 획득하고 있다는 점이다. 지속적이고 광범위해지는 경제적 박탈과 정치적 포섭은 끊임없이 진행되고 있으며, 향후 수년 동안 동일한 상황이 유지될 것으로 보인다.

폐기된 모델 : 수입대체 산업화

2차 세계대전 이후로 외채 위기가 발발하기 전까지 라틴 아메리카 각국은 수입대체 산업화ISI : Import-Substitution Industrialization를 통해 놀라운 경제 성장을 기록했으며, 이러한 일련의 정책은 라틴 아메리카 내 가장 앞선 경제권에서 많은 노동 계급을 출현시켰다.

라틴 아메리카 경제 성장을 위한 수입대체 산업화는 강력한 제조업 분야가 발달하고, 제조업 분야에서 공격적인 국내 투자(공적 · 사적 부문 모두에서의)와 제조업 제품의 수입을 차단하기 위한 일시적이고 높은 관세 장벽을 세울 때 가능한 것이다.

노동자와 그 외의 전통적인 저소득층은 이 기간 동안 정치적 발언권을 더 많이 보장받고, 더 큰 경제적 이익을 획득하기 위해 다양한 형태로 조직화할 수 있었다. 부와 소득의 분배, 그리고 정치적 참여의 평등권 확대를 취한 실질적인 진보는 수입대체 산업화에 따른 급속한 도시화와 함께 출현한 다양한 종류의 개혁주의 운동에 의해 가능해졌다. 볼리비아, 쿠바, 니카라과의 혁명 정부도 유사한 발전을 이룩했다. 그러나 대부분의 나라에서 사회정의는 달성하기 어려운 목표였다. 게다가, 민주주의가 상대적으로 확산되던 시기에 미국의 지원을 받은 잔인한 독재 정권이 들어섰다. 아르헨티나가 1955~1983년, 볼리비아는 1964~1980년대 초반, 브라질의 준군사정권은 1964년에서 1989년, 1973~1990년에는 칠레의 신자유주의 피노체트Pinochet 독재 정권, 그리고 중앙아메리카와 카리브해 지역에는 오랜 기간 동안 일인 독재 정권이 등장과 몰락을 거듭했다. 불확실한 정치 상황은 대다수 인구의 대표성과 권리 인정의 기회를 더욱 제약했다.

　과거의 수입대체 산업화 모델은 신분 상승의 기회와 사회적 연대의 가능성을 보장했지만, 발전에 대한 탈냉전적 처방으로써 결코 완벽하지는 못했으며, 이 책의 저자들 중 아무도 수입대체 산업화 모델의 부활을 제안하지 않는다. 수입대체 산업화 모델은 국내 시장 보호, 현지 산업에 대한 보조금, 공적 투자, 그리고 절대 다수가 남성, 백인, 도시거주자였던 조직적 생산자에 대한 특혜를 바탕으로 현격한 경제 성장률을 달성했고, 완벽하지는 않지만 몇몇 나라의 경우 대규모의 사회적 보호 체계를 구축했다. 실제로 이 지역 중산층과 노동 계급의 상당수는 사회 안전망, 실업 보험, 보건 의료, 폭넓은 공교육 혜택을 받을 수 있었다.

그러나 안타깝게도 이러한 성과는 부분적이었고, 사람들의 참여를 통해 얻었다기보다는 독재적인 지도자들이 안겨 준 것이었다. 따라서 이러한 체계를 도입하는 데는 상당한 비용이 들었다. 지배적 정치 세력과 연계가 없는 사회 집단은 산업 발전이나 수십 년간 지속된 국가 건설 과정의 이익으로부터 배제되었기 때문에 라틴 아메리카의 불평등은 전 세계에서 가장 심각한 수준이었다.[1] 특히 농촌에 거주하는 사람들이 혜택으로부터 배제되었다. 토지 개혁에 대한 약속을 받더라도 실질적으로 이행되는 경우는 거의 없었고, 몇몇 나라에서는 오늘날에도 권좌를 지키고 있는 독재자들이 토지 소유 체제를 현대화하기 위한 작은 노력조차도 거부했기 때문이다. 뿐만 아니라 내수 지향적 모델의 이익은 비정규 노동 환경에서 뼈 빠지게 일하는 수천만 도시 빈민에게 돌아가지 않았다. 이들은 농촌의 생계 기반이 사라지자 도시의 빈민가로 쫓겨났으며, 농촌 공동체가 도시로 이주하면서 생겨난 빈민촌에 거주한다.

　이 시기의 중앙 집권 체계는 다른 여러 측면에서도 배타적이었으며, 시민들이 자율적이고 명확하게 자신의 요구를 표출하거나, 집단적 관심사에 대한 창의적인 해법을 전국, 지방, 공동체 차원에서 형성할 수 있는 공간을 허용하지 않았다. 요컨대, 외채 위기와 함께 쇠퇴한 개발 패러다임이 신자유주의적 변화의 주창자들이 묘사한 총체적 실패와는 거리가 멀었다 하더라도, 이는 하층민들을 세력화하거나 사회, 정치적 시민권을 광범위하게, 그리고 가장 해방적인 관점으로 구축하기에 유효한 전략은 아니었다.

---

1) 라틴 아메리카의 불평등 문제에 관한 유용한 개관으로는 Kelly Hoffman and Miguel Angel Centeno, "The Lopsided Contitnent : Inequality in Latin America," *Annual Review of Sociology* 29(August 2003) : 363~390쪽을 참조하시오.

수입대체 산업화가 라틴 아메리카 내에서 다양한 속도로 진행되었기 때문에, 농촌과 도시의 인구분포도 지역마다 각기 다르게 나타났다. 예를 들어, 대부분의 중앙아메리카와 안데스 고원 지역에서는 인구의 대다수가 생계를 목적으로 하거나 세계 시장에 내다 팔 환금 작물을 경작하면서 농업에 종사했다. 이와 대조적으로 아르헨티나와 우루과이 같은 나라에서는 대부분의 인구와 직장이 도시의 제조업과 서비스업에 집중되었다. 그러나 대부분의 경우, 남성이 주를 이루는 특권층은 보호 경제 아래에서 압도적으로 유지되던 비정규 노동관계에 의존하고 있었다. 시장에서 여성과 원주민은 열악한 노동 환경과 높은 수준의 착취를 겪어야 했다. 도시 거주자들이 누리던 상대적 부는 소비 보조금으로부터의 혜택이었으며, 국내 식품 생산에 인위적으로 낮게 책정된 가격 덕택이었다.

수입대체 산업화 모델의 또 다른 특징은 해외에서 차입한 자금에 대한 의존성이었다. 이는 특히 미국과 유럽 은행이 축적된 석유달러로 이윤을 남기기 위해 부패한 라틴 아메리카 채무자들에게 막대한 차관을 무분별하게 강제로 떠안기던 시절의 마지막 시점에 더욱 심했다. 상당수의 라틴 아메리카 국가들은 끊임없이 외채에 의존했으며, 경제가 상대적으로 안정되던 시기에 상환할 수 있었다. 그러나 1980년대 라틴 아메리카 경제의 수출 소득 감소를 야기한 국제 소비재 가격의 전체적인 하락과 국제 이자율 상승으로 외채 규모가 급상승하게 되었다. 1982년 멕시코가 최초로 외채 지불 유예를 선언했다. 멕시코가 외채를 상환할 능력이 없음을 선언한 후, 선진국 채권자들은 라틴 아메리카 전체를 신뢰할 수 없게 되었다. 이것이 외채 위기의 시작이었고, 심각한 경제 모순, 고 인플레이션의 확산, 그리고 그에 따른 수십 년 동안의 신자유주의 구조조정의 시발점이

되었다.

불평등, 집권 세력의 부패, 미국에 대한 종속으로 인해 20세기 동안 수많은 대중 운동이 발생했으며, 도시와 농촌 모두에서 개혁이나 혁명을 외치는 목소리가 들리기 시작했다. 그러나 수입대체 산업화는 국내 갈등 때문이 아니라, 라틴 아메리카 경제와 국제 체계 사이의 역학관계의 결과로써 퇴출되었다. 지난 25년간의 대대적인 변화를 촉발한 직접적인 원인은 잔혹한 방식으로 번영과 곤경을 반복하여 퍼뜨린 개발 모델의 내적 모순이 아니라, 멕시코의 외채 지불 유예 선언에 뒤이은 지역적 위기였다.

강제 모델 : 신자유주의

실제로 외채 위기와 함께 라틴 아메리카 경제의 많은 부분이 붕괴했고, 신자유주의로 알려진 일련의 개혁 프로그램이 민주적인 체제나 독재 통치 하에서 강요되었다. 1980년대 심각한 경제 위기의 시작과 함께 정부 및 민중들에게 재정적·사회적 규율을 부과하기 위해 고안된, 시장에 기초한 개혁에 의해 당시 라틴 아메리카의 사회·정치·경제가 작동하고 있었다. 재편성 프로그램은 이러한 규율이 국내외 사적 투자자들에게 신뢰감을 부여할 수 있다는 믿음에 따라 도입된 것이다. 투자자들의 이익을 위한 금융 활동은 붕괴한 경제를 회복시키고 성장시키기 위해서 반드시 필요한 것으로 여겨졌다. 투자자들이 라틴 아메리카에 투자한 자금이 안전하고 이윤을 남길 수 있다고 확신할 수 있어야 그들로부터 상당한 금액의 직접 투자나 금융 투자를 얻어낼 수 있다는 것이었다.

따라서 미국이 주도하는 국제 금융 기구의 강요와 현지 엘리트의 신고전주의 경제학의 자유 시장설을 흡수하면서 라틴 아메리카 경제와 정치는 사회 복지를 희생시키고 투자 환경을 보호하는 것을 우선순위로 정하게 되었다. 1980년대 초반부터 사회적 안전을 대신해서 금융 안정이 정책적 목표가 되었다. 그 결과 사회적 불평등은 증가했고, 소득은 아래로부터 위로 분배되었다. 그리고 기업 활동의 비용을 낮추려는 국가적 압력에 의해 빈민 노동계급은 경제적 기회와 사회적 신분 상승의 기회를 박탈당했다.

이 모든 것은 공공 부문 민영화, 사기업의 탈규제화, 수출 지향 생산, 재정 긴축, 즉, 신자유주의는 라틴 아메리카 경제를 해외 투자·무역에 개방함으로써 달성되었다. 이 '개방'은 종속적 계층에게서 빈약하게나마 존재하던 과거의 사회적 보호 장치들을 박탈했고, 새로운 시대의 사회적 원칙을 강요했다.

자유주의 개혁의 첫 번째 목표는 효율성을 제고하고 경제 성장을 달성하는 것이었다. 그렇지 않으면 라틴 아메리카 경제는 결코 외부로부터의 의무 사항을 충족시키지 못할 것으로 보였다. 그러나 동시에, 구조 개혁의 지지자들은 세계 경제에 대한 개방을 통해서만 라틴 아메리카 각국이 빈곤과 박탈이라는 고질적인 문제를 궁극적으로 해결하기 위해 필요한 효율성과 고용 수준을 발생시킬 수 있다고 주장했다. 당시 경제 정책에 대해 막대한 영향력을 행사하던 국제 금융 기구는 물론 라틴 아메리카 각국의 정책 결정자들이 지지한 일련의 정책 조치인 워싱턴 합의가 새로운 통념으로 자리잡게 되었다.[2]

---

2) 이 용어는 존 윌리엄슨이 처음으로 사용했고 그의 다음의 원고에서 구체화되었다.

1980년대부터 시장 친화적이라는 매우 교조적인 경향에 대해 의문을 제기하는 분석가들조차도 2차 세계대전 이후 라틴 아메리카 경제를 결정했던 수입대체 산업화의 틀을 포기하는 것 말고는 대안이 없다는 점에 동의했다. 당시의 시대 정신은 이 시기의 가장 이단적인 연구 중 하나의 표제였던 "불가피한 구조조정"에 정확히 담겨 있다.[3] 물론 누구든 주의 깊게 살핀 사람이라면 변화의 비용은 고통스럽고, 구조조정의 과정에서 얻는 자뿐 아니라 잃는 자도 생긴다는 점을 부인하지는 않았다. 비효율적인 산업은 강제적으로 폐업되었고, 해외로부터 가해진 경쟁 압력은 국내 생산자들을 쥐어짰다. 그리고 국가로부터 특혜를 받았던 사람들이 장기간의 특권을 상실했다. 그러나 개혁이 최소한 단기적으로 아래로부터 위로 소득을 재분배하고, 근근이 생계를 유지하는 이들의 생활수준을 더욱 힘들게 하는가 하면 민중과 통치자 사이에 체결된 모든 협약을 파기한다는 사실은 잘 알려지지 않았다.

이런 이유에서, 구조조정에 대한 사회적 저항은 널리 확산되었고, 시장 지향적 개혁을 완전히 무효화하지 않더라도 지연시키는 일시적인 성공을 거두기도 했다. 그러나 개발 패러다임이 주춤한 가운데 변화를 외치는 이들은 더 넓은 세계 경제에 참여하는 것이 장기적으로 라틴 아메리카의 오래된 사회적 분열을 극복하고 부를 증가시키는 효과를 거둘 것이라고 주장했다. 심지어 구조조정에 반대하는 후보가 선거에 출마하여 자유화를 주장하는 후보를 누르고 당선되더라도, 당선 후에는 지지자들의 저항을 누르고 신자유주의 정책을 받

"Democracy and the Washington Consensus", *World Development* 21, no. 8(August 1993) : 1329~1336쪽.

3) Fernando Fajnzylber, *Unavoidable Industrial Restructuring in Latin America* (Durham, NC : Duke University Press, 1990).

아들이는 경우가 빈번했다. 이러한 과정은 베네수엘라, 에콰도르, 볼리비아에서 반복적으로 나타났고, 이 세 나라에서 야당들이 과격해지는 동기가 되었다. 2000년대 초 몇 년 동안 이런 경향이 지속되는 한편 브라질 노동자당PT : Workers Party, 칠레 사회당PS : Partido Socialista 과 같은 온건 진보 세력들이 집권하자 외채 위기의 발발과 함께 형성된 패턴을 깨는 데 고질적인 어려움이 있다는 사실이 증명되었다.

노동 시장과 노동 규율

  워싱턴 합의라는 말이 의미하듯이, 신자유주의 개혁은 미국 정부의 각 부처와 기관은 물론 국제 금융 기구 등 워싱턴에 소재한 금융 및 정치 기구들에 의해 추진되었다. 폴 W. 드레이크Paul W. Drake와 라스 슐츠Lars Schoultz가 이 책 2장과 3장에서 각각 설명하고 있듯이, 현재 아메리카 대륙을 지배하는 권력은 최소한 두 가지에서 비롯된다. 그중 한 가지는 미국이 오랫동안 미 대륙 내에서 정치 경제적 지배력을 유지하도록 정해졌다는 점이다. 이러한 상황은 미국에 대한 여러 도전이 부침을 겪는 동안에도 결코 약화되지 않았다. 다른 한편으로, 미국의 정치적 지배와 함께, 본질적이거나 "현실"적인 종류의 친시장 이데올로기에 의한 "시장"의 지배이다.

  그러나 시장의 지배란 시장 내에서 압도적인 권력을 지니고 있는 자들에 의한 지배를 의미한다. 시장의 힘이 분명히 지리적 측면을 지니고 있지만, 더 중요하게는 계급적 측면도 지니고 있다. 다국적 기업들의 본사가 미국에 주둔하는 경우가 종종 있긴했지만, 이들은 민족 권력이 아닌 계급 권력을 행사한다. 아메리카 대륙에서 자본가

계급의 지배와 미국의 지배는 각기 다르게 작용하지만 쉽게 분리될 수 있는 것은 아니다. 그리고 이 책에서 소개된 윌리엄 I. 로빈슨 William I. Robinson의 주장처럼, 계급적 지배는 다양한 정치 체제와 양립할 수 있고, 독재 정권 하에서뿐만 아니라 민주주의의 시기에도 나타날 수 있다.

워싱턴이 주도한 신자유주의 개혁은 아메리카 대륙의 노동 인구를 훈련시키는 데 목적이 있었다. 강제된 훈련의 결과로 더 많은 사람들이 노동의 유연화라는 조건에서 장기적인 고용 계약도 없고, 계약에 담겨야 할 수당이나 보증도 없이 일하고 있다. 자유 무역 지대가 아메리카 대륙 전체로 확산되고 멕시코에 마킬라도라 Maquiladoras(1965년 멕시코의 노동력과 미국의 자본이 결합해 조성된 대규모산업단지 – 옮긴이)가 출현하면서 노동의 유연화가 현저하게 드러났으며, 전통적인 정규 산업 부문, 건설업이나 청소 용역 같은 분야에서도 노동의 유연화는 가속되고 있다.

노동의 유연화가 확대되면서 라틴 아메리카 노동자의 조직화는 눈에 띄게 불투명해졌다. 공식적인 노동권을 쟁취하고 전망을 획득하기 위해 투쟁할 가능성이 없어지면서 공동체 생활과 가족 간의 연계는 불안정해졌고, 시민권을 규정하는 여러 공식적인 권리와 의무는 악화됐다. 비공식 부문에서 유연한 형태로 고용되고 있는 노동자들이 법적으로 불안정하고 매우 취약한 조건에 놓인 일자리를 찾으려고 함에 따라 시민권은 더욱 모호해졌다.

유연한 고용은 단지 노동 조건에 관한 것일 뿐만 아니라 사회적 의무와 그에 따른 기대의 문화에 중대한 변화를 가져왔다. 노동의 유연화 체제 하에서 모든 개인은 자신의 운명을 책임지면서 사회에 아무것도 기대하지 않아야 한다. 이데올로기적으로 볼 때, 유연한 노동은 이런 개인주의적 상태가 옳고 자연스러우며 불가피하다는 믿음을 동반하며, 이는 대대적인 문화적 변화를 불러 온다. 사회 운동을 야기하는 불만 중 다수가 오래된 것이지만, 지난 25년 동안 신자유주의 개혁은 아래로부터의 반란과 저항을 거세게 일어나게 했다.

이행되지 않은 약속

21세기의 전환기까지 신자유주의를 옹호하는 세력이나 반대하는 세력 모두 라틴 아메리카의 경제적 성과에 만족하지 못했다. 지지자들은 1990년대의 인플레이션이 약화되었지만 사회 복지가 개선될 것이라는 초기의 기대가 과도한 낙관이었다는 것을 시인했다. 더불어 성장률은 수입대체 산업화 시기에 이룩한 것과 비교해 볼 때 급격히 감소했다. 1950년부터 1980년까지 연 성장률이 5%를 유지했던 것이 1980년대와 1990년대에는 각각 1.0%, 3.2%로 떨어졌다.[4] 1980년대와 1990년대 1인당 소득은 이렇듯 더딘 성장 아래 침체되었고, 빈곤율은 인구의 40%를 넘어섰다. 또한 멕시코, 브라질, 아르헨티나의 연쇄적 금융 위기가 다른 나라의 안정성까지 침해하는 전염 효과를 일으킴에 따라 라틴 아메리카의 경제는 외부 충격에 훨씬

---

4) Rolando Franco, "Grandes temas del desarrollo social en America Latina y el Caribe," in *Desarrollo social en América Latina : Temas y desafíos para las políticas públicas*, ed. Carlos Sojo(San José : FLACSO Costa Rica/The World Bank, 2002), 67쪽을 참조하시오. 비슷하게 1950~1965년과 1965~1980년 라틴 아메리카와 카리브해 지역의 1인당 성장률은 각각 평균 2.0%와 3.5%였던 반면 1980~2000년에는 거의 0에 가까웠다. 1950~1980년의 1인당 성장률 자료는 John Sheahan, *Patterns of Development in Latin America*(Princeton, NJ : Princeton University Press, 1987), 95쪽도 참조하시오.

더 취약했다. 당시에 투자로 돈을 벌 수 있다는 것 말고는 투자에 대해 아는 것이 거의 없었던 (금융) 증권 투자자들은 1994~1995년 멕시코 금융 위기 이후 라틴 아메리카 모든 곳에서 급속히 철수하여 소위 테킬라 효과Tequila effect를 낳았다. 뒤이어 증권 투자자들이 일으킨 혼돈은 삼바 효과samba effect, 탱고 효과Tango effect라고 불린다. 이러한 상황은 신자유주의에 반대하던 이들이 자신들의 반대를 무릅쓰고 추진되는 시장 지향적 개혁이 더 큰 고난과 외부 세력에 대한 지속적인 취약성을 낳을 것이라는 전망을 확인하는 계기가 되었다.

경제 성장 기간 동안 확립한 국가 주도 발전 구조는 침식되어 소멸 직전에 이르렀다. 예를 들어, 남아메리카의 산업적 전망은 회복하기 힘들 만큼 쇠퇴했다. 그나마 살아남은 몇 안 되는 업체들은 과거에는 상상하기 힘들 정도로 생산성이 향상되었으나, 이는 극소수에 불과했으며, 미미한 고용마저도 광범위한 경제 활동 구조에 불안정하게 연결되어 있었다. 멕시코와 중앙아메리카, 카리브해 일부 지역 산업은 실적이 더 낮긴 했지만, 이를 추동한 것은 임금이 낮고 국내 기업과 별로 연계가 없는 수출 가공 지역, 즉 악명 높은 마킬라도라의 상대적으로 부가가치가 낮은 상품 생산이었다.

따라서 2003년 NACLA 보고서에 분석된 것처럼, 산업적 향상은 보이지 않았고, 결과적으로 일자리 공급과 그 질은 전체 지역의 가계와 공동체의 수요를 충족시키기에 불충분했다.[5] 농업 생산도 마찬가지였는데, 수출용 농산물을 생산하는 분야에서 큰 진척이 이루어졌으나, 이는 고용이나 국내 기업의 요구라는 측면에서 오직 제한적인 이익을 가져다주었을 뿐이다.

---

5) "Beyond the Washington Consensus," *NACLA Report on the Americas* 37, no.3 (November/December 2003).

과거 20년간의 구조조정은 사회복지의 제도적 기반에 파괴적인 효과를 가져왔다. 좁은 의미의 경제 생산 영역 이외의 두 가지 예만 언급하자면, 라틴 아메리카의 사회 보장 체계와 국공립 대학은 근본적으로 결함이 있었으나, 미래에는 모든 시민들이 자신의 삶을 향상시킬 기회를 나눌 수 있을 것이라고 여겨지는 미래의 출발점으로 삼을 만 했다. 그러나 지금은 이러한 제도가 살아남을 수 있을지는 의문이다. 이 제도들은 만성적으로 부족한 자금 조달과 공공재를 시장으로 내몰려는 이데올로기 공세에 처해 있다.

소위 워싱턴 합의 이후라고 불린 시기의 초기에 워싱턴 소재 국제 금융 기구들이 공공재, 공공서비스, 심지어 최소한의 사회복지가 서서히 사라짐에 따라 자신들의 정당성이 약화되고 있음을 인식하는 신호가 나타났다. 이에 따라 최근 라틴 아메리카 전역에서 세계은행과 아메리카 개발은행 양자가 지지하는 방식으로 교육과 사회 서비스에 대한 공적 지출이 실질적으로 증대되고 있다.[6] 그리고 라틴 아메리카 각국 정부는 국제 금융 기구들의 지원을 받아 세금을 거두어들이기 위한 행정적 역량을 실질적으로 제고해 왔지만, 조세 체계는 역진세로 유지되어 긴급하게 다루어야 할 사회 · 경제적 필요에 비해 세입의 양은 충분치 않다.

이런 점에서 일부 공공서비스 공급에서 효율성과 투명성이 증대함에 따라 진보적인 대안을 찾기 위해 국제 금융 기구가 지지하는 모든 개혁 조치를 포기할 필요는 없었다. 실제로 라틴 아메리카 민중들이 "유능한 정부"를 위한 행정적 개혁으로부터 혜택을 얻은 주목할 만한 사례가 있다.[7]

---

6) UNDP Human Development Report, 266~268쪽을 참조하시오.

이러한 행정적 개혁이 진정한 성과로 남으려면 최소한 두 가지의 분명한 변화가 불가피하다. 우선 정책 입안자들은 시장과 경제 성장이 경제 발전의 가장 중요한 부분이자 가장 궁극적 목적이라는 근본주의적 신념을 포기해야 한다. 긴급하고도 분명한 사실은 경제 정책이 민중의 요구를 충족시키는 방향으로 실행되어야 한다는 점이다.

둘째로, 전자와 관련이 있지만, 발전은 민중의 요구와 희망사항이 건전한 공공 정책의 필수 기반으로 인식되는 민주적 사회를 건설하는 것과 뗄 수 없는 것으로 이해되어야 한다. 라틴 아메리카 역사상 지난 몇십 년은 시민들의 반대를 무릅쓰거나 비밀스럽고 강제적으로 추진된 시장 중심 개혁의 사례들로 가득하며, 종종 이러한 조치를 실행하지 않겠다고 공약하여 선출된 지도자들에 의해 실시되기도 했다. 고통스러운 개혁이 오래된 과제라는 그럴싸한 주장이 제기되고 있다. 특혜를 누리는 공무원 · 공공 부문에 대한 보호를 제거해야 한다는 주장이 하나의 좋은 예가 된다. 그러나 하향식의 강제적인 변화의 대가는 그들이 극복하고자 하는 문제를 해결하기 위해 치러야 할 비용을 훨씬 초과한다.

실제로 라틴 아메리카의 정치 지도자들은 자신이 통치하는 민중의 일상생활과 너무 동떨어져 있거나 국제 투자자 혹은 다국적 기관들의 요구에 따르라는 압력에 놓여있든지 간에 여론을 전혀 고려하지 않은 채 신자유주의적인 워싱턴 합의를 받아들이고 실행했다. 그들 자신이 민주적 기구나 지도자에 대한 사회적 신뢰를 파괴해 온 것이 일반적 현상이다. 그러나 이러한 의사 결정에 대한 배타적 접근의 비용은 훨씬 심각하게 나타났고 한때 라틴 아메리카와 카리브

---

7) Judith Tendler, *Good Government in the Tropics*(Baltimore : Johns Hopkins University Press, 1998).

해 사회를 특징지었던 시민적 참여, 사회적 연대, 그리고 집단적 이익에 대한 인식이 사라지는 것을 신자유주의 시대(많은 나라에서는 여전히 존재하는) 내내 발견된다.

새로운 물결은 다가오는가?

이 글의 도입부에서 밝힌 바와 같이 우리는 국내 관계에서는 물론 국제 영역에서 사회적 연대와 시민적 참여, 그리고 사회정의를 향한 도전의 대세가 전환되고 있음을 목격하고 있다. 한 가지 예로, 심지어 워싱턴에서조차 이른바 개발에 관한 합의는 파기되고 있는 것으로 보인다. 낸시 버드셀Nancy Birdsall과 아우구스토 데 라 토레Augusto de la Torre가 2001년에 만들어낸 다른 표제 《워싱턴 논쟁Washington Contentious》에서 이를 확인할 수 있다.[8] 더욱 주목할 점은 라틴 아메리카 전역에서 21세기의 초반 10년 동안 신자유주의 경제 논리에 의문을 제기하며 자유 시장 옹호자들이 제시한 처방으로부터 벗어날 것을 주장하는 진보 성향 정부의 당선이 대세를 이루고 있다는 것이다. 아르헨티나에서부터 우루과이, 볼리비아, 베네수엘라에 이르기까지 몇몇 국가들은 물의를 일으키는 민영화를 파기할 것과 1980년대와 1990년대에 실패한 바 있는 미국이 지배하는 통합에 대해 부분적으로 장벽을 재건할 것을 고려하기 시작했다. 그리고 에콰도르와 코스타리카에서 확인할 수 있듯이 아직 신자유주의의 확고한 반

---

8) Nancy Birdsall and Augusto de la Torre, *Washington Contentious:Economic Policies for Social Equity in Latin America*(Washington, DC : Carnegie Endowment for International Peace and Inter-American Dialogue, 2001).

대자들이 집권하지 못한 곳에서는 사회 반대 세력들이 통치자들로 하여금 시장 지향적 개혁을 더 이상 추진하지 못하도록 제어하고 있다.

라틴 아메리카의 상당수 국가들은, 워싱턴 합의가 제국주의적 장악을 통해 형성된 미 대륙 내의 영향력을 방어할 능력이 취약하다는 점을 감지하면서, 미국의 지배로부터 벗어나려는 열망을 강하게 표출해왔다. 남미공동시장의 부활과 베네수엘라, 아르헨티나, 우루과이, 쿠바 간의 비상업적인 대륙 차원의 텔레비전 네트워크인 텔레수르Telesur, 그리고 한때 미국이 막강한 영향력을 행사했던 미주기구Organization of American States, OAS와 미주개발은행Inter-American Development Bank, IADB에서 남미의 세력 과시, 베네수엘라 우고 차베스Hugo Chávez 대통령이 발의한 석유를 바탕으로 한 남미 국가 간의 무역 협정 등은 미국의 지배로부터 국가적 차원의 "독립을 선언"한 것으로 볼 수 있다. 2005년 볼리비아 대통령 선거 당선자인 에보 모랄레스Evo Morales가 미국이 지원한 "대對마약전쟁"을 그만두겠다는 공약으로 선거 운동을 펼친 것은 미국의 헤게모니가 어느 정도로 약화되었는지를 증명해준다. 워싱턴에 반대하는 대선 후보가 선거에서 보여준 힘은 니카라과 같은 작은 나라나 멕시코 같은 큰 나라에서도 마찬가지였다.

이런 맥락에서 남미공동시장 회원국인 아르헨티나, 브라질, 우루과이, 파라과이, 그리고 가장 최근에 가입한 베네수엘라의 국가 원수들은 자신들이 리오 브라보Rio Bravo강 이남 국가들의 독립적인 협력체를 가장 신뢰할 만하게 조직하고 지지하며 방어할 수 있는 라틴 아메리카의 지도자라고 선언했다. 이들은 미국의 경제력과 정치 권력에 맞설 전 대륙 차원의 세력 형성을 조심스럽게 시도하고 있다.

이들 중 대부분은 워싱턴과 비적대적인 관계를 유지하면서 자신들의 힘을 구축하고자 했고, 미주 자유무역지대FTAA : Free Trade Area of the Americas의 창설을 위한 미국 주도의 나라 대 나라 간 협상의 대안으로 미국 – 남미 공동시장 간 협상을 추진하고 있다. 이들은 남미공동시장이 시장과 투자의 잠재력을 결합함으로써 개별 국가로서 보다 더 큰 협상력을 가지고자 노력했다.

베네수엘라의 차베스는 이들 가운데 가장 대담한 지도자이며, 남미의 다른 대통령들 가운데 유일하게 미 제국주의로 부른 워싱턴 합의의 반대자였고, 모든 사람을 위해 정치적 공간을 확대하고자 하는 급진적인 인물이다. 그는 이러한 지위를 활용하여 남미 공동 시장이 바라는 지역적 연대를 효과적으로 추진했다. 그는 남반구 대 남반구의 연대에 기반을 둔 외교 정책을 구사해 왔으며, 곤경에 처한 쿠바혁명을 대담하게 껴안는 한편 오랫동안 이념적, 지정학적 적수였던 콜롬비아의 알바로 우리베Álvaro Uribe 대통령과도 우호적인 무역 관계를 유지하고 있다. 또한 차베스는 미국의 지배에 직면하여, 브라질의 룰라 실바Lula da Silva 대통령, 아르헨티나의 네스토르 키르츠네르Néstor Kirchner, 우루과이의 타바레 바스케스Tabaré Vásquez, 심지어 시장 친화적인 멕시코의 비센테 폭스Vicente Fox와 칠레의 리카르도 라고스Ricardo Lagos 대통령과도 신중하게 정치, 경제적 연대를 건설하는 데 협력해왔다.

수년에 걸친 신중한 국가 차원의 반대 이후로 이 보다 좀 더 과감한 일련의 대중 동원이 이어졌다. 이러한 대중 동원은 주로 미국의 권력이 아닌 최근 미국의 이익에 협력해 온 지방 엘리트들을 겨냥하는 것이었다. 이런 동원은 자국민의 요구에 앞서 워싱턴의 요구를 우선적으로 충족시키라는 엄청난 압력에 저항할 수 있는 버팀목을

제공하기 위해 자신들과 친화적인 정부를 직접 겨냥하도록 구축되었
다. 한 예로, 브라질의 무토지농민운동MST : Landless Rural Workers Movement
은 룰라 대통령의 노동자당 정부가 초기에 약속한 실질적인 토지 개
혁을 이행하도록 끊임없이 압력을 가했다. 더불어 볼리비아에서는
원주민 권리를 지지하는 모랄레스 대통령의 취임 첫 날부터, 그를
당선시키는 데 큰 역할을 한 코카 잎 재배 농민 운동이 코카 잎 재
배와 코카 잎 소비의 합법화를 요구하는 거리 집회를 진행했다. 이
운동들의 가장 중요한 측면은 사회적 구성에 있다. 특히, 안데스 지
역에서는 전국적 규모의 정치 공간에서 자신들의 주장을 한 번도 펼
쳐보지 못했던 원주민들이 처음으로 결집하기도 했다.

　정부 안팎의 활동가들은 신자유주의 개혁이 파괴한 사회 안전망
과 사회적 연대의 강력한 정당성뿐 아니라, 미국 외교 정책을 구성
하는 담론의 핵심 요소가 된 직접 민주주의의 정당성을 철저하게 활
용해왔다. 대중 운동이 보여준 가장 흥미로운 최근의 대응은 미국의
오랜 전유물이었던 "민주주의의 촉진"이라는 영역으로 상징적인 침
범을 감행한 것이다. 최근 남미가 점차 미국의 지배로부터 독립하는
과정에서 민주주의의 규칙에 따라 행동했고, 이에 반하는 부당한 체
제는 곧바로 억압과 고립을 겪게 된 것이다. 이는 민주적으로 선출
된 체제와 대중 운동에 숨 쉴 여지를 마련해주었다.

　어떤 경우든 신자유주의 개혁의 유산을 극복하는 것은 시간이 걸
릴 것이고 변화를 바라는 정부는 물론 시민·사회 운동의 활발한 노
력을 필요로 한다. 라틴 아메리카에서 더 높은 수준의 사회정의를
쟁취하기 위한 전망은 발전을 위한 통합적 계획을 수립할 역량을 해
당 공동체가 얼마만큼 지니고 있는지에 따라 결정될 것이다. 달리
말하면, 사회 구성원 중 가장 광범위한 계층의 능력과 관심, 그리고

열정을 결합하여 변화를 위한 전략을 정교화 하는 것이 필수적이다. 그렇지 못 할 경우, 신자유주의 이전부터 신자유주의의 개시와 함께 더욱 심화된 양극화와 저개발의 유산을 극복할 수 없을 것이다. 사회적 쟁점과 정치적으로 민주화된 의사 결정 방식을 밝혀내는 것은 발전을 위한 중요한 단계이지만, 민주주의 열망을 실현하기 위해서는 장기적이고 실천적이며 지적인 투쟁이 필요하다.

우리가 전환점에 도달했다고 해서 명확한 해답을 얻었다고 말할 수는 없다. 뿐만 아니라 라틴 아메리카의 민중들을 괴롭히는 중요한 문제들을 성공적으로 다루게 되었다거나 변화를 위한 초기 단계의 모든 운동의 노력이 보상을 받을 것이라고 주장할 수도 없다. 오히려, 세계의 다른 곳과 마찬가지로 라틴 아메리카에서도 매우 강렬하고 불확실한 변화의 순간을 목격하고 있다. 바로 이러한 불확실성은 라틴 아메리카 발전 전략을 둘러싼 논쟁이 얼마나 중요한 것인지를 보여주고 있으며, 강력한 투쟁의 목표이기도 하다. 이 변화의 과정은 경제적이고 정치적이며, 위계질서와 기득권을 지키려는 세력과 사회정의를 통해 이를 전복하려는 세력 간의 균열의 깊이는 물론 남아메리카와 북아메리카의 상이한 이해관계를 보여준다.

한편으로는, 학계와 기업, 남과 북의 정부, 국제 금융 기구 안팎을 오가는 신자유주의의 지지자들과, 다른 한편으로는, 신자유주의를 비판하는 학자나 사회운동 단체, 라틴 아메리카의 진보적 정부, 그리고 보다 나은 세계는 가능하다는 꿈을 꾸는 이들 사이의 지적인 투쟁의 순간이기도 하다.

이 책의 구성

이 책은 서로 중첩되면서도 분석상 서로 구분되는 세 부분으로 구성되어 있다. 우선, 미국과의 관계 속에서 지난 세기 동안의 정치, 경제적 우위를 회복해 온 라틴 아메리카의 위치를 살펴볼 것이다. 다음으로는, 라틴 아메리카의 민중과 각국 정부가 더욱 공정한 사회적 질서를 쟁취하려는 시도 속에서 직면하게 된 일련의 난제들을 살펴볼 것이다. 마지막으로, 향후 10년 이후의 진보적 변화의 전망을 결정하게 될 특정 사회 세력을 분석하게 될 것이다.

2장에서 폴 W. 드레이크는 미국이 라틴 아메리카 각국의 내부 정치뿐만 아니라, 지역 차원의 경제에 관한 의사 결정에도 지속적인 노력을 해 왔다고 주장한다. 실제로 미국은 지난 수백 년 동안 계속해서 라틴 아메리카의 정치에 통제력 또는 적어도 영향력을 유지하기 위해 사회적 변화를 바라는 아래로부터의 압력에 저항하려는 반동 세력과 동맹을 형성해왔다. 그 결과 미국은 지난 반세기 동안 반복적으로 라틴 아메리카 내 혁명운동이나 개혁 운동과 대립해야 했다. 미국의 정책 입안자들은 여기서 발생한 대립을 국가 안보 문제로 받아들였으며, 라스 슐츠가 3장에서 이에 대해 설명할 것이다. 워싱턴은 적국과의 비밀스러운 전쟁에서나 공공연한 전쟁에 이 국가 안보라는 구호를 사용한다. 1954년 과테말라 개혁 정부 축출, 1965년 독립적·사민주의 정권의 복귀를 막기 위한 도미니카공화국 침략, 1973년 칠레 군사 쿠데타에 대한 공공연한 지원, 1980년대 전반에 걸친 중앙 아메리카 개입, 여전히 지속되는 근 50년간의 쿠바 혁명 고립과 패퇴 시도, 그리고 최근 남아메리카의 많은 나라에서 나타나는 좌편향의 변화를 역전시키려는 시도 등이 그 예다.

쿠바의 약화된 카스트로 혁명 정권을 전복시켜야 한다는 워싱턴의 집요하고 지속적인 강박관념과 함께, 안데스 지역에서 미국의 정치적 개입이 벌어지는 또 다른 분명한 사례를 발견할 수 있다. 최근에 석유 가격이 상승한데 힘입어 베네수엘라의 차베스 대통령은 국내의 사회 정책에 투자하고 여러 세대동안 유지된 미국의 반구 지배 구조의 대안으로 "볼리비아 방식"을 지역 내에서 진행하기 위해 필요한 자원들을 보유하게 되었다. 당연히, 차베스의 독립은 2002년 어설픈 쿠데타 시도로 그를 권좌에서 내몰려고 했던 부시 정원에게 뼈아픈 상처로 남았다. 워싱턴은 베네수엘라 국내의 반대파들에게 자금을 지원했고, 미국 등지의 우파들은 차베스의 암살을 지지했다. 차베스는 미국 정부 인사들의 화를 돋우며, 라틴 아메리카의 많은 이들에게 희망의 불을 지폈다. 베네수엘라에서 재분배 의제를 계속 주장하고 있으며, 라틴 아메리카와 카리브해 정부들로부터 전폭적인 지지를 얻을 수 있을지 여부는 여전히 주시할 필요가 있고, 베네수엘라의 계획이 민주적인 제도의 틀 안에서 발전할 수 있을지도 지켜보아야 할 것이다. 그러나 볼리비아 의제가 라틴 아메리카의 예측 가능한 미래를 위해 중요한 연관성이 있다는 것은 분명하다.

안데스 지역 역시 미국의 방해 공작이 손을 뻗친 가장 대표적인 예이다. 콜롬비아와 에콰도르는 큰 성과를 거두지 못한 대對마약전쟁의 근원지이다. 대對마약전쟁은 이웃 나라들과 중앙아메리카, 그리고 멕시코까지 영향을 미치며 마약 거래로 자금을 조달하는 범죄 네트워크는 수백만 시민들의 생명과 삶을 위협한다. 4장에서 콜레타 A. 영거스Coletta A. Youngers가 주장하듯이, 대對마약전쟁은 비용은 많이 들고 승리할 수 없는 전쟁이며, 안데스 정부들은 선의로 포장된 미국 정부의 공격 대상이 되면서도 절대로 그 논리에서 벗어날 수 없다는 점이 드러났다. 이로 인해 부시 정부는 코카 생산 중단을 선언한 볼리비아의 정책을 뒤짚었던 코카 생산자 출신의 토착민 에보 모랄레스 대통령의 2005년 선출 결과에 대해 강력한 반대 의사를 표시했다. 신자유주의에 대항한 강력한 사회적 동원과 시기적으로 일치했던 모랄레스 대통령의 선출은 볼리비아 국경을 넘어 영향을 미쳤지만, 여전히 큰 위험성을 지니고 있다. 대다수 국민들이 심각한 빈곤으로 고통을 받고 있으며, 미국 정부의 무자비한 적개심과 국내 엘리트층의 탐욕에 직면하고 있는 국가에서 자신의 염원을 실현하는 것은 거의 불가능하다.

　베네수엘라와 볼리비아의 경험이 경쟁의 정치를 지지하는 워싱턴의 한계를 보여준다면, 중앙아메리카 각국의 경험은 직접 민주주의가 때때로 미국의 이익을 촉진하기 위해 작동한다는 점을 보여준다. 5장에서 윌리엄 I. 로빈슨William I. Robinson은 미국이 과테말라와 엘살바도르 등의 나라에서 강요에 의한 "다두정치"라는 선거 민주주의를 허용하는 동시에 지방 엘리트들과 배타적인 야합을 맺어 왔다고 주장한다. 이는 1970년대와 1980년대 파나마 지협의 역사가 워싱턴의 지원과 훈련을 받은 군부 세력이 저항을 초토화시키는 억압 정책을 펼치는 독재 정권과 민중들의 반란이 맞붙는 내전의 하나였다는 점에서 극적인 발전을 보여준다. 엘살바도르와 과테말라의 평화 협정과 니카라과의 민족 해방 전선의 일원이었던 산디니스모Sandinismo의 쇠퇴와 함께 다른 대안의 여지없이 정치 체제를 대표하는 선출된 정부가 신자유주의 정책을 실행하는 새로운 지배 형태가 등장했다. 이 글에서 로빈슨은 부시 행정부와 중앙아메리카 엘리트들이 지지한 중미 자유무역 협정CAFTA : Central American Free Trade Agreement이 승인되었음에도 불구하고 균열의 조짐이 나타날 것이라고 설명한다. 오늘날의 산디니시모가 1979년 혁명에서 승리를 쟁취한 진보적 시각을 제시하고 향후 여전히 통치할 수 있을지 여부를 되짚어보아야 할 충분한 근거들이 존재하지만, 2006년 산디니시모가 복권할 것이라는 전망은 미국 정부로 하여금 모든 "자유롭고 공정한" 선거 결과를 존중하겠다는 약속을 철회하게 만들었다.

물론, 산디니스모는 지난 세기 미국의 지배력에 대해 가장 독보적인 저항의 흐름 가운데 하나로, 미대륙 전체에서 크고 작은 수많은 활동에 참여하며 쿠바 혁명의 전통을 강조해 왔다. 산디니스모의 혁명적 야심과 실패는 미국으로부터 독립을 쟁취하고 사회 경제적 변혁의 성과를 거두려는 목표를 위해서 오랜 기간 동안 혁명과 개혁 정치의 일부분을 차지해 왔다. 달리 말하자면, 산디니스모는 라틴 아메리카 좌파의 끊임없는 무용담의 중요한 대목이자 정의를 위한 당대의 투쟁들을 가장 대표적으로 대변한다고 할 수 있다.

이 책의 두 번째 부분은 라틴 아메리카에서 진보적 변혁의 지지자들이 직면하고 있는 중대한 도전들을 담고 있다. 아마 가장 중요한 도전이란 1장의 첫 부분에서 논의하고 있는 것으로 지속가능한 경제 성장을 추구하면서도 오랜 기간 동안 자원과 기회를 박탈당해 온 인구 대다수에 분배할 수 있는 발전 모델들을 추구해야 하는 문제이다. 이런 맥락에서, 6장에서는 루이스 레이가다스Luis Reygadas와 7장에서는 아라셀리 다미안Araceli Damian과 훌리오 볼트비닉Julio Boltvinik이 만성화된 불평등과 빈곤 문제를 각각 다룰 것이다. 우리가 불평등의 문제를 다루고자 한다면, 라틴 아메리카는 지구상에서 가장 불평등한 지역이며, 가진 자와 못 가진 자 간의 격차가 그 자체로 면밀히 검토해야 할 것임을 여실히 보여준다. 이러한 불평등이 4반세기 전의 빈곤율과 맞먹을 정도로 심각하며, 라틴 아메리카 역사상 그 어느 때보다 훨씬 더 많은 사람들에게 영향을 미치고 있다는 점에서 일반적인 발전 모델은 실패했으며, 새로운 대안이 시급히 필요하다는 점을 증명한다.

이렇게 근본적으로 물질적인 동시에 매우 정치적인 문제들과 더불어 수많은 다른 문제들이 사회 정의를 위한 투쟁에서 핵심을 차지하고 있다. 여기서 더 상세하게 다루지 못하는 한계에도 불구하고 교육, 보건, 환경 자원의 불공평한 분배의 문제는 반드시 지적해야 한다. 최근 10여 년 사이에 초등학교와 중등학교 교육에 대한 혜택이 진전된 것은 사실이지만, 직업 교육의 질적 발전과 관련된 문제들은 여전히 간과되어 왔으며, 이로 인해 점차 세계 시장에 대한 개방으로 경쟁이 치열해지는 경제 환경에서 살아남을 수 있는 생존 무기를 찾아야 하는 라틴 아메리카의 젊은이들은 막대한 부담을 떠안게 되었다. 대부분의 지역에서 부실한 초중등 교육과 더불어 고등교육 역시 비참한 현실에 놓여 있기는 마찬가지다. 예전보다는 많은 학생들이 대학 수준의 직업 교육을 접할 수 있게 되었지만, 대학 교육이 졸업생들로 하여금 실질적으로 취업할 수 있는 준비를 시키지 못하는 경우가 다반사이다.

보건과 환경 안전은 더더욱 암담한 상황에 처해 있다. 1998년의 허리케인 미치Mitch와 2005년의 허리케인 스탠Stan이 불러온 참상이 보여주듯이, 생태계의 파괴는 라틴 아메리카 지역민들의 삶을 위협하고 있으며, 도시나 시골 할 것 없이 안전한 주거 공간을 확보할 수 없는 사람들의 생활을 더 큰 절망으로 내몰고 있다. 아울러, 수천만의 라틴 아메리카 인구가 안전한 공중 위생과 식수를 구할 수 없으며, 북반구의 선진 사회에서는 이미 오래 전에 사라진 전염병의 위험에 노출되어 있다. 인적 자원과 지원의 부족으로 인해 공중 보건과 연금 제도는 민영 보건과 연금으로 자원이 빠져 나가면서 이미 파탄에 빠진 상태이다. 정규 직업 고용자가 부족한 가구에 대해 건강의료보험을 성공적으로 확대했음에도 불구하고, 대부분의 사람들은 이러한 기본적 시민권조차 누리지 못하고 있다. 기존의 연금 제도를 유지하지 못하고, 수백만 명에 대해 노령 연금을 확대하지 못함으로써, 이전 정권에 의해서 보호를 받고 연장된 수명을 누리고 있을 노령 인구들의 복지를 위태롭게 만들고 있다.

이런 반복적인 문제들과 함께 최근에 다른 문제들이 떠오르고 있다. 마크 웅거Mark Ungar가 8장에서 설명한 것처럼, 라틴 아메리카의 일상생활이 불평등과 폭력으로 물들고 있다. 경찰과 사법 기관은 라틴 아메리카 전역에서 사설 경비 시스템을 확산시키며 혼란을 불러일으켜 훨씬 더 많은 배제와 폭력을 초래한다. 개혁을 위한 노력은 건성으로 이루어질 뿐이며 충분한 자원이나 정치적 책임감도 없다. 그 결과 시민의 안전은 엄청난 위기에 직면하고 있으며, 진보적인 사회 변화를 주창하는 이들도 이 문제를 무시할 수는 없게 되었다. 항상 신체적 위험에 노출된 라틴 아메리카 시민들은 국가가 공공 안전을 보장할 것을 약속하지 않는다면 어떤 대안적 전망도 지지하거나 수용하지 않을 것이다. 민주 국가는 공공의 이익을 제공할 수 있는 충분한 자원을 구할 능력을 갖추어야 하는 것처럼 폭력에 대한 법적 제도를 동원할 독점적 권한도 갖춰야 한다.

그럼에도 불구하고 라틴 아메리카의 역사에서 자주 국가와 (준)국가 기구의 폭력에 대한 독점적 권한은 반체제 인사와 순수한 구경꾼을 구별하지 않고 시민 전반을 억압하는 결과를 낳았다. 20세기 동안 이 지역을 괴롭혔던 독재는 충격적일 정도로 억압적이었다. 이 때의 만행은 라틴 아메리카의 인권 운동이 전 세계 여론의 주목을 받았던 당시 모습의 정반대였다. 부에노스아이레스의 〈5월 광장 어머니회〉는 일반적으로 알려진 것보다 훨씬 광범위한 영향을 미치며 국가와 기관들이 자행한 범죄를 기록하는 한편, 학살자의 책임을 촉구함으로써 인권을 옹호하는 영웅적인 활동을 전개해 온 대표적인 조직이다.

라틴 아메리카 사회는 이러한 흉악한 사건의 희생자와 그 가족의 상처를 치유할 방법을 모색해야 하며, 그보다 더 시급하게 대중에게 사건의 진상을 알리고 재발을 방지할 최선의 방안을 찾아야 한다. 캐서린 하이트Katherine Hite는 9장에서 기억과 추모를 둘러싸고 진행 중인 논쟁들의 특징을 설명한다. 이를 통해 그녀는 인권을 침해한 독재 정권이 패배하고 난 후 인권을 옹호하는 투쟁이 지속되고 있음을 지적한다.

영구 추방이라는 현상은 20세기 후반 독재 정권 아래서 고통을 겪은 라틴 아메리카 사회의 두드러진 특징이다. 수만 명의 민중이 고국인 칠레, 우루과이, 아르헨티나, 과테말라, 엘살바도르를 떠나 영원히 돌아오지 않았다. 그러나 시민들을 추방시키는 정치적 조건은 해외로 이주하는 것 말고는 대안을 찾을 수 없는 경제적 상황과 일치하곤 했다. 1980년대 중앙아메리카 사람들이 고국을 떠나 미국으로 향했던 것과 마찬가지로 정치적 요소와 경제적 요소의 상대적 비중은 때로 구별하기 불가능했다. 그러나 주디스 A. 헬만Judith A. Hellman이 10장에서 이야기하듯, 이주는 그 원인이 무엇이든지 간에 내몰림을 당하는 것이며, 자신의 고향에서 머무는 것을 불가능하게 만드는 문제다. 역설적이게도, 신자유주의가 자본과 무역, 투자에 대해서는 국경을 더욱 느슨하게 만들었지만, 오히려 인구의 국경 이동을 합법화하는 것은 거부했다. 주로 미국에, 그리고 유럽과 라틴 아메리카 이웃 나라에 거주하는 라틴 아메리카 이주민들은 정의를 위한 투쟁의 영역을 국가와 지역적 경계를 넘도록 확장한다. 이런 점에서 라틴 아메리카 사람들의 정의를 위한 투쟁은 지역의 경계를 초월하는 투쟁이 되고 있다.

이 책의 세 번째 부분은 이러한 정의를 위한 투쟁을 다루고 있다. 11장에서 카를로스 M. 빌라스Carlos M. Vilas는 라틴 아메리카 내 새로운 좌파의 탄생과 집권을 분석하면서 투쟁에 관한 논의를 전개한다. 빌라스는 이 "새로운 좌파"는 운동의 현실이 국가마다 다양하게 나타나지만, 현존하는 세계이고 국가적인 구조 내에서 활동하겠다는 실용적인 자세를 지니고 대중적 참여를 증대하고 소득을 하향식으로 재분배하는 방향으로 바꾸려고 한다는 점에서 공통점을 지닌다고 말한다. 빌라스는 "새로운 좌파"가 사회 내에서 억압받고 불이익을 당하는 집단들의 개별적인 "부문별" 투쟁에도 호의적이라고 말한다. 이 책의 마지막 세 장에서 이 주제를 다루게 될 것이다.

노마 친치야Norma Chinchilla와 리슬 하스Liesl Haas는 12장에서 라틴 아메리카 여성들의 경험에서 분명하게 드러나는 진보와 모순에 대해 논의한다. 페미니즘은 지역 전체를 아우르는 사회정의를 위한 연합체의 핵심 요소가 되었으며, 여성들은 자신의 요구가 계급 또는 민족적 요구에서 사라지지 않도록 계속해서 싸워야 했다. 전 세계적 포럼에 치중하다 보면 여성의 법적, 제도적, 규범적 해방을 위해 수행해야 할 수많은 일이 산적해 있는 국가 정치 체계 내의 긴급한 임무에 덜 주목하게 될지도 모른다는 일부 페미니스트들의 우려에도 불구하고 국가와 지역 간의 연합체가 원주민과 아프리카계 아메리카 인들의 운동뿐만 아니라, 여성 운동이 힘을 갖도록 하는 데 중요한 역할을 했다. 역사적으로 억압받은 인종적·종족적 집단에게도 그러하듯이 여성의 집단적 요구와 통치를 위한 신자유주의적 공식으로 구체화된 개인주의적 논리 간의 긴장은 여성 운동에 영향을 미친다.

13장에서 셰인 그린Shane Greene은 원주민 운동 및 아프리카계 아메리카 민중들이 최근 몇 년 동안 이루어 낸 놀라운 진보로 화제를 전환한다. 수백 년 동안 억압과 침묵을 강요당한 이들 집단은 완전한 시민권을 얻기 위해 역사적으로 정당한 요구를 실현하지 못했다 하더라도 점차 정치적 발언권을 획득해가고 있다. 볼리비아와 에콰도르의 원주민 운동이 전국적 정치의 장을 선도하고 페루에서 권력을 향한 협상을 개시하고 있는 것처럼 안데스 지역 전역에서 가장 주목할 만한 변화가 나타나고 있다. 그러나 그린의 분석은 이런 운동이 직면한 위험과 함께 국가가 해방을 완화시킬 적절한 민족적 상징을 모색할 방법을 조명한다. 더 나아가 그린은 라틴 아메리카 여성 운동이 직면한 난제에 대한 친치야와 하스의 견해에 공감하며, 신자유주의와 국제기구들이 문화 다양성을 인정하면서도 권력과 자원의 관계를 더욱 급진적으로 변화시킬 가능성에는 제한을 두는 모순적인 방식을 취하고 있다는 점을 강조한다.

마지막으로 14장에서 마크 아너Mark Anner는 1장 전반부에서 살펴본 조직된 노동 세력에 대해 논의한다. 조직된 노동 세력은 수입대체 산업화의 핵심적인 요소였던 것처럼, 신자유주의에 의해 근본적인 곤란에 처했고 여전히 그러한 상황은 변하지 않고 있으며, 발전 계획에서 민중의 요구를 전면에 내세우기 위한 노력을 재개하는 데 있어서 중심에 서야 한다. 국제적 연대가 현재 노동 운동이 가용할 수 있는 가장 중요한 도구라는 아너의 지적은 이 책에서 살펴본 여타 사회 부문의 관심을 반영한 전망과 일치한다. 그러나 노동 세력과 마찬가지로 국제적 연대는 국가적 차원의 법적 제도와 규제 메커니즘을 대체할 수 있는 것이 아니라 보완 관계에 놓여 있다.

따라서 이 책은 주제는 국경을 초월한 지역간 연대의 필요성이라고 할 수 있다. 또 다른 메시지는 사회정의를 위한 실천 가능한 계획을 세우기 위해서 역사적 투쟁과 이를 진척시키기 위해 사용된 사회적, 지적 영역을 인식하고, 개방적인 태도로 세계 차원의 독창적인 구축 방식을 모색할 수 있어야 한다는 것이다. 예를 들어, 지금은 라틴 아메리카의 독립이 반드시 미국과 완전히 결별하는 것이라기보다 남북 아메리카 양자에 걸친 특정한 연합을 통해 이익을 얻는 시대일 수도 있다. 마찬가지로, 신자유주의를 거부하는 것이 모두가 접근할 수 있는 자본의 소유자와 관리자뿐 아니라 노동자와 소비자에게도 기회와 위험일 수 있는 시장의 잠재적 역할에 대한 포기를 정당화하거나 방기하는 것이 아닐 수도 있다. 동시에 국가 권력에 내재된 위험을 인식한다면 국가가 시민들을 보호하는 한편 소수 집단이 기회를 독점하도록 허용하기 보다는 이를 창조하는 공적 기관으로 발전할 수 있도록 강화하기 위한 노력을 시도해야 한다.

우리는 민주주의가 중요한 시대에 살고 있다. 그러나 이는 제도적 형태나 선거 절차로 축소될 수 없는 문제다. 오히려 라틴 아메리카 민중들이 추구하고, 민주주의와 연대를 통해 개념화하고 실현하려는 민주주의는 개인과 집단의 이익이 자유롭게 접합하고 건강한 논쟁을 통해 표현되어 제도적 변화와 자원의 재분배를 가져오도록 만드는 정책을 형성하는 것이다. 이러한 실질적인 민주적 변화와 이제 막 힘을 갖기 시작한 투쟁이 없다면, 라틴 아메리카는 앞으로 수 세기 동안 종속을 면치 못할 것이다. 우리 앞에 놓인 길은 어렵고 오랜 위험이 도사리고 있으며, 샛길이 많아 혼란스럽다. 그러나 이 길에 발을 딛는 것 말고는 다른 선택의 여지가 없다. 그리고 올바른 목적지에 도달할 가능성은 과거보다 더 희망적이다. 이제 새로운 물결이 다가오고 있다.

2_장

라틴 아메리카에서
미국 경제 원칙의 헤게모니

폴 W. 드레이크 Paul W. Drake

서론

　20세기 말 미국의 신자유주의가 라틴 아메리카에 이식되는 과정
은 20세기 초 미국에서 자유방임주의 원칙이 자리 잡는 과정과 유사
하다. 두 시기 모두 미국의 헤게모니가 대륙에 확산되면서 일어났
고, 그 속에 담긴 많은 아이디어와 실행자들도 유사한 모습을 보였
다. 그러나 두 번째 침입이 더욱 복잡했으며, 침투력과 영향력이 더
컸다. 이 시기에 라틴 아메리카의 패러다임은 대대적인 변화를 맞이
한다. 첫 번째 시기에 경제기술의 이전은 자유 시장 이념을 강조한
영국 정부에 의해 구축된 반면, 두 번째 시기는 과거 라틴 아메리카
가 수십 년 동안 옹호했던 정부의 경제적 개입 정책을 되돌리는 것
이었다. 1980년대와 1990년대 라틴 아메리카 각국은 너무나 쉽게

미국의 공세에 굴복했다. 그러나 헤게모니 이론과 역사적 관점에서 볼 때, 이는 그들이 취할 수 있는 가장 논리적인 선택이었을 것이다.

헤게모니 이론

헤게모니 이론의 관점에서 볼 때, 경제와 군사 권력을 장악한 미국은 라틴 아메리카 국가들에 자신의 경제 원칙을 논리적이고 반복적으로 강요해 왔다. 미국은 자국의 정책과 이익에 부합하는 안정적이고 개방적인 국제 경제 질서를 수립, 규제, 유지하기 위한 헤게모니 투쟁을 전개해왔다. 손쉽게 집행할 수 있는 국제적 경제 법칙과 규범이 없는 상황에서 미국은 모든 핵심 행위자들이 수용하며 복종할 수 있는 포괄적인 게임의 규칙을 수립하고자 했다. 그 규칙 아래에서는 참가자들이 항상 법을 곧이곧대로 준수해야 하는 것이 아니라 수용 가능한 범위로 자신의 행동을 국한하면 되는 것이었다. 이러한 기능은 미국의 자본가들과 해외에 투자하는 투자 대상국의 파트너들의 위험을 덜어주었다.

라틴 아메리카의 지도자들은 미국의 경제 모델을 수용함으로써 미국으로부터 안정성과 번영의 기회를 보장받을 수 있는 국제 체계에 쉽게 편입할 수 있었다. 간혹 미국의 오만함과 부적절한 이익에 대해 분개하기도 했지만, 대부분의 라틴 국가들은 혼란과 고립보다는 미국에 대한 복종을 선택했다. 따라서 그들은 계속해서 미국의 법과 제도를 받아들여, 인플레이션 억제, 환율 안정, 정부 지출 축소, 경제 개방, 해외 자산과 책임을 존중하는 제도를 시행했다. 이에 대한 보답으로 미국은 국제적인 자본과 상품이 그들 지역에 안전하게 유입될 수 있도록 보장했다.

만약 정해진 길을 벗어날 경우 미국과 그 대리권자, 그리고 동맹 세력에 의해 자신들이 구축해 놓은 좁은 길로 복귀하도록 강요받았다. 일단 권고를 받으면 그들은 나중에는 훨씬 더 바르게 행동할 것을 반복해서 맹세했고, 때로는 국제 통화 기금IMF과 같은 해외 자문 기구의 처방을 받아들였다. 이렇듯 패권국과 그 종속국이 조화를 이루기 위해서는 환율, 관세, 해외 투자자의 권리와 같은 문제에 관해 지속적으로 협상을 반복해야 했다. 독자적으로든 세계무역기구WTO 와 같은 국제기구를 통해서든 쌍방은 비용을 최소화하고 이익을 극대화하는 방법을 모색해 왔다. 이와 같이 집단 안보 논리를 경제에 적용하는 과정에서 패권국이 그에 종속된 상대국보다 더 많은 이익을 가져간다고 할지라도, 추종자들은 장기적 이익이 그에 대한 비용보다 클 것으로 보는 한 게임은 계속되었다. 약소국이 택할 수 있는 다른 길이란 냉전이 끝난 상황에서 대안적 경제 체제를 포기하여 더이상 효과적으로 살아남지 못하거나, 자본과 생산, 그리고 무역의 세계화와 신자유주의적 규범이 개시된 상황에서 실효를 거두지 못하는 자신의 길을 고수하는 것뿐이었다.

종속국 내에서 패권국과 대립하기보다 협력하기로 결정한 것은 지역 통치 집단과 지배 연합의 인식에 의존한 것이었다. 따라서 미국은 국제무대를 형성하는 것뿐 아니라 약소국 내의 의사 결정 또한 이에 적합하게 만들고자 했다. 그 당시 미국은 해병대나 중앙정보국 CIA 등을 이용하여 양보를 이끌어낼 의지가 있었음에도 불구하고, 압력과 설득, 합의를 통해 양보를 이루어내는 것이 비용이 훨씬 덜 든다고 생각했다. 미국의 경제 원칙을 추구하는 판매자와 중개인들은 라틴 아메리카에는 순종할 것을 설득했고, 패권국에는 합리적인

범위 내에서 거래 국가들이 적절하게 행동하고 있음을 설득했다.[1]

라틴 아메리카에서 미국 경제 원칙의 역사

1890~1920년대, 부분적 헤게모니

19세기 말, 미국은 멕시코, 중앙아메리카, 카리브해 지역에서 자국의 정치, 경제적 우위를 확립하기 시작했다. 미국은 파나마 운하의 개통과 1차 세계 대전이 끝나자 남아메리카에서 대영제국의 역할을 대체하기에 이르렀고, 1920년대와 1940년대에 남아메리카의 서해안 지역과 동해안 지역을 각각 자신의 영향력 하에 포함시켰다. 20세기 초 카리브해에서의 직접 식민 통치와 제국주의를 휘두른 미국은 비용과 논란, 위험성 면에서 자신에게 훨씬 유리한 "개방"을 장려하는 정책을 추진했다. 미국은 막대한 비교 우위로 인해 대륙 내 모든 국가가 무역과 투자에 대해 동등하게 접근할 수 있게 될 경우 유럽과 라틴 아메리카의 경쟁 국가들보다 우세할 것이라고 믿었다. 라틴 아메리카가 미국의 경제 사상, 제도, 관행을 더 많이 받아들일수록 이러한 접근은 더욱 쉬워졌다. 1920년대의 번성기를 맞이한 라틴 아메리카는 미국의 개방 요구를 쉽게 잘 수용했으며, 1980년대와 1990년대에도 마찬가지였다.[2]

---

1) P.W. Drake, "The International Causes of Democratization, 1974~1990," in *The Origins of Liberty : Political and Economic Liberalization in the Modern World*, ed. P.W Drake and M.D McCubbins (Princeton : Princeton University Press, 1998) ; C. Lipson, *Standing Guard : Protecting Foreign Capital in the Nineteenth and Twentieth centuries*(Berkely : University of California Press, 1985).

2) J. Tulchin, *The Aftermath of War : World War I And U.S. Policy toward Latin America*(NewYork : New York University Press, 1971).

스페인-미국 전쟁으로부터 대공황에 이르는 기간 동안에 라틴 아메리카에서 미국의 무역과 직간접 투자는 급속도로 성장했다. 미국의 기업, 은행, 투자자, 자문기관, 정부 기관들은 라틴 아메리카로 하여금 미국의 경제 사상과 함께 상업 교역을 진행시킬 기구를 구축하도록 재촉했다. 미국은 카리브해와 중앙아메리카에 경제 및 정치 기관을 세우기 위해 경제학자와 군대를 파견했다. 미국은 남아메리카에서 주재국이 고용한 사설 대리인을 통해 경제 자문을 제공했으며, 그 가운데에서 머니 닥터Money Doctor라고 불렸던 에드윈 케머러 Edwin W. Kemmerer는 가장 대표적인 인물이었다. 아르헨티나와 브라질을 제외한 라틴 아메리카 모든 나라가 1890년대부터 1920년대까지 미국과의 재정 자문 협정을 체결했다.

경제학자들은 금본위체제, 독립적인 중앙은행, 상업은행에 대한 규제, 정부 예산의 균형과 감시, 정부 재정 운영과 회계의 투명화, 국립 감사원, 효율적 조세제도, 검소하고 생산적인 공무집행, 사업상 분쟁 해결의 간소화, 효율적인 세관 통제, 자유 무역, 신중한 차입과 책임 있는 부채 상환, 해외 자본에 대한 동등한 대우 등의 황금률을 아메리카 대륙 전체에 제언했다. 경제학자들은 라틴 아메리카가 적자 지출, 인플레이션, 환율 불안정성을 극복하기 위해 노력함으로써 해외 차관을 끌어올 수 있도록 도왔다. 1980년대와는 달리 경제학자들의 이러한 재정적 처방은 라틴 아메리카 각국이 그때까지는 미국 경제와 크게 연관성이 없었기 때문에 탈규제와 민영화를 강요할 필요가 없었다. 라틴 아메리카 각국은 합리적인 조건으로 해외 차관을 보다 쉽게 도입하기 위해서 이들의 조언을 따랐다.[3]

1930~1970년대, 헤게모니에 대한 도전

라틴 아메리카는 대공황과 2차 세계대전으로 인한 국제 시장의 혼란에 실용적으로 대처하고, 전후 발생한 세계적 성장으로부터 자신들이 차지하는 몫이 불공평하다는 사실을 알아차리게 되면서 미국의 개방 모델로부터 등을 돌렸다. 1931~1933년에 이르던 혼란 기간 이후로 대부분의 라틴 아메리카 정부들은 1920년대 미국이 장려한 금본위제, 중앙은행의 자율성, 작은 정부, 균형 예산, 즉각적인 외채 상환, 자유 무역 등의 원칙에서 벗어났다. 이들의 조치에는 금본위제 포기, 중앙은행 장악, 통화량 증대, 정부 개입 확대, 적자 예산의 확대 편성, 외채 상환의 중단, 환율 통제, 수입 조건 강화, 국내 산업 보호 등이 포함되었다. 이 조치들은 미국 권력이 축소되고 서유럽뿐만 아니라 미국 내에서도 케인스주의의 국가 개입과 보호주의가 부상했으며, 미국 지배에 대해 독일 등의 도전 세력이 등장했음을 드러내는 것이었다.

1930년대의 경제적 재앙으로 인해 남아메리카와 중앙아메리카의 입헌 공화국 정부의 토대는 몰락하고 군사 독재가 들어서게 되었다. 반면 1980년대의 외채 위기는 신자유주의 경제 정책뿐만 아니라 민주주의를 예고하는 것이었다. 다시 말하면 1930년대의 고전적 자유주의는 경제적으로나 정치적으로나 참패한 반면, 1980년대에는 양자 모두가 새롭게 부활하게 되었다. 이러한 현상은 심각한 외적인 경제 쇼크로 인한 광범위한 역사적 경험과 조화를 이루었으며, 각국은 기존의 정치 경제적 조합과는 정반대의 실험을 하도록 계기를 제

---

3) E.S. Rosenberg, *Financial Missionaries to the World : The Politics and Culture of Dollar Diplomacy, 1990~1930*(Cambridge, MA : Harvard University Press, 1999).

공했다.[4]

1930년대의 불확실한 케인스주의는 1940년대와 1950년대에 유엔의 라틴 아메리카 경제위원회에 의해 합리화되고 적법화되며 이론화된다. 이 원칙은 "수입대체 산업화" 또는 "구조주의"로 알려졌다. 더욱 급진적인 견해는 "종속 이론"으로 발전했다.[5] 놀랍게도, 미국이 1930년대 국제적 무역과 금융의 붕괴에 대한 대응을 위해 마련한 긴급 조치들이 1940~1970년대까지 라틴 아메리카의 표준 정책으로 자리를 잡았다.[6]

1930년대에 라틴 아메리카가 왜 미국의 전통적인 경제적 조언에 등을 돌리게 되었는지는 의문의 여지가 없다. 국제 무역의 붕괴로 인해, 그들은 이전에 수입하던 것들을 생산할 국내 산업을 보호하는 한편 외환을 보존할 필요가 있었다. 따라서 국제 금융 활동이 중단되자 자연스럽게 외채 상환을 중단했고 적자 지출로 접어들었다. 실질적인 투자가 곧바로 이루어지지 않았기 때문에 해외 투자를 유치하기 위해 자유 시장의 원칙을 따름으로써 얻은 혜택은 거의 없었다. 실제로 라틴 아메리카가 1920년대처럼 해외 차관을 도입하고 상환하기 위해 고전적인 자유주의 경제 정책을 채택하기 시작한 1970년대까지는 대규모의 민간 해외 간접 투자가 유입되지 않았다.

당시의 의문점이 있다면, 미국 헤게모니가 라틴 아메리카 각국에

---

4) P.A. Gourevitch, *Politics in Hard Times : Comparative Responses to International Economic Crises*(Ithaca, NY : Cornell University Press, 1986).

5) J.L. Love, "Economic Ideas and Ideoligies in Latin America since 1930," in *Cambridge History of Latin America*, vol. VI, ed. L.Bethell(Cambridge : Cambridge University Press, 1994).

6) E.V.K Fitzgerald, "ECLA and Formation of Latin American Economic Doctrine," in *Latin America in the 1940s : War and Postwar Transitions*, ed. D.Rock (Berkeley : University of California Press, 1994).

"제자리로 돌아갈 것"을 강요하던 1950년대와 1960년대에 라틴 아메리카가 왜 그토록 미국의 간섭주의 원칙에 매달렸는가 하는 문제다. 미국의 경제학자와 정책 입안자들은 대부분 수입대체 산업화 전략과 시장에 대한 광범위한 개입을 비판했다. 미국의 민간 부문과 정부, 그리고 IMF와 같은 국제기구에 속한 경제학자들은 민간 부문에 더욱 의존해야 한다고 강조했다. 이것은 신용을 확대하고 민간 투자자에 대한 신뢰를 보증할 수 있었지만, IMF의 엄격한 정책들은 라틴 아메리카의 노동자와 좌파, 민족주의자들의 거센 저항을 불러일으켰다. 2차 세계대전의 종결부터 냉전 시기에 걸쳐 미국이 라틴 아메리카에 전략적이고 경제적인 지배력을 행사했음에도 불구하고 미국은 1980년대까지 ECLA나 종속적 학파를 확고하게 되돌릴 수 없었지만 칠레, 아르헨티나, 우루과이, 페루 등지에 조금씩 침투하기 시작했다.

수입대체 산업화의 사고방식이 견지되었던 데에는 크게 6가지 이유가 있다. 첫째로, 1930년대부터 1970년대까지 미국이 케인스주의와 경제에 대한 온건한 정부 개입을 수용했으며, 당시 닉슨 Richard Nixon 대통령조차도 "이제 우리는 모두 케인스주의자다."라고 선언했다. 게다가, 냉전 기간 동안 미국은 경제적 복종보다 라틴 아메리카의 지정학적이고 이데올로기적인 충성에 더 큰 관심을 보였다. 둘째로, 유럽의 복지국가든 사회주의든 라틴 아메리카의 전략을 안심시키고 전 세계적으로 실현 가능한 대안적 모델이 존재했다. 셋째로, 미국의 정책에 대해 완전히 복종하지 않더라도 공개 원조와 민간 투자의 형태로 해외 자본이 라틴 아메리카에 유입되었으며, 1970년대까지 막대한 민간 금융을 쏟아 붓는 현상은 다시 나타나지 않았다. 넷째로, ECLA의 처방은 상당한 성장과 구조적 현대화를 가져왔다.

다섯째로, 대공황 이후 채택된 보호주의 정책이 기업가, 정부 관료, 중산층, 지식인, 노동자 조직, 그리고 이 정책을 추진하는 기관 등의 기득권층 연합을 형성했으며, 수입대체 산업화의 쇠퇴와 1980년대 외채 위기의 발발로 자신들의 지배력이 산산조각 날 때까지 보호주의를 방어했다. 여섯째로, 일단 정책이 만들어지고 제도화되면 자연적인 관성이 생겨 다른 커다란 외적 충격이 나타나기 전에는 변화가 쉽게 일어나지 않게 된다.

그러나 일반적인 경제 체제에 대한 광범위한 시각에서 라틴 아메리카는 1940년대부터 1970년대까지 미국 헤게모니로부터 완전히 단절되지 않았다. 라틴 아메리카가 1840년대부터 1920년대까지 영국에서 발생하여 미국으로 전파된 자유 무역의 원칙이라는 핵심적인 신조에 굴복한 것처럼, 그 후로도 미국과 영국에 동조하여 케인스주의로 함께 전환했다. 엄격한 미국의 유형과는 상이했지만 1930년대부터 1970년대까지 라틴 아메리카는 정부의 거시 경제적 개입의 독자적인 유형을 만들어냈다. 1970년대 석유 위기와 스태그플레이션 이후 미국에서 케인스주의가 쇠퇴하고 통화주의와 신자유주의적 사고가 등장했을 때, 라틴 아메리카 역시 이러한 흐름을 좇아갔다. 라틴 아메리카는 자체적인 경제 정책을 지니고 탈선을 경험하기도 했지만 세 시기 모두에 걸쳐서(특히 1930년대부터 1970년대까지) 경제 권력의 일반적 대세를 따랐다.[7]

---

7) A.O. Hirschman, "How the Keynesian Revolution Was Exported from the United States, and Other Comments," in *The Political Power of Economic Ideas : Keynesianism across Nations*, ed. P.A. Hall(Princeton, NJ : Princeton University Press, 1989).

1980~2000년대, 헤게모니의 확립

　냉전의 몰락기부터 2000년 초반에 이르기까지 라틴 아메리카에서 미국의 헤게모니는 최고조에 달했다. 1980년대 로널드 레이건 대통령은 베트남전, 워터게이트, 석유 위기, 그리고 이란 혁명과 니카라과 혁명으로 이어지는 침체기에서 벗어난 후 미국의 우월성을 재차 선언했다. 특히 백악관은 중앙아메리카의 공격에 나섰다. 또한 레이건 대통령은 지미 카터 대통령 재임기의 스태그플레이션에 대해 통화주의 지지, 복지국가의 축소, "시장의 기적"으로 대응했다. 라틴 아메리카는 국제 외채 위기로 인해 각국 정부가 외채 상환 의무를 이행하기 위해서는 수출을 확대하고 예산을 삭감해야 했기 때문에 이런 핵심적 변화에 동조했다.

　여러 면에서 신자유주의로 전환한 것은 구조주의를 수용하던 이전의 상황과 유사하다. 이는 외부에서 발생한 위기에 대한 대응으로써, 이번에는 수출 확대를 위한 무역 자유화, 정부 지출 삭감, 세입 확대, 해외 투자 유치를 위한 민영화, 그리고 인플레이션 억제, 외환 안정성 유지, 해외 투자 유치를 위한 정부 개입 제한(중앙은행 독립, 노동조합 약화, 탈규제화 등)을 요구했다. 이러한 일련의 긴급조치들은 다시 한 번 원칙적인 교리로 굳어졌는데, 이번에는 남아메리카가 아닌 북아메리카에서 유래했다. 남아메리카에서 1980년대부터 1990년대까지 신자유주의가 굳건해질 수 있었던 것은 1930년대와 달리 미국이 자신의 경제적 견해에 복종하는 대가로 투자와 무역 등의 보상을 제공할 만큼 충분히 힘이 있고 부유했기 때문이다. 이러한 만병통치약은 미국 정부뿐 아니라 미국의 경제학자, 기업 총수, 주요 다국적 기구, 그리고 라틴 아메리카 엘리트층 모두가 처방한 것이다.

미국의 신자유주의적 헤게모니의 기반

기본적으로, 라틴 아메리카에서 미국의 경제 사상이 정책으로 채택된 이유는 (1) 미국의 정치 – 경제적 지배, (2) 당시의 경제 조건, (3) 사상 자체의 정확성과 타당성, (4) 시행자의 권력과 효율성, (5) 수용자, 특히 국가와 지배 정치 연합에게 지니는 호소력이라는 다섯 가지 요인으로 설명할 수 있다. 이런 요소들이 결합되어 신자유주의는 거부하기 힘든 선택이 되었다.[8] 다소 과도하게 일반화하면, 이러한 공식이 아메리카 대륙과 세계 곳곳으로 확산된 것은 미국의 압도적인 지배력, 외채 위기와 그에 뒤이은 세계화, 실효성이 다한 다른 대안들에 비할 때 이것이 가지는 우월성, 세계은행과 같은 지렛대, 대상국 정부와 다국적 사회 경제 연합의 수용력 때문이다.[9]

미국 헤게모니

1940년대부터 1990년대까지, 미국은 라틴 아메리카에 상당한 정치, 경제적 헤게모니를 발휘했다. 다양한 국가와 영역에서 나타난 저항과 이탈에도 불구하고 미국은 절대 권력으로써 정치, 경제 체계의 기본적인 규칙을 확립하고 실행했다. 1960년대부터 1980년대까

---

8) T.J. Biersteker, "The 'Triumph' of Liberal Economic Ideas in the Developing World," in *Global Change, Regional Response : The New International Context of Development*, ed. B. Stallings(Cambridge : Cambridge University Press, 1995).

9) J.S. Odell, *U.S. International Monetary Policy : Markets, Power, and Ideas as Sources of Change*(Princeton, NJ : Princeton University Press, 1982).

지 미국의 우월성은 다소 후퇴했지만, 부분적인 하락을 라틴 아메리카에서 미국의 장기적인 쇠퇴로 간주한 것은 분석가들의 실수였다. 오히려 1980년대부터 2000년대까지 미국은 서반구에서 예전보다 더욱 강력한 헤게모니를 되찾은 유일한 강대국이었다. 미국은 냉전의 여파가 가시지 않은 상황에서 1989년 파나마와 1994년 아이티에서 카리브해 지역의 소규모 국가들을 침략할 의지가 있음을 노골적으로 드러냈다. 이 지역에서 자유롭고 의심의 여지없는 정치 · 경제 · 전략적 우월성이 1920년대 보다 더 크게 부활한 결과, 아르헨티나가 걸프전에 함대를 파견하고, 에콰도르가 미국 달러를 자국 통화로 채택하는 등 라틴 아메리카 대부분의 국가들은 미국과의 관계를 개선하게 되었다.

미국 경제가 헤게모니를 지니게 되면서 미국의 경제 원칙은 라틴 아메리카에서 더욱 큰 헤게모니를 발휘하게 되었다. 1960년대부터 1980년대에 쇠퇴를 경험한 미국이 라틴 아메리카에서 해외 무역과 투자로 얻은 몫은 1980~1990년대 사이, 특히 카리브해 지역, 그 중에서도 멕시코에서 최고로 상승했다. 소비에트Soviet 방식이라는 대안이 사라지자 라틴 아메리카에서 실행 가능한 모델의 다른 두 가지 외부적 선택은 기대를 충족시키지 못했다. 1990년대 남아메리카에서 상당한 이익을 거두고 있었던 아시아와 유럽보다 라틴 아메리카의 경제 파트너로서 미국은 훨씬 큰 영향력을 지니고 있었다. 일본의 경기 후퇴와 1990년대 동아시아 경제 위기와 함께 동아시아의 국가 통제 전략은 빛을 잃었다. 서유럽의 주요 국가들은 라틴 아메리카에 상당한 규모로 경제적 진출을 이룩했음에도 불구하고, 미국과 다른 대안을 제시하지 못했으며, 서반구보다는 동유럽에 더 큰 관심을 보였다. 소련의 몰락과 두 차례에 걸친 클린턴 행정부의 집권으로 강화되고 성장을 거둔 미국의 경제적 우월성으로 인해 미국의 신자유주의 사상은 자신보다 약한 국가들보다 큰 목소리를 낼 수 있었다. 따라서 라틴 아메리카의 대부분의 공화국들은 신자유주의에 발을 들여놓게 되면서 다른 선택을 할 수 없었다.

경제적 조건

1980년대 초반의 경기 후퇴와 외채 위기, 그에 따른 세계화, 1990년대의 완만하고 선택적인 성장의 부활이라는 세 가지 경제 조건을 토대로 미국의 신자유주의 원칙이 쉽게 침투하게 되었다.

경제적 지각 변동은 이에 대한 해법을 갈구하도록 이끌고 기존의 질서와 신념을 뒤집어 새로운 견해가 들어설 기회를 제공했다. 최근 자유 시장 개념이 쉽게 수용될 수 있었던 것은 외채 위기, 인플레이션, 수입대체 산업화, 복지국가의 4중의 위기에 대응할 수 있을 것으로 여겨졌기 때문이다. 자유 시장이 지니는 또 다른 매력은 해외 투자의 유치 능력이었다. 미국의 청사진을 도입한 라틴 아메리카의 정책적 선택은 미국 투자자와 무역상들에게 불확실성을 줄여주었다.

미국의 반反인플레이션 정책과 이자율의 상승은 세계적인 경기 후퇴와 1982년 라틴 아메리카의 외채 위기를 불러일으켰다. 외채의 채권은 주로 미국 은행들이 가지고 있었기 때문에 라틴 아메리카 대부분은 외채 위기를 이겨내기 위해 미국의 처방을 채택했다. 미국의 경제 부처나 경제학자와 그 제자들, 미국의 엘리트와 정부, 서방 선진국, 그리고 국제 금융 기구들은 이미 내려진 처방이 현재 상황에 꼭 들어맞는다고 생각하며 신봉했다. 또한 국외적 의무를 이행하도록 국가의 자원을 관리하고 사용처를 변경하도록 요구했다. 동시에 안정화 대응은 인플레이션 억제와 외채 상환을 약속했다.

　외채 경감과 신규 해외 자본, 그리고 외환 확보를 갈망하는 나라들은 신자유주의적 질서에 대해 이례적일 정도로 수용적인 태도를 보였다. 수출 촉진을 통한 발전은 해외 판매를 확대함으로써 외채를 상환해야 하는 나라들에게 아주 매력적이었다. 라틴 아메리카는 이러한 기구에 순응하는 것이 개인 투자자들과 선진 공업국의 공적 원조 지급 기관에게 긍정적인 신호를 보낼 수 있다고 여겼기 때문에 자금이 부족한 정부는 종종 다국적 기구의 조언에 귀를 기울였다.[10]

　초기의 긴축 정책과 자유화가 외채 위기를 막고 성장을 재개시키지 못하자, 미국 재무성의 제임스 베이커James Baker장관은 '1985년 계획'을 통해서 은행과 국제기관으로부터의 신규 차관을 요구했다. 그는 이 원조가 라틴 아메리카에서 국가 개입을 제거하고 시장을 더욱 자유화하여 구조 개혁을 확대시킬 수 있을 것이라고 기대했다. 그 후임인 니콜라스 브래디Nicholas Brady장관이 내놓은 1989년 계획은 외채 위기를 다루는 영구적인 표준이 되었다. 그는 은행의 자발적 외채 경감과 구조조정을 부추기는 다국적 기관의 차관 확대를 주장하며 베이커의 계획보다 훨씬 앞서 나갔다. 백악관은 외채 경감을 국

10) 이 점에 대한 자세한 내용으로는 다음을 참조하시오. J.M. Nelson, ed., *Economic Crisis and Policy Choice : The Politics of Adjustment in Developing Countries* (Princeton, NJ : Princeton University Press, 1990) ; J.Goldstein and R.O. Keohane, "Ideas and Foreign Ploicy : An Analytical Framework," in *Ideas and Foreign Policy : Beliefs, Institutions and Political Change*, ed. J. Goldstein and R.O. Keohane(Ithaca, NY : Cornell University Press, 1993) ; E.V. Iglesias, "Economic Reform : A View from Latin America." in *The Political Economy of Policy Reform*, ed. J.Williamson(Washington, DC : Institute for International Economics, 1994) ; J.I. Domínguez, ed., *Technopols : Freeing Politics and Markets in Latin America in the 1990s*(University Park : Pennsylvania State University Press, 1997) ; P.Van Dijck, "The World Bank and the Transformation of Latin American Society," in *The Politics of Expertise in Latin America*, ed. M.A. Centeno and P. Silva(New York : St. Martin's Press, 1998).

내 시장 자유화 및 해외 무역 확대와 연동시켰다. 그러자 해외 자본이 다시 라틴 아메리카로 유입되기 시작했다. 이런 다양한 인센티브를 통해 라틴 아메리카는 신자유주의 원칙에 대해 수용적인 태도를 취하게 되었다. 외채가 만성화되고 1990년대의 놀라울 정도로 번영이 수준 이하의 저성장을 하게 되었음에도 각국은 신자유주의적 원칙의 포기를 주저했다.

신자유주의가 유리한 위치를 차지하게 된 두 번째 경제적 조건은 이른바 "세계화"였다. 1990년대까지 세계 경제는 1920년대 이후 어느 때보다도 상호 연관되고 상호 의존적인 관계를 형성했다. 각국에서는 급증한 해외 무역과 투자의 증대를 국민총생산 GNP의 일부로 간주했고, 자본가들은 생산을 세계적 규모로 인식했다. 국제적인 상품, 서비스, 자본의 유입은 정부나 노동조합에 의한 시장 개입의 효과를 약화시켰으며, 특히 소규모의 빈곤국가에서 두드러졌다. 독자적인 통화 정책과 회계 정책이 효과를 거두지 못하자 정부들은 국제 유동 자본에 권한을 빼앗기게 되었다.

국제화된 경제체제에서 경쟁하거나 생존하기 위해서 많은 나라는 세계적 시장의 힘에 의해 문을 열게 되었고 세계 경제가 부침하는 상황을 따라갈 수밖에 없었다. 대부분의 국가들은 외부적인 추세에 점차 순응하게 되면서 독자적인 정책 입안을 포기하고, 회계와 통화 조치를 제한하는 한편 국내 시장의 규제를 완화시키고 해외 무역과 투자 규범을 자유화함으로써 국제적인 경제 엘리트들의 요구에 민감하게 반응할 수밖에 없었다. 신자유주의 개혁이 가속화될수록 이들의 요구는 점차 늘어났다. 정부가 시장에 더 많은 영역을 양도할수록 점차 더 많은 권한을 갖게 되는 국내외 시장의 힘을 거부할 수 없었다. 일단 각국이 자유화, 탈규제, 민영화를 수용하기 시작하면서, 이를 역전시키는 것은 말할 것도 없고 멈추게 하는 것조차도 불가능해졌다. 이들은 점점 자국의 경제 제도와 관행을 미국이 정한 세계적 표준에 맞춰갔다.

1980~1990년대 외채 위기에 이은 세계화를 감안하면, 많은 나라에서 반란과 저항이 있었음에도 불구하고 라틴 아메리카가 전반적으로 미국의 신자유주의 정책안을 수용하라는 요구에 항복했던 이유를 쉽게 이해할 수 있다. 세 번째 주요한 경향으로 신자유주의 원칙에 따른 성장 재개는 미국에 대한 순응을 더욱 강화했다. 1980년대의 "잃어버린 10년"이 끝나고 1990년대 라틴 아메리카의 연평균 성장률은 3% 이상 증가했다. 성장은 완만하면서도 불균등하게 나타났지만, 칠레와 같은 신자유주의 개혁이 실행된 나라가 이러한 성장을 주도하면서 신자유주의에 대한 희망의 불꽃을 지피기에 충분했다. 마찬가지로 신자유주의적 개혁이 해외 자본을 라틴 아메리카에 다시 유입되도록 했다는 점도 주목할 점이다. 더 나아가 1990년대 미국의 놀라운 경제 성장으로 이 모델은 더 큰 매력과 지배력을 인정받게 되었다. 1990년대 말 라틴 아메리카의 경기 후퇴는 신자유주의에 대해 불만을 갖게 만들었지만 이를 포기하게 만들 정도는 아니었다.

미국 경제 이론의 타당성

1980년대와 1990년대에 경제 발전에 대한 시장의 접근을 지탱하는 이론들은 정부 개입에 대해 강조하던 시각을 일축했다. 그 대신 민간 부문에 의존해야 한다는 시각은 이른바 통화주의, 신자유주의, 워싱턴 합의의 기초를 이루었다. 여기서 '워싱턴'이란 미국 정부, 경제연구소, IMF, 세계은행, 수출입은행, 미주개발은행을 의미하며,

'합의'는 거시 경제적 규율의 타당성과 통화 및 외환의 안전성, 중앙은행의 독립성, 작은 정부, 긴축 예산, 조세의 효율성, 민영화, 탈규제화, 외국인 투자, 수출 촉진, 자유 무역에 대한 합의를 의미했다.[11]

신자유주의자들의 주장처럼, 마침내 경제학이 "T"라는 개념(소비자 이론에서 시간Time을 중심으로 노동과 여가 사이의 선택을 하게 된다는 개념)이 갖는 의미를 발견했기 때문에 신자유주의가 대유행을 하게 되었는지를 판단하기에는 아직 이르다. 학문적 발전을 통해 신자유주의가 더욱 매력적으로 받아들여졌을지라도 그 성공 여부는 불확실했다. 따라서 1980년대와 1990년대에 미국의 경제 이론이 갑자기 유행한 것은 그 타당성 때문이라고 볼 수는 없다. 오히려 조건이 변화하면서 신자유주의의 전제 조건들이 설득력을 얻게 되었다고 이해하는 것이 타당하다. 수십 년 동안 중대한 학문적 변화와 정책적 변화가 진행되어 왔음에도 불구하고 백년이 넘는 기간 동안 미국은 국내외의 성장과 개발에서 민간 부문의 1차적인 역할을 강조해왔다. 통화 및 화폐에 관한 신중한 정책과 중앙은행의 자율성, 작은 정보, 회계 원칙, 자유 시장 경제, 자유 무역, 외국인 투자에 대한 기본적인 주장은 오랜 기간 동안 미국이 다른 국가들에게 강요했던 처방전이었다.

당시의 경제 지식은 자유주의를 포괄하는 더 큰 이데올로기적 영역에 속해 있었다. 과거에 그랬던 것처럼, 이 영역 안에서 자유주의 경제학은 자유주의 정치학과 밀접하게 연관되어 있었다. 이 이데올로기는 1980년대 소련과 그 동맹 세력을 향한 공세를 부활시켰으며, 서구의 주요 세력은 경제, 정치적 자유화를 요구했다. 공산주의, 사

---

11) J. Williamson, ed., *Latin American Adjustment:How Much Has Happened?* (Washington, DC : Institute for International Economics, 1990).

회주의, 사민주의, 인민주의가 실패하면서 대안적인 정권들이 자유주의의 공격에 도전하던 기세는 점차 꺾이게 되었다.[12]

신자유주의 경제나 외국인 투자가 작동하기 위해 정치적 민주주의가 반드시 필요한 것은 아니었지만, 더욱 자유로운 시장과 유연한 정치학은 1990년대 미국의 표현과 라틴 아메리카의 현실에서 동시에 등장하게 되었다. 많은 분석가들은 권위주의가 민주주의보다 더 많은 불확실성을 드러낸다고 생각했다. 독재 정권 하에서는 집권자가 누구인지를 분명히 알 수 있지만, 통치자가 경제 게임 규칙상의 비약적이고 독단적인 변화를 포함하여 무엇을 할 수 있을지를 예측하기는 어려웠다. 그와는 달리, 1960년대에서 1970년대까지는 실현되지 못했지만 1990년대에 이르러서 널리 통용된 사실로, 핵심적인 모든 경쟁자들이 근본적인 경제 패러다임에 동의하는 한 민주주의는 정책적 변화에 대해 견제와 균형을 제공했다. 또한 민주주의는 원활한 소통을 가능하게 했고 정책의 실행과 그 결과에 대한 유연성을 확대시켰으며, 의사 결정의 투명성을 강화하고, 관료와 사법 체계의 신뢰성을 높이고 부패를 방지하며, 해외 경제 주체들에 대한 개방성 제고를 불러오는 한편, 독재자와 고문자와 결탁한다는 혐의를 벗게 해주었다. 민주주의를 실행하는 과정은 공방과 논란이 지속되기 때문에 표면적으로는 독재보다 훨씬 불안정해 보이지만, 실제로는 훨씬 더 견고하며 예측가능하다. 민주주의의 합의는 정책적 지속성을 보장하기 위해서 강제적인 집행을 강조했다.

점점 더 많은 미국의 정치인, 정책 입안자, 관료, 학자들은 이렇듯 강화되는 경제와 정치의 상호 연관성을 인식하며 시장과 정치의 자

---

12) T. Carothers, *In the Name of Democracy : U. S. Policy toward Latin America in the Reagan Years*(Berkeley : University of California Press, 1991).

유화를 장려했다. 신자유주의의 옹호자들에 따르면 국가의 축소, 민간 부문의 활성화, 사유 재산의 확대, 시장 메커니즘에 대한 의존 확대는 개인주의적 자유주의 정치 체계를 위한 고전적인 경제적 전제를 이루었다. 요약하자면, 미국의 정치와 경제 모델은 유럽과 라틴 아메리카에 가장 큰 영향을 미치며 지구 전체로 확산되었다.[13]

미국 경제 원칙의 전승자

이들은 미국의 경제 이론을 전파시키기 위해 정보, 타당성, 영향력을 제공하며 라틴 아메리카 정부들로 하여금 몇 가지 경쟁적 대안 가운데에서 선택을 하게 만들고, 정책을 지원할 다국적 연합을 형성하며, 새로운 방향을 설명하고 정당화하고, 자신들의 정책을 실행할 수 있는 외부 자금을 받는다. 주요 인자들로는 정부기관, 다자간 기구, 민간 부문, 그리고 경제학자들이 포함된다.[14]

이런 행위자들의 영향력을 보여주는 가장 대표적인 예들 가운데 하나는 페루의 알베르토 후지모리Alberto Fujimori대통령의 경우로, 급격하고 대폭적인 구조조정을 반대하던 그는 1990년 첫 당선부터 취임 사이의 기간 동안 이를 옹호하는 인사로 급변했다. 이러한 후지모리의 입장 변화는 페루의 경제학자들과 기업인들의 로비를 통한 면도 있지만, 주로 IMF와 미국, 그리고 일본 정부를 방문하고 난 뒤에 진행되었다. 이들은 하루아침에 후지모리를 이단자에서 정통파로 바꾸는 데 성공했다.[15]

---

13) S.P. Huntington, *The Third Wave : Democratization in the Late Twentieth Century* (Normam : University of Oklahoma Press, 1991) ; F. Fukuyama, *The End of History and the Last Man*(New York : Maxwell Macmillan International, 1992) ; Drake, "The International Causes of Democratization."
14) A.O. Hirschman, *Journeys Toward Progress:Studies of Economic Policy-Making in Latin America*(Westpost, CT : Greenwood Publishing Group, 1965).

정부기관

신자유주의를 촉진하는 미국의 특사로는 연방 준비제도 이사회, 상무부, 국무부, 재무부, 국제 개발 기구, 심지어는 대통령까지 포함된다. 레이건 행정부 시절 백악관은 미국 정부의 모든 기관, 다자간 기구, 그리고 해외 동맹 세력을 망라하여 국가 통제를 시장 위주의 전략으로 변경하는 데 동참시키기 위한 공세를 펼쳤다. 신자유주의의 으뜸가는 대변인은 미국의 레이건 대통령과 영국의 마가렛 대처Margaret Thatcher수상이었으며, 독일의 헬무트 콜Helmut Kohl 총리를 비롯한 많은 이들이 그 뒤를 이었다. 좀 더 작은 규모에서 보자면, 칠레와 동아시아의 수출 증대 모델을 주창한 기관은 미국의 국립 경제 조사국NBER : National Bureau of Economic Research이었다. 1970년대와 1980년대에 이 조사국에 속했던 경제학자들은 이러한 사안들을 수입대체 산업화에 대한 시장 메커니즘의 승리로 선전했다:

미국의 핵심적인 공세는 1993년 북미자유무역협정NAFTA 체결과 이를 전 대륙 차원으로 확대하려는 지속적인 시도에서 나타났다. NAFTA는 멕시코로 하여금 더욱 개방적인 시장의 원칙을 지킬 것을 약속하도록 만들었고, 멕시코와 경쟁하기를 원하는 대륙 내 다른 나라들은 이 본보기를 따라야 한다고 생각했다. 미국은 라틴 아메리카 각국이 이 경쟁에 참여하기 위해서는 시장과 정책을 개방해야 한다는 점을 분명하게 못 박았다. 그 뒤로 국제적인 무역과 투자 협정은 각 나라를 점차 시장 친화적인 정책으로 내몰았다. 미국은 부시George H. K. Bush와 클린턴Bill Clinton 행정부(1989~2000) 기간 동안 라틴 아메리카에서 미국 시장에 대한 접근성의 확대를 대가로 시장 지향적 경

---

15) C.M. Conaghan, "Las Estrellas de la Crisis : El Ascenso de los Economistas en la Vida Pública Peruana" *Pensamiento Iberoamericano* 30(1997) : 177~206쪽.

제의 확대를 장려하는 기본적 틀을 바탕으로 한 협약을 추진했다. 1994년 마이애미에서 열린 미주정상회의에서 미국과 라틴 아메리카 각국은 전 대륙을 아우르는 미주자유무역지대FTAA : The Free Trade Area of the Americas의 협상을 2005년까지 마무리하기로 약속했다. 정상들은 1998년 산티아고에서 비밀리에 개최된 2차 정상회의에서 최소한 구두로라도 자유무역을 촉진해야 한다고 입을 모았다. 그 뒤로 부시 대통령은 같은 정책을 계속해서 추진했다. 비록 자유무역지대 체결은 지연되고 있지만, 이러한 성과와 욕망을 통해 많은 라틴 아메리카 정부들은 신자유주의라는 승인된 방식을 고수하도록 강요받았다.

그 외의 해외 정부와 경제 모델도 미국으로부터의 메시지를 강화시키는 모습을 드러냈다. 미국의 사례와 설득을 통해 영국과 일본의 민영화 정책은 재정 위기로 예산이 고갈된 각국 정부에 본보기를 제시했다. 1980년대 중반 이후로 칠레는 라틴 아메리카에서 신자유주의의 성공 사례로 손꼽힌 반면, 가르시아Alan García 정권 하의 페루는 국가 통제와 인민주의 실패의 본보기가 되었다. 브라질과 아르헨티나에서 실행된 이단적 정책이 낳은 비참한 기록들은 극심한 인플레이션의 저주를 동반하며 "워싱턴 합의"의 유혹에 빠지게 만들었다. 라틴 아메리카 정부들은 서로의 경험을 통해서 신자유주의와 민주주의를 수용하는 방법을 배웠다. 경제와 정치를 동시에 자유화하는 데 따르는 불확실성에도 불구하고 인접 국가로부터 성공 사례가 들려오면 이를 모방하고자 하는 충동을 느낄 정도였다.[16]

---

16) G.J. Ikenberry, "The international Spread of Privatization Policies : Inducements, Learning, and 'Policy Bandwagoning,'", in *The Political Economy of Public Sector Reform and Privatization*, ed. E.N. Suleiman and J. Waterbury(Boulder, CO : Westview Press, 1990) ; Biersteker, "The 'Triumph' of Liberal Economic Ideas."

국제기구

세계은행, IMF, 미주개발은행 등 새로운 경제 이론을 지지하는 다양한 국제기구가 존재했지만, 그중에서도 세계은행과 IMF는 주로 미국의 영향력 하에 놓여 있었다. 그럼에도 불구하고, 이들의 조언은 다자간 기구라는 특성상 미국 정부가 내리는 직접적인 지침이라기보다는 해당 국가의 요인에 의한 것이라는 인상을 심어주었다. 외채 위기가 발발하고 이러한 강력한 기관들의 기금이 증가하자 라틴 아메리카에 신자유주의를 확산시키는 이들의 능력과 정책 개혁에 대한 요구 역시 급격히 신장했다.

세계은행은 새로운 패러다임을 추진하고, "구조조정 프로그램"을 통해 정책들을 설계하고 이행하도록 도우며, 이러한 경제 프로그램을 실행하는 조건으로 재정적 지원을 제공함으로써 신자유주의를 확산시켰다. IMF 역시 연구, 출판, 강좌, 특별 사업, 조건부 차관 등의 활동을 통해 이와 같은 원칙을 전파했다. IMF는 미국의 압력을 받아 1950년대 후반부터 주로 인플레이션 억제, 지불 균형 안정화를 위한 긴축을 위해서 유사한 통화 정책을 추진해왔지만, 외채 위기의 발발로 인해 국가들이 IMF의 요청을 더욱 잘 수용할 수 있다고 여겼다. 이러한 다자간 기구는 그 영향력을 더욱 강화하면서 원조 정책에 해외 채권자들과 기부자들의 참여를 조절할 수 있었다. 비록 세계은행과 IMF가 공식적으로 민주주의를 차관 지급의 조건으로 내세운 적은 없지만, 1980년대 후반부터 이들은 투명성과 책임성을 지닌 "바람직한 정부"를 강조하면서 민주주의 정권들에게 더욱 호의적인 태도를 보였다.[17] 1990년대에 국제기구와 워싱턴 관료들이 자

---

17) M. Pastor, *The International Monetary Fund and Latin America:Economic Stabilization and Class Conflict*(Boulder, CO : Westview Press, 1987).

본주의적 민주 정권을 선호하는 경향은 점점 더 명백해졌다.[18]

세계은행과 IMF에 따르면, 1980년대에 대상 국가들은 그들이 제시하는 경제적 순응 조건을 대부분 충실하게 이행했다. 1980년대 초반부터 1990년대 초반까지 쿠바를 제외한 라틴 아메리카 모든 나라들은 IMF와 세계은행의 구조조정 프로그램을 실시했다. 미주개발은행 역시 신자유주의 원칙을 받아들이고 정책에 기반을 둔 대출 프로그램을 실행했다. 경제의 탈규제와 탈국가화의 또 따른 지지자는 관세 및 무역에 관한 일반협정GATT : General Agreement on Tariffs and Trade이었지만, 라틴 아메리카 국가들 대부분은 1980년대까지도 이 협정에 가입하지 않았다. GATT는 자유 무역과 투자를 장려함으로써 회원국들이 해외 생산자보다 자국의 생산자를 우대하는 것을 금지했다.

민간 기관

미국과 라틴 아메리카의 기업 지도자들과 그들의 협력자들 역시 신자유주의의 복음을 전파하는 데 앞장섰다. 해외 투자자와 금융업자들은 입을 모아 자유화를 부르짖었다. 거대한 은행 채권단은 라틴 아메리카의 채무자들에게 회유와 협박을 통해 순응하도록 강요했다. 1980년대에의 라틴 아메리카 각국이 이들의 권고를 거절하는 것은 1930년대의 수많은 개별 채권자들의 권고를 거절하는 것에 비해 훨씬 어려운 일이었다.

경제학자

1980년대에 경제학자들의 전 세계적인 "인식의 장"이 형성되었다.

---

18) J.M Nelson, ed., *A Precarious Balance : Democracy and Economic Reforms in Latin America*(Washington, DC : Overseas Development Council, 1994).

1960년대 이후 미국에서 교육 받은 경제학자들의 수가 점차 늘어나면서 그들은 공통된 학습 경험과 전문화된 담론, 지식의 축적, 전문 기술, 특정한 인과 개념에 대한 관심, 그리고 일관된 이론과 규범적 신념을 공유했다. 1970년대부터 1990년대까지, 이런 교육의 효과는 점차 미국의 경제학자, 특히 국제 무역과 공공 부문의 선택을 전공한 학자들 사이에 퍼져 정부 개입으로부터 자유로운 시장을 선호하는 경향이 나타났다. 케인스주의로부터 탈피한 이러한 보편적 원칙은 소위 "개발 경제"를 제외하고는 지역, 민족, 지방적 특수성이 중시될 여지를 두지 않았다. 미국의 경제학자들은 지역 전문가 양성을 중단하고 유학 온 경제학 전공 학생들을 "모든 분야에 능통한" 만능 학자로 탈바꿈시켰다. 미국 정부의 교환 프로그램과 미국 경제학자들의 방문 연구, 현지 연구소에 대한 해외 지원과 다자기구 및 다국적 기업에서의 사교 활동 등은 미국 대학이 실시하는 표준 교육을 보완했다.

경제학자들이 보편적인 진리에 몰두하면서 민족주의적 가치는 쇠퇴하게 되었다. 이들은 구체적인 객관성과 확실성을 내세워 정치인들과 시민들을 현혹했다.[19] 이러한 근대성의 추종자들에 따르면, 신자유주의 정책 외에는 어떤 합리적 대안도 없었다. 경제학자들은 이러한 접근 방식을 체득한 후 정부에 단일한 태도를 취했다. 산업의 정부 소유나 소득과 부의 대대적인 재분배와 같은 몇몇 근본적인 경제 문제를 공공 정책에서 제외함으로써 그들은 통제할 수 없는 민주주의를 국내외 자본이 믿고 안심할 수 있도록 만들었다.[20]

---

19) P.M. Haas, "Introduction : Epistemic Communities and International Policy Coordination," *International Organization* 46(Winter 1992) : 1~35쪽.
20) Centeno and Silva, *The Politics of Expertise* ; B. Galjart and P. Silva, eds., *Designers of Development : Intellectuals and Technocrats in the Third World* (Leiden

경제 원칙의 수용자

새로운 경제 사상이 정책을 변화시키기도 했지만, 이익과 기구들 역시 이러한 변화에 영향을 미쳤다. 그 전달 메커니즘이 무엇이든 간에, 많은 통치자들이 1980년대와 1990년대의 경제적 환경에서 별다른 선택의 여지가 없다고 생각했음에도 불구하고, 신자유주의가 단순히 라틴 아메리카에 강요된 것은 아니다. 신자유주의는 해당 지역의 통치자들과 지지자들이 원하던 바와 상당 부분 일치했다. 정부, 기술 관료, 사회정치 연합의 승리라는 세 가지 요소가 신자유주의의 확고한 수용자였다.[21]

정부

반대 세력을 위협하고, 좌초시키거나 흡수할 수 있다고 생각한 일부 정부들은 신자유주의 사상이 매우 간편하고 비용이 적게 들기 때문에 매력적이라고 여겼다. 칠레에서 피노체트 대통령 측근의 경제학자가 한 장군에게 자신들의 조언을 받아들인 이유를 묻자 그는 "당신들 의견이 서로 일치하고, 우리의 질문에 간단한 해답을 주었기 때문"이라고 답했다.[22] 이러한 시장친화적 정책은 상대적으로 관리하기에 편리하고 비용이 적게 들었다. 시장 메커니즘에서 벗어나기 위해서 정부의 개입이나 전문 기술을 거의 필요로 하지 않았다. 신자유주의적 처방은 자원이 부족할 때 정부로 하여금 일을 덜 할 것

: Leiden University, 1995) ; J. Markoff and V. Montecinos, "The Ubiquitous Rise of Economists," *Journal of Public Policy* 13, no. 1(1993) : 37~68쪽.

21) C.M. Conaghan and J.M. Malloy, *Unsettling Statecraft : Democracy and Neo liberalism in the Central Andes*(Pittsburgh : University of Pittsburgh Press, 1994).

22) J. Pinera, "Chile," in Williamson, *The Political Ecomony of Policy Reform.*

을 요청했다. 게다가 신자유주의의 처방이 인플레이션을 억제하고 해외 신용을 끌어옴으로써 빠른 효과를 거두게 될 것이라고 선전했다.

경제 정책에 대한 결정권을 신자유주의 기술 관료들에게 넘겨줌으로써 얻게 되는 신뢰성과 안전성은 불확실성이 만연한 민주화 시기 동안 정치인들에게 큰 매력으로 다가왔다. 문민 정부의 지도자들은 경제를 운용하는 데 있어서 최소한 군사 독재자들만큼 재능이 있다는 점을 입증하고자 했다. 이들은 기세등등한 전문가들의 조언을 통해 자신이 추진하고자 하는 긴축 정책의 정당성을 시민들에게 설득하는 데 활용했다. 해외 투자자뿐만 아니라 그들이 쿠데타 연합으로부터 빼내오려고 했던 국내 자본가들도 이들의 정책적 움직임을 지켜보고 있었다. 심지어 좌파 출신을 포함한 많은 라틴 아메리카의 지도자들은 그들이 민주주의를 선호한다고 여기면서 권위주의에 굴복한 대다수 집단을 회유하는 데 신자유주의 정책을 사용했다. 신자유주의 개혁은 민주주의의 반대 세력을 누르거나 중립화시키고, 포퓰리즘과 재분배의 지지자들을 무력화시키면서 경제와 정치 모두 안정화하고자 했다. 신자유주의는 민주주의가 자본가들로부터 안전하게 보호되도록 만들었다.

일부 라틴 아메리카 정부들은 미국의 통치와 규제를 완벽하게 실행하거나 복종할 의향이 거의 없었기 때문에, 국내의 적자를 감축시키고자 IMF와 "계획서"에 계속해서 서명했던 것과 같이 이를 적극적으로 받아들였다. 해외 투자자들을 만족시키기 위해 권고안을 형식적으로 승인한 후에 가끔 국내의 정치, 경제적 압력에 따르기 위해 이 약속을 어겼다. IMF와 세계은행의 자료에 따르면, 각국 정부가 그들의 권고에 매우 잘 순응해야 했지만, 그들이 제시한 프로그램은 간혹 부분적으로만 실행되거나 전혀 실행되지 않은 경우도 있었다.

라틴 아메리카는 수백 년 동안 외부의 요구와 내부적 기대 사이에서 교묘하게 줄타기를 해왔기 때문에 이러한 회피 현상은 유례가 없는 일이었다. 예를 들어, 스페인 식민지 시절의 관료들은 지방 엘리트들이 받아들이지 않는 왕의 명령을 이행하는 것을 회피하기 위해 스페인 왕에게 "나는 복종하지만 집행하지는 않는다."라고 말했다. 이와 비슷하게 19세기 브라질 인들은 막강한 외국인들의 비위를 맞추기 위해 "영국인들이 보도록" 영국인처럼 행동하는 것으로 유명했다. 1920년대, 볼리비아 인들은 외국인들의 입맛에 맞도록 만들어진 경제 법안을 "수출을 위한 법"이라고 불렀다. 이와 비슷하게 오늘날 신자유주의에 도취된 일부 라틴 아메리카 나라들은 진심이라기보다는 전략적으로 이를 선택했을지도 모른다.

무엇보다도, 미국의 경제학자들과 자국 내의 추종자들이 자본가들을 달랠 수 있었기 때문에 라틴 아메리카 정부는 그들의 조언에 귀를 기울였다. 불안해하던 국내외 투자자들은 경제학자들의 약속과 선언을 시장의 긍정적인 신호로 받아들였다. 투자에 대한 자신감을 회복하는 것이 1980년대 외채 위기 이후 가장 핵심적인 요소였다. 해외 차관에 전적으로 의존하던 상황에서, 라틴 아메리카 정부들은 워싱턴과 월스트리트의 관계자들과 접촉하고 영향력을 행사할 수 있는 기술 관료들을 필요로 했다. 기술 관료들은 정치인들이 예산을 관리하고 외적 의무를 실행하겠다는 약속을 할 수 있도록 도왔으며, 유동적인 국내외 자본의 신뢰성에 대해 정부의 신임을 강화했다.[23]

---

23) B.R. Schneider, "Las bases Materiales de la tecnocracía : La confianza de los inversores y el neo-liberalismo en América Latina," *Pensamiento Iberoamericano* 30 (1997) : 109~132쪽.

기술 관료

1980~1990년대 라틴 아메리카 정치에 기술 관료들이 부상했고, 이들은 미국의 기술 관료들과 점점 생각이 닮아갔다. 그 결과 자유 시장 경제를 확립하고 방어하기 위한 다국적 연합이 형성되었다.[24] 외국인이 아닌 국내의 유학파 경제학자들에 의존하는 "수입대체"는 민족주의적 공격으로부터 자유 시장 경제 프로그램을 보호하는 방패막이 되었다. 다자간 기구가 신자유주의적 경제 접근을 격찬하자 국내 기술 관료들도 똑같은 사고방식으로 무장했다.[25]

이런 국제적 연계는 대부분 미국의 대학원, 특히 경제학과에서 형성되었다. 1960년대 칠레의 경제학자 아니발 핀토Anibal Pinto와 오스왈도 순켈Oswaldo Sunkel은 이런 교육을 비난했다. 그들은 해외 교육이 라틴 아메리카 경제학자들에게 자국의 상황에 맞춰 적용할 여지를 주지 않고 보편적인 이론을 주입했다고 비판했다. 그럼에도 불구하고, 1970년대 독재 정권 하에서 망명한 라틴 아메리카의 많은 지식인들을 포함하여 미국과 서유럽으로 유학을 떠나는 라틴 아메리카인의 수는 증가했다.[26] 페루의 헤르난도 소토Hernando de Soto와 마리오 바르가스 요사Mario Vargas Llosa와 같이 라틴 아메리카의 여러 사상가나 정치인들도 민간 부문에 가담하였다.[27]

---

24) A. Harberger, "Secrets of Success : A Handful of Heroes," *American Economic Review* 83, no. 2(May 1993) : 343~350쪽.

25) M.A. Centeno, *Democracy Within Reason : Technocratic Revolution in Mexico* (University Park : Pennsylvania State University Press, 1994) ; Domínguez, *Technopols.*

26) J. Puryear, *Thinking Politics : Intellectuals and Politics in Chile, 1973~1988* (Baltimore : Johns Hopkins University Press,1994).

27) H. de Soto, *The Other Path : The Invisible Revolution in the Third World*(New York : Harper and Row, 1989) ; N. Aslanbeigui and V. Motecinos, "Foreign Students in U.S. Doctoral Programs," *Journal of Economic Perspectives* 12, no.3 (Summer 1998) : 171~182쪽.

해외에서 교육을 받은 뒤에 귀국한 경제학자들은 대학과 연구소, 이익 집단, 자문 회사, 언론, 정당, 정부 기관 등에 신자유주의 사상을 전파했다. 이들이 형성한 전국적 규모의 전문 경제학자들은 신자유주의 개혁을 수행하는 데 있어서 가장 성공적인 사례로 손꼽힌다. 가장 대표적인 예가 칠레의 "시카고 보이스Chicago Boys"였으며,[28] 또 다른 사례로 1990년대 초반 콜롬비아에서 무역 자유화가 바람을 일으켰는데, 당시는 대다수 경제학자들이 신고전주의 원칙으로 전환하던 때였는데, 경제학자이자 대통령이었던 세자르 가비리아Cesar Gaviria는 신자유주의를 IMF, 세계은행, 미국 무역 협상가들, 경제학자들과 신자유주의 신념을 공유했고, 국내 수출업자들과 신자유주의를 추진했다.[29]

사회정치적 연합

미국의 경제 이론이 라틴 아메리카에서 인기를 누린 이유는 강력한 지역의 이해 당사자들이 이 이론을 통해 이익을 얻었기 때문이다. 사상이 정책이 되기 위해서는 국내외 정치 주체들의 지배적 연합에 호소해야 한다. 위기와 개혁의 결과로서, 국제화와 개방으로 이익을 본 국내 집단은 부와 권력을 얻었고, 국내의 소외된 부문으로부터의 저항에도 불구하고 자신들이 선호하는 정책을 강요하고 공고화했다.[30] 신자유주의를 강행하는 세력을 지원하던 세력에는 신

---

28) P.O'Brien and J. Roddick, *Chile, the Pinochet Decade : The Rise and Fall of the Chicago Boys*(London : Latin American Bureau, 1983) ; J.G. Valdes, *Pinochet's Economists : The Chicago School in Chile*(New York : Cambridge University Press, 1995) ; V. Montecinos, *Economists, Politics, and the State : Chile 1958~1994*(Amsterdam : CEDLA, 1998).

29) M.Urrutia, "Colombia," in Williamson, *The Political Economy of Policy Reform.*

30) B. Stallings and R. Kaufman, eds. *Debt and Democracy in Latin America*(Boulder,

흥 중산층 기업가, 국제 사업가, 수출업자, 금융 자본가, 비공식 경제 부문에 진출한 기업과 같은 이익 집단들이 포함되었다. 정부의 보호에 의존하던 자본가들은 더욱 경쟁적인 전략으로 방향을 전환했다. 민영화의 지지자는 점차 늘어났으며, 빈곤선을 가까스로 넘긴 소비자들도 신자유주의로부터 혜택을 받았으며, 높은 관세가 적용되지 않는 해외 상품의 수입으로 이익을 얻었다. 해외 자본 역시 새로운 신자유주의 정책에 찬성했다. 통화주의와 신자유주의는 많은 보수주의자들과 경제 엘리트들이 여러 해 동안 지지해 온 반국가 통제 정책에 이론적 근거를 제공했다. 미국의 영향을 크게 받은 라틴 아메리카의 두 집단인 기업 간부와 군부가 신자유주의에 굴복했다. 신자유주의는 기업 총수들의 자본주의와 시장에 대한 헌신에 꼭 들어맞았고, 기술 관료주의, 질서, 반사회주의, 반정치에 대한 군부의 신념과 조화를 이루었다.

신자유주의 연합은 주로 국내 시장을 위한 생산을 담당하면서도 비효율적이고 정부의 보호를 받던 산업과 농업 분야, 그리고 정부 관료와 사무직 관리자, 노동조합, 개별 빈민 부문 등 쇠퇴하는 이익 집단에 대항했다. 간단히 말하면, 과거의 수입대체 산업화를 추구하던 세력들이 패배한 것이다. 외채 위기로 인해 자원이 급격하게 반출되자 대중주의자와 좌파 지도자들이 국가 주도의 재분배 프로그램을 활성화할 수 있는 가능성은 축소되었다. 심지어 아르헨티나의 카를로스 메넴Carlos Menem처럼 이런 시대에 뒤처진 해법을 선거 공약으로 들고 나온 정치인들은 보통 취임 후에 시장의 현실과 신자유주의

CO : Westview Press, 1989) ; J.A. Frieden, *Debt, Development and Democracy* (Princeton, NJ : Princeton University Press, 1991) ; E.Silva, *The State and Capital in Chile: Business Elites, Technocrats, and Market Economics*(Boulder, CO : Westview Press, 1996).

의에 굴복하고 말았다.

신자유주의 프로그램이 진행되는 곳이면 어느 곳에서나 이전의 국가 통제 모델을 지지하던 기초 노동조합을 무력화했다. 전문적 노동조합 역시 무역, 생산, 투자, 경쟁의 세계화로 인해 동요했다. 특히 실행의 초기 단계에 신자유주의의 엄격한 재정과 통화 정책, 인플레이션 억제, 시장의 무장 해제, 노동조합 제약, 임금 압박, 노동자 고용 및 해고에 대한 제한 완화는 이와 같은 불가항력에 전통적 노동조합이 대응할 수 있는 힘을 무력화시켰다. 소득 불평등과 실업률의 심화는 이러한 경향을 더욱 악화시켰다. 예를 들어, 칠레의 피노체트는 자신의 경제 의제와 정치 의제가 꼭 들어맞도록 하기 위해, 국제 자본가와 같이 자신이 특혜를 주고 싶은 집단에는 보상을 제공하는 한편, 노동조합과 공무원과 같이 자신이 혐오하는 집단에 대해서는 처벌을 가하는 신자유주의를 채택했다.[31]

결론

1980년대와 1990년대에 걸쳐 미국의 신자유주의 원칙이 라틴 아메리카 전체에 확산된 것은 놀라운 일이 아니다. 거의 모든 시기에 걸쳐 대부분의 라틴 아메리카 지역에 오랜 기간 동안 관철된 미국 헤게모니의 역사, 미국 헤게모니의 유례없는 부활, 라틴 아메리카에 우선권을 지닌 채권자, 투자자, 무역 상대로부터 경제 사상을 예외적으로 수용하도록 만든 일련의 경제적 상황, 당시의 경제, 정치적

---

31) P.W.Drake, *Labor Movements and Dictatorships : The Southern Cone in Comparative Perspective*(Baltimore : Johns Hopkins University Press, 1996).

위급함을 해결하기 위해 마련된 확고한 정책, 이러한 일련의 정책들을 추진하고자 하는 의욕과 능력을 갖춘 뛰어난 전달자들, 그리고 이러한 처방을 채택할 의향을 가진 라틴 아메리카의 정부, 기술 관료, 사회적 행위자 집단들이라는 다양한 요소들이 미국의 신자유주의 원칙이 라틴 아메리카에 확산되도록 하는 결과를 불러 왔다. 이와 대조적으로, 신자유주의적 전제 군주에 저항하는 라틴 아메리카 내외의 세력은 상당히 취약한 상황에 놓여 있었다.

실제로, 신자유주의는 라틴 아메리카뿐만 아니라 전 세계에 걸쳐 넓은 지역을 집어삼켰다. 따라서 미국에 대한 종속성이 가장 심한 라틴 아메리카가 이 흐름을 거슬렀다면 그것은 매우 놀라운 일이었을 것이다. 비록 아메리카 대륙 각국 사이에서 정도, 유형, 선택 사항은 다르게 나타났지만 일반적인 경향이 유사하게 진행되었다는 점은 매우 놀라운 현상이었다.

우발적인 요소들 중에서 가장 중요한 것은 무엇인가? IMF의 표준 처방과 1960~1970년대 여러 권위주의 정부가 채택한 안정화 프로그램에서 볼 수 있듯이, 신자유주의는 1960년대 초반부터 등장해 점차 힘을 갖게 되었다. 1980년대의 사상과 마찬가지로, 패권국, 전달자, 수용자의 전달 수단, 지위, 일관성이 증가했지만 전혀 새로운 것은 아니었다. 따라서 1980년대와 1990년대의 중대한 국제적 변화가 가장 핵심적인 변수였다. 외채 위기는 엄청난 충격을 안겨다 주었으며 신자유주의를 향한 전반적인 변화를 불러일으켰다. 또한 이 변화는 점차 편재하는, 그리고 공격적인 미국 헤게모니와 그 대리자, 그리고 민주화의 대 격변, 냉전 종식, 세계화의 확산, 폭발적인 성장, 새로운 경제 이론의 전파에 의해 합리화되고 입법화되었다.

세기가 바뀔 무렵, 신자유주의를 신뢰하지 않는 사람들은 점차

"워싱턴 합의"를 비판하고 이에 저항했으며, 신자유주의에 대한 방관자들마저 사회적 불평등과 빈곤, 환경, 노동권의 후퇴와 같은 문제들에 대해 우려를 나타냈다. 라틴 아메리카에서 불만이 고조되고 있었음에도 불구하고 신자유주의의 핵심적 틀은 유지되었다. 과거의 교훈에 비추어 볼 때, 이와 견줄 만한 국내외 세력의 대대적인 충돌이 나타나기 전까지 이러한 정치적 증후군은 계속될 것으로 보였다.

3장

라틴 아메리카와 미국

라스 슐츠Lars Schoultz

　미국과 라틴 아메리카의 관계는 지속적으로 가까워지고 있다. 이 관계는 양키Yankee 상인들이 최초로 카리브해 항구로 입항해서 대구 절임과 교환한 당밀을 보스톤으로 싣고 가서 럼주를 만들던 약 300년 전부터 시작되었다. 그 후로 교역은 지속적이고 느린 속도로 늘어났지만, 1960년대까지 미국 남서부 바깥에 있는 사람들 중 또띠야 Tortilla(옥수수 가루 반죽을 얇게 구운 전병)를 본 사람은 거의 없었고, 이것을 먹어보려고 시도한 사람은 더군다나 없었다. 그러나 최근 몇십 년 동안 미국과 라틴 아메리카의 접촉이 급속도로 증가했다. 이 추세가 지속된다면 한두 세기 후 후손들은 미국과 라틴 아메리카 사이의 차이를 버몬트와 알라바마의 차이만큼 여기게 될지도 모른다. 버몬트 주 사람들은 알라바마 사람들의 관습이 너무 다르고 구식이라고 보지만 여전히 미국의 일부라고 여긴다.

과연 이와 같은 통합을 이끄는 힘은 무엇일까? 가장 손쉬운 대답은 지속적으로 두 지역 간의 거리를 좁혀주고 있는 교통과 통신의 획기적인 발달이다. 그러나 제트기와 인터넷은 통합이 좀 더 쉽게 이루어질 수 있도록 돕는 메커니즘일 따름이며, 기술적 발달의 이면에는 이해관계가 놓여 있다. 이웃 나라와 가까운 관계를 맺고자 하는 것에는 특별한 이유가 있다. 이번 장에서는 이러한 이해관계와 함께 이것이 어떻게 우리의 미래를 형성하는지를 다루게 될 것이다.

경제적 필요성

미국의 경제적 이익을 방어하고 촉진하고자 하는 의도는 오늘날 라틴 아메리카에 대한 정책을 작동시키는 가장 중요한 힘이다. 대륙 의회가 로버트 스미스Robert Smith를 1781년에 라틴 아메리카에 미국의 초대 외교관으로 임명한 것에서 알 수 있듯이, 이러한 미국의 의도는 새로운 것이 아니다. 스미스 대사가 아바나에 갔을 때, 1차적인 임무는 미국 상인들에게 조언을 해주고, 스페인 정부에 대해 교역을 권유하는 것이었다.[1]

이렇게 일찍부터 교역을 시작했지만, 미국 정부는 1890년대에야 비로소 라틴 아메리카의 경제적 중요성을 인식하게 되었다. 이러한 인식을 이끈 중요한 계기는 몇 차례에 걸친 미국의 경제 공황(1873~1878년, 1882~1885년, 1893~1897년)이었다. 실직된 유권자들이 현직 관리들을 표로 심판하고, 유명 정치인들이 정치적 위험을 면하기

---

1) *Journals of the Continental Congress* 20(June 1781) : 705쪽.

위해 경기 순환을 피해갈 여러 방법을 개발하려 했듯이 경제 공항은 국내 정치에 중대한 영향을 미쳤다. 당시의 근본적인 문제는 과도하게 증가한 효율성으로 인해 야기된 "과잉 생산"이라고 인식되었다. 획기적일 정도로 현대화된 미국 공장들의 생산량은 신기록을 세우고 국내 소비의 증가 속도가 이에 못 미치자, 주기적인 생산 감축과 해고를 통해 재고를 감축하는 불가피한 선택을 취했다.

이러한 고질적인 문제의 해법을 모색하는 과정에서 미국의 정치인들은 라틴 아메리카를 발견했다. 더 많은 소비자를 찾음으로써 생산 과정에서 재고를 감축시키는 불가피한 조치들을 취하지 않아도 된다고 예상한 스티븐 클리블랜드Stephen G. Cleveland 행정부는 미국의 수출을 촉진하기 위한 1차적인 목적으로 1888년 첫 번째 미주국제회의International Conference of American States를 주최했다. 이 회의는 워싱턴에서 소집되자마자 6주간의 정회를 선언하고 각국 대표단이 보스톤에서 오마하에 이르는 6,000마일의 철도 여행을 통해 미국의 수많은 공장을 방문하도록 일정을 변경했다. 아르헨티나의 로크 페냐Roque Sáenz Peña는 이 회의를 참관하고서 회의의 의장인 제임스 블레인James Blaine 국무장관이 "라틴 아메리카를 시장으로 만들기 원했다"고 정확하게 지적했다.[2]

당시 라틴 아메리카 역시 미국의 고객을 찾고 있었기 때문에 미국과의 교역을 환영했다. 라틴 아메리카의 당밀 판매는 19세기 구리에 대한 폭발적인 수요로 상징되는 미국 경제의 산업화를 충족시키기 위해 질산비료 수출과 원자재 수출로 확대되었으며, 이를 계기로 멕

---

2) Roque Sáenz Peña, *Escritos y discursos*, 3권. (Buenos Aires : Jacobo Peuser, 1914~1935), 1권, 163~164쪽. 회의의 동기에 대해서는 다음의 여행 공식 보고서, 미국 상원, *International American Conferences*, Sen Exec. Doc. No. 232, pt. 3, 51st Cong. 1st Sess, 1890을 참조하시오.

시코에서 칠레에 이르는 자원의 원천을 찾았던 윌리엄 브레든William Braden이나 구겐하임Guggenheim 형제와 같은 재벌가들이 탄생했다. 그 뒤로 석유가 그 자리를 차지했다. 미국은 에드워드 도허니Edward Doheny의 첫 번째 멕시코 유정이 1904년 산유를 시작할 때까지 석유를 수입하지 않았으며, 1차 대전에 이르기까지 미국 내의 정유들은 필요한 만큼 석유를 생산했다. 그러나 시장의 수요가 곧 국내 생산량을 초과하게 되었고, 1920년 멕시코는 전 세계 석유 소비의 24%를 생산했으며, 1914년의 200만 대에서 1920년에 900만 대로 차량이 늘어난 미국에 대부분의 석유를 수출하고 있었다.

당시에는 모든 사람들이 자가용을 원하고 모든 자동차가 동시에 석유를 필요로 했기 때문에 많은 전문가들이 미국의 석유 보유분이 곧 고갈될 것으로 예측할 정도였다. 당시 하딩Harding 행정부의 허버트 후버Herbert Hoover 상무부 장관은 찰스 에반스 휴스Charles Evans Hughes 국무부 장관과 가졌던 회의에서 "유럽의 업체들이 먼저 손을 뻗기 전에 미국의 정유 업체들이 라틴 아메리카와 그 외의 석유를 확보해야 한다는 내 제안에 대해 휴스 장관은 적극적인 동의를 표했다. 그 결과, 대표적인 정유 업체들의 모임이 소집되었고, 라틴 아메리카의 유정 지역의 땅을 대부분 미국이 획득하는 조치가 취해졌다."[3] 1928년 후버가 대통령으로 선출될 즈음, 수백 개에 이르는 미국의 정유 업체들은 라틴 아메리카에서 원유 채굴 사업을 진행했으며, 서반구 경제 전체의 통합이 가속화되었다.

1차 세계대전으로 라틴 아메리카 시장에서 유럽인들이 빠져나가게 된 것은 큰 문제가 되지 않았다. 라틴 아메리카 소비자들은 유럽

---

3) The Memoirs of Herbert Hoover, 2권(New York : Macmillan, 1951~1952) 2권, 69쪽.

의 공급자들과 단절되자 유일한 대안으로 눈을 돌리게 되었고, 미국의 대 라틴 아메리카 수출은 1916년 5억 4,000만 달러에서 1920년 16억으로 늘어났으며, 유럽은 라틴 아메리카 시장에서 전쟁 전에 누리던 우위를 다시는 회복하지 못했다. 1913년 연방준비법Federal Reserve Act이 새로 제정되면서 미국 은행들이 최초로 해외 지점을 개설하게 된 것도 대수롭지 않은 일이었다. 전쟁이 발발하던 시기 뉴욕의 내셔널 시티 은행이 최초의 해외 지점을 개설했던 장소는 런던이나 취리히, 암스테르담이 아닌 부에노스아이레스였다. 전시의 혼란 속에서 유럽의 경쟁자들을 금융 시장에서 퇴출시켰고, 내셔널 시티 은행은 1920년까지 라틴 아메리카에 56개 지점을 개설했다. 이들의 임무는 무역을 촉진하는 것이었으며, 뉴욕은 곧 세계의 금융 자본의 중심지가 되었다.

이렇게 증대된 경제적 연계는 미국의 안보 이익에 도움이 되었다. 1939년 히틀러가 폴란드를 침공함으로써 2차 세계대전이 발발한 지 2주가 지나자 근심에 찬 한 국무성 관료는 워싱턴이 "평화로우면서도 영구적으로 복합적이며 영향력을 미칠 수 있는 공간을 만드는 가장 어려운 임무"에 집중해야 한다고 설득했고, 미국의 민간 부문에게 핵심적인 역할을 배당했다. "무역이 이런 영향력의 영구한 토대이기 때문에 미주를 아우르는 일련의 경제 기구는 현재 21개국에서 시행되고 있는 통화와 세관 규제의 간소화를 목표로 해야 하며, 이러한 목표는 달러화를 바탕으로 해야 한다."[4] 이러한 정책은 1945년 2차 세계대전의 종결과 함께 실현되었다.

오늘날 북미자유무역협정NAFTA, 중미자유무역협정CAFTA, 미주자유

---

4) Harley A. Notter to Laurence Duggan, 12 September 1939, 710.11/2417 2, Record Group 59, National Archives.

무역지대FTAA 등 미주 대륙 경제 통합의 추진 여부와 방법을 둘러싼 논쟁은 300년 전 당밀과 대구 절임의 단순한 교환으로 시작된 역사적 과정을 논리적으로 확장시킨 것으로 이해할 수 있다. 이 과정이 중요한 추진력을 얻어 이후에 미국의 생산자를 위한 더 많은 시장을 찾고 미국의 소비자들을 위한 더 많은 공급자들을 얻으려는 더디지만 지속적인 확보의 과정으로 발전하게 되었다. 과거에는 단순히 산업에 필요한 원자재를 찾아 나섰지만 이제는 커피에서 코카인에 이르는 모든 것을 포함한 경제 관계의 매우 복합적인 배열로 발전했으며, 최근에는 현지와 미국에서 일할 수많은 라틴 아메리카 노동자를 필요로 하게 되었다.

오늘날의 관계는 더욱 복잡해졌기 때문에, 예전에는 상상조차 하지 못했던 전자 지적 재산권 보호와 같은 문제들을 둘러싼 지속적인 협상이 필요하지만, 이러한 복잡성이 그 기본 틀을 해쳐서는 안 된다. 남북 아메리카의 경제는 수 세기동안 합병되어 왔으며, 교통과 통신의 발달은 놀라운 속도로 통합을 가속화시켰다. 이 책에서 아너Anner교수와 레이가다스 교수가 지적하고 있듯이, 통합 과정은 이익뿐만 아니라 비용도 발생시키며, 승자와 패자를 낳기 때문에 우리는 성과를 분배하고, 특히 손실을 보다 공평하게 감당할 메커니즘을 개발해야 한다. 그러나 우리가 통합 과정을 수정하거나 속도를 늦출 수는 있어도, 현재로써는 어떤 정치 세력도 이를 추동하는 논리를 철회할 수 없는 지점에 도달했다. 미국은 라틴 아메리카가 구입하기를 원하는 상품과 서비스를 너무 많이 생산하고, 라틴 아메리카는 미국이 구매할 상품과 서비스(특히 생산직 노동)를 너무 많이 생산하고 있기 때문이다. 거칠게 말하자면, 버몬트 사람들이 알라바마 사람들 없이도 살 수 있는 것처럼 남북 아메리카는 서로가 없어도 살

수 있지만, 아메리카 대륙의 10억에 이르는 사람들은 이미 그렇게 하지 않기로 암묵적이지만 돌이킬 수 없는 결정을 내렸다.

미국 안전의 보호

통합 과정을 가속화한 두 번째 중요한 이유는 라틴 아메리카에서 미국의 안보 이익이 극적으로 변화했기 때문이다. 라틴 아메리카는 미국과 인접해 있고, 이 물리적 근접성은 미국의 첫 번째 대 라틴 아메리카 정책인 1811년의 불양도 결의안No-Transfer Resolution의 직접적인 원인이 되었다. 이 정책은 반도 전쟁 동안 영국이 나폴레옹의 축출을 도운 것에 대한 부분적인 대가로 스페인으로부터 플로리다를 획득할 수 있다는 워싱턴의 견해를 반영한 것이다.[5] 이는 미국의 결의를 담은 성명으로, 영국과의 전쟁이 발발하기 고작 한 달 전에 발표된 것이었고, 영국이 남부 항구를 봉쇄하기 위한 기지이자 무기고로 사용하기 편리한 장소로 플로리다의 가치를 매길 것이라는 견해를 반영한 것이다. 결국 스페인은 플로리다를 양도하지 않았고 곧 1812년 전쟁이 발발했다. 그러나 10년이 채 못 되어 이는 공화주의를 억압하려는 의도를 가진 군주제 신성 동맹Heilige Allianz의 위협으로 대체되었다. 신성 동맹은 1822년 프랑스가 스페인에서 페르디난드의 군주정을 복원하도록 승인했다. 워싱턴은 스페인에 저항하는 식민지들이 줄지어 저항할 것을 우려하여 미국의 두 번째 성명을 발표했는데, 이것이 1823년의 먼로 독트린Monroe Doctrine이다. 이는 강력한

---

5) 2 Stat. 666. 의회 토론에 대해서는 *Annals of Congress*, 22권 269~280쪽, 486쪽, 1117~1148쪽을 참조하시오.

적수가 라틴 아메리카 내에 발판을 획득할 것이고, 따라서 이것을 미국의 안보를 위협하는 데 사용할 것이라는 불양도 결의안과 동일한 견해를 반영했다.

이러한 초기의 안보 정책은 두 가지 확신에 기초를 두었고, 이는 오늘날까지도 쉽게 이해할 수 있다. 첫째로, 신중한 이들은 잠재적 적수를 팔이 닿는 거리에 둔다는 것이며, 둘째는 약한 이웃이 강한 이웃보다 더 낫다는 것이다. 약한 스페인과 이보다 훨씬 더 약한 라틴 아메리카 각국은 미국의 안보를 위협할 능력이 없었다. 왜냐하면 콜롬비아 주재 미국 외교관이 1820년대에 보고했던 것처럼, 지역 전체가 "개척되지 않은 대륙에 2,000만 명이 퍼져 있는" 정도였기 때문이다.[6] 스페인이든 라틴 아메리카의 누구든 미국의 영향력 안에서 자신의 영토를 통치하면 그만이다. 당시 제임스 먼로James Monroe 국무장관은 "동플로리다 자체는 비교적 아무것도 아니다. 그러나 영국에게는 거점으로써 매우 중요하다. 동플로리다는 멕시코 만과 미시시피강과 그 지류, 모빌강으로 흘러가는 시내를 포함한 주변의 모든 물을 차지하고 있으며, 가장 비옥하고 생산적인 영토 중 큰 비중을 차지하고 있다. 항해와 교역은 이곳에 전적으로 의존하고 있어서, 골칫거리가 된다."고 결론 내렸다.[7] 그때나 지금이나 라틴 아메리카가 플로리다 해협과 유카탄 수로를 차단함으로써 미국의 무역을 막으리라고는 아무도 상상할 수 없었다.

그러나 이 계산은 바뀌었다. 과학은 발달했고, 기술 주도의 진보는 대륙간 탄도 미사일이라는 악몽을 낳았으며, 150여 년의 역사에

---

6) Beaufout T. Watts to Henry Clay, 10 March 1828, Despatches from Colombia, Record Group 59, National Archives.
7) Monroe to John Quincy Adams, 10 December 1815, Instructions to U.S. Ministers, National Archives.

서 라틴 아메리카는 미국 안보에서 중요성을 상실했다. 1962년 쿠바 미사일 위기가 발생했을 당시, 케네디 대통령은 "소련이든 90마일 떨어진 곳에서 날아온 것이든 대륙간 탄도탄의 공격을 받는 것에는 큰 차이가 없다."고 평했다. 사실은, 쿠바로부터 거리가 가깝기 때문에 소련은 미국을 공격할 때 비행시간을 줄인다든가, 좀 더 정확하게 겨냥할 수 있다든가 하는 전략적 이점을 누릴 수 있었지만 케네디가 미사일 시대에 "거리는 그렇게 중요하지 않다."고 하자 대부분의 사람들이 고개를 끄덕였다.[8]

그러나 당시 라틴 아메리카는 미국의 안보 정책을 추동했던 근본적이고 더욱 명확한 "지척의 거리"라는 논리만큼이나 강력한 상징적 중요성을 획득했다. 20세기 중반에 이르러 미국은 라틴 아메리카를 자신의 영향력이 미치는 영역이자 세계를 아우르는 권력으로써 미국의 지위를 과시할 수 있는 장소로 여기게 되었다. 이는 냉전보다 수십 년 전에 시작된 것이기 때문에 문자 그대로의 의미에서 상징적인 의미로의 변화를 예상했어야 했다. 당시 국무성의 차관보였던 이는 멕시코가 1912년 이래로 미국의 보호국이었던 니카라과에 개입하기 시작했던 1920년대 후반, "우리는 중앙아메리카에 멕시코와 같은 다른 세력이 개입할 시 이를 묵인해야 할지, 우리의 지배적인 지위를 주장해야 할지 결정해야 한다."라고 주장했다. 이는 미국이 니카라과로부터 무엇인가를 원했기 때문이 아니다. 니카라과는 100년 전 동東플로리다가 먼로에게 지녔던 의미와 동일하게 1920년대 미국의 관료에게 "비교적 아무것도 아닌" 것이었다. 멕시코가 니카라과를 미국에 대한 공격을 펼칠 기지로 사용할 것도 아니었다.

---

8) "Cuban Missile Crisis Meetings, October 16, 1962," 대통령 녹취, John F. Kennedy Library, Boston.

그보다는 "멕시코의 작전이 성공한다면 미국이 손실을 회복하는 데 많은 시간이 걸릴 것이기 때문이었다. 미국의 영향력의 눈에 띄는 증거는 사라질 것이고, 이는 다른 나라에 미국 정부가 아무것도 아니라는 인식을 심어 줄 것이다."[9]

냉전을 통해 라틴 아메리카는 미국의 결단력의 상징이라는 견해가 신성시되었음을 볼 수 있었고, 이런 관점을 가장 분명하게 지닌 이는 레이건 대통령이었으며, 그는 의회에 엘살바도르에서 미국의 헤게모니를 유지하기 위해 필요한 예산을 요청하면서 "미주의 안보는 중앙아메리카에 달려 있다. 우리가 만약 여기서 우리를 방어하지 못한다면, 다른 어느 곳으로도 뻗어나가기를 기대할 수 없다. 미국에 대한 신뢰는 붕괴할 것이고, 우리의 동맹은 조각날 것이며, 본토의 안보는 위험에 처하게 될 것이다."고 설명했다.[10] 이런 논리는 중앙아메리카를 전 세계라는 장기판에서 졸卒이 되도록 했다. 이 게임에서 두 초강대국의 목표는 자신의 말을 보호하기 위해 적의 말을 잡는 것이다.

미국의 대 라틴 아메리카 정책에서 냉전에 대한 워싱턴의 가장 중요한 문제는 "모스크바의 움직임에 어떻게 맞설 것인가"하는 전술적인 문제였다. 미국은 경제적 원조로 라틴 아메리카의 마음을 얻기 위해 노력할 것인가, 아니면 라틴 아메리카 내 워싱턴 동맹 세력의 힘을 강화하기 위해 군사적 원조를 해야 하는 것인가를 두고 고민했다. 결국 둘 다 정답이었다. 경제적 지원은 1950년대 초반 상호안전

---

9) Robert E. Olds, "Confidential Memorandum on the Nicaraguan Situation," 날짜 미상. "1927년 1월 경", 817.00/5854. Record Group 59, National Archives, 강조는 추가.
10) "Central America" 상하원 공동 회기 전 연설, 27 April 1983, *Public Papers of the Presidents of the United States*, 1983, 601~607쪽.

보장법Mutual Security Act에 따라 온건하게 개시되었고, 1960년대 케네디 대통령의 진보를 위한 동맹Alliance for Progress과 함께 극적으로 확대되었다. 또한 레이건 대통령의 카리브해 경제권 활성화를 위한 발의와 아버지 부시 대통령의 범미자유무역구상Enterprise for the Americas Initiative은 냉전이 종결될 때까지 지속되었다. 이런 당근이 제공되는 동시에, 미국의 군사적 원조는 우방국을 지원하기 위한 채찍을 제공했다. 이들 우방국 중 몇몇은 비난받아 마땅하지만 믿을 만한 반공주의 독재 국가였다. 동시에 중앙정보국CIA은 실패한 피그만the Bay of Pigs침공과 좌파 성향이었지만 민주적인 라틴 아메리카의 몇몇 정부를 쓰러뜨린 쿠데타를 은밀히 지원하면서 소련으로 돌아설지도 모를 토착 좌파들을 무력화했다. 여기에는 1950년대 과테말라의 야코보 아르벤스Jacobo Arbenz, 1960년대 브라질의 조앙 굴라르João Goulart, 1970년대 칠레의 살바도르 아옌데 Salvador Allende가 포함된다. 이에 대한 모든 비용은 미국의 안보에 대한 요구라는 명목으로 정당화되었다.

냉전이 종결되고 소련이 붕괴하자 많은 관찰자들은 1990년대 미국의 경쟁 상대인 초강국의 도전이 사라진 상황에서 미국 정부가 먼로 독트린 위반을 막기 위해 설계된 군사 지원 프로그램을 감축시킬 것으로 기대했다. 전등이 생겨 난 후 램프등이 사라진 것과 마찬가지 이치였지만 새로운 위협이 지목되었고 이는 미주대륙 외부 세력이 라틴 아메리카를 차지하는 것과는 아무런 관련이 없었다. 미 국무성은, 오늘날 "우리는 지역 내에서 주요한 두 가지 형태의 고질적인 위험에 직면해 있다." 첫째는 마약 판매상과 "마약 산업으로부터 실질적인 지원을 받는" 도시 폭력단이며, 둘째는 "반미 감정을 부추겨 국익을 침해하여" 미국의 이익을 방해하는 "급진적 포퓰리즘라

는 새로운 위협"이다.[11]

　미국은 마약 거래 및 폭력단의 폭력에 대해서는 묵인했지만, 라자로 카르데나스Lázaro Cárdenas 멕시코 대통령이 미국이 지배하는 석유 산업을 국유화 했던 1930년대부터 라틴 아메리카의 포퓰리즘이라는 위협과 싸워왔다. 그때부터 지금까지 미국의 관료들은 보통 이들 포퓰리즘 지도자들이 미국의 적수들에 의해 고무되고 지원 받거나 조종당한다고 주장했다. 예를 들어, 버나드 바루크Bernard Baruch는 2차 세계대전 전야에 멕시코를 방문한 후 루스벨트 대통령에게 카르데나스의 석유 국유화가 "일본, 이탈리아, 독일에 의해 조장되었다." 고 보고했다.[12]

　라틴 아메리카 포퓰리즘에 대한 이러한 해석은 특히 2차 세계대전 중, 그리고 그 직후에 두드러졌다. 당시 후안 페론Juan Perón이 이끄는 아르헨티나는 독립적인 외교 정책을 채택했고, 다른 라틴 아메리카 정부가 그의 주도력을 따르도록 장려했다. 아돌프 벌Adolph Berle 국무성 차관보는 "페론은 아르헨티나의 생활을 완전히 장악했다."고 적었다. 또 "아르헨티나의 지도자는 페루까지 뻗어나갈, 아르헨티나가 통제하는 파시스트 블록을 구축하려고 시도하고 있다."고 덧붙였다. 여기서 벌은 아르헨티나가 "독일과 한통속"이라고 경고했다.[13] 그러므로 페론의 아르헨티나는 타파해야 할 또 하나의 권력이 되었고, 독일과 일본의 항복 이후까지 적대적인 정책이 지속되었다. 미국의

11) General James T.Hill, commander, United States Southern Command, testimony before the Committee on Armed Services, U.S. House of Representatives, 24 March 2004.
12) Baruch to Franklin D. Roosevelt, 11 October 1938, Bernard Baruch Papers, Seeley Mudd Manuscript Library, Princeton University, Princeton, NJ.
13) Berle Diary, 6 , 10 January 1944, 12 February 1945, Adolph Berle Papers, FDR Library, Hyde Park, NY.

한 외교관은 1945년 10월 페론이 경쟁 군사 그룹에 의해 수감되었을 때에는 의기양양하다가, 페론으로부터 복지를 얻고 그에게 엄청난 지지를 보냈던 생산직 노동자들의 시위에 의해 석방되자 실망하여 워싱턴에 다음과 같이 보고했다. "어제의 사건에 따라 페론 정권의 파시즘적 성격은 다시 한 번 강조된다. 시위대는 독일의 브라운 셔츠단과 이탈리아의 검은 셔츠단과 같은 파시스트 노선을 따르는 엄청난 깡패 조직이었다."[14] 그 뒤 페론이 대통령 선거에 후보로 출마했을 때, 워싱턴은 "페론 정부가 활발하게 움직이는 아르헨티나의 전체주의자 연합과 제휴하여 독일의 나치에 협력하고 있다."고 아르헨티나 유권자들을 설득하기 위해 그 유명한 〈청서*Blue Book*〉를 발행하며 야당을 지원했다.[15]

그러나 아르헨티나 역사상 가장 깨끗하고 모든 이들의 참여를 보장하는 선거에서, 페론은 민족주의 정서에 호소하여 압도적인 승리를 이루었다. 그리고 외교 관계에서 "제3의 입장"을 고수했다. 그렇다면 워싱턴의 반응은 어떠했을까? 파시즘이 더 이상 위협적이지 않게 되자 〈청서〉를 책임졌던 국무성 차관보는 시대적 변화에 적응하고자 선거가 끝난 한 달 후에 "현재 공산주의자들이 페론에 적극적으로 편승하고 있다."고 보고했다.[16]

페론이 썼던 드라마의 한 장면 한 장면을 재연하듯이 21세기 초 급진적 포퓰리즘는 석유 부국 베네수엘라의 차베스에 의해 현실화

---

14) John Cabot to Secretary of State Byrnes, 19 October 1945, *Foreign Relations of the United States*(이하 FRUS), 1945, 9권 422~423쪽. 독일은 5월에 항복했고, 일본은 8월에 했다.
15) 미 국무부, *Consultation Among the American Republics with Respect to the Argentine Situation : Memorandum of the United States Government*(Washington, DC : GPO, 1946), 65~66쪽.
16) Braden to Messersmith, 8 March 1946, FRUS 1946, 11권, 233쪽.

되고 있다. 베네수엘라의 소외 계층으로부터 인기를 얻고 있는 차베스는 베네수엘라의 석유가 만든 부를 단지 빈민들의 생활을 개선하는 데만 사용하려는 것이 아니라 라틴 아메리카에서의 미국 헤게모니에 도전하는 데에도 사용하려는 것으로 보인다. 세 번의 선거를 통해 워싱턴이 불안해할 정도로 쉽게 물리칠 수 없는 인물임이 증명되었다. 미국 정부로부터 재정을 지원받는 전국 민주주의 지지위원회National Endowment for Democracy라는 차베스의 반대 세력의 방해에도 불구하고 차베스는 선거에서 승리했다. 미국이 베네수엘라의 2004년 대통령 소환 국민투표(여기서 차베스는 완전히 승리했다.)에서 차베스 반대 세력을 지지한 것은 페론의 아르헨티나에 대한 미국의 정책과 비교했을 때 거의 비슷할 정도로 교활한 것이었다. 워싱턴이 차베스를 비판한 첫 번째 초점은 차베스가 권위주의적으로 행동하며 베네수엘라의 민주주의를 위협한다는 것이었고, 두 번째 초점은 베네수엘라가 카스트로가 이끄는 쿠바와 연계를 맺고 있다는 사실이었으며, 히틀러가 통치한 독일과 스탈린이 이끈 소비에트 연방의 현대적 모습으로 이해할 수 있다.

최근 국방성이 발간한 라틴 아메리카로부터의 안보 위협에 관한 두 종의 보고서, 즉 차베스의 급진적 포퓰리즘에 관한 보고서와 조직적 범죄 집단을 테러리스트의 위협으로 탈바꿈시킨 보고서를 읽어 보면, 단지 인간의 상상력이 시대의 변화에 얼마나 빨리 적응할 수 있는지에 대해 놀랄 뿐만 아니라 한 가지 문제(냉전 시기 양극의 세력 균형을 위한 난제)를 다루기 위해 고안된 프로그램이 얼마나 재빠르게 다른 문제를 다루도록 변화할 수 있는지에 대해서도 놀라게 된다. 물론, 오늘날 근본적인 세계 안보 문제는 테러리즘이며, "폭탄, 살인, 납치, 마약 거래, 무기 거래, 돈 세탁, 밀입국 등을 담당하는 남부 사령부 전역의 테러리스트"[17]에 대한 미 국방부의 경고에서도 알 수 있다. 그런데 이를 테러리즘이라고 불러야 하나? 이 책에 수록된 콜레타 A. 영거스Coletta A. Youngers가 쓴 마약전쟁에 관한 장과 마크 웅거Mark Ungar가 쓴 범죄에 관한 장은 미국이 오늘날 라틴 아메리카의 "마약 테러리스트Narcoterrorists"[18]라고 규정하는 것이 단지 과거에도 존재하던 범죄이거나 좀 더 정확하게는 조직된 범죄로 군사적 원조를 오늘날 테러리즘에 집착하는 안보 환경에서 중요한 것으로 만들기 위해 쉽게 재포장한 것이다.

이러한 재포장 과정에서 가장 핵심적인 측면이 미국의 마약 정책에 관한 논쟁이나 차베스의 포퓰리즘에 대한 워싱턴의 분노에 대한 논쟁 속에서 사라져버렸다. 라틴 아메리카에서 미국의 안보 이익은 "라틴 아메리카화" 되어 왔다. 역사상 처음으로 안보 이익은 더이상 안보적 관점에서 영국, 신성 동맹, 나치, 소련 등의 외부의 강력한 적국을 상정하는 진부한 개념으로부터 탈피하게 되었다. 오늘날 현실이나 가상의 위협은 모두 토착 세력이다. 200년 동안 라틴 아메리카에는 미국과 마찬가지로 납치와 살인, 마약 거래, 돈 세탁을 하는 조직된 집단이 존재했을 테지만 미국의 정책이 이러한 조직된 범죄를 안보 위협으로 여긴 적은 한 번도 없었다. 그러나 오늘날 미국은

---

17) General James T.Hill, commander, United States Southern Command, testimony before the Committee on Armed Services, U.S. House of Representatives, 24 March 2004.
18) 남부사령관 힐 장관은 2004년에 그랬던 것처럼 의회 연설에서 다음과 같이 말했다. "마약 거래자와 테러리스트 활동 사이에 유의미한 구별점은 없으며, 따라서 '마약 테러리스트'라는 용어는 물론 사실이 아니다. 테러리스트는 미국이 방어하는 정치적 목표를 추구하지만 마약 거래자는 자신의 상품을 판매할 시장을 찾는다. 테러리즘에 대한 해결책은 항상 분명하지 않지만, 마약 거래에 대한 해결책은 분명하다. 마약 거래는 교육과 치료를 통해 미국 내에서 마약에 대한 수요를 줄이거나 (금지 실험을 인용하면서 몇 가지 제안으로) 마약 사용을 합법화하면 된다."

그렇게 여기고 있다. 2005년 미 국방부는 의회에서 라틴 아메리카가 "세계에서 가장 폭력적인 지역"이라고 경고했으며, "10만 명 당 27.5건의 살인"과 같은 범죄 행동을 뒷받침하는 자료를 제시하면서 마치 미국의 법 집행 기관이 마약이 넘쳐나고 폭력으로 얼룩진 미국 내 도시의 한 동네에 대해 이야기하듯이, 라틴 아메리카에 대해서 이야기했다.[19] 그들은 미국과 라틴 아메리카가 마치 한 나라이기라도 한 것처럼 이야기했다. 우리가 남아메리카와 북아메리카에서 폭력 집단에 기반을 둔 마약 거래나 안타까운 도시의 풍경의 차이와 같은 위험으로부터의 자유를 안보의 개념으로 규정하는 한에서는 물론 그렇다. 만약 그렇다면 라틴 아메리카의 법 집행에 관한 문제는 우리의 안보에 관한 문제가 되며, 우리가 이 문제들을 함께 다뤄야 한다는 국무부의 주장은 옳다. 미국의 안보 문제에 관한 한 통합은 기본적으로 완벽할 정도이다.

미국 내부의 정책 : 제동 장치 활용하기

오늘날 안보 정책에 관한 논쟁은 미국 시민 대부분의 일상생활과 동떨어져 있다. 미국의 라틴 아메리카 정책 중에서 냉전 시기부터 9.11 이후 미국 국민들이 관심을 쏟는 부분이 있다면 그것은 경제 문제며, 여기서 통합 과정에 영향을 미치는 제3의 힘, 즉 국내 정책이 통합 과정의 속도를 늦추고 있다. 국내 정치를 감안한 효과는 특

---

19) General Bantz J. Craddock, commander, United States Southern Command, testimony before the Committee on Armed Services, U.S. House of Representatives, 9 March 2005.

히 2005년 중미자유무역협정에 관한 논쟁에서 분명하게 드러난다. 당시 미국 내 설탕 생산자들은 생산 비용을 덜 들이는 중앙아메리카의 생산자들과 경쟁할 것을 우려하여 협정 중단 투쟁을 활발하게 전개했다. 비록 그들은 패배했지만 승리에 버금가는 부속 협정을 이끌어냈다. 통합의 정도를 라틴 아메리카의 설탕을 미국인들이 얼마나 쉽게 이용할 수 있는지로 측정한다면, 중미자유무역협정은 통합 과정을 중단시킨 셈이다.

그러나 이것은 전혀 새로운 것이 아니었다. 미국은 무역 정책의 국내적 이행을 놓고 200년 동안 씨름해왔다. 보통 관세를 높일 것인가, 낮출 것인가를 둘러싼 문제였는데, 설탕에 관해서는 한 세기 동안 단맛을 좋아하는 미국인들을 만족시킬 권리를 누가 가져야 하는가에 관해 논쟁해왔다. 이 논쟁은 1898년에 시작되었는데, 당시 윌리엄 맥킨리William Mckinley 대통령이 스페인에 대한 선전포고를 의회로부터 승인 얻기 위해 국내 설탕 생산자들과 타협을 이루었고, 특히 전쟁을 승인하는 결의안을 수정하여 미국이 스페인령 쿠바를 합병하지 않을 것을 명시하는 것에 동의했다. 당시 록키산 주변에서 발달한 사탕무 산업을 대표하는 콜로라도 상원 의원인 헨리 텔러Henry Teller가 이 수정안을 제출했다. 사탕무 생산자들은 만약 쿠바가 미국으로 합병된다면 쿠바의 무관세 설탕이 사탕무 생산자들을 파산하게 만들 것이라는 그럴싸한 우려를 했다.

그 뒤 전쟁이 끝나고 쿠바가 독립하려고 할 때 쯤, 쿠바에 주재하던 미군 통치자는 루스벨트 대통령으로 하여금 쿠바에서 생산된 설탕의 관세를 철폐하도록 설득했다. 신생 독립국에 주요 생산물에 대한 확고한 시장을 제공하기 위한 것이었다. 이에 긴장한 공화당의 유타 주 위원장은 엘리후 루트Elihu Root 전쟁성 장관에게 재빠르게 편지를 썼다. 그는 쿠바의 독립 전 정부에 대한 총체적 책임을 지고 있었고, 대통령 및 공화당의 주요 인사와 절친한 친구였다.

현재 상호 합의에 따라 쿠바산産 설탕에 대한 관세를 철폐하자는 제안이 제출되었습니다. 만약 이것이 실현된다면 유타Utah 주의 사탕무 산업은 붕괴할 것입니다. 1년 전 공화당이 유타 주에서 승리를 거둔 것은 사탕무와 정제 공장의 설립에 대한 전망 때문이었습니다. 한 달 전 공화당이 유타 주 내 여러 도시에서 승리를 거둔 것도 같은 이유에서였습니다. 만약 이 제안대로 관세가 철폐되거나 실질적으로 감축된다면 유타 주에서 민주당 출신의 상원 또는 하원 의원이 등장하게 될 것입니다.[20]

루스벨트는 쿠바의 설탕 관세를 20% 감축하는 타협안을 제시했다. 이는 쿠바에만 해당되는 것이었고, 미국의 라틴 아메리카 정책을 실질적으로 결정하게 될 국내 생산자들에게 손해를 가져오지 않을 만큼이었다.

오늘날 미국의 주요 정치인들은 상당히 다른 방식으로 국내 정치에서 쿠바가 차지하는 중요성을 정확하게 인식하고 있다. 쿠바의 1959년 혁명은 미국과 라틴 아메리카의 통합에 영향을 끼친 가장 중요한 사건으로 평가된다. 이는 단순히 혁명이 쿠바인들을 미국의 국내 정치 체계 내로 통합시켰기 때문이 아니라 이 통합이 다른 나라에도 경로를 열어주었기 때문이다. 쿠바 혁명이 미국 정치에서 차지하는 비중은 야구에서 제키 로빈슨Jackie Robinson(메이저리그에 진출한 최초의 아프리카계 흑인 야구 선수 - 옮긴이)이 차지하는 비중과 같다.

---

20) James A. Miner to Elihu Root, 19 November 1901, Elihu Root File, Philip Jessup Papers, Manuscripts Division, Library of Congress.

이는 단지 쿠바 혁명이 반대 세력들을 미국으로 망명하게 만드는 데 그치는 것이 아니었으며, 전혀 새로운 일도 아니었다. 19세기의 여러 국무장관들도 1933년에 코델 헐Cordell Hull 국무장관의 다음과 같은 주장을 똑같이 할 수 있었을 것이다. "중요한 정치 지도자들뿐만 아니라 쿠바의 지도급 지식인들 대다수가 강제적으로 쿠바를 떠났고 이들 중 대부분은 미국으로 망명했다."[21] 1959년 혁명에서(그리고 현재도) 새로운 것은 기간이다. 카스트로가 아바나에 의기양양하게 입성하고서 40년이 지난 2000년, 인구 조사에 따르면 쿠바계 미국인이 120만에 달하며, 이들 중 많은 이들이 쿠바로 돌아가 카스트로 이후의 쿠바에서 살 것인지는 의문스럽다. 이들 중 전체의 40%에 이르는 다수가 아직 미국 시민이 되지 않았으며, 미국에서 출생한 쿠바인의 다수(30%)는 아직 어려서 투표권이 없고, 몇몇 중립적인 쿠바인들도 쿠바로 돌아가지 않을 것이 확실해 보인다. 그럼에도 불구하고, 이 숫자는 정치적으로 매우 중요하다. 왜냐하면 이들은 급속도로 그리고 집중적으로 플로리다에 모여들고 있기 때문이다. 플로리다의 선거인은 27명으로 승자독식의 선거인단 체계에서 네 번째로 큰 규모다. 쿠바계 미국인은 플로리다 유권자의 4%를 차지하며 이들 중 다수가 카스트로의 쿠바에 대한 적대 정책을 보고 표를 던진다. 이것이 바로 오늘날 쿠바 정책이 미국의 국내 정치와 외교 정책의 통합을 보여주는 교과서적인 예라고 할 수 있다. 민주당의 대선 후보였던 엘 고어Al Gore는 클린턴 행정부가 엘리안 곤잘레스Elián González라는 소년을 쿠바로 돌려보낸 지 다섯 달이 지난 2000

---

21) Hull to Sumner Welles, 1 May 1933, 711.37/178A, Record Group 59, National Archives. 미국에서 난민을 찾으려는 쿠바인의 역사적 경향에 대한 분석으로는 Guillermo J. Grenier and Lisandro Pérez, *The Legacy of Exile : Cubans in the United States*(Boston : Allyn and Bacon, 2003).

년 플로리다에서 537표 차이로 낙선하여 결국 백악관행에 실패했다.

쿠바의 망명자들은 1980년대에 미국의 정치 체계에 서서히 통합되어갔고, 냉전이 종결되자 국가 안보 당국자들이 비워둔 정치적 공간 안으로 완전히 자리를 이동했다. 필립 브레너Philip Brenner는 이 점을 처음으로 지적하고 1990년 "백악관은 국내 로비 세력으로부터 영향을 받은 의회 내의 주도적 집단에게 쿠바 정책을 위임했다."고 기록했다.[22] 실제로 1989년 쿠바계 미국인이 최초로 의원에 당선되었다. 오랫동안 마이애미 하원 의원직을 지냈던 민주당의 클로드 페퍼Claude Pepper 의원이 사망한 후 치러진 보궐 선거에서 쿠바계 미국인인 공화당의 로스 레티넨Ros-Lehtinen이 그의 자리를 물려받았다. 그녀는 마이애미의 쿠바계 미국인 공동체의 정치적 영향력을 확대하며 경력을 쌓아왔다. 그녀의 선거 운동을 지휘한 것은 당시 부시 대통령의 아들인 젭 부시Jeb Bush였는데, 그는 이 지역 유권자들을 열광하도록 만들기 위해서 무엇이 필요한지 알고 있었다. 그의 아버지는 로스 레티넨의 기금 마련 행사 참여 차 마이애미에 와서 "쿠바와의 관계 계선은 전혀 없을 것"이라고 약속했다.[23]

그러나 공화당으로부터 이 약속을 받아낸 것은 단지 국가 안보 당국자들이 내준 정치적 공간을 얻기 위한 전투의 절반일 뿐이었다. 냉전 후 미국 정책에 대한 쿠바계 미국인의 영향력을 확고하게 만든 것은 이들을 사로잡은 나머지 절반, 즉 민주당이었다. 1990년대가 시작되자 쿠바계 미국인의 표를 얻는 데 가장 열성적이었던 이는 뉴저지 주 하원의원(나중에 상원의원이 됨)이었던 로버트 토리첼리 Robert

---

22) Philip Brenner, "The Thirty-Year War," *NACLA Report on the Americas* 24 (November 1990) : 18.
23) "Remarks at a Campaign Fund-raising Luncheon, Miami, Florida," 16 August 1989, in *Public Papers of the Presidents of the United states*, 1989, 1093쪽.

Torricelli였다. 그와 1위 자리를 놓고 다투는 이들이 줄을 섰는데, 여기에는 플로리다 상원의원 로버트 그레이엄Robert Graham과 마이애미 하원의원 단테 파셀Dante Fascell 등이 포함된다. 이들은 미국이 왜 소련에 대해서는 긴장 완화를 추구하면서 쿠바에는 적대 정책을 유지해야 하는가 하는 질문에 대해, 표를 의식한 정치인답게 다음과 같이 대답했다. "플로리다 주 마이애미 시에는 200만 명의 소련인이 살고 있지 않습니다. 그것이 바로 큰 차이라고 여러분에게 말하고 싶습니다."[24] 그 뒤 1992년 부시 대통령이 쿠바계 미국인 의원이 제안한 봉쇄 강화 법안을 부결시키려고 했을 때 민주당 출신의 도전자 클린턴은 마이애미에 거주하는 부유한 쿠바 망명자들을 앞에 두고, 부시 행정부가 "카스트로와 쿠바를 망치로 내려칠 좋은 기회를 놓쳤다."고 말했다. 계속해서 그는 "반면에 나는 토리첼리-그레이엄 법안을 검토했고, 이것이 마음에 든다."고 했다. 백악관은 이러한 도전에 신속하게 반응했다. 몇 주 후 하원 외교위원회가 소집되었을 때 부시 대통령으로부터 "나는 본 위원회가 취하고 있는 조치를 지지한다."[25]라는 내용의 타협 통지서를 받았다. 그리고 선거 직전에 부시 대통령은 마이애미로 가서 쿠바 민주주의 법이라는 법안에 서명했고, 11일 후 플로리다에서 승리했다. 클린턴 대통령은 4년 후 이와 똑같이 1996년 선거 직전에 쿠바 자유민주연대(헬름스-버튼)법에 서명했다. 그는 그해 11월 플로리다에서 승리를 거두었고, 민주당이 이곳에서 승리한 것은 20여년 만에 처음 있는 일이었다.

---

24) U.S. Congress House of Representatives, Committee on Foreign Affairs, *Consideration of the Cuban Democracy Act of 1992*, 102nd Cong. 2nd Sess, 1992, 167~168쪽.
25) Clinton speech, 23 April 1992, reported in *Miami Herald*, 24 April 1992, 115쪽. President Bush's concession is reprinted in *Consideration of the Cuban Democracy Act of 1992*, 446쪽, 464쪽.

쿠바계 미국인과 미국의 쿠바 정책은 현재 매우 긴밀하게 통합되어 있어서 하나를 건드리는 것은 다른 하나도 건드리는 것이다. 아바나 주재 미국 이익 대표부의 대표는 최근 그가 왜 그렇게 자주 마이애미에 가서 쿠바 망명 지도자들을 만나는지에 관한 질문을 받았을 때 "우리는 국내 정치에 주목해야 합니다."라고 답했다.[26] 쿠바 로비 집단 같은 것이 아직은 없지만, 미래는 분명하다. 멕시코계 미국인의 법적 방어 기금MALDEF, 라틴 아메리카 시민 연맹LULAC과 같은 여타 히스패닉 이익 집단은 전통적으로 히스패닉계 미국인들의 국내 시민권에 초점을 두었는데, 이제 이들의 유권자들 역시 이민, 마약 거래, 갱단 폭력과 같은 미국의 라틴 아메리카 정책의 중심을 차지하는 국가 간의 문제들을 우려하고 있다는 사실을 깨달았다. 쿠바의 사례를 통해 볼 때 다른 히스패닉계 미국인들이 외교 정책을 부차적으로 여길 것이라는 생각은 비현실적이다.

편견의 정치

이러한 새로운 히스패닉계 미국인들은 워싱턴의 외교 정책의 문을 두드렸을 때처럼 계속 환영받지는 않을 것이다. 통합은 항상 점진적인 과정이었다. 18세기 후반 버몬트 주 사람들은 멀리 떨어진 알라바마 주 사람들을 포함하는 동맹에 참여했고, 그들이 원해본 적이 없는 것들(솜)에 대한 접근권을 획득했지만 이들은 수십 년 동안 알라바마 사람들을 직접 본 적이 없었다. 마찬가지로 이들은 눈보라

---

26) Interview with James Cason, chief, U.S. Interests Section, Havana, 8 March 2005.

를 헤치고 도착한 카리브해 당밀의 생산자들을 만나본 적이 없으며, 이들의 손자들도 버몬트 주의 로키 지역에서 비료로 사용하는 질산염을 캐는 페루인들을 만난 적이 없다. 오늘날, 이와 완전히 대조적으로 통합 과정의 중심을 차지하는 분야에서 점진적인 변화란 거의 찾아볼 수 없다. 미국 내 히스패닉 인구는 급증하고 있다. 2000년 인구 조사에서 이미 전체 인구의 13%를 차지하던 히스패닉계 미국인은 2000년 3,500만 명에서 2002년 3,900만 명으로 늘어났고, 2005년에는 1억 300만 명에 이르러 전체 인구의 1/4을 차지하게 되었다.

히스패닉계가 아닌 미국인들 중 몇몇은 자신이 속한 공동체의 문화 다양성이 확대되고 있다는 점을 칭송하지만 이는 소수에 불과하며, 대부분은 그보다 덜 긍정적인 반응을 보이며, 우리 모두는 19세기 이래로 인구 구성이 얼마나 변했는지를 보고 놀라기만 할 뿐이다. 당시 루스벨트 대통령은 "미국인들은 결국 멕시코인들을 인구가 희박한 북부 지역에서 밀어내야 한다. 이것이 전체 인류의 선을 위해 가장 바람직할 뿐만 아니라 불가피하다."[27]고 기록했다. 현재 루스벨트가 말한 "미국인"은 자신들이 점차 밀려나고 있다는 사실에 항의하곤 한다.

이들의 관심사를 대변한 이는 하버드대학의 사무엘 헌팅턴Samuel Huntington교수다. 그는 최근 "미국의 전통적인 동일성에 대한 가장 직접적이고도 심각한 도전은 라틴 아메리카에서 오는 막대하고 끊임없는 이민이다."라고 지적했다. 그는 그 이유를 "이런 현실은 다음과 같은 근본적인 의문을 제기한다. 미국은 단일한 민족 언어와 앵글로-청교도 문화의 핵심을 간직한 국가로 남아 있을 것인가?"라고

---

27) Theodore Roosevelt, *Thomas Hart Benton*(Boston : Houghton, Mifflin, 1886). 175쪽.

밝혔다. 헌팅턴의 우려는 현재 라틴 아메리카 이민 규모가 급증하면서 고립된 이민자들의 거주지가 형성될 것이며, 이렇게 되면 새로 이민하는 이들은 미국의 지배적인 문화에 동화하기를 거부하게 될 것이라는 점이다. 그는 "이렇듯 대규모 이민이 (동화 없이) 지속된다면 미국은 두 개의 언어와 두 개의 문화로 분열될 것이다."라고 경고했다. 동시에 그는 이것이 "반드시 세계의 종말을 의미하지는 않지만, 우리가 300년 동안 알고 있는 미국의 종말을 의미한다."고 인식한다. 헌팅턴은 라이오넬 소사Lionel Sosa가 히스패닉 이민에 대해 쓴 《아메리카인의 꿈The Americano Dream》에 대해 논평하면서 "아메리카인의 꿈은 존재하지 않는다. 다만 앵글로-청교도 사회가 만들어낸 아메리칸 드림이 있을 뿐이다."라고 언급했다.[28]

헌팅턴 교수의 언급은 황무지에서 외로이 울려 퍼지는 목소리가 아니다. 2005년 중반 대규모 불법 이민이 만들어낸 문제로 아리조나와 뉴멕시코 주지사는 비상사태를 선포하고, 멕시코 국경 지역에서의 법 집행을 강화하기 위한 기금을 마련했다. 뉴멕시코 주지사 빌 리처드슨Bill Richardson은 "이는 필사적인 조치"라고 설명했다. 동시에 아리조나 주의 이웃 시민들은 자신을 "민병대"라고 칭하며 주 경계를 자체적으로 순찰하여, 자신의 마을을 외부의 공격으로부터 방어하기 위해 보초를 섰던 시절을 떠오르게 했다.

21세기에 접어들자 미국 이민 정책은 또 다른 걱정거리로 인해 더욱 강화되었다. 남북 아메리카의 경제 통합은 미국의 기업들을 임금이 낮고, 유순한 노동, 느슨한 환경 기준을 갖춘 라틴 아메리카로 (혹은 어디로든) 이주하도록 부추겨서, 제2, 제3의 메이텍Maytag(가전

---

28) Samuel P. Huntington, "The Hispanic Challenge," *Foreign Policy*, March/April 2004, 32쪽.

제품 생산업체)을 만들고 있다. 2004년, 메이텍은 시간당 평균 임금과 수당이 15달러인 일리노이 주 게일즈버그에 있는 냉장고 공장을 폐쇄하고, 시간당 임금이 2달러인 텍사스 멕시코 국경 바로 아래 레이노사에 동일한 공장을 열었다. 동시에 워싱턴에서는 일자리 부족에 대한 우려가 증가하여 2005년 하원에서 중앙아메리카 및 도미니카 공화국과의 자유무역협정FTA은 전술적으로 핵심 조항을 삭제한 후에야 찬성 217표, 반대 215표의 근소한 차이로 겨우 통과될 수 있을 정도였다. 미주자유무역지대FTAA는 2005년까지 협상을 마무리할 계획이었으나, 현재 잠정적으로 중단된 상태다.

아일랜드인과 이탈리아인이 북동부 도시들로 이주한 것과 같은 대규모 이민은 전통적으로 심각한 반발을 불러일으켰고, 일자리 부족은 항상 해고 위협에 시달리는 노동자들을 불안에 떨게 만들었다. 그러나 통합에 관한 오늘날의 논쟁을 둘러싼 문제들을 살펴보면, 여전히 공공연하게 이야기하기는 꺼려지지만 미국의 정책을 결정하는 데 중요한 역할을 하는 무언가가 있음을 감지하지 않을 수 없다. 예를 들어, 1993년 북미자유무역협정의 비준을 두고 의회 내에서 벌어진 논쟁을 살펴보면 미국 시민들이 미국의 라틴 아메리카와 관련된 문제라면 어떤 것이든 일단 검토하려고 한다는 사실을 알 수 있다. 민주당 하원의원인 제임스 트라피컨트James Trafficant는 오하이오의 생산직 노동자를 대표하는데, 하원 연단에 서서 "우리는 멕시코에 국경을 개방하려고 합니다. 세상에! 나는 일자리와 투자가 올림픽 단거리 선수와 같이 빠르게 멕시코로 옮겨 갈 것이라고 예상합니다. 그 대신 우리는 중고 포드 픽업트럭 한 대와 2톤의 헤로인, 그리고 세 명의 2군 야구선수를 받게 될 것입니다."[29]라고 불평했다. 메릴랜드의 공화당 하원의원인 헬렌 벤틀리Helen Bentley는 동료 의원들에게 멕시코 현지 진상 조사에 대해 다음과 같이 이야기했다. "우리가 여러 현지 주민들과 악수하고 있을 때, 우리와 동행했던 공군 군의관이 다가와서 병에 걸리지 않으려면 손을 씻기 전까지 절대 얼굴을 만지지 마세요."[30] 이런 사람들이 우리가 먹을 야채를 재배해야 할까? 아니면 더 끔찍하게도 우리 아이들과 놀아야 할까? 멕시코의 다 망가진 자동차가 거리를 내달려도 좋을까?라고.

미국의 라틴 아메리카 정책을 둘러싼 논쟁에서, 이 논쟁을 자민족 우월주의로 간단하게 정리하고픈 유혹이 들기 마련이라서 위와 같은 논평을 듣는 것은 어렵지 않다. 예를 들면, 많은 이들은 자신과 비슷한 종류의 사람, 또는 마치 앵글로-청교도처럼 행동하는 "동화된" 히스패닉계 미국인과 함께 사는 것을 선호한다.

여기서 헌팅턴 교수는 1927년에 태어나서 라틴 아메리카인을 공공연하게 무시하는 사회에서 자란 자신이 속한 세대를 대표하는 것처럼 보인다. 1941년, 헌팅턴의 세대가 고등학교에 입학하여 더 넓은 세계를 알게 될 때쯤, 여론 조사원들은 이 세대의 부모들 중 임의로 표본을 추출하여 19개의 형용사와 "다음 형용사 중 어떤 단어가 중앙·남아메리카 사람들을 가장 잘 묘사한다고 생각하는가?"라는 질문을 담은 설문지를 건넸다. 응답자들은 원하는 형용사를 모두 고를 수 있었다. 표 3-1은 그 결과다.

성격을 나타내는 다른 18개 단어와 달리 신체적 특징을 나타내는 "어두운 피부"라는 단어가 목록에 포함된 것은 오류다. 이 형용사를 제쳐두면 미국의 응답자들이 '유능하다, 진보적이다, 자상하다, 용감하다, 정직하다, 지적이다, 상상력이 풍부하다'와 같은 긍정적 표현

29) *Congressional Record*, 27 May 1993, P.H2938.
30) *Congressional Record*, 14 July 1993, P.H4677.

표 3-1 미국인들이 라틴 아메리카와 라틴 아메리카인들에 대해 갖는 인상

기술어	비율
1. 어두운 피부를 지녔다	77
2. 성미가 급하다	47
3. 감정적이다	42
4. 퇴행적이다	42
5. 종교적이다	42
6. 게으르다	39
7. 무식하다	33
8. 의심이 많다	30
9. 친근하다	28
10. 지저분하다	27
11. 자신감에 차 있다	24
12. 상상력이 풍부하다	21
13. 지적이다	15
14. 눈치가 빠르다	15
15. 정직하다	13
16. 용감하다	12
17. 자상하다	12
18. 진보적이다	11
19. 유능하다	9

출처 : 국가기록원, 기록집 59-2686/710.11 1941년 1월 18일, 하들리 캔트릴 Hadley Cantril의 Mr. Young에게 쓴 비밀 기록인 「미국인들이 라틴 아메리카와 라틴 아메리카인들에 대해 갖는 인상」

은 거의 라틴 아메리카인의 특징을 나타내는 말로 여기지 않은 반면, 헌팅턴의 앵글로-청교도들이 부정적이라고 여기는 '성미가 급하다, 퇴행적이다, 게으르다, 무식하다'와 같은 단어들은 라틴 아메리카인의 특징을 나타내는 말로 꼽혔다. "감정적이다", "종교적이다"와 같이 모호한 단어들의 의미에 대해서는 애매한 면이 있지만 "친절하다"라는 명백히 긍정적인 의미를 지니는 단어는 목록의 중간까지 내려가야 비로소 등장한다는 사실은 논란의 여지가 없다.

이 여론조사는 오래 전에 진행된 것이고, 헌팅턴 교수 세대의 생각이 반영된 결과이다. 이들은 1990년에도 비슷한 여론조사에 응답할 기회를 갖게 되었다. 이 여론조사는 훨씬 정교했는데, 질문은 5개의 종족 집단인 유대인, 흑인, 아시아인, 남부 백인, 히스패닉을 6가지 차원에서 "백인"과 비교하는 것이었다(표 3 - 2 참조).

표 3 - 2에서 백인의 수치가 0이고, 플러스(+) 수치는 더 부유한, 근면한, 더 애국적인 등 해당 종족 집단이 백인보다 "더 낫다"라고 평가됨을 나타내고, 마이너스(-) 수치는 그 반대임을 나타낸다. 6가지 항목 모두에서 히스패닉은 최하위 또는 차하위를 기록한다. 가장 가난하고, 가장 지적이지 않으며, 가장 애국심이 없다. 흑인이 이들보다 약간 더 게으르고, 폭력적이며 복지에 의존하는 것으로 여겨진다.

이 여론조사의 취지는 다른 종족 집단과 비교했을 때 히스패닉이 실제로 얼마나 지적이거나 근면하거나 애국적이고 폭력적인지를 측정하는 것이 아니고, 미국 시민 중 임의의 표본 집단이 히스패닉에 대해서 어떤 이미지를 가지고 있는지를 평가하는 것이다. 헌팅턴 교수는 아마 이러한 견해를 공유했을 수도 있고, 그렇지 않을 수도 있지만 이 여론조사에서 응답자들은 분명히 그의 주장에 동의했을 것이다. 이는 19세기 초반, 존 퀸시 아담스John Quincy Adams 국무장관이 라틴 아메리카 신생 독립국을 인정하지 않으려고 했을 때부터 미국 사회가 특징적으로 지녀왔던 편견을 반영한다. 그는 일기에 "남아메리카와 북아메리카 사이에 이익 공동체, 또는 신념 공동체는 있을 수 없다."고 적었다. 그보다 훨씬 전 헨리 클레이Henry Clay에게 했던 말을 회상하며 그는 "독단적 권력, 군사와 종교가 그들의 교육, 관습과 제도를 방해한다. 내부적 충돌이 그들의 근본 원칙에 주입되었

표 3-2 백인과 비교된 집단들의 이미지

특징	민족 집단	평균 점수
부유한/가난한	유대인	+0.58
	남부 백인	−0.56
	아시아인	−0.77
	흑인	−1.60
	히스패닉	−1.64
명석한/무식한	유대인	+0.15
	아시아인	−0.36
	남부 백인	−0.54
	흑인	−0.93
	히스패닉	−0.96
애국적인/비애국적인	남부 백인	−0.31
	유대인	−0.57
	흑인	−1.03
	아시아인	−1.16
	히스패닉	−1.34
근면한/게으른	유대인	+0.38
	아시아인	−0.19
	남부 백인	−0.52
	히스패닉	−0.99
	흑인	−1.24
폭력적인/비폭력적인	유대인	+0.36
	아시아인	−0.15
	남부 백인	−0.23
	히스패닉	−0.75
	흑인	−1.00
자립력이 강한/복지에 의존하는	유대인	+0.40
	남부 백인	−0.71
	아시아인	−0.75
	히스패닉	−1.72
	흑인	−2.08

출처 : 톰 스미스Tom W. Smith의 "민족적 이미지"—1990년 12월. 시카고 대학 국가 의견 연구소의 일반적 사회 조사 주제 보고서 19번.

고, 전쟁과 상호 파괴는 그 조직의 모든 구성원의 도덕, 정치, 육체에 스며들어 있다."고 말했다.[31]

2세기가 지난 지금, 이 여론조사는 우리에게 미국 시민들이 여전히 똑같은 생각을 갖고 있음을 보여준다. 그리고 미국 시민들이 가난하고, 게으르며, 폭력적이고 비애국적이라고 생각하고 있음을 보여주는 것은 단지 조사 연구가 아니다. 히스패닉에 대한 부정적인 이미지는 일상생활 곳곳에서 불쑥불쑥 튀어나온다. 2005년 샌프란시스코의 한 야구 중계방송에서는 "뇌가 없는 카리브해 출신 타자"에 대해 불만을 표했다.[32] 또 〈베너티 페어Vanity Fair〉라는 18~34세의 중산층 백인 여성을 대상으로 하는 잡지는 최근 〈에드나 부인에게 물어보세요〉라는 상담란에 다음의 기사를 수록했다.

질문 : 저는 외국어를 배우고 싶은데요, 프랑스어나 이탈리아어가 좋을 것 같아요. 그런데 내가 이런 이야기를 할 때마다 사람들은 스페인어를 배우라고 해요. "10년 후면 모든 사람들이 스페인어를 말하게 될 거야. 부시 대통령도 스페인어를 하잖아." 이게 정말일까요? 우리가 모두 스페인어를 해야만 하게 될까요?

대답 : 스페인어에 대해서는 잊으세요. 스페인어는 《돈키호테Don Quixote》를 빼면 읽을 게 없고, 그것도 〈맨 오브 라만차Man of La Mancha〉컴팩트 디스크를 들으면 그만이에요. 가르시아 로르카라는 시인이 있는데,

---

31) Diary entries for 19 September 1820 and 9 March 1821, *Memoirs of John Quincy Adams, Comprising Portions of His Diary from 1795 to 1838*, ed. Charles Francis Adams, 12권. (Philadelphia : J.B. Lippincott, 1874-1877) 5권 176쪽, 325쪽.
32) "나는 더 이상 이따위 야구경기를 못 보겠네요. 끔찍하고 측은하고 오래된 이 팀은 지금부터 2년간 더 나빠질 거 말고는 약속할 게 없습니다. 끔찍해서 못 보겠습니다. 뇌 없는 카리브해 타자들이 경기를 엉망으로 만들고 있습니다." Larry Krueger, *San Francisco Chronicle*, 6 August 2005에 인용된 KNBR의 중계.

나라면 그의 시를 읽지 않고 놔두겠어요. 모든 사람이 스페인어를 하게 된다고요? 쓸데없는 소리죠! 스페인어를 하는 사람 중에 당신이 꼭 함께 이야기해야 하는 사람이 있나요? 가사 도우미? 정원사? 프랑스어나 독일어를 배우세요. 읽을 만한 책이 최소한 몇 권은 있을 거예요.[33]

에드나 부인은 물론 재미를 위해 이렇게 이야기한 것이며, 사실 이런 결례는 그녀가 베리 험프리스Barry Humphries라는 남성이었고, 유머작가들이 종종 불쾌하게 말하기도 한다는 사실 정도만을 반영한다. 〈베너티 페어〉를 읽는 연령대를 대상으로 설문 조사를 해본 적은 없지만 그때까지 우리는 표 3-2의 응답자들의 2세 정도 되는 잡지의 독자들이 에드나 부인이 던진 숨은 메시지를 어떻게 받아들일지 의심해야 한다. 그들이 이 사람들에게 관심을 둘 필요가 없다고 배웠을까? 히스패닉이 우리의 정원을 관리하기 위해 미국에 온 것인가?

물론 오늘날의 중산층의 생활 속에 수많은 라틴 아메리카인의 노동력이 필요하다는 사실은 인정할 만하다. 수백만의 젊은 여성들이 집을 청소하고 아이들을 돌보며, 그만큼의 남성들이 세차를 하고 건설 현장에서 일한다. 그러나 일반 시민들이나 정책에서 현재 이렇게 압도적인 젊은 히스패닉 이민자들이 성공하기 위해서 정확히 무엇을 하고 있는지를 보여주는 조사 자료들이 넘쳐나고 있음에도 불구하고 아메리칸 드림을 구성하고 있다는 사실을 떠올리는 사람은 없다. 그리고 우리는 굳이 연구 결과를 보지 않더라도 이들이 일하지 않는 시간에 앵글로-청교도들과 같은 일을 한다는 사실을 알 수 있

---

33) "Ask Dame Edna," *Vanity Fair*, February 2003, 116쪽.

다. 어떤 이들은 사랑에 빠지고, 또 어떤 이들은 결혼을 하며 아이를 낳는 이들도 있다. 그리고 이 아이들은 모두 법이 허용하고 요구하는 바에 따라 학교에 간다. 종종 라틴계 여성인 로드리게스가 백인 남성인 스미스를 만나 결혼함으로써 직업의 한계를 뛰어넘는 경우도 있다. 우리 대부분은 이런 결혼에 대해 우려의 목소리를 내는 것이 정치적으로 올바르지 않다는 것을 알고 있다. 그러나 에드나 부인의 기사를 읽거나 표 3 - 2를 본다면, 우리가 아무 말 없이 1915년의 우드로우 윌슨 대통령처럼 생각하고 있다고 결론을 내릴 수는 없다. 그는 부인인 에디스 볼링 갤트Edith Bolling Galt여사가 그녀의 조카가 파나마인과 사랑에 빠지려 한다는 사실을 알게 되자 다음과 같이 그녀를 위로했다. "우리가 사랑하는 사람이 중앙아메리카 출신과 결혼을 하게 된다면 참 안타까운 일이지요. 왜냐하면 그들이 혼혈이라는 가능성이 있으니까요. 하지만 꼭 그렇다는 증거는 없는 것 같아요."34

우리는 분명히 언젠가는 이런 편견을 극복할 수 있을 것이다. 그러나 지금 미국의 정책은 잔디를 깎는 젊은 히스패닉은 그 일만 한다고 여기며 자신이 미국에 "속해 있다"고 생각하게 되지는 않을 것이라고 여긴다. 대신 우리의 허구 세계에서 이들은 미등록 노동자로서 음지에 머물거나 초청 노동자로서 양지에 머무르더라도 초청에 강조점을 둔다. 부시 대통령은 우리가 많은 히스패닉을 필요로 한다는 이유로 2004년 연두교서에서 "미국인들 중에서 종사자를 찾기 어려울 때 구직 외국인 노동자와 구인 고용주를 연결시켜주는 새로

---

34) Woodrow Wilson to Edith Bolling Galt, 19 August 1915, *The Papers of Woodrow Wilson*, ed. Arthur S. Link, 57권(Princeton, NJ : Princeton University Press, 1966 ~1987), 34권, 254쪽.

운 임시 노동자 프로그램"을 승인해 줄 것을 요청했다. 그는 연설에서 "임시"라는 말과 이러한 외국인 노동자들이 "구인 고용주"와 연결되어야 한다는 주장을 특히 강조했다.

미국의 정책이 형성하고자 하는 이미지는 경제적으로 통합된 일군의 노동자가 미국의 과실을 따먹지만 결코 미국의 일원이 되지는 않도록 한다는 것이다. 이들은 계속해서 미국 아래 놓여 있는 작은 나라에 속할 것이며 경제 하강기에 이들의 노동에 대한 수요가 줄어들면, 이들의 노동력 판매에 대한 허용을 중단하게 되고 그 결과에 대해 아무런 책임이 없다고 주장하게 될 것이다.

그래서 21세기 초, 미국은 어디로 가고 있는가? 분명히 경제 통합은 더욱 강력해질 것이고, 아마도 미국의 안보 문제가 그들의 문제이며 그 역도 마찬가지라는 인식이 늘어날 것이다. 또한 유감스럽게도 국내적 편견의 정치에 맞선 싸움을 지속하게 될 것이다. 그리고 바라건대 로드리게스와 스미스 결혼을 통해 탄생하는 아이들이 더 많아지게 될 것이다.

4장

위험한 결과
─라틴 아메리카에 대한 미국의 대對 마약전쟁

콜레타 A. 영거스 Coletta A. Youngers

오랫동안 비대칭적 권력 관계와 불가피하게 결합된 정치적 긴장이라는 특징을 지녀온 미국과 라틴 아메리카의 관계는 현재 최저점에 처해 있다. 미주기구OAS와 그 회원국들이 2001년 9.11 테러 공격이 발발한 후 최초로 미국을 지원했지만, 미국은 오히려 라틴 아메리카 각국을 적대시했다. 라틴 아메리카로부터 미국에 대한 테러 위협이 발생한 적이 없었지만, 미국의 정책 입안자들은 테러 위협이라는 렌즈를 통해서 들여다보았고, 마약 테러리즘 문제를 대륙 차원의 문제 중 가장 우선시했다. 미국이 라틴 아메리카의 급진적 포퓰리즘에서 눈을 돌려 다양한 형태의 폭력 조직의 무력 충돌을 국가 안보 위협의 문제로 여기자, 라틴 아메리카의 지도자들은 저항했다. 이들 중 여럿은 뿌리 깊은 경제 위기와 점증하는 대중적 불안을 마주하고 있었다.

미국의 대對이라크 전쟁과 뒤이은 점령에 대한 반대는 라틴 아메리카 전역으로 확산되었다. 칠레와 멕시코는 유엔 안전보장이사회의 이와 관련된 토론에서 미국에 당당히 맞섰고, 이후 워싱턴으로부터 응징을 당했다. 라틴 아메리카의 많은 나라가 국제형사재판소에서 미국 군대와 관료의 면책을 규정한 〈로마조약〉 98조 기소면제협정에 서명하라는 미국의 압력에 저항했다. 11개국이 노골적으로 이를 거부했고, 그 결과 미국의 경제적 원조 삭감에 직면했다.[1] 부시 행정부의 기병대가 쿠바와 베네수엘라를 향해 덜커덩거리며 달려가 많은 지도자들을 괴롭혔다. 그들은 베네수엘라의 차베스 대통령을 고립시키라는 부시 행정부의 요청을 수락하지 않았다. 그러나 미국과 라틴 아메리카 간 관계의 균열은 칠레 출신 호세 미구엘 인술사 José Miguel Insulza 신임 미주기구 사무총장의 당선에서 분명하게 드러났다. 워싱턴은 결국 그를 지지했지만, 워싱턴이 배출하지 않은 후보가 미주기구 사무총장으로 당선되는 일이 처음으로 발생했다.

최근의 경향과 함께 소위 대對마약전쟁은 오랫동안 미국과 미국의 공격을 견뎌내고 있는 나라들 사이의 논쟁거리였다. 라틴 아메리카 각국 정부들은 워싱턴의 군사화된 접근에 저항하면서 국민들이 불법 마약 거래의 최하층에 연루되도록 만드는 빈곤과 고용 기회의 부족이라는 문제를 다룰 수 있도록 경제적 지원과 무역 이익의 수준을 높일 것을 요구했다. 미국 정부는 모든 나라에 끼워 맞출 하나의 마약 방지 프로그램에 대한 협력을 얻기 위해 외교적·경제적 힘을 사용해왔으나, 두 지역에서 점차 늘어나는 어려움에 직면해 있다. 첫째는 남부 원추지대인 브라질, 아르헨티나, 우루과이, 칠레에서 좌

---

1) Tom Barry, *Mission Creep in Latin America- U.S. Southern Command's New Security Strategy*(Silver City, NM : International Relations Center, 11 July 2005), 15쪽.

파 성향의 정부가 출범했다는 것이다. 이들 모두는 워싱턴을 향해 더욱 비판적인 입장을 취하여 이익을 얻었으며, 강력한 북쪽의 이웃 나라에 당당히 맞서겠다는 의지를 보여 왔다. 둘째, 안데스 지역 나라 전체의 정치적 불안정성이 볼리비아, 에콰도르, 페루 정부로 하여금 마약 통제 정책에 신중하게 접근하도록 했다. 이 나라들의 정치적 불안정성은 부분적으로 코카Coca 퇴치 정책에 대한 반대에 기인한다. 최근 코카 재배 농민들의 지도자인 모랄레스가 볼리비아 대통령으로 당선된 일이나, 페루에서 규제되지 않은 코카 생산을 허용한다는 발의, 에콰도르 정부의 콜롬비아 국경에서의 코카 잎 제초제 살포 반대 등은 미국의 국제적 마약 통제 정책에 대한 반대가 확산되고 있음을 보여준다.

라틴 아메리카가 미국의 마약 정책에 반대하는 주장은 두 가지 사실에 의해 설득력을 가진다. 25년 동안 450억이 소요되었지만, 미국을 따라 실행된 국제적인 마약 통제 노력은 불법 마약을 감소시키지 못했다. 반면 코카인과 헤로인은 예전보다 훨씬 싼 가격에 구할 수 있게 됐다. 한편, 미국의 마약 정책이 야기한 위험한 결과는 점점 더 분명해지고 있다. 대마약전쟁은 문민정부를 희생시키면서 군사 세력을 강화하고, 인권 문제를 악화하며, 시민적 자유를 침해한다. 또한 가난한 농민을 더욱 가난하게 만들고, 환경을 훼손하며, 사회적 갈등·폭력·정치적 불안정을 발생시킨다. 이는 국내적인, 또는 나라 간의 갈등을 부추기며 미국 정부가 콜롬비아의 악명 높은 게릴라 소탕 작전에서 직접적인 역할을 하도록 만든다. 요컨대, 미국이 지원하는 마약 정책을 실행하는 데 따르는 비용은 매우 높고, 특히 안데스 지역에서 그렇다.

미국의 국제적 마약 통제 정책

볼리비아, 페루, 콜롬비아 등 안데스 지역 국가들은 코카인으로 가공되는 코카 잎의 주 생산지다. 코카 잎은 안데스 지역 농민 공동체 사이에서 전통적·문화적으로 중요한 작물이다. 코카 잎은 구하기 쉬운 화학 약품 및 다른 생산물과 혼합되어 코카 페이스트Coca Paste(코카인 완제품 이전 상태)가 되고, 제조소로 옮겨져 분말 코카인으로 가공된다. 세 나라 모두 코카인을 생산하는데, 그중 콜롬비아가 미국으로 들어가는 코카인의 90% 이상을, 헤로인의 50% 이상을 생산한다.[2] 폭넓고 복잡한 거래망과 운송 경로가 이 불법 마약들이 미국과 다른 여러 나라로 밀수되도록 돕는다. 중앙아메리카와 카리브해 지역 모든 나라가 통과국으로 여겨지지만, 그중 멕시코가 미국으로 들어가는 가장 중요한 경로다. 최근 마약 폭력단 사이의 영역 다툼은 멕시코 폭력의 극적인 증가를 낳고 있다.

미국의 국제적 마약 통제 정책은 코카 생산의 근절, 불법적인 해외 마약 생산 억제, 선적 도중 압류 등을 통해 불법 마약의 공급을 감소시키고자 하는 것이다. 마약을 국가 안보 위협이라고 최초로 선언한 것은 닉슨 대통령이지만, 〈안데스 구상〉은 1989년 아버지 부시 대통령이 제출했다. 부시 대통령은 원천 국가들의 마약 퇴치 노력에 대한 미국의 개입을 극적으로 증가시켰다. 이 구상의 핵심은 라틴 아메리카의 군대와 경찰에 마약 퇴치 활동을 수행할 권한을 부여하는 것과 이들 세력이 기꺼이 협력하도록 미국이 중요한 훈련과 지원을 제공하겠다는 것이었다. 안데스 지역은 미국의 안보 원조의

---

2) U.S. Department of State, *2005 International Narcotics Control Strategy Report*, www.state.gov/p/inl/rls/nrcrpt/2005/

최대 수혜자로서 중앙아메리카를 빠르게 대체했다. 동시에 미국 의회는 미국 국방성을 불법 마약 추적과 감시를 위한 "유일한 주도 기관"으로 지정했다.

코카 잎 수확 근절 및 소농을 겨냥한 대안적 발전 계획 등 일련의 프로그램이 실행되었다. 코카인과 헤로인 자체뿐 아니라 이들을 생산하는 데 사용되는 마약 원료 물질의 금지, 범죄망의 제거, 미국 주요 거래상 소환, 지방의 법집행 체계 강화를 위한 프로그램 등이 이에 해당한다. 그러나 미국과 토착 군대에 부여된 압도적인 역할은 미국의 마약 정책의 군사화라는 비판을 낳았다. 군대에 국내 법집행의 역할을 부여하는 것, 준군사 작전 및 전략에 민간 경찰력이 투입되도록 훈련시키는 것, 군대와 경찰에 마약전쟁 자원의 많은 부분을 지급하는 것, 경제 발전과 국내 제도 구축 프로그램을 저해하는 것 등이 이러한 군사화에 해당한다.

냉전이 끝날 무렵, 라틴 아메리카 주둔 미군, 그 중에서도 미국 남부사령부Southcom는 새로운 임무를 찾아 나섰다.[3] 국방성 내 많은 이들이 불법 마약 퇴치에 군사적으로 개입하는 것에 회의적이었지만, 남부사령부는 이 지역에서 자신의 역할·영향력·존재감을 유지하고 확대하기 위한 수단으로써 대마약전쟁을 채택하는데 열을 올렸다. 남부사령부는 풍부한 예산과 3,000명의 정규군 및 민간 요원으로 이들은 대륙 내에서 무시무시한 세력이 되었고[4], 남부 사령관은 라틴 아메리카 각국을 국방성의 고위급 간부보다 훨씬 더 많이 방문

---

3) 국방성은 군사 행동을 조율하고 전 세계에서 작전을 수행하기 위해 5개의 지리적 사령부를 두고 있다. 미국 남부사령부는 멕시코를 제외한 라틴 아메리카 및 카리브해 지역을 책임지고 있다.

4) Dana Priest, *The Mission : Waging War and Keeping Peace with America's Military* (New York : W.W.Norton, 2003), 74쪽. 대략 남부사령부 직원 1,100명이 이 지역에 머무르고 있다.

했다. 기자인 다나 프리스트Dana Priest가 남부사령부에 대해 보도하기를 "국방성, 상무성, 재무성, 농무성, 국방성의 합동 사무국, 그리고 국방성의 간부를 다 더한 수보다 훨씬 많은 이들이 그곳에서 라틴 아메리카와 관련된 문제를 처리하고 있었다."[5] 그 결과, "미국과 라틴 아메리카 간의 관계에 관한 남부사령부의 역할은 점점 더 커져 불균형해졌다."[6]

미군은 마약 퇴치 노력에 최초로 개입할 때부터 이 임무가 1980년대 중앙아메리카에서 다듬어진 저강도 분쟁 전략에도 적합하다고 여겼다. 냉전시기와 마찬가지로 마약전쟁 전략에서 군대는 정글 전투나 게릴라전 형태로 주로 "내부의 적"을 상대했다. 또한 수용국 군대가 인권 침해 전력이 있다는 사실에도 불구하고 이들에게 군사 훈련과 원조를 제공했다. 그러나 장기적인 제도 개혁에 대한 보상은 거의 없었다.

그러나 2001년 9월 11일 뉴욕과 워싱턴에서 테러 공격이 발발하자 미국의 마약 퇴치 전략과 테러 근절 전략 사이의 관련성은 훨씬 강해졌다. 9.11이 발발하고 얼마 지나지 않아서 미국의 존 애쉬크로프트John Ashcroft 법무부 장관은 "테러리즘과 마약은 쥐와 페스트처럼 함께 나타난다. 이들은 동일한 조건에서 번성하며 서로를 먹고 산다."[7]고 말했다. 마약 게릴라 이론이 미국의 정책 입안자에 의해 20여 년 동안 표명되어왔지만, 게릴라 또는 반란이라는 용어는 오늘날 주로 사용되는 마약 테러리스트라는 수사로 대체되었다.

---

5) 같은 책.
6) *Blurring the Lines : Trends in U.S. Military Programs with Latin America*(Washington, DC : The Latin America Working Group, Center for International Policy and the Washington Office on Latin America, September 2004), 3쪽.
7) Nancy Dunne, James Wilson, "Colombian Rebels Indicted," *Financial Times*, 19 March 2002에서 인용.

9.11이 발발하면서 부시 행정부가 채택한 국가 안보 전략은 전통적인 안보와 관련 없는 일련의 문제들의 군사화를 이끌었다. 밴츠 크래독Bantz J. Craddock 남부 총사령관은 연례 의회 보고에서 라틴 아메리카의 "안정성과 번영"을 위협하며 따라서 남부사령부가 다루어야 할 문제들로, "다국적 테러리즘, 마약 테러리즘, 불법 마약 거래, 화폐 위조 및 돈세탁, 납치, 도시 폭력단, 급진적 운동, 자연재해, 대량 이주"와 같은 것들을 열거했다.[8] 이 같은 접근은 도시 폭력단의 활동과 같이 사회 경제적 뿌리를 갖는 문제들에 군사적 해법을 적용하겠다는 뜻이다. 이런 문제들은 법집행 기관에 대한 도전으로 보이더라도 다면적인 해법을 필요로 한다. 사실, 불법 마약 거래 퇴치와 관련된 최근의 경험은 군사적 해법에 대한 의문을 제기한다. 미국의 군사화 된 대마약전쟁은 불법 마약의 공급과 입수 가능성을 감소시키는 데 실패했다.

라틴 아메리카가 미국의 국가 안보를 심각하게 위협하는 자세를 전혀 취하고 있지 않은데도 미국은 현재 이 지역을 전적으로 반테러의 렌즈를 통해 들여다보고 있다. 미국의 정책 입안자들은 아르헨티나, 브라질, 파라과이 3개국 국경 지대를 아랍 민족주의의 중심으로 지목해왔다. 그러나 이런 주장을 뒷받침하는 증거는 거의 제시되지 않았고, 이 지역에서 이루어지는 활동은 사소한 것들이다. 미국 국방성이 작성한 해외 테러 조직 명단에 올라와 있는 라틴 아메리카 단체들 중에는 콜롬비아의 세 조직이 포함되어 있다. 콜롬비아 무장혁명군FARC, 민족해방군ELN, 콜롬비아자위대AUC가 그것이다. 이 모

---

8) Posture statement by General Bantz J. Craddock, United States Army Commander, United states Southern Command, before the 109th Congress House Armed Services Committee, 9 March 2005, 4쪽.

든 단체는 마약 거래와 여타 불법 활동을 통해 상당한 양의 자금을 조달하며, 콜롬비아 사회를 실질적으로 위협하고 극악무도한 행위를 일으키는 장본인이다. 그러나 이들의 활동은 콜롬비아 외부가 아닌 내부를 겨냥한다. 이들은 국제 테러리스트가 아니고 기껏해야 국내 테러리스트라고 할 수 있다. 게다가 이들에게 테러리즘이라는 개념을 적용하면, 좌우익의 반란을 일으켜 콜롬비아 내에서 영토를 장악하고 정치적 권력을 행사하려는 이들의 정치적 계획을 부정하게 되는 것이다.

그러나 콜롬비아는 미국의 마약 퇴치, 게릴라 소탕, 테러 근절 정책이 영향을 미치는 나라 중에서 으뜸이다. 제임스 힐James Hill 전 남부사령관은 "콜롬비아 내 마약 테러리스트들은 이 지역 내에서 규모가 가장 크고 잘 알려져 있다. 대체로 이 집단들은 정치적 혁명보다는 불법 이익을 추구하면서 법의 통치를 벗어나서 활동하는 테러리스트 및 범죄자들로 구성되어 있다."고 주장했다.[9] 9.11이 발발하기 훨씬 전부터 콜롬비아는 대륙 내에서 미국의 군사적 원조, 훈련, 지원을 가장 많이 받는 나라였다. 콜롬비아에 대한 마약 퇴치 활동 지원은 1990년대 후반부터 증가하기 시작했지만, 미 의회가 5년간의 대량 원조 계획인 '플랜 콜롬비아Plan Colombia'를 승인했던 2000년 중반부터 급증했다. 2000~2005년에 콜롬비아는 미국으로부터 40억 달러 가량을 받았고, 이 중 80%는 군대 및 경찰을 지원하기 위한 것이었다.[10] 미국은 비슷한 규모의 기금을 콜롬비아 이웃 나라에 제공

---

9) Posture statement by General James Hill, United States Army Commander, United States Southern Command, before the House Armed Services Committee. U.S. House of representatives, 24 March 2004, 1~2쪽.
10) 미국의 콜롬비아 지원에 대한 상세한 분석으로는 Center for International Policy의 웹사이트 www.ciponline.org/colombia/index.htm을 참조하시오.

하여 잘 보호되지 않는 국경을 통해 콜롬비아의 분쟁과 마약 거래가 "흘러 들어오는 것"을 막고자 했다.

'플랜 콜롬비아'가 마약 퇴치 계획으로써 승인되었고, 게릴라 소탕 노력에 대한 미국의 개입을 제한하기 위한 규정이 설정되었으나, 처음부터 마약 퇴치를 위한 지원 및 프로그램과 게릴라 소탕을 위한 지원 사이의 경계선은 매우 희미했다. 이 희미한 경계마저도 9.11 이후에는 완전히 사라졌다. 부시 행정부는 게릴라 소탕을 목적으로 하는 미국의 원조와 정보 제공에 대한 제약을 제거하는 것에 대해 의회의 승인을 요청했고 받아들여졌다. 아담 아이잭슨Adam Isacson에 따르면 "이는 콜롬비아에서 미국의 원조가 마약과 관련 없이 군대와 경찰에 지급되도록 했다."[11] 예를 들어, 2003년 미국 정부는 콜롬비아 북동부에서 송유관을 지키는 임무를 수행하는 군대에 장비를 제공하고 훈련을 지원하기 위해 수백만 달러를 제공했다. 콜롬비아에 주재하는 미국의 군대와 계약직 인력은 점점 증가하여 의회가 인원을 800명으로 제한하기에 이르렀다. 2002년 당선된 콜롬비아의 알바로 우리베Álvaro Uribe 대통령은 게릴라 소탕에서 미국의 역할을 기꺼이 환영했다. 그는 재빠르게 대륙 내에서 워싱턴의 대테러전쟁의 가장 중요한 동맹이 되었다.

---

11) Adam Isacson, "The U.S. Military and the War on Drugs,", *Drugs and Democracy in Latin America : The Impact of U.S Policy*, ed. Coletta. A. Youngers and Eileen Rosin(Boulder, CO : Lynne Rienner Publishers, 2005), 48쪽.

정책 실패에 대한 분석

콜롬비아는 미국이 실행한 국제 마약 통제 정책이 실패한 것임을 잘 보여준다. 미국과 콜롬비아 정부 모두, 콜롬비아의 전반적인 안보 상황이 개선되었다고 주장하지만 불법 마약 거래가 실질적으로 중단되었음을 보여주는 의미 있는 증거를 제시하지는 못한다. 이는 제초제 살포 정책과 미국 내 불법 마약 입수 가능성 및 가격 양자에서 분명하게 드러난다.

1990년대 중반까지 콜롬비아는 코카인을 만드는 데 사용되는 코카 잎의 주요 생산자로서 페루와 볼리비아를 대체했다. 미국은 항공기를 통해 페루산 코카 페이스트를 콜롬비아 코카 제조소로 운반하는 것을 감소시키려는 의도를 지닌 '구름 다리 절제Air Bridge Denial' 전략을 신뢰했지만, 더욱 중요하게 생각한 것은 페루의 코카 작물에 손상을 입히는 곰팡이 살포와 콜롬비아 코카인 산업의 수직적 통합이었다. 콜롬비아의 2대 마약 조직인 메델린 카르텔Medellín Cartel과 칼리 카르텔Cali Cartel을 무력화하는 데 성공한 후에도, 페루에서 운반된 코카가 아닌 현지에서 재배된 코카에 의존하는 소규모 카르텔들이 들어서서 마약 퇴치 비용을 발생시키고 있었다. 폭력과 빈곤이 콜롬비아에서 코카 붐을 일으켰는데, 내전으로 인한 강제 이주·증가하는 토지의 집중과 고용 기회의 부족 모두가 코카 재배 지역으로 이주하게 되는 원인이었다. 콜롬비아 남부에서 코카 생산은 증가하고, 헤로인 산업이 붐을 일으킴에 따라 양귀비 생산도 증가했다.

미국은 1980년대부터 콜롬비아의 공중 제초제 살포를 지원했는데, 당시에는 마리화나Marihuana가 타깃이었다. 콜롬비아는 안데스 지역에서 유일하게 공중 박멸을 허용한 나라였다. 1990년대 중반까지 미국은 대규모 공중 제초제 살포 작전을 부추기는 한편 여기에 자금을 지원했는데, 이때의 주요 타깃은 코카였다. '플랜 콜롬비아'가 실시되면서 제초제 살포는 대대적인 규모로 이루어졌다. 2000년부터 2003년까지만 하더라도, "미국이 지원하는 제초제 살포 프로그램에 따라 38만 헥타르 이상의 코카 밭에 제초제가 살포되었는데, 이는 콜롬비아 농경지의 8% 이상에 상응하는 규모다."[12] 코카 생산은 전반적으로 감소했지만, 여전히 몇 년 전보다 훨씬 높은 수준이었다. 2004년에는 13만 헥타르의 코카 밭에 제초제가 살포되었으나, 미국 정부가 2005년 3월에 자체적으로 제시한 수치에 따르면 경작 중인 코카의 총량은 "통계적 변화 없이" 11만 4,000헥타르를 유지하고 있다. 요컨대, 대대적인 공중 제초제 살포는 콜롬비아에서 코카 생산을 실질적으로 감소시키는데 실패했다.

사실상 공중 박멸은 콜롬비아 내 다른 지역으로 코카 생산이 확산되도록 했다. 한 지역에서 코카 생산을 억제하면 국내 혹은 국경을 넘어 다른 지역에서 다시 나타나게 된다. 이는 종종 풍선 효과balloon effect라고 일컬어진다. 한쪽을 쥐어짜면 그 안에 든 내용물이 다른 쪽으로 옮겨간다는 것이다. 처음에 코카 생산은 콜롬비아의 세 지역에서 번성했다. 1999년까지 이는 12개 지역으로 퍼져나갔고, 2002년에는 22개 지역에서 코카 생산을 발견할 수 있었다.[13] 현재는 음성적으로, 그리고 소규모 지역에서 재배되고 있기 때문에 이를 찾아내서 제초제를 살포하는 것은 더욱 어렵다. 높은 산출량 역시 문제를 더욱 어렵게 만든다. 안데스 지역 전역에서 코카 경작은 지난 20년

---

12) Maria Clemencia Ramirez Lemus, Kimberly Stanton, and John Walsh, "Colombia : A Vicious Cycle of Drugs and War," in Youngers and Rosin, *Drugs and Democracy in Latin America*, 113쪽.
13) 같은 책, 114쪽.

표 4-1 안데스 지역의 코카 경작

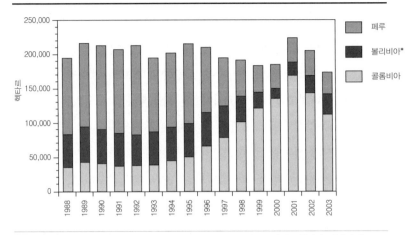

* 참고 : 2001년도부터 볼리비아의 코카에 대한 USG의 조사는 6월과 7월에만 해당한다.
출처 : 미국 국무성, INCSR에 의해 여러 해 동안 다양하게 진행되어 남미 문제에 대한 워싱턴
사무소에 의해 편집됨.

동안 일정한 규모를 유지했다(표 4-1 참조).

불법 마약 거래 산업에서도 비슷한 유형을 발견할 수 있다. 라틴
아메리카 워싱턴 사무소WOLA의 연구 결과는 다음과 같이 지적한다.
"마약 거물이 체포되면 서열이 높아진 다른 이가 재빨리 그 자리를
대신하고, 거대 카르텔을 무력화하면 소규모의 카르텔이 이를 대신
한다. 규모가 줄어들면 추적하여 중단시키는 것이 훨씬 어려워진다.
마약 거래 경로가 강력한 금지 작전으로 차단되면 이들은 손쉽게 다
른 경로로 변경한다."[14] 마약 단속의 규모가 커지고 빈도가 늘어나
면 마약 생산과 거래는 더욱 증가하는데, 거래상들이 기대 손실에
대한 보상을 추구하기 때문이다.

---

14) Coletta. A. Youngers and Eileen Rosin, "The U.S 'War on Drugs' : Its Impact in
    Latin America and the Caribbean," in Youngers and Rosin, *Drugs and Democracy
    in Latin America*, 6쪽.

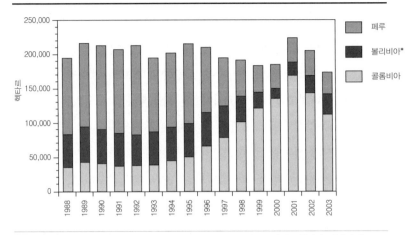

단속에 관한 통계 수치와 마찬가지로 마약 정책 관계자들이 제시한 성공을 나타내는 수치의 대부분은 단기적인 전술적 승리를 보여주지만, 불법 마약의 전반적인 공급 감축에는 아무런 진전이 나타나지 않았다. 이러한 통계 수치에는 재배가 근절된 코카 및 양귀비 경작지의 면적, 불법 마약 단속 및 마약 거래 혐의로 체포된 이들의 수 등이 포함된다. 마약 정책의 효과를 평가하기 위해 작성된 이 점수표는 연례 인증 절차의 기초로 삼고 있는데, 미국 정부는 이를 통해 주요 불법 마약 생산 실적 및 불법 마약 거래 퇴치에 효과적으로 대응한 통과 국에 점수를 매긴다. "인증이 거부된" 나라들은 미국의 원조 중단(마약 퇴치 및 인도적 원조는 예외)과 같은 제재에 직면한다.[15]

이러한 단기적 지표에 의존하여 판단하는 것은 문제가 많다. 예를 들어, 체포자 통계 자료를 성공의 지표로 활용하게 되면 체포 할당량을 달성하기 위해 마약 단속에서 무고한 사람들 또는 경범죄를 저지른 범법자들을 싹쓸이하여 수감하게 될 것이다. 미국과 에콰도르가 체결한 가장 최근의 마약 퇴치 협약은 실제로 마약 관련 혐의자 체포를 12% 증가시킬 것을 지시하고 있다. 이런 협정을 통해 주요 마약 판매자가 체포되리라는 보장은 없다. 단지 에콰도르의 감옥을 초만원으로 만들 뿐이다. 키토 소재 라틴 아메리카 사회과학회FLACSO의 연구에 따르면 에콰도르의 마약 관련 수감자 대부분은 마약을 한 장소에서 다른 장소로 운반하는 운반책이거나 사소한 범법자이며, 가족의 생계비를 벌기 위해 이런 일을 하는 것으로 드러났다.[16] 운

---

15) 인증 절차는 1986년 처음으로 입법화되어 2002년에 수정되었다. 대통령이 인증 거부를 발표하지 않는다면 해당 나라들은 자동적으로 인증이 된다. 이와 더불어 다른 개혁들은 이 과정으로 인한 양자 간의 긴장감을 감소시켰으나, 여전히 미국 행정부의 재량에 따라 실행되는 모호한 성격을 띠고 있다.

반책은 징역 12년 이상의 형벌을 받는다.

미국의 궁극적인 정책 목표는 불법 마약 유입 가능성과 이용을 감축하는 것이다. 공급 측면 전략은 국제 마약 통제 노력이 가격을 높이고 이에 따라 수요를 낮출 것이라는 전제에 기초를 둔다. 이론적으로 공급 부족은 가격을 높이고 순도純度를 떨어뜨린다. 불법 마약의 높은 가격은 새로운 사용자 및 비-상용 사용자들의 수요를 억제하지만, 치료가 필요한 만성 사용자들의 수요를 높인다. 이런 식으로 오늘날의 마약 통제 노력은 의미 있는 효과를 거두지 못한다.

미국 정부의 수치에 따르면, 코카인 소매가격은 1980에서 1990년대 초반까지 꾸준히 하락했다. 그 후로는 주기적 파동을 그리며 다소 안정되었다. 헤로인 가격 역시 비슷한 경로를 따랐다. 두 마약의 순도도 오르다가 안정되었다. 월시John Walsh에 따르면 "2003년 중반, 분말 코카인과 헤로인의 그램당 소매가격 추정치는 1981년 가격의 1/5도 채 안 된다. 정제 코카인은 2003년 중반 가격이 1981년 가격의 44%다." 그는 또한 가격 하락이 불법 마약에 대한 수요의 감소와 관련이 없다고 지적한다.[17] 요컨대, 불법 마약의 가격과 순도 모두 20년 전에 비해 실질적으로 낮아졌고, 이것은 공급이 지속적으로 풍부하다는 사실을 의미한다. 동시에 가격이 오르지 않고 낮아질 때는 국제 마약 통제 노력에 대한 미국의 지출은 상당히 증가한다(표 4-2 참조). 다시 말해서, 미국이 지출을 늘릴수록 자신이 표방한 목표로부터 더 멀어진다.

---

16) "Blanco y Negro : La mayoría de detenidos es por narcotráfico," *Hoy*, 30 July 2005.
17) John Walsh, *Are We There Yet? Measuring Progress in the U.S. War on Drugs in Latin America*(Washington, DC : The Washington Office on Latin America, December 2004), 4쪽.

표 4-2 국제 마약 통제에 대한 미국의 비용 지출, 미국의 코카인 소매, 헤로인 가격

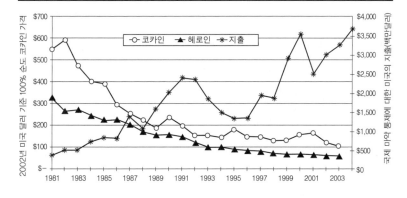

*참고 : 가격은 코카인 2그램과 헤로인 1그램 구매 기준으로 헤로인 가격은 척도에 맞도록 6분할 되었다.
출처 : 가격 정보는 RAND사가 마약 통제 정책 사무소에 제출한 것이고, 지출 정보는 ONDCP의 국가 마약 통제 전략에서 얻음. 남미문제에 대한 워싱턴 사무소에 의해 편집됨.

　그 이유는 이 정책에 근본적으로 결함이 있기 때문이다. 이 정책은 불법 마약 산업 사슬의 모든 연결 고리에서 기본적인 경제 이론에 역행한다. 코카 근절이 성공하면 코카 가격은 상승하고 이는 새로운 생산을 부추긴다. 해외에서 코카를 근절함으로써 미국 내에서 거래되는 코카인 가격에 영향을 미치리라는 보장도 없다. 불법 마약으로 인한 이익 중 대부분은 마약이 미국 내로 반입되면서 발생한다. 가격 영향이 그전에 발생해도 이것이 미국 내 가격에 영향을 미칠 가능성은 극히 제한적이다. 게다가 프란시스코 토우미Francisco Thoumi가 지적한 것처럼 "금지 정책은 굉장한 난제를 맞닥뜨리고 있다. 세계화된 경제에서 불법 마약을 추적하는 것은 종종 건초더미에서 바늘을 찾는 것과 같다."18

　국내 법 집행 노력에 대해서 보윰Boyum과 로이터Reuter는 "1980년

대 후반 이래로 급격히 늘어난 판매업자의 위험이 입수 가능성을 줄이고 가격을 올렸다는 증거를 발견하기는 힘들다."[19]라고 결론지었다. 이들은 또한 가격 이익의 관점에서 마약 치료가 "마약 소비를 줄이는 데 있어서 강제보다 훨씬 효과적이다."[20]라는 사실을 발견했다. 이 결론은 미국의 마약 통제 노력이, 효과적이라고 판명된 치료와 교육 프로그램 등 불법 물질에 대한 수요를 겨냥한 프로그램으로 초점을 재설정할 필요가 있음을 지적한다.

마약전쟁의 2차적 피해

대마약전쟁은 효과가 없을 뿐더러 위험한 결과를 낳는다. 라틴 아메리카 워싱턴 사무소는 3년 기한의 조사를 실시하여 미국의 국제 마약 통제 노력이 라틴 아메리카와 카리브해 지역의 민주화와 인권 추세에 미친 영향을 평가했다.[21] 연구는 대륙 전역에 마약 거래 자체로 인한 위험을 인식하면서 현재의 정책이 불법 마약 생산과 남용으로 인한 무수한 문제를 경감시켰는지 아니면 악화시켰는지의 여부에 초점을 두었다. 마지막에는 마약전쟁의 2차적 피해의 정도로 결론을 맺었다.

라틴 아메리카 워싱턴 사무소가 밝혀낸 사실 중 하나는 마약전쟁

---

18) Francisco E. Thoumi, *Illegal Drugs, Economy and Society in the Andes* (Washington, DC and Baltimore : The Woodrow Wilson Center Press and the Johns Hopkins University Press, 2003), 359쪽.

19) David Boyum and Peter Reuter, *An Analytic Assessment of U.S. Drug Policy* (Washington, DC : The American Enterprise Institute, 2005) 95쪽.

20) 같은 책, 94쪽.

21) Youngers and Rosin "The U.S. 'War on Drugs.'"를 참조하시오.

이 해당 지역 군대의 역할을 강화했다는 것이다. 앞서 논의한 것처럼 군대의 역할 및 군대와 법 집행 기관 간의 혼란은 특히 라틴 아메리카에서 우려되었다.

마약전쟁은 라틴 아메리카 전역에서 군사 통치가 끝나가는 무렵에 시작되었다. 이 기간은 대대적인 인권 침해라는 결과를 낳은 군부의 쿠데타 및 다른 형태의 정치적 간섭, 그리고 국내 반 게릴라 작전을 특징으로 한다. 선출된 문민정부가 국내 정치와 치안에서 군부의 역할을 제한하려고 했던 바로 그때, 미국 정부는 마약전쟁을 통해 정보 수집을 포함한 국내 법집행에서 군부의 역할을 지지했다.

군대의 세력화와 더불어, 마약전쟁은 군대와 경찰 사이에서 역할의 혼란과 갈등을 유발했다. 멕시코에서 군 장교들은 지휘하는 역할을 담당했으나, 현재는 경찰과 함께 작전을 수행한다. 볼리비아에서는 미국이 뒷받침하는 코카 근절에 반대하는 시위가 발생할 때 공공질서를 유지하기 위해 군대가 투입된다. 이와 관련된 문제로 지방 경찰의 군사화를 들 수 있는데, 이들은 냉전 시기의 최고점에서 나타났던 것과 매우 유사한 준군사 활동 또는 저강도 분쟁을 대비한 훈련을 받는다. 종종 지방 경찰은 미국의 특수부대를 포함한 미군으로부터 직접 훈련을 받는다. 이는 경찰력을 직업화하고 민간의 통제에 두려는 대륙 전역의 노력에 반한다.

라틴 아메리카 및 카리브해 내 대부분의 군대의 특징인 책임성 결여와 비밀주의는 이들이 마약 거래와 직접 접촉할 시 부패를 막거나 제한하는 데 심각한 장애로 나타난다. 이러한 문제는 마약 퇴치 프로그램의 은밀한 특성으로 인해 더욱 악화된다. 예를 들어, 페루의 후지모리 대통령이 마약 퇴치 노력에 군대가 직접적인 역할을 할 수 있도록 길을 열었을 때, 그 결과 개인적, 그리고 제도화된 부패가 만연했다. 결국 수많은 장성급, 군대와 경찰 내 고위급 간부들이 부패와 마약 거래, 그리고 여타 혐의로 재판을 기다리고 있다.

군대와 경찰이 마약 퇴치 작전에 책임을 맡으면서 발생하는 또 다른 위험한 결과는 미국 정부가 의문점이 많고 처참한 인권 침해 기록을 지니고 있는 경찰과 동맹을 형성해왔다는 사실이다. 앞서 지적한 것처럼 콜롬비아는 대륙 내에서 미국의 안보 지원의 최대 수혜국이다. 그러나 인권 상황이 최악이면서 이에 대한 책임을 전혀 지지 않는 나라이기도 하다. 다수가 마약 거래에 연루되어 있는 우익 준군사 조직과 콜롬비아 경찰 간의 결탁은 매우 빈번하게 일어나며, 정부가 준군사 조직을 해산하는 노력을 펼칠 때에도 그러하다. 사실상 최근 콜롬비아에서는 인권 및 노동 활동가에 대한 위협과 구속이 심각하게 증가했다. 이들에 대한 공격은 위협적인 수준으로 지속되고 있으며, 미국과 부시 행정부가 콜롬비아의 안보 상황이 개선되었다고 소리 높이는 동안에도 마찬가지였다.[22] 콜롬비아에서 미국의 정책은 원래 존재하던 인권의 위기를 더욱 부추기고 있다.

볼리비아에서는 반대로 미국의 마약 퇴치 정책의 직접적인 결과로 코카 농민을 대상으로 한 살해, 불법 감금, 학대, 수감자에 대한 고문을 포함한 인권 침해가 지방 경찰에 의해 자행되고 있다. 콜롬비아와 마찬가지로 이러한 살해는 코카 근절에 반대하는 사회적 항의의 도중에 발생한다. 1997~2004년에 35명의 코카 재배 농민과 27명의 경찰 및 군대 요원이 살해되었고 수백 명이 부상을 입었다.[23]

---

22) *Blueprint for a New Colombia Policy*(Washington, DC : Latin America Working Group, Center for International Policy, Washington Office on Latin America, and U.S. Office on Colombia, March 2005), 4쪽.

볼리비아와 페루 양국에서 미국 정부가 설정한 코카 근절 목표치를 달성하려는 노력은 심각한 사회적 갈등과 폭력을 불러일으켰다. 페루의 알레한드로 톨레도Alejandro Toledo 대통령은 코카 재배 지역 내의 어려운 상황을 이어받았고, 취임한 지 일 년도 되지 않아 "후지모리 전 대통령이 재임하던 10년 동안 축적된 사회적 요구의 방치에서 유래한 점증하는 폭발적 시위"를 해결해야만 했다.[24] "5년 내에 제로 코카"를 달성하라는 미국 정부의 압력은 상황을 더욱 악화시켰다. 미국의 이런 요구는 워싱턴이 후지모리 전 대통령이 이끄는 권위주의 정부에 요구했던 것을 훨씬 초과한다. 페루가 권위주의적 부패 정권이 붕괴한 후 힘겹게 민주주의적 이행에 막 접어들었다는 사실에도 불구하고 말이다. 톨레도 대통령이 최초로 대안적 개발 지원의 대가로 최초 협상 및 자발적 퇴치 정책을 채택했음에도 불구하고, 이 정부는 궁극적으로 미국의 코카 감축 목표를 달성하기 위해 강제 퇴치에 호소해야만 했고, 이는 오늘날 지속되는 마약 퇴치 노력에 대한 주기적 형태의 항의와 폭력을 낳고 있다.

페루의 사례는 단기적 마약 퇴치 목표와 부정하게 결부된 미국의 개입이 더 광범위한 미국의 외교 정책 목표에 손실을 가져온 전형적 사례다. 후지모리 행정부 시절, 미국의 마약 정책에 관한 우선적인 대화 상대는 사실상 국가 안보 담당 대통령 보좌관 역할을 했던 블라디미로 몬테시노스Vladimiro Montesinos였다. 그가 마약 거래에 직접 개입했다는 증거가 쌓여감에도 불구하고 미국은 몬테시노스에게 중

---

23) Communication from Kathyrn Ledebur, Andean Information Network, 11 August 2005.
24) Isaias Rojas, *The Push for Zero Coca : Democratic Transition and Counternarcotics Policy in Peru*(Washington, DC : Whashington Office on Latin America, February 2003), 1쪽.

요한 정치적 지원을 제공했다. 2000년, 후지모리 정부의 몰락 후 몬테시노스가 행한 부패가 어느 정도인지 드러났다. 미국 정부의 핵심적인 마약전쟁 동맹 중 하나인 그는, 마약과 다른 형태의 부패를 통해 수백만 달러의 부를 축적했을 뿐만 아니라 콜롬비아 무장혁명군 FARC에 총기를 판매한 혐의도 받고 있었다. 몬테시노스는 현재 워싱턴에서 60가지가 넘는 기소 사실에 대해 재판을 받고 있다. 그리고 미국의 대 페루 정책의 문제점이 무엇인지를 미국의 정책 입안자가 독립적으로 분석해야 한다는 요구는 묵살되었다.

페루와 같은 나라에서 미국 정부는 마약전쟁에 협력적인 모습을 보이면 독재 정권조차도 용인해 왔다. 마찬가지로, 미국의 정책 입안자들은 마약 거래에 대한 "불관용"을 보여주기 위해 시민적 자유를 희생시켜왔다. 미국에서와 마찬가지로, 미국 정부는 종종 라틴 아메리카 전역에서 가혹한 마약 퇴치법의 적용을 추진해왔는데, 이는 종종 무죄추정의 원칙과 범죄의 경중에 따른 적정 처벌과 같은 정당한 법적 절차에 대한 국제적인 표준에 어긋나는 것이었다. 형량을 결정하는데 아무런 판단의 여지를 주지 않는 법정 최저형 역시 문제이다.

예를 들어, 에콰도르 의회는 미국이 뒷받침하는 법률안을 도입했는데, 피고에게 유죄 판결을 내리는 것에 대한 부담이 너무 낮아 변호사들은 자신들이 그들의 무죄를 입증해야만 한다고 불만을 제기한다. 종종 판사는 경찰 보고서에만 의존하여 유죄 판결을 내리기도 한다. 법정 최저형은 선고 관행에 있어 심각한 불균형을 초래한다. 마약 거래에 대한 최소 형량은 12년이며 최고 형량은 25년이다. 그러나 살인에 대한 최고 형량은 16년이다. 그 결과 하층 판매자가 결국 대량 학살자보다 더 높은 형량을 선고받을 수 있다.

라틴 아메리카 전역의 사법 체계 및 수감 체계는 부패로 인해 더욱 왜곡되었다. 가난한 피고에게는 적절한 법적 방어 수단이 거의 제공되지 않는다. 그러나 주요 마약 판매자들은 자신이 부당하게 취한 이익을 형량을 줄이거나 무죄로 석방되기 위해 사법 관료들에게 뇌물을 공여하는 데 사용할 수 있다. 만약 이들이 수감된다면 이들은 일련의 편의시설을 갖춘 표준보다 훨씬 쾌적한 수감 시설을 구입할 수 있다. 범죄 집단의 두목이 감옥에서 사업을 경영하는 사례는 페루나 멕시코에서 널리 보고되듯이 비일비재하다.

마지막으로, 강제 코카 근절은 일련의 부정적 결과를 발생시켜 위에서 언급한 사회적 불안과 폭력을 불러일으킨다. 콜롬비아의 공중 제초제 살포는 특히 문제이다. 내전의 결과로 이미 수백만의 국내 난민이 존재하는 나라에서 농민 생존의 붕괴는 농촌에서의 강제 이주를 더욱 심화했다. 이런 상황에서 농민들이 다른 경제적 생존 수단을 찾아 나서면서 좌익적 혹은 우익적 반란이 발생했고, 이에 따라 정치적 폭력은 확대되고 "농민들이 지녀왔던 국가에 대한 충성심"은 약화되었다.[25]

살포된 제초제가 떠내려가거나 목표물을 정확하게 맞히지 못해서 합법적인 식량 작물을 손상시키고 있지만, 제초제 살포의 환경 · 건강에 대한 영향은 여전히 논란거리다. 그리고 앞서 지적한 것처럼 제초제 살포는 코카 생산의 지리적 확산을 이끈다.

또한 강제적 마약 퇴치는 중앙 정부의 정당성을 무력화하고 민중을 빈곤에 빠뜨린다. 농민들은 일반적으로 신용이나 기술적 지원을 획득할 기회가 없다. 대부분은 식량 작물을 생계를 위해서 재배하

---

25) Thoumi, *Illegal Drugs, Economy and Society in the Andes*, 368쪽.

고, 이와 함께 코카나 양귀비를 현금 소득의 원천으로써 재배한다. 유력한 경제적 대안이 갖춰지기 전에 이러한 현금 소득을 제거하게 되면 농가는 몰락하게 된다. 그러나 미국의 정책은 대안적 개발 원조가 제공되기 전에, 또는 최소한 제공됨과 동시에 코카가 근절되어야 한다는 것을 전제로 한다. 지금까지 이러한 개발 프로그램 대부분은 빈약한 계획, 자원 부족, 효과적인 지역 공동체의 참여 및 "구매"의 부재로 인해 거의 성공을 거두지 못했다.

워싱턴은 정반대로 주장하고 있지만, 강제 퇴치 정책과 대안적 개발 노력은 모순을 이룬다. 퇴치 정책의 억압적 특성은 효과적이고 참여에 바탕을 둔 개발에 필요한 협력을 저해한다. 독일 정부의 해외 원조 기관인 독일기술협력공사GTZ는 빈곤이 코카 또는 양귀비 생산의 근본적 원인이라면, 억압적인 퇴치 정책은 부적절하며 역효과를 불러일으킬 수 있음을 강조한다.

대안적 발전 계획에는 기간 제한이나 유력한 대안 제시에 우선하는 마약 작물의 완전한 퇴치라는 필수 조건이 따라서는 안 된다. 경제적·사회적 고통과 연관된 문제를 피하기 위해서는 더욱 유연하고 점진적인 마약 작물의 감축이 허용되어야 한다. 오늘날 많은 지역에서 최적의 대안이 없는데도 퇴치 조치를 서두를 것을 강요하고 있다. 이는 빈곤과 이주 문제를 더욱 악화시키는 결과를 낳았다.[26]

독일기술협력공사는 안데스의 코카 재배 지역에서의 강도 높은 조사를 바탕으로 해서, 소규모 코카 생산을 다룰 때는 여타의 소득

---

26) GTZ, "Drugs and Conflict," disucussion paper by the GTZ Drugs and Development Programme, September 2003, 23쪽.

원천이 갖춰질 때 참여와 동의에 바탕을 둔 퇴치 목표가 설정되고 달성될 수 있다는 결론을 내렸다.

미국의 정책 입안자들은 코카 농민을 불법 마약 거래 범죄 사슬의 일부나 심지어는 "마약 재배자"로 여긴다. 다국적 연구소Transnational Institute의 마틴 젤스마Martin Jelsma는 전혀 다른 관점에서 소규모 재배 농민은 "생존을 위해 불법 작물에 빠져든 경제적 희생자"로 규정되어야 한다고 주장한다.[27] 젤스마 등은 모든 개인은 존엄하게 살 권리가 있으며[28] 유일한 소득 원천을 박탈당해서는 안 된다는 원칙을 출발점으로 삼는 "친 빈민 마약 통제 정책"[29]을 개발하자고 주장한다. 안데스 지역의 소규모 코카 재배 농민의 비非범죄화가 이러한 발상을 실행하기 위한 첫 단계가 되어야 한다. 이러한 접근을 실현하기 위한 방법에 관한 더 많은 연구가 필요하지만 이것은 인도적이고 궁극적으로 효과적인 마약 정책을 수립하기 위한 한 단계다.

"친 빈민" 마약 통제 정책을 채택함으로써 특히 안데스 지역 각국의 정치적 안정성이 더욱 촉진될 것이다. 오늘날 미국이 뒷받침하는 마약 정책은 볼리비아와 에콰도르에서 정권의 붕괴에 기여했다. 코카 근절 목표를 달성하라는 미국의 압력으로 발생한 폭력과 갈등에 대한 반대는 2003년 10월 볼리비아의 곤잘로 산체스Gonzalo Sánchez de Lozada 정권의 붕괴를 이끈 시위가 발생하게 된 주요 요소 중 하나였

---

27) Martin Jelsma, "Revising and Intergrating Drug Policies at the National and International Level : How Can Drug Reform Be Achieved?" 2002년 3월 27일, 〈마약 정책과 그 효과에 관한 윌톤 파크 회의〉에서 발표된 논문. 초국적연구소(TNI) 웹사이트 www.tni.org/archives/jelsma/wilton.htm에서 볼 수 있음.

28) 〈경제적·사회적·문화적 권리에 관한 국제 협약〉(International Covenant on Economic, Social and Cultural Rights) 11조에 명시.

29) GTZ, *Drugs and poverty : The Contribution of Development-Oriented Drug Control to Poverty Reduction*, a cooperative study or the Drugs and Development Programme(ADE) and the Poverty Reduction Project of GTZ, June 2003, 26쪽.

다. 마약 정책이 볼리비아의 경제 위기에 기여하고 있다는 인식도 관련 요소였다. 사실상 시위 발생에 앞서 산체스 대통령은 미국에 경제적 지원 확대를 요청했으나 소용없었다.

에콰도르에서 축출된 로치오 구티에레스Locio Gutiérrez 대통령은 선거 기간 동안 협상을 통한 콜롬비아의 갈등 해결 옹호와 미국의 정책에 독립적이고 더욱 자율적인 국가 안보 전략 개발이라는 정강 정책을 바탕으로 선거운동을 펼쳤다. 2002년에 당선된 후 구티에레스는 미국의 경제적·외교적 압력에 직면하여 진로를 변경했다. 그는 '플랜 콜롬비아'와 만타Manta 지역에 안보협력 대상 지역, 즉 미군 기지를 설치할 것을 수용했다. 에콰도르 정부의 '플랜 콜롬비아'와 미군의 만타 주둔에 대한 반대는 2005년 구티에레스 정부의 퇴진을 불러일으킨 요소 중 하나다.

독립적 선택

이후 볼리비아와 에콰도르에 들어선 정부는 마약 정책에 대해 더욱 독자적인 접근법을 취했다.

볼리비아의 메사Carlos Mesa 대통령은 취임하자마자 잘 조직된 코카 재배 농민에게 더욱 관대한 전략을 채택했다. 천연 가스의 생산과 판매를 비롯한 여러 문제가 논란에 휩싸이자 새 정부는 가능한 모든 갈등을 최소화하고자 했다. 그의 뒤를 이은 로드리게스 대통령도 이러한 경향을 지속했다. 볼리비아에서 2년도 못 되어 대통령이 세 번이나 바뀌었다는 사실 때문에 미국 정부는 코카 근절 조치를 가혹하게 추진하게 되었다. 이는 코카 재배 농민 지도자인 모랄레스에게 이익이 되었다. 2005년 12월 18일에 열린 역사적 선거에서 모랄레스는 일반투표에서 과반수를 획득하여 대통령에 당선되었다. 볼리비아가 형식적인 민주적 규칙을 갖추게 된 이후 20년 만에 1차 투표에서 최초로 당선된 그는 전례 없이 변화를 위한 통치 기간을 부여받았다. "코카는 허용하되 코카인은 금지한다coca, yes ; cocaine, no"고 명백하게 규정한 그의 마약 정책은 일찌감치 미국 관료들의 분노를 자극했다. 코카 생산에 대한 완전한 합법화 요구에 더하여 그는 전통적 용도로 코카를 시판하고, 코카 잎을 활용하여 치약, 음료, 껌 등의 상품을 생산하는 것을 지지했다.[30]

에콰도르에서 구티에레스가 물러난 후 취임한 알프레도 팔라시오스Alfredo Palacios 정부는 더욱 자율적인 국가 안보 정책을 개발한다는 기존의 정책 강령으로 돌아갔다. 그는 만타 협정이 밀실에서 협상되었고 에콰도르 헌법이 명하는 의회 승인도 거치지 않았기 때문에 문제가 많음에도 불구하고 이를 지키겠다고 했다. 그러나 〈플랜 콜롬비아〉에 대해서는 더욱 비판적으로 접근했다. 또한 환경과 건강에 영향을 미칠 것을 우려하여, 에콰도르 국경에서 콜롬비아가 제초제를 살포하지 않도록 재요청했다. 구티에레스 정부 초기에 처음으로 국경 주변에 10킬로미터의 제초제 살포 금지 구역을 세우겠다는 법안이 제출되었으나 곧 폐기되었다. 초국적연구소가 지적하듯이 "에콰도르가 우려하는 것은 무장 분쟁과의 근접성, 불법 마약 거래, 공중 제초제 살포 때문에 콜롬비아로부터 발생하는 위험이다."[31] 팔라

---

30) "Bolivian presidential candidates take different stands on coca issue", *BBC Monitoring via COMTEX*, 25 September 2005.
31) Drug Policy Briefing No. 15, *Aerial Spraying Knows No Borders : Ecuador Brings International Case over Aerial Spraying*(Amsterdam : Transnational Institute, September 2005), 3쪽.

시오스 대통령이 이를 미주기구 및 유엔에 제소함에 따라 콜롬비아 관료들은 국경 주변에서 제초제 살포를 일시적으로 중단하는 것에 동의했다.

페루에서는 미국이 뒷받침하는 마약 정책에 대한 반대가 매우 다른 경로로 전개되었다. 2005년 6월, 현지 사용을 위한 코카를 전통적으로 재배하는 지역이 포함되어 있는 쿠스코Cusco의 카를로스 콰르데스마Carlos Cuardesma 주지사가 코카 잎을 "문화적 유산"으로 선언함으로써 이 지역 내 세 계곡에서 코카 생산을 합법화하는 법안에 서명했다. 7월에는 주요 코카 생산지인 와누코Huanuco의 주지사 역시 선례를 따랐다. 푸노Puno 지역에서도 비슷한 기준이 채택되었지만 지방 의원들 사이에 이견이 있어서 발효되지는 못했다. 9월에는 페루의 헌법 재판소가 이 문제에 대해 재판을 했는데, 지방 정부가 코카 근절 조치를 실행할 권한이 없다는 판결이 만장일치로 가결되었다. 그러나 톨레도 대통령 역시 현재 성공 사례가 없다는 이유로 이 정책을 재평가하게 되었다. 특히 헌법 재판관들은 코카인 제조에 사용되는 화학 물질 판매 통제와 같은 금지 노력에 대립하는 코카 근절 조치에 초점을 두는 것을 의문시했다.[32] 이들은 적절한 농업 정책의 결여에도 의문을 제기했으며, 이 때문에 가난한 농민들은 코카 생산에 빠져들었다.

그러나 미국의 마약 정책에 대한 반대가 가장 격렬하게 일어난 곳은 베네수엘라였다. 차베스 대통령은 미국의 마약 퇴치를 위한 통제가 베네수엘라 영토를 침범하는 것을 막았다. 두 나라 간의 관계가 안 좋은 상태로 지속되자 차베스는 군대 간 마약퇴치 협력을 축소했

---

32) Rich Vecchio, "Peru Court Rules Against Coca Expansion," Associated Press, 28 September 2005.

다. 결국 2005년 8월 차베스는 미국 법무부의 마약단속국Drug Enforcement Administration, DEA이 요원을 스파이로 투입했다는 혐의를 제기했고 협력을 중단했다. 베네수엘라 내에서 마약단속국의 활동을 허용하는 새로운 협약을 체결하려는 노력이 시작되려는 시점이었지만, 고소는 공방을 거듭했다. 차베스는 "마약단속국이 마약 판매 단속이라는 탈을 쓴 채로 마약 거래를 지원하고, 베네수엘라 정부에 반하는 정보 수집 활동을 펼쳤다. 이런 상황에서 우리는 협정을 완전히 파기하기로 결정했으며 이를 재검토하고 있다."고 말했다.[33]

두 나라 간의 정치적 격론이 벌어진 지 몇 주 후인 2005년 9월은 미국의 연례 노동조합 중앙 조직 보고서가 제출되기로 예정되어 있었다. 당연히 미국 정부는 베네수엘라에 완전한 노동조합 중앙 조직을 부여하기를 거부했고, 대신 미국의 "국가적 이익에 따른 주요 인증"을 발급했다. 이러한 결정이 내려진 후 베네수엘라 언론들은 베네수엘라가 인증을 거부당한 것인지, 아니면 적용 면제로 인증을 받은 것인지 혼란스러워했다. 명목상 베네수엘라는 적용 면제로 인증을 받은 것이었다. 그러나 실질적으로 이는 인증 거부로 여겨지며 따라서 이 용어는 이러한 상태를 묘사하기 위해 종종 사용된다.

미국 국무부는 "베네수엘라가 국제적인 마약 퇴치 협정 및 미국의 국내 마약 퇴치 요건에 따른 의무를 달성하기 위해 지난 12개월 동안 충분한 노력을 명시적으로 기울였다고 보기 힘들다."[34]라고 발표했다. 인용된 장황한 불평은 마약단속국에 대한 "비방·선전", 마약 정책 실행을 책임지는 고위급 핵심 간부에 대한 해임과 증거 없는

33) Patricia Rondon Espin, "Venezuela Leader Accuses DEA of Espionage," Associated Press, 7 August 2005.
34) U.S. Department of State, Bureau for International Narcotics and Law Enforcement Affairs, *Statement of Justification : Venezuela*, 15 September 2005.

부패 혐의 주장 등을 포함한 베네수엘라 정부의 법집행 노력에 대한 혹독한 비판을 포함하고 있었다.[35] 이에 대해 베네수엘라의 호세 비센테[José Vicente Rangel] 부통령은 베네수엘라 정부는 워싱턴이 이러한 결정을 내릴 "도덕적 · 사법적 · 윤리적 · 정치적 권위를 지니고 있다고 인정하지 않으며", 미국은 전 세계에서 가장 규모가 큰 불법 마약 소비국에 지나지 않는다고 선언했다.[36]

부시 행정부가 베네수엘라에 완전한 인증을 부여하지 않기로 결정한 것을 제대로 이해하기 위해서는 차베스와 그의 볼리비아 혁명에 대한 강도 높은 적대라는 맥락을 파악해야 한다. 라틴 아메리카 지도자들이 차베스를 국제적인 부랑아로 취급하라는 미국의 요청을 받아들이기 거부했지만, 부시 행정부는 대립적인 접근을 서서히 진척시켜 갔다. 부시 행정부는 또한 이웃 나라에서 발생하는 좌익, 혹은 대중적 봉기를 차베스의 선동에 따른 것으로 묘사하고자 했다. 예를 들어, 부시 행정부의 관료들은 볼리비아에서 발생한 최근의 시민 봉기가 쿠바의 카스트로와 베네수엘라의 차베스가 "마르크스주의-사회주의 포퓰리즘 국가를 향한 혁명을 선동"하려고 노력한 결과로 발생한 것이라고 주장했다.[37] 2005년 8월, 도널드 럼즈펠드[Donald Rumsfeld] 국방장관은 남아메리카 5개국을 순방하면서 이 주장을 반복했다.[38] 이 주장은 부시 행정부에 그들이 두려워하는 급진적 포퓰리즘의 근본적 원인을 무시할 편리한 변명을 제공할 수 있지만 현재 이 주장을 뒷받침하는 아무런 근거도 제시되지 않았다.[39]

---

35) 같은 책.
36) David Adams and Phil Gunson, "Venezuela-U.S. Division Runs Deep," *St. Petersburg Times*, 17 September 2005에서 인용.
37) Reported by Jim Schultz, "Bush Brings the False Intelligence Game to South America," *Democracy Center On-Line*, 66권, 24 August 2005.
38) 같은 책.

노골적인 인증 거부와는 다르게, 국가 안보적용 면제를 발급하면 부시 행정부는 그 나라에 대한 정책을 실행하기 위한 중요한 형태의 경제적 원조를 지속할 수 있게 된다. 베네수엘라 내 차베스 반대 세력을 대상으로 한 "민주주의" 지원 등이 이에 해당한다. 국가적 이익 인증을 발급하는 것은 인증 거부의 낙인을 찍어 해당 정부에 모욕감을 안겨주지만, 미국 정부는 "베네수엘라의 민주적 기관을 원조하고, 특정 마을의 개발 공사에 착수하고, 베네수엘라의 정당 체계를 강화하기 위한 프로그램"에 자금 지원을 지속할 수 있다.⁴⁰

역설적이게도 아이티는 라틴 아메리카 내에서 마약 국가를 향해 나아가고 있는 나라 중 하나임에도 불구하고 미국으로부터 완전한 인증을 획득했다. 그런데 오히려 베네수엘라에 앞서 언급한 조치가 취해졌다. 미국의 관료들은 반복적으로 아이티를 불법 마약이 통과하는 "블랙홀"로 언급한다. 그리고 국무부는 다음과 같이 냉담하게 언급한다. "아이티가 올해 실적을 향상시키기 위해 노력을 기울였지만, 아이티의 임시정부가 지속적인 마약 퇴치 노력에 필요한 법집행 자원을 효과적으로 조직할 수 없다는 점에 거듭 우려를 표명한다. 더 나아가 효율성과 대중적 신뢰를 획득하기 위해서는 형사관련 사법 체계가 실질적으로 강화되어야 한다."⁴¹

미국 정책 입안자들은 현재 워싱턴이 실패한 국가라고 지목하는 라틴 아메리카와 카리브 지역의 다른 나라에도 현실을 전혀 반영하지 않은 채 라틴 아메리카 및 카리브해 지역 내 모든 나라에 적대하

---

39) 전 남부사령관 힐에 따르면 "급진주의자들이 원주민 운동을 가로채 간다면, 자유로운 코카 재배를 지지하는 마약 국가를 마주하게 될 것이다." 힐 장군의 입장서, 5쪽.
40) U.S Department of State, Bereau for International Narcotics and Law Enforcement Affairs, *Statement of Justification : Venezuela*, 15 September 2005.
41) 같은 책.

여 이러한 책임을 지울 수 있다. 그러나 국내 정치에 관한 한, 아이티에 대한 비난이 강력해질수록 장 버트란드 아리스티드Jean-Bertrand Aristide 대통령의 퇴진을 지지하기로 한 부시 행정부의 결정에 대한 비판은 힘을 얻는다.

쿠바의 모순

쿠바는 마약 퇴치 정책을 실행하는 데 중요한 역할을 하고 있는 현재 미국 정부의 이데올로기적 기반을 보여주는 또 다른 사례다. 미 국무부의 연례 〈국제 마약 통제 전략 보고서International Narcotics Control Strategy Report〉는 쿠바 정권에 대한 반대의 더 광범위한 맥락에서 마약 문제를 다루고 있다. 2004년 보고서는 "불법으로 간주되는 모든 활동에 관한 쿠바 정권의 공격적 자세의 중심은 대부분의 보통 사회에서는 가능한 정치·경제 활동에 대한 억압이다."라고 주장한다. 피터 콘블러Peter Kornblurh는 다음과 같이 지적한다. "미국과 쿠바의 마약 거래에 관한 정책의 반대자들은 아바나가 대마약전쟁에 대해 성실하게 전념하지 않으며 오로지 미국과 체결한 마약 퇴치 협정이 가져올 국제적 정당성만을 추구한다."[42]

그러나 실제 작전상으로 미국과 쿠바의 마약 퇴치 협력은 2001년 미국 해안경비대 연락 사무소가 아바나 소재 미국 이익 대표부에 설치된 이후 실질적으로 발전해왔다. 미 해안 경비대와 쿠바 내무부

---

42) Peter Kornbluh, *Cuba, Counternarcotics, and Collaboration : A Security Issue in U.S. Cuban Relations*(Washington, DC : Caribbean Project, Center for Latin American Studies, Georgetown University, December 2000), 10쪽.

간의 협력은 유동적이며 내무부는 쿠바 해상에서 마약 금지 작전이 벌어질 때면 항상 연락 사무소와 긴밀하게 접촉해왔다. 쿠바의 지리적 위치 및 카리브해, 특히 윈드워드 해협Windward Passage(쿠바와 아이티 사이를 지나 카리브해와 대서양을 잇는 해협 - 옮긴이)을 통한 불법 마약의 유입에 대한 미국 정부의 우려를 고려할 때, 사실 미국이 진지하게 마약 금지를 위해 노력하려면 이러한 협력은 필수적이다.

미 국무부는 종종 쿠바 정부가 마약 금지 노력에 전념한다는 자료가 부족하며, 마약 퇴치 노력을 위한 협력이 효과적으로 이루어지지 않는다고 불평한다. 그러나 미국 정부는 국제 사회에서 쿠바의 마약 정책을 비판하는 유일한 나라다. 캐나다와 영국을 비롯한 다른 정부들은 쿠바 정부와 훌륭하게 협력하고 있으며, 쿠바가 마약 퇴치를 위한 협력에 진지하게 나서고 있음을 대륙 전체에 보여주려고 노력하고 있다고 주장한다. 쿠바 주재 영국 대사는 영국 정부가 "매우 많이 협력"하고 있으며, 쿠바 정부의 예산 제약과 기반 시설의 궁핍화에도 불구하고 이러한 노력에 "충분한 자원"을 내놓고 있다고 주장한다.[43] 쿠바는 유럽 및 카리브해 내 여러 나라와 지역적·다자간·양자간 협정을 체결했으며 유엔 마약 범죄국과 긴밀하게 활동하고 있다. 실제로 쿠바는 불법 마약이 자국 영토 내로 유입되지 못하도록 하는데 크게 성공했고, 마약의 사용 및 중독 건수도 매우 낮다.

역설적이게도 미국 정부의 가장 큰 불만은 쿠바가 "강제 정책의 효과적 사용"을 실행하지 않았다는 것이다. 이는 정확히 쿠바 정부가 경고 사격에 복종하지 않는 배를 침몰시킬 의도로 발포하기를 회

---

43) 2005년 6월 22일 존 듀(Jon Dew) 대사와의 인터뷰.

피했다는 뜻이다. 쿠바의 관료들은 강제정책 사용을 꺼리는 이유에 대해, 해상에서 마약 거래 혐의자를 죽이고자 한다면 미국 정부 내 반反카스트로 세력이 이를 쿠바에 악용할 것을 우려한다고 지적했다.[44] 2005년 6월 아바나에서 개최된 카리브해 지역 마약 퇴치 담당 관들의 회합에서 쿠바 관료들은 협력 증대를 위해 미국이 마약 퇴치 협약에 서명해야 한다고 거듭 호소했다. 앞서 설명한 것처럼 작전상 협력이 진행되고 있음에도 불구하고, 워싱턴은 이와 같은 호소를 계속 거절했다.

대안적 접근

모순투성이인 미국의 국제 마약 통제 정책은 불법 마약 거래를 근절하는 데 실패해왔고 아메리카 대륙 전체, 특히 안데스의 코카 재배 지역에 위험한 결과를 초래했다. 지금껏 미국의 여러 행정부는 정책 대안에 관한 논의에 대해 생각하지 않으려 했다. 워싱턴의 정책 입안 환경에서, 대안적 접근을 옹호하는 이들은 종종 마약에 관해 관대하여 도덕적으로 올바르지 못하다는 평가를 받거나 마약 합법화를 촉진한다는 낙인이 찍혔다. 이제 불법 마약의 생산, 사용과 결부된 문제에 더욱 효과적으로 맞설 방안에 대해 허심탄회한 논의를 시작할 때다.

이 논의는 불법 마약 소비와 생산의 완전한 근절은 불가능하다는 사실에서 출발해야 한다. 경제적 이익 때문에, 합성 마약을 포함한

---

44) 2005년 6월 23~25일 아바나에서 저자가 인터뷰.

불법 마약의 생산은 계속해서 수요를 충족시킬 것이며, 체포된 마약 판매상 및 그 피고용인들은 높은 위험과 비용을 감수하고서라도 불법 마약 생산을 지속할 것이다. 따라서 과제로 삼아야 할 것은 마약이 개인과 사회, 나라 전체에 불러일으키는 피해를 경감하는 것이다.

더불어 라틴 아메리카 및 카리브 지역 내 마약 생산과 판매에 가장 큰 영향을 미칠 수 있는 것은 미국 내 불법 마약에 대한 수요의 실질적인 축소다. 왜냐하면 불법 마약 거래 뒤에 숨은 동력은 바로 미국 시장이기 때문이다. 이를 감안할 때 미국의 마약 퇴치 정책은 근본적으로 방향을 재설정하여 공중 보건의 틀 안으로 자리를 옮겨야 한다. 전략 또한 방향을 바꾸어 효과적인 치료와 교육 프로그램에 초점을 두어야 한다. 요청에 따른 치료, HIV/AIDS 프로그램, 현실적인 예방 전략, 공동체 개발 등이 이에 해당한다.

피해 감축 모델 역시 국제 마약 통제 노력에 적용될 수 있다. 정책 입안자들은 국제 마약 퇴치 정책 자체가 낳는 피해를 감축하려고 해야 한다. 이는 하나의 정책을 모든 곳에 끼워 맞추는 방식과 워싱턴의 고압적 접근 모두를 포기해야 한다는 뜻이다. 라틴 아메리카 정부는 나라마다 천차만별인, 구체적 현실에 적합한 자체적인 마약 퇴치 전략을 개발할 수 있는 유연성을 갖춰야 한다. 이런 식으로 이 글에서 논의한 미국의 국제 마약 통제 정책의 최악의 요소들 중 다수는 제거되어야 한다. 미국의 마약 원조 및 훈련 프로그램의 군사적 요소들, 인정 절차, 그밖에 마약 퇴치 원조와 연계된 경제적 지원, 강제 공중 제초제 살포와 관련된 메커니즘 등이 그것이다.

이러한 새로운 접근은 미국의 해외 자원 배분 방안의 근본적 변화를 동반해야 한다. 군사 지향적 프로그램은 평등한 경제 발전을 위한 경제 지원 프로그램으로 변경되어야 한다. 오늘날 경제 발전 모델에서 종종 무시되는 농촌에 대한 지원도 여기에 포함될 수 있다. 덧붙여 민주적 제도를 증진시키는 프로그램에 더 많은 자원이 투여되어야 한다. 이는 경찰과 사법 분야의 개혁을 위한 장기적 노력을 포함한다. 궁극적으로 라틴 아메리카 및 카리브해 지역에서 경제 발전과 참여 민주주의를 촉진하는 것, 그리고 대륙 내 이웃 국가들과 평등한 협력관계를 구축하는 것은 장기적으로 미국의 전략적 이익이 된다. 이런 접근은 국가 안보 및 마약 테러리즘을 주축으로 하는 미국의 라틴 아메리카 외교 정책보다 훨씬 인도적이고 효과적이다.

5 장

라틴 아메리카의 다두제
—"시장 민주주의"라는 모순 어법

윌리엄 I. 로빈슨William I. Robinson

"한 나라가 자신의 민중에 대한 무책임함 때문에 공산주의 국가가 되는 것을 우리가 왜 수수방관해야 하는지 모르겠다."

1970년 6월, 칠레의 살바도르 아옌데Salvador Allende 대통령의 민주적 당선을 언급하며 헨리 키신저Henry Kissinger 미 국가 안보 담당 대통령 보좌관이 남긴 유명한 말이다.[1] 1960년대 워싱턴은 아옌데와 좌파를 "주변화"하는 한편 자신이 선호하는 정당, 특히 기독민주당을 지원하기 위한 개입에 수백만 달러를 썼다. 그럼에도 아옌데가 승리하자 워싱턴은 당시 파트리치오 아일윈Patricio Aylwin이 이끌던 기독민주당과 여타 중도 및 우파 세력들과 결탁하여 그의 정부를 불안정하게 하기 위한 대대적인 캠페인을 벌였다. 그 결과가 바로 1973년 피의

---

1) Seymour M. Hersh, "The Price of Power : Kissinger, Nixon, and Chile," *Atlantic Monthly*, December 1982, 35쪽에서 인용.

군부 쿠데타이다.

칠레 쿠데타는 1960년대와 1970년대의 라틴 아메리카에서, 일반적인 사회·경제적 불평등과 제한된 정치 체계에 반대하여 곳곳에서 발생한 대중 투쟁에 직면하여 미국의 승인이나 적극적인 지원 하에서 군부가 집권하는 유형 중 하나다. 그러나 워싱턴은 1980년대 중반 돌연히 경로를 변경하여 라틴 아메리카 및 전 세계에서 "민주주의를 촉진"하기 시작했다. 칠레에서 아일윈과 그의 당은 다시 한번, 그러나 이번에는 전국 민주주의 재단NED과 국제개발처AID를 통한 "민주주의 촉진" 프로그램의 일환으로써 미국의 지원을 받았고, 이는 아일윈이 대통령이 되도록 도왔다. 아이러니하게도 1973년 군부 쿠데타에 공공연하게 참여했던 아일윈과 그 당의 재집권은 전 세계에 라틴 아메리카를 휩쓴 "민주적 혁명"의 완성으로 비춰졌다. 민주주의를 억압하고 독재정권이 들어서도록 만든 후 나중에 "민주주의 촉진"이라는 구호 아래 문민정부가 집권하도록 조직한다는 이 계획은 1980년대와 1990년대에 라틴 아메리카와 전 세계에서 다양한 방식으로 반복되었다.

세계화와 다국적 계획

독재에서 "민주주의"의 촉진으로 변화하는 과정 중 가장 주목할 점은 신자유주의적 경제 계획의 부상과 함께 일어났다는 것이다. 나는 여기서 양자가 연관되어 있다는 점만이 아니라, 워싱턴이 "민주주의"라고 언급하는 것이 경제 세계화의 기능적 요청 사항이라는 점 또한 언급하고자 한다. "시장 민주주의"는 자본주의적 "자유" 시장이 초래하는 사회 경제적 권력의 집중이 정치권력의 민주적 행사와 근본적으로 양립 불가능하다고 여기는 사람들이 사용하는 모순 어법이다. 그러나 이 구절은 최근 몇십 년 동안 일어나는 세계적 자본주의라는 계획을 퍼뜨리기 위해 다국적 신흥 엘리트가 사용하는 이데올로기적 선전을 비꼬아 표현한다. 이런 신흥 엘리트는 다국적 발전 안에서 발생하는 최근 변화의 산물로써, "자유 시장과 민주주의"라는 패러다임을 구축하고 또 강제한다. 이는 1980년대와 1990년대에 지배적인 것이어서 상식으로 여겨졌고 여기에 도전하는 자들은 정신 이상의 이교도로 몰렸다.

지난 30여 년 동안 세계화가 전개됨에 따라 세계 경제는 극적인 위기와 구조조정을 겪었다. 구조적 변화는 각국의 사회 · 정치적 구조, 국제 관계 그리고 세계 체계 전체를 깊게 변화시켰고, 다국적 엘리트들의 주도 아래 새로운 세계적 자본 블록이 부상하도록 했다. 증가하는 자본의 세계적 이동은 생산과 분배의 광범위한 사슬의 세계가 탈중심화되어 기능적으로 통합되도록 하는 한편 세계적 경제 관리, 통제, 의사 결정을 다국적 자본에 전례 없이 집중시켰다. 민족 경제가 무력화되고 이것이 통합적인 세계 생산 · 금융 체계로 대체되면서 새로운 기업 및 관료 집단이 출현했다. 이들의 이익은 민족적 경제 계획을 넘어 세계 경제의 진보에 달려 있다. 최근 몇십 년 동안 이들 집단은 점차 새로운 자본 블록으로 통합되어 갔다. 이는 선도적인 다국적 기업과 은행, 국제금융기구를 지배하는 관료와 기술자들, "북"과 "남"의, 발전국과 저발전국의 국가 관료주의 상층, G7(미국, 영국, 프랑스, 독일, 이탈리아, 캐나다, 일본의 선진 7개국 – 옮긴이), 삼각위원회Trilateral Commission(1973년 데이비드 록펠러의 주도로 미국, 유럽, 일본의 협력 강화를 표방하며 설립된 조직으로 다국적 기업 및 은행의 이익을 추구함-옮긴이), 세계경제포럼World Economic Forum(매년 1월 스위스 다보스에서 개최되는 세계 각국의 정상과 장관, 국제기구 수장, 재계 및 금융계 최고 경영자들의 회합-옮긴이)이다.[2]

"자유 시장과 민주주의"의 촉진은 새로운 세계적 생산·금융 체계의 자유로운 작동을 위한 최적의 조건을 형성하여 세계 자본주의를 위해 전 세계를 이용 가능하고도 안전하게 만드는 것을 의도한다. 전 세계적 구조조정의 한 부분은 소위 신자유주의라고 알려지게 된 워싱턴 합의washington Consensus, 다시 말해 신고전주의 경제학의 가정과 근대화 이론, 비교우위의 원칙, 자유무역, 성장, 효율성, 번영이라는 세계화를 옹호하는 수사에 의해 합리화된 자유 방임주의적 자본주의의 원칙이다.[3] 그러나 이 다국적 계획은 분명히 정치적 요소를 지니고 있다. 남반구의 권위주의와 독재를 지지하던 미국 정치, 그리고 여타 자본주의 권력이 "민주주의"를 촉진하는 것으로 변화한 것이 이러한 정치적 요소에 해당한다. 경제적 요소가 세계를 자본이 이용 가능하도록 만드는 것이라면 정치적 요소는 자본을 위해 세계를 더욱 안전하게 만드는 것이다. 지배의 새로운 수

---

2) 나의 세계 자본주의 이론과 다국적 엘리트에 관한 논의에 대해서는 William I. Robinson, *A Theory of Global Capitalizm:Production, Class, and State in a Transnational World*(Baltimore : Johns Hopkins University Press, 2004)를 참조하시오. 이 장에서는 복합적인 주장을 단순화 했는데, 이는 William I. Robinson, *Promoting Polyarchy : Globalization, U.S Intervention and Hegemony*(Cambridge and New York : Cambridge University Press, 1996)와 William I. Robinson, "Globalization, the World System, and 'Democracy Promotion' in U.S. Foreign Policy," *Theory and Society* 23(1990) : 616~683쪽. 그리고 William I. Robinson, "Promoting Capitalist Polyarchy : The Case of Latin America," in *American Democracy Promotion:Impulses, Stagies and Impacts*, ed. Michael Cox, G. John Ikenberry, and Takashi Inoguchi(New York : Oxford University Press, 2000)에서 더욱 발전된 형태로 다루고 있다.
3) Williamson, "Democracy and the 'Washington Consensus', *World Development* 21, no. 8(1993) : 1329~1336쪽을 참조하시오.

단, 새로운 정치 제도, 더욱 안정적이고 예측 가능한 세계적 환경을 달성하기 위한 다국적 사회 통제의 형태를 개발하는 것이 여기에 포함된다.

"민주주의 촉진"의 정치 뒤에는 지배 집단이 직면한 끝없는 문제가 놓여 있다. 사회 변화를 향한 대중적 압력에 직면하여 어떻게 질서를 유지하고 효과적인 사회적 통제를 행사할 것인가 하는 문제가 바로 그것이다. 1980년대까지 지배 집단과 특히 새롭게 출현한 다국적 엘리트들이 보기에 예전의 정치적 지배 방식이 더 이상 효력이 없다는 사실은 명백했다. 민중들의 생활 방식이 자본주의적 발전에 의해 깊게 변화함에 따라 전 세계적으로 통합되는 한편 많은 이들이 대규모 동원에 참여하게 되자 엘리트 통치는 혁신될 필요가 있었다. 새롭게 출현한 세계 질서를 함께 지탱하기 위해서는 사회적 통제의 철저한 변화가 필수적이었다.

다국적 엘리트들이 말하는 "민주주의 촉진"의 진정한 의미는 다두제多頭制, Poliyarchy의 촉진이다. 내가 이 용어를 사용하여 언급하고자 하는 것은 소규모 집단이 실질적으로 통치하면서 의사 결정에서 대중적인 참여는 선거에서 지도자를 뽑는 것으로 한정되는 체계다. 물론 이는 미국에서 확립된 체계다. 다두제라는 개념은 민중demos에 의한 권력 혹은 통치라는 민주주의의 고전적 정의에 반하여 20세기 초반에 발전한 엘리트주의 이론에서 파생한 것이다. 이 고전적 정의는 법인기업 자본주의가 부상함에 따라, 부와 정치권력이 지배 엘리트의 손으로 빠르게 집중하고 사회적 생활에 대한 이들의 통제가 커지는 현상과 불일치했다. "민주주의"라는 용어를 현실에 맞추기 위해 재정의가 필요했다.

20세기 초 엘리트주의 이론을 앞장서서 옹호했던 이탈리아의 사회과학자(이자 무솔리니 추종자였던) 모스카Gaetano Mosca에 따르면 엘리트주의는 "모든 사회에는 지배 계급과 피지배 계급의 두 개의 계급이 나타난다. 전자의 계급은 항상 소수로, 모든 정치적 기능을 수행하고 권력을 독점하며 권력이 가져다주는 이익을 누리는 반면 후자의 계급은 다수로 전자에 의해 지배와 통제를 받는다. 이는 때로는 합법적인 방법으로, 때로는 독단적이고 폭력적인 방법으로 이루어진다."고 주장한다.[4]

모스카가 언급한 "때로는 합법적인 방법으로, 때로는 독단적이고 폭력적인 방법으로"라는 문구의 의미는 엘리트 지배가 유지되고 사회질서가 보존되는 방식은 민주적일 수도 있고 독재적일 수도 있는데 이는 환경에 의해 좌우된다는 것이다. 이런 엘리트주의 이론을 토대로 2차 세계대전 후 미국이 세계의 권력이던 시절, 미국의 정책 입안자들과 밀접한 관련을 맺고 있었던 학계 내에서 민주주의의 다두제적, 혹은 제도적 재정의가 발전했다. 이러한 재정의는 1942년 발표된 조지프 슘페터Joseph Schumpeter의 고전적 연구인 《자본주의, 사회주의, 민주주의Capitalism, Socialism, and Democracy》와 함께 시작되었다. 여기서 그는 "민중의 의지will of the people"와 "공동선common good"이라는 용어로 정의되는 "고전적 민주주의 이론"을 거부했다. 이 대신 슘페터는 민주주의를 "민중이 던지는 표를 향한 경쟁적 다툼을 수단으로 하는" 엘리트들의 권력을 획득하기 위한 "제도적 조정"이라고 정의하는 "다른 이론"을 진척시켰다. 슘페터는 "민주주의는 민중이 자신을 통치할 사람을 받아들이거나 거부할 기회를 갖는다는 것을 의미할 뿐"이라고 설명한다.[5] 이러한 재정의는 1971년 로버트 달

---

4) Gaetano Mosca, *The Ruling Class*(New York : McGraw Hill, 1965), 51쪽.

Robert Dahl의 연구 결과를 바탕으로 한 《다두제Poliyarchy》라는 출판물과 함께 절정을 이루었다. 2차 세계대전 후 미국이 전 세계적 지도력을 쥐고 있던 당시 민주주의의 다두제적 정의는 사회과학과 정치적 대중 담론을 지배하게 되었다. 이 개념은 "민주화 이행"을 특징지웠고, 누구나 이 주제에 대한 학술적 저작 활동에 열심히 참여하도록 이끌었다.

　다두제는 독재가 아니며, 양자 간의 구분을 소홀히 해서는 안 된다. 그러나 민주적 절차를 다두제적 정치 체계에 가두는 것은 평범한 사람들의 생활이 진정하고 의미 있는 민주주의의 내용으로 가득차게 된다는 것을 뜻하지 않으며, 사회정의나 더 큰 경제적 평등을 달성하는 것도 아니다. 이런 유형의 "저강도 민주주의"는 민중과 권력을 포함하지 않으며, 하물며 세계 경제 아래서 기하급수적으로 증가하고 있는 계급 지배나 심각한 불평등의 종식을 포함하지도 않는다. 전 세계 민주화를 위한 대중 운동은 근본적인 사회 변화를 추구하는 운동이며 경쟁 선거를 비롯한 다두제의 제도적 구조로 이끄는 개혁을 훨씬 뛰어넘는 운동이다. 민주주의에 대한 민중적 정의 안에는 정치권력을 불평등한 경제 구조를 변화시키고 사회, 문화생활을 민주화하는 수단으로 여기지만, 다두제적 정의 안에서는 노골적으로 정치적인 것을 사회경제적 영역으로부터 고립시키고 민주주의를 정치적 영역에 한정한다. 그리고 심지어 이는 민주적 참여를 선거에서 투표 행위로 제한한다.

---

5) Joseph A. Schumpeter, *Capitalism, Socialism and Democracy*(New York : Harper and Row, 1942), 285쪽. Robert A. Dahl, *Polyarchy : Paticipation and Opposition* (New Haven. CT : Yale University Press. 1971) 그리고 Peter Bachrach, The *Theory of Democratic Elitism : A Critique*(Lanham, MD : University of America Press, 1980) 및 Robinson, *Promoting Polyarchy*, 41~72쪽.

다두제는 이런 대중적인 민주화 운동을 흡수·무력화하고 방향을 바꾸어 새로 출현한 세계 사회 속에서 근본적인 정치·사회·경제적 변화를 추구하는 피지배 계급의 압력을 제거하기 위해서 추진된다. 1970년대와 1980년대에 개발도상국 전역에서 전개된 엘리트 지배의 위기는 일시적으로 다두제로의 이행, 이른바 "민주적 혁명"을 통해 일시적으로 해소되었다. 이 논쟁적인 이행 기간 동안 다국적 지배 집단은 정치적 지배의 형태를 권위주의적·독재적 체제가 행사하는 확고한 통제에서 더욱 합의를 바탕으로 하는 (또는 최소한 합의를 추구하는) 새로운 다두제로 변화시킴으로써 헤게모니를 재구축하고자 했다.

새롭게 출현한 사회 질서, 즉 세계적 자본주의의 초기 형태 또는 몇몇 대중적 대안은 위태로웠다. 다수는 대중적 민주화의 심화를 추구했지만 새롭게 출현한 지방 엘리트 내 다국적화된 신흥 분파는 세계 경제의 정치적·이데올로기적 권력의 뒷받침을 받으며 종종 미국과 여타 다국적 권력의 직접적인 정치·군사적 개입에 의존했다. 이들은 민주화 운동에 대한 통제력을 획득할 수 있었고 권위주의를 깨부수고 다두제로 나아갈 수 있었다. 이러한 이행은 대중적인 운동을 억누르기 위해 정치를 실제로 개혁했는데, 미국의 전 국무부 장관이었던 키신저와 사이러스 밴스Cyrus Vance는 이를 두고 "선제 개혁"이라고 했다.[6]

다두제 촉진은 미국의 주도 아래 다국적으로 구성된 정치적 계획이다. 미국과 여타 핵심 권력은 다양한 "민주주의 촉진" 기관을 통해 전 세계를 아우르는 프로그램을 자신의 외교 정책 및 군사·안보

---

6) Henry Kissinger and Cyrus Vance, "Bipartisan Objectives for American Foreign Policy." *Foreign Affairs* 66, no. 5(1988) : 119.

수단의 일부로써 지휘해왔다. 여러 국제기구 역시 "민주주의 단위"를 구축했고, 국제금융기구들은 다두제 체계를 갖추는 조건으로 원조 또는 세계 금융시장 접근권을 제공해왔다.[7] 나는 이 새로운 정치의 집단적 성격을 강조하고자 하는데, 왜냐하면 새로 출현한 세계적 자본주의 질서가 미국 헤게모니를 바탕으로 한다는 일반적 견해에 동의하지 않기 때문이다. 민족국가를 기반으로 하는 분석은 이미 시효가 만료됐으며 새로운 시대의 다국적 동력을 분명하게 이해할 수 없게 만든다. 우리는 미국의 우위가 쇠퇴하는 한편 세계를 무대로 다국적 자본의 헤게모니를 바탕으로 한 새로운 역사적 블록이라고 표현되는 신흥 다국적 헤게모니가 시작되고 있음을 목격하고 있다.[8] 미국은 라틴 아메리카의 구조조정과 세계 자본주의로의 통합을 지원해왔다. 이는 미국 헤게모니가 다른 권력과 힘을 겨루며 영향력을 확대하려는 계획이 아니라 다국적 계획을 대신하여 추진한 것이다. 세계화의 시대에 미국은 과거의 국가 간 체계를 안정화하기 위해서가 아니라 새로운 다국적 자본의 역사적 블록을 안정화하기 위한 시도로써 다두제를 추진하고 있다.

---

7) Robinson, *Promoting Polyarchy*와 더불어 Joan M. Nelson and Stephanie Eglington, *Global Goals, Contentious Means : Issues of Multiple Conditionality*(Washington, DC : Overseas Development Council, 1993) 및 Olav Stokke, *Aid and Political Conditionality*(London : Franck Cass, EADI Book Series 16, 1995)를 참조하시오.
8) 이 점에 대해서 Robinson, *A Theory of Global Capitalism* 및 William I. Robinson, "Gramsci and Globalization : From Nation-State to Transnational Hegemany," *Critical Review of International Social and Political Philosophy* 8, no. 4(2005) : 1∼16쪽을 참조하시오.

다두제와 신자유주의

　다른 어느 곳에서와 마찬가지로, 라틴 아메리카에서 "민주화 이행"은 다국적 엘리트 권력의 부상을 촉진하는 메커니즘이 되었다. 1980년대와 1990년대, 국내외 엘리트의 동맹은 대중적 민주화 운동을 탈취하고 방향을 재설정하여 사회 질서의 근본적 변화를 향한 대중적 요구를 약화시킬 수 있었다. 이런 방법으로 라틴 아메리카를 지배하던 야만적인 체제에 맞선 대중 운동의 성과는 근본적으로 불평등한 사회경제 구조를 그대로 놔둔 채 정치 체계만 변화시키는 것으로 귀결되었다.

　"민주화 이행"의 촉진과 함께 다국적 엘리트와 국내의 국가·경제 엘리트(새로운 "현대적" 또는 "기술 관료적" 엘리트)들은 세계 경제의 구조적 힘을 이용하여 국가 기구의 발언권을 인정하는 한편, 깊은 조정을 이루어내는 데 더욱 호의적인 제도를 만들어냈다. 통제된 이행에서 출현한 새로운 다두제적 문민 엘리트들은 새로운 세계적 자본주의로 통합(또는 재통합)하는 작업에 착수했다. 이는 대대적인 신자유주의적 구조조정, 즉 탈규제, 자유화, 민영화, 사회적 긴축, 노동의 유연화 등으로 잘 알려진 이야기를 통해 이루어졌다. 라틴 아메리카에서 신자유주의는 민중에게 혹독한 재앙을 안겨주었다. 1980년대와 1990년에 라틴 아메리카에 세계적 경제가 도착하면서 빈부 격차는 더욱 극명해졌고 사회적으로 불안정과 주변화가 급증하면서 다수 대중의 조건은 황폐화되었다.

　역사적 관점에서 볼 때, 다두제로의 변화는 최근 몇십 년 동안 벌어진 세계적 경제의 출현과 일치한다. 경제와 정치의 다국적화라는 맥락에서, 경제적 구조조정의 정치적 대응물로써 사회적 통제의 새로운 양식이 생겨났다. 1970년대 세계 자본주의 체계가 정치·경제적 위기에 들어서자 다국적 자본이 세계화의 대리인으로서 출현했다. 이 위기의 징후로는 경제 불황, 기업의 이윤 감소, 비동맹 운동의 강화와 이들의 "새로운 국제 경제 질서"에 대한 호소, 전 세계 대중 투쟁의 증가 등을 꼽을 수 있다. 이러한 위기에 직면한 다국적 엘리트들은 현 체계의 정치·경제적 주석을 변화시켜야 한다고 확신했다. 경제적 목표는 새로운 세계적 생산·금융 체계를 통해 성장과 수익성을 회복하는 것이었다. 정치적 목표는 새로운 이데올로기로, 그리고 전 세계 정치 시스템을 정비함으로써 권위, 즉 "자본주의 헤게모니"를 재구축하는 것이었다. 경제적 측면에서, 다국적 엘리트들은 민족 경제 및 재분배 계획을 인정하는 한편 새로운 세계적 생산·시장 체계를 구축함으로써 이 계획에 착수했다.[9]

다두제는 신자유주의, 구조조정, 자유로운 다국적 자본 축적의 정치적 대응물로써 다국적 엘리트에 의해 추진되어 왔다. 신자유주의 프로그램에는 국내 구조조정 및 각국 경제의 세계적 통합과 함께 전 세계적 시장 자유화와 세계 경제에 대한 새로운 법·제도적 틀의 구축 또한 포함된다. 이 프로그램은 모든 국가에서 경제에 대한 국가 개입의 제거와 자본 유입에 대한 국가 통제의 축소를 요구한다. 양자의 결합은 "자유주의적 세계 질서", 즉 개방된 세계 경제와 다국적 자본의 국경 간 이동 및 국경 안에서의 자유로운 자본 활동을 가로막는 모든 장벽을 제거하는 세계 정치를 형성하는 것을 목표로 한

---

9) 이러한 인식에 대한 초기 분석으로는 Albert Fishlow, Carlos F. Diaz Alejandro, Richard R. Fagen, and Roger D. Hansen, *Rich and Poor Nations in the World Economy*(New York : McGraw Hill, 1978)와 Robert W. Cox, "Ideologies and the New International Ecomomic Order : Reflections on Some Recent Literature," *International Organization 33*, no. 2(1979) : 257~302쪽을 참조하시오. Robinson, *A Theory of Global Capitalism*도 함께 참조하시오.

다. 신자유주의적 모델은 다국적 자본이 여러 국경을 가로질러 동시에, 그리고 즉각적으로 활동할 수 있도록 완전한 이동성을 요구하는 것에 맞추어, 여러 나라 간 광범위한 재정·통화·산업·노동·통상 정책의 조화를 이루어내려고 시도한다. 이 프로그램은 지방 경제를 세계 경제에 적응시키는 주요 메커니즘이 되었다. 이를 통해서 새롭게 출현한 다국적 국가 기구의 감독 아래 각국 생산 체계가 대대적으로 구조조정되었고, 제3세계 및 제2세계에 속했던 넓은 지역이 세계 경제로 재통합되었다.[10]

그러나 다두제가 경제적 구조조정의 정치적 대응물이 된 이유는 무엇인가? 세계적 차원의 상호작용과 경제적 통합은 세계 경제와 결합된 사회적 교류의 확장을 감당하지 못하는 권위주의 혹은 독재 정치 체계에 의해 차단되었다. 다두제를 추진하게 된 것은 각국의 정치 체계를 경제 구조에 맞게 현대화하여 직접적·강압적 지배가 아닌 합의를 통해 작동되도록 하려는 노력이다. 대중의 요구와 불만, 그리고 희망은 직접적 억압보다는 이데올로기적 메커니즘, 정치적 흡수와 탈조직화, 세계 경제가 설정한 제한을 통해 무력화하는 경향이 있다. 전 세계적 사회 통제 수단의 원칙이 되는 세계적인 경제 또는 "시장" 규율의 강제는 직접적인 사회 통제의 장으로써 국가가 행사하는 경제·정치적 규율을 대체하는 경향이 있다.

다두제는 계급 간 관계를 매개할 뿐만 아니라 지배 집단 간의 갈등을 해결하기 위한 제도적 조율을 개선한다. 엘리트 간 타협과 화해 메커니즘 덕분에, 그리고 선거 및 다른 제도를 통한 다수 대중의

---

10) 전 세계 신자유주의 구조조정에 대해서는 *Restructuring Hegemony in the Global Political Economy : The Rise of Transnational Neo-liberalism in the 1980s*, ed.와 Henk Overbeek(London : Routledge, 1993)을 참조하시오. 초국적 국가 장치에 대해서는 Robinson, *A Theory of Global Capitalism*을 참조하시오.

헤게모니로의 포섭을 통해 다두제는 지배 집단의 정치적 권위를 정당화하고 세계 자본주의가 새로운 세계 질서를 작동할 수 있을 만큼 충분히 안정적인 세계적 환경을 잘 갖추고 있다. 이는 새롭게 출현한 세계 사회가 갈등을 유발하거나 유동적인 조건에 놓여있더라도 그러하다. 이런 점에서 미국의 "민주주의 촉진" 개입은 일반적으로 권력이 국내와 지역적 엘리트에서 다국적 계획에 좀 더 호의적인 집단으로 이동하는 것을 촉진한다. 국내 엘리트의 다국적 분파의 안내에 따라 신자유주의적 국가는 민족적 자본 축적보다 세계적 자본 축적의 이익을 추진한다.

다두제는 세계 자본주의의 시대에 사회경제적 독재의 정치적 관리에 더욱 효율적이고 실행 가능하며 지속성 있는 형태를 나타낸다. 그럼에도 불구하고 신자유주의 국가는 세계 체계의 모순에 의해 발생한 내부 갈등으로 고통을 당해왔다. "민주적 합의"는 사회 질서를 재생산하기 위한 정치 체계의 가장 최선의 형태에 대한 응집력이 높아져가는 세계 엘리트들 사이에서 합의를 이루고 있다. 따라서 다두제 촉진은 자본주의적 세계화 촉진 계획의 정치적 대응물이다. 그리고 "민주주의 촉진", 다시 말해 신자유주의 구조조정을 통한 자유시장은 미국 외교 정책의 단일한 과정이 되었다. 미국 국제개발처 AID는 "민주주의는 시장 지향적 경제로의 이행을 보완한다."[11]라고 설명한다.

1980년대와 1990년대에 워싱턴은 전 세계에서 "민주주의 촉진" 프로그램을 개시하는 한편 정치의 다국적화에 착수하면서 정치적 개입의 새로운 메커니즘을 개발했다. 정치적 개입 프로그램은 점차

---

11) 국제발전기구에 대해서는, "The Democracy Initiative," Washington DC, December 1990.

미국, 유럽 등지에 있는 일련의 정부 및 비정부 기구, 연구소, 금융 기구, 다자간 기구, 사기업을 한자리에 모이도록 했다. 1980년대 미국과 유럽 연합은 "민주주의" 관련 해외 원조로 각각 2,000만 달러를 지출했다. 2001년까지 이는 각각 5억 7,100만 달러, 3억 9,200만 달러로 증가했다. 2003년에는 유럽이 35억 달러를 지출한 반면 미국은 다두제 촉진을 위해 2006 회계연도에 총 2억 달러를 지출할 것으로 예상되었다.

"민주주의 촉진"이라는 제명으로 진행된, 미국이 조직한 정치 개입 프로그램은 정책 설계, 자금 지원, 조작 활동, 영향력 형성 등의 여러 층으로 이루어졌다. 정책 설계는 백악관, 국무부, 국방부, 중앙정보부 등 미국 고위급 정부 기관 및 여타 특정 정부 분과와 관련이 있다. 바로 이러한 차원에서 특정 국가 및 지역에서 "민주주의 촉진"을 통한 정치적 개입을 수행하는데 필요한 전반적인 것들이 군사 · 경제 · 외교 및 여타 차원과 결합되어야 할 해당 국가 및 지역에 대한 전반적인 정책의 한 요소로 규정된다.

자금 지원의 층위에서는, 미국 국제개발처 및 국무성의 여러 분과가 막대한 돈을 배분하는데, 이들이 직접 혹은 전국민주주의재단 NED 또는 미국평화연구소USIP와 같은 다른 기관을 통해 표면적으로는 미국의 "민간" 조직이지만 실제로는 정책 입안 당국과 긴밀하게 연계되어 있고 미국의 외교 정책과 같은 입장을 취하는 일련의 단체들에 지급한다. 전국민주주의재단은 1983년 새로운 형태의 "민주적" 해외 정치 개입을 위한 중앙 기관 또는 정보센터로써 창설되었다. 전국민주주의재단이 창설되기 전 중앙정보부는 미국이 개입하는 국가 내 정당, 경제협회, 노동조합, 학생 단체, 시민 단체에 정기적으로 자금을 지원했다. 1980년대에는 이러한 프로그램의 상당 부분이 중앙정보부에서 국제개발처와 전국민주주의재단으로 이전했으며, 중앙정보부가 노골적으로 운영하던 것보다 몇 배 더 정교해졌다.

국제개발처와 전국민주주의재단의 자금을 받는 조직으로는 (나열하자면 길지만) 대표적으로 미국 공화당과 민주당의 공식적인 "외교 정책 부문"인 전국공화주의 국제문제연구소NRI(국제공화주의연구소로도 알려져 있다.)와 전국민주주의 국제문제연구소NDI, 국제선거체계연맹IFES, 민주주의센터CFD, 국제사기업센터CIPE, 자유노조연구소FTUI, 국제노동자연대ILS 등이다. 미국 외교 정책, 정치 기관 출신, 다국적 기업 출신의 인사들이 이 조직들의 이사회에 속해 있다. 미국의 대학, 개인 독립적 지식인들 및 여타 "민주주의" 전문가들 역시 포함된다. 이러한 조직 및 개인 모두는 복잡하고 다차원적인 미국의 정치적 개입망과 제휴하고 있다.

세 번째 층위에서, 이와 같은 미국의 조직들은 다시 개입하고 있는 국가 내의 여러 조직에 자금, 조언, 정치적 후원 등의 보조 혜택을 제공한다. 이전에도 존재했던 이 조직들은 "민주주의 촉진" 프로그램의 영향을 받아 미국의 외교 정책 설계와 새로운 방식으로 협력하거나 그렇지 않으면 새롭게 형성되었는데 현지 정당, 연합 조직, 노동조합, 경제 위원회, 언론, 전문·시민 단체 등이 이런 조직에 해당한다. 정치적 개입 조직 내의 분업에 따라 미국의 각 기관은 개입국의 특정 부문과 협력했다. 예를 들어, 국제공화주의연구소와 전국민주주의연구소는 정당을 특화했고 이들은 각 개입국 정당에 "보조 혜택"을 제공했다. 그런가하면 자유노조연구소나 국제노동자연대는 노동 계급에 초점을 두고 개입국 노동조합에 보조 혜택을 주었다. 미국의 "민주주의 촉진" 프로그램에 참여하는 현지 단체들은 "독립적" 혹은 "비당파적" 상태를 유지하지만 실제로는 다국적 계획의 내부 대리인이 된다.

개입주의적 조직은 협력 관계를 구축한 단체들을 통해 개입국의 시민 사회 전반에 영향을 미치려고 한다. 예를 들어, 미국 군대와 국제 비정부기구, 기술 자문인, 상담가, 그리고 "전문가"들이 "정당과 시민 사회의 강화"를 위한 프로그램을 진행한다. 이들은 "시민 교육", "지도력 개발", "미디어 훈련" 등에 관한 워크숍을 이끈다. 이러한 "민주주의 촉진" 활동은 현지 정치 지도자 및 시민 지도자들을 정치적 역량 및 시민 활동 역량을 갖추도록 육성한다. 미국의 후원 아래 이 단체들은 전형적으로 "시민 대표"의 간판을 얻어 이 사회에 소속된다. 이들은 서로 지지하며 정치적 활동과 담론을 일치시켜간다.

전략 전반에서, 워싱턴은 "민주주의 촉진" 프로그램을 통해 "영향력 있는 대리인", 다시 말해 구축 중인 엘리트 사회의 질서에 부합하는 이데올로기를 생성할 현지 정치인 및 시민 지도자를 형성하고자 한다. 이를 통해 신자유주의적 전망을 촉진하고 개입국을 세계적 자본주의에 통합시키는 정책을 옹호하려는 것이다. 이런 대리인들은 자국을 위해 전혀 다른 계획을 가지고 있는 더욱 대중적이고 독립적이며 진보적이거나 급진적인 집단 및 개인과 경쟁하거나 이들을 능가할 것으로 기대된다.

라틴 아메리카에서 다두제 촉진하기

위와 같은 과정은 라틴 아메리카에서도 분명하게 나타났으며 여러 측면에서 다두제 촉진의 실험실이었다. 1970년대 말까지 권위주의 체제는 이곳에서 엄청난 위기를 맞이했다. 민주화와 인권을 요구하는 다수 대중의 운동은 독재와 엘리트 기반 사회 질서를 위협하여 붕괴시켰다. 1979년 니카라과가 그랬고, 아이티, 엘살바도르, 과테말라 등지에서도 유사한 사태가 발생했다. 아래로부터의 위협은 혼란과 세계화로의 적응을 관리하는 데에 대한 무능력과 결합하여 지배 권력 연합의 해체로 이어진 엘리트 간 갈등을 야기시켰다. 엘리트 통치의 위기는 1980년대부터 1990년대 초반 라틴 아메리카 내 거의 모든 나라에서 발생한 다두제로의 이행을 통해 최소한 일시적으로 진정되었다.

라틴 아메리카에서 미국의 다두제 촉진 프로그램은 두 가지 측면에서 영향을 미쳤다. 첫 번째 측면은 1980년대 초반 권위주의에 맞서 민중 민주주의를 추구하는 대중 투쟁이 벌어지는 동안 다른 개입과 함께 "민주주의 촉진" 프로그램을 개시한 것이다. "선제 개혁"은 반독재 투쟁을 통한 더 큰 변화를 막기 위해 사전에 독재정권을 제거하는 것이었다. 미국의 개입은 정책적 원조 프로그램과 은밀한, 혹은 직접적인 군사작전, 경제적 원조 또는 제재, 공식 외교, 정부 간 프로그램 등을 종합한 것이었다. 이 프로그램은 여러 나라를 휩쓸며 권력을 장악한, 그리고 각 민족 국가를 새로운 세계 질서에 통합시킨 다국적 엘리트의 지역적 분파와 연계를 맺거나 이들이 권력을 장악하도록 도왔다. 자본주의적 세계화로 이익을 얻은 엘리트 집단이 이런 방식으로 다시 핵심 정치 기구를 통제하게 되었다.

1990년대에 개시된 두 번째 측면에서 미국의 정책은 "민주주의 원조" 또는 여타 정부 간, 그리고 다자 간 프로그램을 통해서 민주주의를 "공고화"하는 것을 목표로 삼았다.[12] 이 프로그램은 다두제

의 절차 내에서 다국적 성향의 신흥 엘리트들을 훈련하는 한편, 다
두제적 정치 문화를 주입하고 다두제의 제도적 환경을 강화하고자
했다. 이는 국제금융기구의 관리 하에 진행되는 경제 구조조정을 보
완하는 것이었다. 이러한 엘리트들은 대중 부문에 반대하여, 또한
극우파, 권위주의적 엘리트, "정실情實" 자본가, 그리고 다국적 계획
에 반하는 여타 지배 계층에 맞서 위와 같은 지원을 받았다.

다두제로의 이행은 다국적 엘리트들에게 국가의 역할을 인정하는
한편 신자유주의적 구조조정을 심화하기에 더 좋은 제도적 틀을 확
립할 기회를 제공했다. 이 구조조정을 실행하는 동안 신흥 엘리트들
은 부의 근본적 분산이나 정치·경제적 권력의 재분배 없이 국가와
사회의 현대화를 개시했다.[13] 대신 엘리트들은 세계 시장과의 재접
합, 세계적 자본 축적과 연계된 새로운 경제 활동, 국내 시장의 축
소, 이 지역의 세계 경제 내 "비교 우위"로써 값싼 노동력과 풍부한
천연자원의 제공 등에 바탕을 둔 개발의 다국적 모델을 실행했다.[14]

칠레, 니카라과, 멕시코, 베네수엘라, 볼리비아의 사례는 이러한
유형을 보여준다.[15] 미국은 1973년 칠레 아옌데 정부의 축출을 조정

---

12) Thomas Carothers, *Aiding Democracy Abroad : The Learning Curve*(Whashington
DC : Carnegie Endowment for International Peace, 1999) 및 Larry Diamond,
"Promoting Democracy in the 1990s : Actors, Instruments, Issues, and
Imperatives," in *Report of the Carnegie Commission on Preventing Deadly Conflict*
(New York : Carnegie Corporation of New York, 1995)를 참조하시오.
13) 라틴 아메리카 내 새로운 다국적 분파의 출현에 관한 논의로는 William I.
Robinson, *Transnational Conflicts : Central America, Social Change, and
Globalization* (London : Verso, 2003)를 참조하시오.
14) 이 새로운 개발 모델과 그 사회적 영향에 대해서는 Duncan Green, *Silent
Revolution : The Rise of Market Economics in Latin America*(London : Cassell,
1995) 및 Robinson, *Transnational Conflict*를 참조하시오.
15) 칠레와 아이티에 관해서는 Robinson, *Prompting Polyarchy*를 참조하시오. 니카라
과에 관해서는 *Promoting Polyarchy* 및 William I. Robinson, *A Faustian Bargain
: U.S Intervention in the Nicaraguan Elections and American Foreign Policy in the
Post-Cold War Era*(Boulder, CO : Westview Press, 1992)를 참조하시오. 파나마에

한 후 피노체트 군사 독재 정권에 대한 지속적인 지원을 1985년까지 제공했다. 1985년, 미국 정부는 격렬해지는 항의 운동에 대한 대응으로 돌연히 반대 엘리트 세력을 지원하면서 민주화 이행을 촉진하기 시작했다. 이때 미국은 정권에 무수한 당근과 채찍 압력을 가하여 개방을 유도하고 문민 엘리트로 권력을 이전하고자 했다. 동시에 미국 정부는 국제개발처와 전국민주주의재단을 통해 정치적 원조 프로그램을 실행하여 1988년 국민 투표에서는 피노체트에 맞선 연합 세력의 조직화를 도왔고, 1990년 총선에서는 독재 정권 후보의 반대 세력을 도왔다. 미국의 정치적 개입은 엘리트 헤게모니가 분열에 빠졌을 때인 1985년과 1987년 사이, 분열한 야당 엘리트들 사이에 단결을 달성하고, 대중적 반대 세력을 무력화하는 한편 반독재 운동을 누르고 엘리트 헤게모니를 보장하도록 하는 것이 핵심이었다. 1987년부터 1990년까지 미국의 개입은 엘리트를 재구축하고 이 엘리트들이 피노체트 정권 하에서 시작된 신자유주의 구조조정 및 세계 경제로의 통합 과정에 전념하도록 보장하는 데 매우 중요했다. 미국은 니카라과에서 근 50년 동안 소모사가家의 독재를 지원했

관해서는 John Dinges, *Our Man in Panama*(New York : Random House, 1991 edition) ; Philip wheaton, Panama Invaded(Trenton : Red Sea Press, 1992)와 John Weeks and Phil Gunson, *Panama : Made in the USA*(London : Latin America Bureau, 1991)을 참조하시오. 멕시코에 관한 문헌은 여러 가지가 있지만, "The Wars Within : Counterinsurgency in Chiapas and Colombia," *NACLA Report on the Americas* 31, no. 5(March/April 1998) ; "Contesting Mexico," *NACLA Report on the Americas* 30, no. 4(January/February 1997)과 Tom Barry, *Zapata's Revenge*(Boston : South End Press, 1995)를 참조하시오. 베네수엘라에 대해서는, William I. Robinson, "Nuevas Modalidades de Intervención Norteamerica en el Marco de la Globalization : La 'Promoción de la Democracia' y el Caso de Venezuela," *Revista Venezolana de Economía y Ciencias Sociales*(Caracas : Universidad Central de Venezuela, on Press)를 참조하시오. 볼리비아에 관해서는 Reed Lindsay, "Exporting Gas and Importing Democracy in Bolivia," *NACLA Report on the Americas* 39, no.3(November/December 2005) : 5~11쪽을 참조하시오.

다. 1960년대에서 1970년대까지 해외 자본을 중앙아메리카에 쏟아부어 이 지역을 세계 경제로 통합함으로써 1980년대의 사회적 대격동의 구조적 토대를 마련했다. 1979년 혁명으로 집권한 산디니스타 정부는 미국 정부의 대대적인 불안정화 작전의 목표물이 되었다. 그 후 1987년에 이 작전의 목표는 극적으로 변화하였는데, 산디니스타 정부를 해외에 기반을 둔 반혁명 운동을 통해 군사적으로 축출한다는 작전은 국내의 온건한 반대 세력의 지원을 받아 다두제적 과정의 새로운 형태로 축출하는 것으로 바뀌었다. 이 반대 세력은 미국의 대규모 정치적 원조 프로그램을 통해 조직되고 훈련을 받았고, 시민 사회 내에서 평화적이고 비非강압적인 방식으로 운영되어 산디니스타의 헤게모니를 무력화했다. 강경 세력 불안정화 작전에서 다두제 촉진 프로그램으로의 전환은 1990년 산디니스타의 선거 패배와 보수 세력의 부활, 다두제적 정치 체계의 구축, 니카라과의 세계 경제로의 재편입, 그리고 폭넓은 신자유주의 구조조정으로 절정을 이루었다.

멕시코의 지배 세력이었던 제도혁명당PRI은 1980년대 권력 투쟁에서 패퇴했다. 이 "공룡"(멕시코의 기업 중심 수입대체 산업화 모델의 민족 자본주의와 연계된 오래된 부르주아와 국가 관료)은 "기술 관료" 즉 1988년 카를로스 살리나스Carlos Salinas de Gortari의 당선으로 당과 국가를 장악한 멕시코 엘리트의 다국적 분파의 부상을 막을 수 없었다. 이 집단은 대대적인 신자유주의 구조조정을 단행하여 멕시코 경제를 개조했고 이 나라를 세계적 자본주의로 통합시켰다. 민족적 분파와 다국적 분파 사이의 싸움은 완전히 해소되지 않았고, 1990년대에 들어서는 폭력적인 성격을 띠게 되었다. 엘리트 내부의 갈등은 민중 계급의 광범위한 동원과 치아파스chiapas 주의 자파티스타

Zapatista와 게레로Guerrero와 오악사카Oaxaca 주의 여타 게릴라 집단의 무장 봉기와 결합하여 안정성을 해치고 멕시코의 다국적 계획 전반을 위협했다.

다국적 계획의 경제적 차원과 정치적 차원의 분리가 나타났고, 다두제로의 불완전한 이행이 신자유주의를 지체시켰다. 미국의 정책 입안자들은 제도혁명당 및 우파 세력과 신자유주의 성향의 국민행동당PAN 사이의 경쟁을 바탕으로 하는 기능적 양당 체제가 확립되기를 기대했다. 그러나 제도혁명당에 대한 커다란 압력이 민중 계급이 들어설 수 있도록 했다. 이에 따라 미국의 전략은 권위주의 정부를 지속적으로 강력히 지원하면서도 다두제가 완전히 정착할 수 있도록 이들의 이행을 재촉했다. 멕시코 정부가 실시하는 치아파스 주내 사파티스타 민족해방군Zapatista National Liberation Army과 그 지지 세력을 겨냥한 악명 높은 반게릴라 프로그램에 대한 지원이 여기에 해당된다. 그러나 2000년 7월 선거에서 국민행동당의 폭스 vicente Fox의 승리로 다두제로의 이행은 완성되었고, 정치 체계가 경제적 변화에 동조하게 되었다. 멕시코의 사례는 미국이 엘리트 지배 자체를 위험에 빠뜨리지 않을 때만 다두제를 촉진한다는 점을 강조한다. 실제로 1980년대와 1990년대에 미국은 앞서 언급한 사례에서, 그리고 엘살바도르, 과테말라, 볼리비아, 콜롬비아에서 대중적 억압을 지원했다. 조건을 두고 다두제를 촉진한다는 정책은 억압의 촉진과 완벽하게 양립하며 보통 이를 포함한다.

베네수엘라는 1958년 푼토 피요 협정Funto Fijo Pact(사법부, 군부, 선관위 등을 포괄하는 공직을 선거의 승패와 상관없이 정당들이 나눠 갖는 것을 내용으로 하는 협정-옮긴이)이 체결된 이후부터 다두제 정치 체계를 갖추었으나 이 협약에서 출현한 정치·경제 모델의 고갈로 인해

1980년부터 1990년의 기간 동안 체제의 위기가 발생했다. 이는 전 단계 세계화 세계의 자본주의 체계가 끝나고 자본주의의 세계화 시대가 개시되는 이행의 시기였다. 베네수엘라의 엘리트 세력은 예전의 모델이 쇠퇴하고 신자유주의가 부상하면서 터져 나온 위기에 어떻게 대처할 것인가를 두고 혼란에 빠졌다. 여러 엘리트 파벌과 분파 중 일부는 2차 세계대전 후 석유 생산 팽창과 수입대체 공업화의 시대에 발전한 민족적 축적 순환에 단단히 뿌리내리고 있었으며, 점차 성장 가능성은 하락했다. (한 예로 1994년부터 1999년 사이 칼데라Refael Caldera 정부가 제출한 신중한 민족주의적 프로젝트를 들 수 있다.) 그런가 하면 새로운 다국적 순환으로 자국을 편입시키려는 분파도 있었다. 과두 세력은 내부 분열과 분쟁으로 소멸했다. 엘리트 전체를 장악하며 헤게모니를 획득할 수 있는 분파는 없었다. 과두 세력의 위기는 민중 계급의 1989년의 카라카소caracazo(1989년 2월 시몬 페레스Shimon Perske 대통령의 신자유주의 구조조정에 반대하여 폭발한 대규모 시위 - 옮긴이) 저항에서 감지할 수 있듯이 자체적인 정치적 주체성을 형성하기 시작함에 따라 해소될 수 없었다. 이러한 정치적 주체성은 여러 환경적·국면적 이유에서 결국 차베스와 볼리바르 정부의 부상과 함께 연합을 이루었다. 과두 세력들은 다두제가 제도화된 이후 처음으로 권력에서 손을 놓게 되었다.

따라서 베네수엘라에서 실행할 다국적 계획의 목표는 다두제로의 이행을 추진하는 것이 아니라 기존 과두 세력을 현대화함으로써 위기에 빠진 과두 세력을 구축하는 것이었다. 이를 실현하기 위해 민중 계급을, 엘리트 헤게모니로 재통합하고 신자유주의의 새로운 모델을 실행할 수 있는 이들을 엘리트 중 선별하여 훈련시키고자 했다. 그러나 이 계획은 실행될 수 없었다. 그 대신 다국적 엘리트 및 토착 엘리트의 이익에 반하는 대중적인 계획이 부상했다. 볼리바르 계획은 베네수엘라의 엘리트주의 헤게모니를 파탄냈고 미국의 기본적 목표는 이를 회복하는 것이었다. 이것이 베네수엘라에서 미국의 전략이 "민주주의 촉진"으로 전환하게 된 맥락이다.

잘 알려진 것처럼, 전국민주주의재단은 1998년 차베스가 대통령으로 당선된 이래로 자신이 주도하는 프로그램을 극적으로 확대했다. 반차베스 세력을 지원하기 위한 전국민주주의재단 및 이와 관련된 국제개발처의 프로그램은 널리 기록되어 있다. 이러한 프로그램으로는 미디어 전략 개발 지원, 반대 세력 정치인·기업인·노동조합 활동가의 정기적 워싱턴 방문, 차베스 반대 노조인 베네수엘라 노동자 연맹CTV 운영자금 지원, 반대 세력을 대상으로 한 일련의 워크숍, 무수한 반차베스 집단에 대한 자금 지원 등이 있다. 전국민주주의재단은 2002년 쿠데타가 일어나기 직전 여기에 참가한 세력에 거의 100만 달러를 지급하고, 부시 행정부의 전술적 지원을 받았음에도 불구하고 이 쿠데타는 실패했다.

쿠데타의 좌초, 그리고 2005년 차베스 재신임 국민투표에서 반차베스 세력의 실패와 함께 워싱턴은 차베스 정부를 신속하게 제거할 것을 추구하는 "기동전"(쿠데타, 자본가 파업, 국민투표)에서 확장된 "진지전"으로 전략을 수정했다. 현재는 반대 세력을 재규합하고 2006년 및 그 이후의 선거에서 현 정부를 약화·불안정화 시킬 수 있는 기회를 놓치지 않도록 하기 위한 계획을 마련하는 데 노력을 쏟고 있다. 이런 목표에서 "민주화 촉진" 프로그램은 폭넓게 확장되었다.

볼리비아에서 다두제 촉진 프로그램은 상대적으로 소규모로 진행되었는데, 2003년 10월 산체스 대통령을 정권에서 끌어내렸던 원주민 봉기가 발생하자 상황이 달라졌다. 이때부터 신임을 잃은 정당을 조직하고 자금을 지원하기 위해, 급진적인 원주민 지도자에 맞설 수 있는 순종적인("온건한") 원주민 지도자를 지원하기 위해, 엘리트 집단의 통제를 받는 시민 단체를 전투적 사회 운동과 겨루도록 발전시키기 위해, 수백만 달러를 쏟아 부었다. 이러한 프로그램의 목표 중하나는 가스 국유화가 정치 쟁점화 되지 않도록 만들고, 천연 자원 국유화를 향한 대중적 요구를 약화하는 것이었다. 국제개발처의 전환주도사무소OTI는 2004년부터 2005년까지 이러한 목적을 위해 무려 1,180만 달러를 소비했다. 라파스의 한 미국 외교관은 이러한 프로그램의 목표는 "온건하고 친 민주주의적인 정당을 구축하여 매우 급진적인 성향의 사회주의를 향한 운동MAS 및 그 계승자들에 맞설 수 있도록 하는 것이다."라고 노골적으로 이야기했다.[16] 사회주의를 향한 운동은 2003년 산체스, 2005년 메사라는 신자유주의 대통령을 사임하게 만들었던 대중 봉기를 조직한 전투적 원주민 단체 중 하나다. 그리고 이들은 가스 국유화 및 원주민 공동체의 세력화를 요구해왔다.

권력, 세계 체계, 그리고 자본주의적 다두제의 이율배반

민주주의를 논할 때, 우리는 권력, 다시 말해 객관적 이해를 충족시키고, 이것을 기능으로 하는 사회 구조의 형성을 상기해야 한다. 이 새로운 다두제에 대해 가장 주목할 것은 세계화하는 엘리트가 신

---

16) Lindsay, "Exporting Gas," 6쪽.

자유주의 계획에 대한 민중의 압력과 대중적 반대에서 얼마나 유리되어 있는가 하는 점이다. 라틴 아메리카에서 다국적 엘리트들은, 개별 국가들에서 다국적 자본의 구조적 권력을 대중적 풀뿌리 운동의 타격에 사용하는 탁월한 능력을 보여주었다. 아이티, 니카라과 등지에서 이러한 운동은 사회 구조를 변화시킬 힘이 없었다. 이들이 국가에 대한 접근성을 얻더라도 세계화된 경제와 다국적 엘리트가 내부에 지배력을 행사할 능력을 지녔기 때문이다. 몇몇 나라에서 반신자유주의 블록은 최근 자체적인 후보를 선출했다. 그러나 이러한 후보들은 얼마 지나지 않아 다국적 세력의 압력에 저항하는 것이 불가능하다는 사실을 깨닫게 된다.

예를 들어, 온두라스에서 레이나Carlos Roberto Reina는 자유당 내 사민주의 성향의 분파인 진보적인 반란 세력을 이끌었고, 1993년 선거에서 신자유주의 프로그램에 반대하는 포퓰리즘적 정책 강령을 토대로 당선되었다. 그는 세계 경제로 개방하라는 위협을 받는 국내 엘리트 세력과 1990년대 초부터 본격화된 신자유주의 긴축 정책에 저항하는 광범위한 민중 부문의 지지를 받았다. 집권 첫 해, 레이나는 국제 통화 기금IMF과 미국 국제개발처AID 관료를 만나 그의 전임 대통령들이 동의한 구조조정 프로그램을 좀 더 유연하게 실행할 수 있도록 협상을 시도했다. 그러나 신규 양자간, 다자간 신용을 중단할 것이며, 절실한 부채 경감을 거부하겠다는 위협에 처해 레이나 정권은 고개를 숙였고, 1995년까지 온두라스는 신자유주의 프로그램에 전념했다. 그러자 레이나의 사회적 기반은 급속히 저하되었고 1990년대 중반 그의 정부는 반복적인 대중 시위와 정당성의 손실을 겪었다. 1993년 당선된 베네수엘라 칼데라 정부, 1990년대와 21세기에 당선된 에콰도르, 아르헨티나를 비롯한 여러 나라 정부도 비슷한 과정을 겪었다.

지배적 계획에 반대하는 후보를 뽑아 표를 던진다고 해서 유권자들이 그 계획을 바꿀 수 있는 가능성을 획득하게 되지는 않는다. 세계적 체계는 다수 대중이 다두제를 활용하여 자신의 의지를 관철시킬 가능성을 제한한다. 세계 자본주의가 시장을 통해 규율을 부과하는 힘은 보통 권위주의 체제의 강제력을 불필요하게 만든다. 여기서 강제력이라는 개념은 군대나 경찰과 같은 물리적 강제력만을 뜻하는 것이 아니다. 손실 위험, 빈곤과 기아의 위협 등 경제적 강제력은 사람들로 하여금 특정한 결정을 내리고 특정한 행동을 취하도록 만든다. 이는 명백하게 "자유로운" 선택인 것처럼 보이지만, 구조에 의해, 또는 구조를 통제하는 다른 집단에 의해 특정한 선택을 하도록 이끄는 것이다.

따라서 사회경제적 권력은 정치적 권력으로 해석된다. 정치적·사회경제적 영역은 분리될 수 없다. 엘리트주의 이론에서 도출된 〈민주화 이행〉이라는 논문은 민주주의가 전적으로 과정에 의지하며 정치적 영역이 경제적 영역과 분리될 수 있고, 따라서 "민주적" 과정과 날카로운 사회적 불평등 및 사회의 물질적·문화적 자원의 소수 독점으로 대표되는 반민주적 사회 질서 사이에는 아무런 모순이 없다고 주장한다. 그러나 이 저작의 핵심적인 주장이자 직접적으로 미국의 정책에 반영된 주장은 다두제가 자유 시장 자본주의를 필요로 한다는 것과 다두제의 촉진이 자유 시장 자본주의의 촉진과 상호 보완적인 동시에 이를 지지한다는 점이다.[17] 따라서 미국의 정책에

---

17) Larry Diamond, Juan J. Linz, 및 Seymour Martin Lipset, *Democracy in Developing Countries : Latin America*(Boulder, CO : Lynne Rienner, 1989). AID에서 자금을 지원받아 진행된 이 두드러지는 연구는 이 분야의 입문서로 여겨지는데, 저자는 "우리는 이 연구에서 민주주의라는 용어를 경제나 사회 체계와 분리된 별도의 정치

서 양자가 실제로는 연결되어 있는 것처럼, "민주주의"의 다두제적 정의는 정치를 경제로부터 분리할 것을 주장하지만 실제로 이를 구축할 때는 양자가 연결되어야 한다고 주장한다.

그러므로 세계적 자본주의가 관심의 대상이 될 때 정치적인 것은 사회·경제적인 것과 연관되어 있어야 하며 "평범한 사회"는 자본주의 사회여야 한다. 그러나 경제적 불평등과 사회정의가 관심의 대상이 될 때 정치적인 것은 사회, 경제적인 것과 분리되어야 한다. 이렇게 분리됨으로써 사회·경제적 문제는 배제되고 권력의 행사, 사회의 물질적·문화적 자원의 통제 등은 민주주의 논의에서 불필요한 것이 된다. 중요한 것은 절차적으로 자유로운 선거를 통해 엘리트 분파들 간에 벌이는 정치적 논쟁이다. 이렇게 정책 입안자들과 주류 사회과학자들이 정치적인 것을 사회·경제적인 것에서 분리함으로써 현실과 상응하지 않는, 그러나 다두제와 이것이 복무하는 이익을 촉진하여 정치적 실천의 정당화를 돕는 이데올로기가 구축된다.[18]

다두제로의 이행은 불평등과 사회 양극화의 극적인 확대, 그리고 발전주의 및 국가 개입주의, 그리고 민중 계급의 대항 권력으로 제약되었다가 세계화에 의해 이 제약에서 벗어난 자본 축적이 낳은 불평등과 사회 양극화를 동반해왔다. 1980년대와 1990년대, 소득 양극화에 더하여 보건 의료, 교육, 그리고 여타 사회 서비스를 극적으로

체계를 나타내기 위해 사용한다. … 실제로, 우리의 접근에서 분명히 구별되는 점은 소위 경제·사회 민주주의라는 문제가 통치 구조의 문제와는 분리되어 있다고 주장한다는 점이다."라고 언급한다. 또한 미국 정부 지원을 받아 제작된 *Journal of Democracy* 5, no. 4(October 1994) 특별호, "Economic Reform and Democracy."도 함께 참조하시오.

18) Larry Diamond and Mark F. Plattner, eds., *The Global Resurgence of Democracy* (Baltimore : Johns Hopkins University Press, 1993).

축소하고 민영화한 신자유주의 정책의 결과로 사회적 조건은 황폐화되었다.[19] 사회적 재생산을 사회적 임금(공공 부문)에 전적으로 의존하는 대중 계급은 사회적 위기에 직면한 반면 특권을 지닌 중상위 계급은 사적 망을 통해 사회 서비스를 배타적으로 누려왔다. 세계화된 신자유주의적 자본주의는 민중 대부분의 계층 이동을 제약한 반면, 상향-하향 이동성이 가능한 재분배적 국가 구조로부터 벗어난 세계적 시장의 힘을 통해 중간 계급과 전문가 집단은 새로운 기회를 얻을 수 있었다.

사실상 출생 시 기대 수명, 교육적 성취, 생활 기준(구매력 기준 1인당 GDP)을 총체적으로 측정하는 유엔개발계획UNDP의 인간개발지수HDI는 1990년대 아르헨티나, 칠레, 우루과이, 코스타리카, 멕시코, 파나마, 베네수엘라, 콜롬비아, 브라질, 페루, 에콰도르, 볼리비아, 과테말라를 포함한 라틴 아메리카 많은 나라에서 감소했다. 1980년에서 1995년 사이, 라틴 아메리카인 중 9,400만 명이 빈민으로 기록되었는데, 빈곤하게 사는 인구의 숫자는 1억 3,600만 명에서 2억 3,000만 명으로 증가했다. 이는 전체 인구의 41%에서 48%로 증가한 것이다.[20] 비정규직, 대량 실업 및 불완전 고용의 폭발, 기아와 영양실조의 확산, 말라리아, 폐결핵, 콜레라 등 전염병의 재발은 다두제 및 라틴 아메리카의 세계 경제로의 통합에 동반하여 나타났다. 이러한 경향은 라틴 아메리카에서만 나타나는 것은 아니다. 이는 세계적 자본주의 전반에서 드러나는 경향의 한 부분이다.

---

19) 관련 자료로는 William I. Robinson, "Global Crisis and Latin America," *Bulletin of Latin American Research* 23, no. 2(2004) : 135~153쪽.

20) Comisión Económica para América Latina (CEPAL), *Panorama Social de América Latina*(Santiago, Chile : CEPAL/United Nations, various annual reports)를 참조하시오.

라틴 아메리카의 다두제 체계는 정당성과 통치 가능성의 점증하는 위기를 마주하고 있다. 대부분의 라틴 아메리카 국가는 긴축 조치로 인한 자생적 봉기의 물결을 겪고 있다. 원주민 봉기, 도시 빈민 운동의 정치 시위, 대규모 소농 운동과 토지 점거의 부활 등이 그것이며 대부분의 경우 시위대와 국가 및 준군사 세력의 폭력적 충돌이 발생한다. 그러나 탄탄히 조직되는 아래로부터의 반대 역시 증가하고 있다. 다두제 체계에 의해 조직되는 국가의 억압은 라틴 아메리카 전역에서 신자유주의에 반대하는 시위를 억압하는 데 사용되어 수천 명의 목숨을 앗아갔다.[21]

민중 봉기와 이에 대한 폭력적 탄압은 사회·경제적 권리의 침해와 전통적인 인권 침해 사이의 관계를 강조한다. 결국, 강압적인 사회 질서는 강제적인 지배로 여겨진다. 부와 권력의 분배에 대한 전 세계적인 불평등은 전 세계 다수에 대한 영구적인 구조적 폭력을 형성한다. 이러한 구조적 폭력은 집단적 항의를 발생시키며 국가의 탄압이 그 뒤를 잇는다. 현재의 토대 위에서 이러한 억압은 구조적 폭력을 직접적 폭력으로 전환한다. 안토니오 그람시Antonio Gramsci가 우리에게 환기시켜 주듯이 헤게모니는 "강제로 무장한" 동의이다.[22] 다두제는 직접적 강제라는 목표를 의미하지는 않는다. 이는 동의가 독재의 아래서 보다 선택적으로 적용되며, 억압이 문민 권력·선거·헌법에 의해 합법화·정당화되는 것을 의미한다.

결국 다국적 엘리트는 다두제를 촉진할 수 없고, 또한 세계적 자본 축적과 이에 따른 계급 이익을 추구할 수 없다. 이는 이미 콜롬

---

21) Green, *Silent Revolution*; John Walton and David Seddon, *Free Markets and Food Riots : The Politics of Global Adjustment*(Oxford : Blackwell, 1994).

22) Antonio Gramsci, *Selections from the Prison Notebooks*(New York : International Publishers, 1971).

비아와 멕시코에서 분명해졌다. 워싱턴은 두 나라에서 다두제를 추진하려고 시도했으나, 민중 부문 및 반란 세력이 국가를 무너뜨리는 것을 막아야 했기 때문에 현지의 권위주의적 정치 세력과 미국의 지원으로 더욱 강력해진 준군사 조직과 더 긴밀하게 협력했다. 사회·경제적 위기는 제도적 곤란, 사회 통제 메커니즘의 붕괴, 다국적 정치-군사적 갈등을 확대했다. 아르헨티나에서의 봉기, 남아메리카에서 잇따른 좌파의 선거 승리, 브라질 무토지 농민들의 투쟁, 볼리비아와 에콰도르의 원주민·소농의 반란, 콜롬비아에서 지속되는 내전, 아이티의 쿠데타, 베네수엘라의 볼리바르 혁명 등이 그 사례다. 이는 21세기 첫 해에 발생했다.[23]

이 파노라마는 최근 수십 년 동안 "민주화 이행"을 통해 권력을 획득한 신자유주의 엘리트가 정당성을 잃었고, 워싱턴 합의가 파탄남에 따라 지배적 이익을 방어하기 위해 설립된 (그리고 지속적으로 수정된) 국가 구조가 분해되고 있으며, 수리 불가능해지고 있음을 보여준다. 21세기 초반에 이렇듯 취약한 다두제 정치 체계가 붕괴하지 않으면서 경제·사회적 위기의 긴장을 흡수할 수 있을지의 여부는 분명하지 않아 보인다. 장기간의 정치적 쇠퇴와 제도적 불안정성도 마찬가지다.

그러나 우리는 제도적 위기를 확대하는 구조적 토대를 주시해야 되며, 민주주의와 세계 자본주의의 근본적인 양립 불가능성을 상기해야 한다. 1980년대에 실행되고 있는 자본 축적의 다국적 모델은 중간 계층을 필요로 하지 않으며 양극화를 심화한다. 이는 세계적 자본주의와 폭넓은 사회적 토대의 헤게모니적 통합을 요구하는 다

---

23) "The Wars Within : Counterinsurgency in Chiapas and Colombia," *NACLA Report on the Americas* 31, no. 5(March/April 1998).

두제적 정치 체계를 유지하려는 노력 사이의 구조적 모순이다. 세계적 자본주의는 불평등, 양극화, 빈곤, 주변화 등 다두제의 붕괴를 이끄는 사회적 조건과 정치적 긴장을 발생시킨다. 이는 신자유주의 국가의 계급적 기능과 정당화 기능 사이의 모순이다. 강압적 사회 통제 시스템을 시장이 대체해감에 따라 자본주의와 다두제를 밀접한 관계로 만들기 때문에 진정한 민주주의를 불가능하게 하는 사회 · 경제적 조건을 거듭 만들어낸다.

6장

라틴 아메리카
—지속되는 불평등과 최근의 변화

루이스 레이가다스 Luis Reygadas

라틴 아메리카의 소득 불평등은 세계에서 가장 오래 되고 높은 수준으로 지속되어 왔다. 최근 몇 년 동안 벌어진 사회정치적이고 경제적인 변화에도 불구하고 이러한 상황은 지속될 것인가? 지난 15년 간 라틴 아메리카 여러 나라에서 민주적 이행, 구조조정, 세계화, 강력한 원주민 운동, 좌편향의 정치적 변화가 발생했다. 이 장에서는 이러한 변화가 이 지역의 불평등을 감소시킬 것인지를 살펴본다.

라틴 아메리카에 나타나는 불평등의 특징은 무엇인가?

라틴 아메리카가 지구상에서 가장 빈곤한 지역은 아니다. 아프리카와 아시아에는 훨씬 더 심각한 비참함과 주변화, 성gender의 불평등을 겪는 나라가 많다. 그러나 소득의 불평등이 가장 심각한 지역은 바로 라틴 아메리카이다. 게다가 이 불평등은 일시적인 것이 아니라 지속적인 것이다. 가장 널리 통용되는 불평등 측정 방법인 지니계수에서 0은 완전한 평등을 나타내고 1은 한 부문이 모든 자원을 가져가고 다른 부문은 아무런 자원을 얻지 못하는 상태를 나타낸다. 이 지니계수로 측정해보면 라틴 아메리카의 소득 구조는 이례적일 정도로 편중된 모습을 볼 수 있다. 1990대 라틴 아메리카의 평균 지니계수가 0.522로 OECD 선진국은 0.342, 동유럽은 0.328, 아시아는 0.412, 아프리카는 0.450이다.[1] 상위 10%의 소득과 하위 10%의 소득의 격차 또한 엄청난데, 브라질이 68 대 1, 과테말라가 55 대 1에 이른다.[2]

라틴 아메리카는 수십 년간 전 세계에서 가장 높은 지니계수를 보여주었고, 파라과이, 브라질, 볼리비아, 파나마는 지구상에서 가장 불평등한 나라였다. 그러나 라틴 아메리카를 고유하게 만드는 것은 전 세계 어떤 나라와 비교해보더라도 인구 중 최상위 10%가 전체 소득 중 차지하는 비중이 가장 높다는 점이다. 전체 소득 중 최상위 10%가 거의 절반(48%)을 차지하는데, 선진국에서 최상위 10%가 차지하는 비중은 겨우 29.1%다.[3] 실제로 지니계수 계측에서 최상위 10%를 제외한다면, 라틴 아메리카와 미국의 소득 불평등은 각각 0.353과 0.386으로 거의 비슷한 수준이 된다. 이렇게 계산할 때 우루과이, 멕시코, 코스타리카의 라틴 아메리카 3개국은 미국보다 덜

1) David de Ferranti, Guillermo E. Perry, Francisco Ferreira, and Michael Walton, *Inequality in Latin America and the Caribbean : Breaking with History?* (Washington, DC : World Bank, 2004), 1쪽.
2) United Nations Development Program (UNDP), *Human Development Report 2005* (New York : Oxford Univertisy Press, 2005).
3) Ferranti et al., *Inequality in Latin America*, 1쪽.

표 6-1 라틴 아메리카와 OECD 국가들의 수입 분배 현황

국가명	연도	지니 계수
라틴 아메리카		
파라과이	1995	0.621
브라질	1996	0.591
볼리비아	1996	0.588
파나마	1997	0.576
콜롬비아	1997	0.565
니카라과	1993	0.567
칠레	1996	0.564
에콰도르	1995	0.560
과테말라	1998	0.557
페루	1997	0.555
온두라스	1996	0.528
멕시코	1996	0.528
엘살바도르	1995	0.505
베네수엘라	1997	0.496
도미니카공화국	1996	0.481
아르헨티나*	1996	0.470
코스타리카	1997	0.459
우루과이*	1997	0.426
평균		0.533
OECD 회원국		
미국	1994	0.440
영국	1995	0.397
오스트레일리아	1994	0.391
이탈리아	1995	0.362
캐나다	1994	0.354
독일	1994	0.346
노르웨이	1995	0.294
핀란드	1995	0.292
스웨덴	1995	0.288
룩셈부르크	1994	0.269
평균		0.344

* 도시 지역만을 포함한 통계임.
출처 : 미구엘 체클리 Miguel Szekely, 마리앤 힐거트 Marianne Hilgert의 논문 〈1990년대 남미 : 10년간의 지속적인 불평등The 1990s in Latin America : Another Decade of Persistent Inequality〉 5~7쪽.

불평등한 것으로 나타나지만, 도미니카공화국, 아르헨티나, 엘살바도르, 과테말라, 페루, 베네수엘라는 미국과 큰 차이가 없다. 그러므로 중간 및 하위 계급 간 불평등만을 고려한다면 다른 지역과 크게 다르지 않다. 소득 분배 피라미드의 최상층을 계산에 넣었을 때만 예외성을 띤다. 최상위 10%와 차상위 10% 간의 격차를 고려할 때 이 지역의 유형이 분명히 드러난다. 라틴 아메리카에서 최상위 10%는 차상위 10% 소득의 2~3.5배의 소득을 얻는다. 상대적으로 불평등한 선진국(미국, 영국, 캐나다)에서조차도 그 수치의 격차는 각각 겨우 1.6, 1.5, 1.4배다.[4] 따라서 라틴 아메리카 각국의 어마어마한 불평등은 인구 중 상위 10%가 누리는 극단적인 부와 밀접한 관련이 있다는 강력한 증거가 된다. 인도적 관점에서 봤을 때, 빈곤은 훨씬 더 우려스럽고 사회적 불평등과도 연관이 있다. 하지만 라틴 아메리카의 불평등을 이해하기 위해서는 빈곤의 회복력뿐만 아니라 극단적 부의 지속성을 설명해야만 한다.

라틴 아메리카에서 이러한 불평등이 역사적 시기(식민주의 시절부터 현재까지), 각기 다른 경제 발전 모델(수출 기반 모델부터 수입대체산업화, 그리고 신자유주의), 각기 다른 체제 유형(포퓰리즘, 권위주의, 민주주의)를 통틀어 지속되었다는 사실은 이것이 사회제도 전반에 스며 있는 구조적 특성이며, 따라서 특별한 주목을 요한다는 사실을 알려준다. 이러한 지역적 특이성을 설명하는 단일한 원인은 없다. 이는 권력의 집중과 수년 동안 집중적으로 연구된 경제, 정치, 사회, 문화를 가로질러 축적된 것의 결과다.[5]

---

4) Miguel Szekely and Marianne Hilgert, *What's Behind the Inequality We Measure? An Investigation Using Latin Amercan Data*, Luxembourg Income Study, Working Paper No. 234, Syracuse NY, 1999, 40쪽.

세계화, 구조조정, 그리고 불평등
: 라틴 아메리카, 1990~2005년

최근 세계화의 맥락에서 불평등은 어떻게 진화했나? 라틴 아메리카는 더욱 평등해졌나, 아니면 반대로 사회적 불균형이 더욱 악화되었나? 많은 사람들이 즉각 세계 전체가 더욱 불평등해졌고, 따라서 라틴 아메리카 역시 마찬가지라고 대답할 것이다. 다른 이들은 반대로 세계화가 기회를 창출하여 라틴 아메리카가 민주화되었고 이러한 발전에 힘입어 "올바른" 경제 정책이 지속적으로 실행되는 한 더욱 평등한 사회가 될 것이라는 견해를 내놓을 것이다. 양 진영은 통계 수치를 놓고 정반대의 해석을 지지하며 공방을 벌인다. 그러나 현실 속 불평등과 세계화 간의 관계는 바로 눈에 보이는 것보다 훨씬 복잡하다.

21세기 초, 라틴 아메리카에서 평등의 건설과 동반되는 긴장은 여러 모습을 띤다. 2002년 멕시코시티로 향하는 사파티스타의 행진이 절정에 이르렀을 때, 치아파스 원주민들은 멕시코 의회에 등단하여 의원을 향해, 그리고 전 세계 대중 매체를 통해 자신의 목소리를 냈다. 몇 해 전, 흑인이자 빈민 출신의 여성인 베네디타 다 실바Benedita

---

5) Jeremy Adelman and Eric Hershberg, "Paradoxical Inequalities : Social Science, Social Forces and Public Policies in Latin America," 미간행 원고, Princeton Institute for Regional Studies, Princeton, NJ, 2004 ; Paul Gootenberg, "Desigualdades persistentes en América Latina," *Alteridades* 14, no. 28(2004) : 9 ~19쪽. ; Kelly Hoffman and Miguel Centeno, "The Lopsided Continent : Inequality in Latin America," *Annual Review of Sociology* 29(2003) : 363~390쪽 ; Terry Karl, *The Vicious Circle of Inequality in Latin America*, Institute Juao March, Estudio 2002/177, Madrid, 2002 ; Alejandro Portes and Kelly Hoffman, "Latin American Class Structures : Their Composition and Change During the Neoliberal Era," *Latin American Research Review* 38, no.1 (2003) : 41~82쪽.

da Silva가 리우 데 자네이루의 주지사로 선출되었으며, 뒤이어 룰라 정부의 사회개발부 장관으로 임명되었다. 에콰도르 원주민 지도자 루이스 마카스Luis Macas는 2003년 농업부 장관으로 임명되었다. 그러나 이런 희망적인 발전과 함께 비관적인 모습 또한 발견할 수 있다. 부에노스아이레스는 한때 라틴 아메리카에서 가장 평등한 도시였는데, 빈곤율이 1974년 전체 인구의 4.7%에서 25년 후 57%로 증가했다. 라틴 아메리카의 빈민 수치는 1970년 1억 1,800만 명에서 1982년 8,200만 명으로 감소했지만 다시 팽창하여 1994년 2억 1,000만 명에서 2005년 2억 2,200만 명에 이르렀다. 1970년 최상위 1%가 최하위 1%의 363배의 소득을 얻었다면, 1995년에는 그 비중이 417배로 증가했다.[6]

한편에서는 정치적으로 배제된 이들이 목소리를 얻고 인정을 받았다. 여성, 원주민, 흑인은 현재 라틴 아메리카에서 핵심적인 주체이다. 이렇듯 환영할 만한 변화와 함께 민주적 이행, 강력한 사회 운동, 강화된 시민 사회 조직, 참여적 사회 정책 등이 존재한다. 그러나 다른 한편에서는 불평등이 유지되고 심지어 악화되는 과정을 목격한다. 구조조정은 복지 정책의 파괴, 세계 시장으로의 불균등한 통합, 고용의 불안정화, 사회적 배제의 새로운 형태, 조직된 범죄와 폭력의 증가, 정치·사회·경제적 양극화를 동반한다. 라틴 아메리카에서 불평등에 관한 논쟁이 그 중심을 잃은 듯 보이다가 다시 한 번 유효해졌다.

---

6) María del Carmen feijioó, *Nuevo País, nueva pobreza*(Buenos Aires : Fondo de Cultura Económica, 2003) ; United Nations. *The Inequality Predicament:Report on the World Social Situation*(New York : United Nations Department of Economic and Social Affairs, 2005) ; Karl, *The Vicious Circle of Inequality in Latin America*, 6쪽.

무역 개방

라틴 아메리카의 불평등에 관한 현재의 논쟁에서 한 가지 중요한 문제는 구조조정 과정의 결과다. 이 구조조정에는 국제 무역 개방, 공기업 민영화, 금융 탈규제, 연금 체계 개혁, 보조금 삭감, 기타 여러 가지 조치가 포함된다. 가장 널리 관심을 끄는 것은 구조조정이 경제에 대한 국가 개입을 무력화하고 시장의 힘이 자유롭게 작동하도록 길을 연다는 점이다. 몇몇 관찰자들은 이러한 변화를 선호하고 다른 이들은 반대하지만, 양측 모두 국가 규제에서 시장 규제로의 변화는 없다는 생각을 공유하는 경향이 있다. 그러나 이런 전제는 틀렸다. 완전한 국가 통제에서 순수한 시장으로 변화하는 것이 아니라 한 종류의 시장에서 다른 종류의 시장으로, 그리고 한 종류의 국가 개입에서 다른 종류의 국가 개입으로 변화하는 것이다. 이 과정에서 변화가 일어나기 전에 존재했던 과두정치 및 후견주의 메커니즘은 변형된다. 동시에 구조조정은 모든 곳에서 동일한 과정을 거치지는 않았다. 나라마다 그 형태가 달랐고, 각기 다른 정책의 결과는 이질적이었다.

무역 자유화는 수입 관세의 감축 또는 제거, 수출 전략의 촉진, 다양한 무역 협정 체결(남미공동시장Mercosur, 안데스 조약, 중미자유무역협정CAFTA, 북미자유무역협정NAFTA, 남미공동시장-유럽연합 간 협정, 멕시코-유럽연합-일본 간의 협정) 등으로 구성된다. 한때 강력한 보호주의 국가였던 나라들은 단기간에 해외 무역에 대해 매우 개방적인 나라로 전환했다. 이 책의 서문에 언급되어 있듯이, 이러한 전환의 결과로 라틴 아메리카 많은 나라들의 수출 부문은 성장했다. 멕시코 · 중앙아메리카와 카리브해의 의류, 브라질 · 중앙아메리카의 농산물, 멕시코의 전기제품 · 전자제품 · 자동차, 칠레의 과일과 와인, 아르헨티나의 콩 등을 예로 들 수 있다. 이는 몇몇 수출 지역, 특히 칠레와 북부멕시코의 역동적인 지역과 중앙아메리카와 브라질의 비전통적 농업지역에서 고용 수준과 경화硬貨, hard currency(국제 금융상 환관리를 받지 않고 금 또는 각국의 통화와 늘 바꿀 수 있는 화폐 – 옮긴이) 소득에 중요한 영향을 미쳤다.

불평등에 관하여 몇몇 연구는 수출 지대에서 그 수치가 줄었다고 보고한다. 예를 들어, 과테말라의 몇몇 중소규모의 토지 소유주들은 수출 부문에서 확고한 거점을 얻어 고용 확대, 토지 집중 감소, 노동 시장에 여성 참여 비율 상승 등을 낳았다.[7]

멕시코의 사례는 주목할 만하다. 대부분의 일자리가 수출 지향적 마킬라 산업에서 창출되는 멕시코 내 5개 지역(북부 만, 반도, 북부, 북중부, 태평양 북부)은 지니계수가 소득 불평등이 감소했음을 나타냈다. 거꾸로, 수출 붐과 관련이 적은 지역에서는 불평등이 증가했다.[8] 이 자료는 확실한 결론을 내리기에는 불충분하며, 각 지역 내 불평등의 변화의 원인을 판단하기 위해서는 더 많은 연구가 수행되어야 한다. 그럼에도 불구하고 멕시코 내에서 인구 중 상당수가 수출 활동에 참여할 수 있는 지역에서 불평등은 감소했고, 그렇지 않은 주변적인 지역은 불평등의 악화를 경험했다는 주장은 그럴듯하다. 이는 환영할 만한 것은 아닌데, 수출 지대에서 지니계수의 개선은 작지만, 멕시코 전반에서의 불평등은 0.534에서 0.564로 증가했다.[9] 더

---

7) Sarah Hamilton and Edward Fischer, "Non-traditional Agricultural Exports in Highland Guatemala : Understandings of Risk and Perceptions of change," *Latin American Research Riview* 38, no.2(2003) : 82~110쪽.

8) José Hernández Laos and Jorge Velázquez, *Globalización, desigualdad y Pobreza. Lecciones de la experiencia mexicana*(Mexico City : UAM-Plaza y Valdéz, 2003), 91쪽.

구나, 수출에서 얻은 가장 큰 이익은 다국적 기업과 국내 대기업에 집중되었다. 수출 부문에서 창출된 대부분의 일자리는 임금, 노동 조건, 안정성 면에서 열악하다. 동시에 수출 붐에 포함되지 못한 지역에서 불평등의 증가는 경제 개방을 옹호하는 많은 주장들에 문제를 제기한다.

멕시코와 유사한 유형들이 라틴 아메리카 다른 곳에서도 드러난다. 경제 개방은, 칠레가 높은 수준의 경제 성장을 이룩하고 빈곤을 상당히 감축시켰지만 이는 1973~1989년 피노체트 독재 정권 시절에 발생한 어마어마한 불평등의 증가를 역전시키지 못했다. 1990년대, 평균 소득은 증가했으나 이러한 개선은 불평등하게 분배되었다. 고용주의 소득은 빈곤율의 25배에서 34배로 증가한 반면, 노동자의 소득은 3.5배에서 4.3배밖에 증가하지 않았다. 그 결과 두 집단 간의 격차는 1990년대 초반 7대 1이었던 것에서 1990년대 후반 8대 1에 이르렀다.[10] 이와 유사하게 브라질의 수출 농업, 특히 콩은 상당히 증가했으나 이는 브라질 농업 생산 전체의 8%에 해당하며 그 이익은 인구의 매우 제한된 부문에 집중되었다. 오늘날 브라질은 지구상에서 가장 불평등한 나라 중 하나다. 동시에 중앙아메리카의 수많은 사람들이 의류 마킬라 산업과 수출 농업에서 일자리를 확보했지만, 더 많은 수는 비공식 경제, 국제 이주, 또는 실업 및 반실업의 상태로 밀려났다.

라틴 아메리카에서 무역 자유화의 이면은 셀 수 없이 많은 국내 산업의 폐쇄와 전통적 농업의 황폐화이며, 이들은 저비용 수입품의 유입으로 살아남을 수 없었다. 소비자들은 값싸고 질 좋은 상품을

---

9) 같은 책.
10) Portes and Hoffman, "Latin American Class Structures," 55쪽.

이용할 수 있게 되었으나 대부분의 인구는 사용 가능한 소득의 감소로 이러한 진보를 누릴 수 없다. 무역 협정은 농업 및 공업 생산자들이 새로운 자본 축적 유형에 적응하기 위해 허용되어야 할 보상 조치를 포함하지 않는다. 문제는 라틴 아메리카 경제가 무역 개방 과정을 시작했다는 점이 아니라 비용과 소득의 불균등한 분배가 불가피한 방식으로 이루어졌다는 점이다. 극단적인 구조적 불평등의 사회에서 가장 역동적인 기업과 가장 숙련도가 높은 노동력만 급작스러운 시장 개방에 성공적으로 맞설 수 있었다. 기존의 불평등은 무역 개방의 조건을 형성했고, 이는 다시 경제 양극화를 재생산하거나 극대화했다. 따라서 오래된 불평등 위에 새로운 층이 더해져 자유화라는 열차의 1등 칸을 간신히 잡아탈 수 있는 이들과 2등 칸에 타야 하는 이들이 분리됐다. 다국적 기업, 주력 산업 기업, 고숙련 노동자들은 번영을 누린 반면 중소기업은 가까스로 살아남을 수 있었고, 마킬라 노동자와 수출 산업 노동자들은 불안정한 저임금의 일자리에 직면했다. 나머지 인구는 세계화가 추진하는 수출 붐의 혜택을 전혀 받지 못했다.

금융 부문의 약탈

1980대 라틴 아메리카의 취약한 금융은 큰 상처를 남겼다. 경제 위기와 동반된 높은 수준의 외채, IMF로부터 힘을 얻은 국제 채권자들의 탐욕스러움이 외채 위기를 촉발했고 라틴 아메리카는 파산 직전에 이르렀다. 이 상황을 해결하기 위해서 각국 정부는 막대한 예산을 외채 상환에 투입했다. 1990년 브라질은 연간 예산의 77%를 외채 상환을 위해 바쳤고, 1998년에 이르러 멕시코는 예산의 59%를 지출했다. 최근 수십 년 동안 라틴 아메리카가 지불한 외채는 애초에 도입한 차관의 총량을 훨씬 초과했다. 이러한 금융 상황은 이 지역 자원을 국제 채권자들에게 대대적으로 유출시켰고 라틴 아메리카 경제 전체를 뒤흔들 정도였다. 이러한 희생의 내부적 분배는 커다란 불균형을 낳았다. 인플레이션, 초인플레이션, 경기 침체, 긴축 정책 등은 소득의 엄청난 집중을 불러 일으켰다. 임금 소득자들에 돌아가는 국내총생산 GDP의 비중은 무자비하게 감소했다. 멕시코에서는 1970년 35.7%에서 1996년 29.1%로 감소했고, 아르헨티나에서는 1970년 40.9%에서 1987년 29.6%로 감소했다. 칠레에서는 1970년 42.7%로에서 1983년 29.1%로, 페루에서는 1970년 35.6%에서 1996년 20.8%, 베네수엘라에서는 1970년 40.4%에서 1993년 21.3%로 감소했다.[11] 실제로 단기간에 빈곤 감축과 평등 확대를 향한 진보의 시대는 사라지고 반대의 상황이 되었다.

뒤이어 1990년대에 라틴 아메리카는 완만한 경제 회복을 경험했고, 인플레이션은 통제되었으며, 공적 재정은 안정화되었다. 그럼에도 불구하고, 불평등이 이전 10년보다 증가하지는 않았지만, 부가 집중되는 추세는 지속됐다. 대부분의 나라에서 지니계수는 미세하게 증가했고 감소된 곳은 극소수에 불과했다. 라틴 아메리카의 고전적 유형은 반복되는 것처럼 보였다. 불평등은 위기 시에 급증했고, 경제 팽창 국면 동안은 꾸준히 유지되거나 완만하게 증가했다. 1990년 이후 완만한 성장은 이른바 금융 탈규제 과정을 포함한 다양한 요소에 기인한다.

---

11) Pablo González Casanova, "La explotación global," in *Globalidad:una mirada alternativa, coord. Ricado Valero*(Mexico City : Porrúa, 1999), 89~93쪽.

일반적으로 라틴 아메리카 각국 정부는 금융과 환율 영역에 대한 개입을 철저히 축소하면서 두 분야의 유연화 정책을 채택했다고 여겨진다. 그러나 좀 더 주의 깊게 살펴보면 여러 정부는 은행과 금융 분야를 보호하기 위해 시장에 강력하게 개입했다. 이는 특히 브라질, 멕시코, 아르헨티나의 지역 내 3대 거대 경제권에서 분명하다.

멕시코에서는 살리나스Carlos Salinas de Gortani 정권의 임기 동안(1988~1994년) 자본 유출입의 여지가 막대하게 확대되었다. 이러한 개방은 달러화 대비 페소화 가치의 평가 절상, 높은 이자율을 지급하는 공적 채권의 발행과 동시에 일어났다. 북미자유무역협정으로 형성된 막대한 기대감에 힘입어 이는 투자 기회를 활용하려는 투기성 자본의 유입을 부추겼다. 이는 단지 수요-공급의 게임이 아니라 정부와 멕시코 은행Banco de Mexico이 투자를 유인하기 위해 이자율과 환율에 체계적으로 개입하는 것이다. 이로써 개인과 기업은 높은 수준의 채무를 떠안게 되었다. 은행은 차관의 기한 연장이라는 높은 수준의 위험 부담을 감수했고, 극도의 유동성과 높은 휘발성이라는 환경의 한복판에서 금융 거품이 생겨났다. 이 거품은 1994년에 폭발했다. 이자율은 치솟았고, 채무자들은 상환 의무를 다하기 위해 큰 어려움을 겪었다. 또한 지불 중단의 공포가 출현했고, 금융 부문은 붕괴했다. 2004년 12월 페소화는 평가절하되었고 주식 시장은 쇠퇴했으며, 그 효과는 국제 금융 체계 전반에 퍼졌다.

미국과 IMF의 지원을 받은 멕시코 정부의 대응은 멕시코 금융 부문을 구하기 위해 자금을 투입하는 것이었다. 그러나 잘못된 대부 정책에 기인한 은행의 붕괴를 우려한 탓에 시장의 자율적인 작동을 존중하는 것과는 거리가 멀었다. 국가는 높은 수준으로 개입했고, 이는 비용과 이익을 매우 불균형한 방식으로 분배했다. 투기꾼들은 정부의 도움을 얻어 시장이 최정점에 달하는 순간을 활용한 후 제때에 빠져나갔다. 이와 반대로 많은 중소기업은 붕괴했고, 중간 계급은 예금과 담보를 잃었다. 노골적인 부패 사건을 넘어 전 과정이, 금융자본이 이윤의 대부분을 흡수해 간 반면 손실은 인구 대부분에 분배되었다.

브라질에서도 비슷한 유형이 발생했는데, 여러 해 동안 인위적으로 평가 절상된 통화가 지탱되었다. 1998년 IMF와 브라질 정부는 5백억 달러를 지출하여 경제 현실과 맞지 않는 환율을 유지했다. 이 돈은 어디로 갔나? 노벨상 수상자 조지프 스티글리츠Joseph Stiglitz에 따르면 이것은 공중으로 증발하지 않았고 대부분이 투기꾼들의 주머니로 들어갔다. 몇몇은 손실을 입고 다른 이들은 이익을 얻었지만, 전반적으로 이들은 정부가 입은 손실에 상응하는 수준을 얻었다.[12]

가장 극적인 사례를 보여주는 아르헨티나에서는 약탈적 관행이 금융의 무책임성을 악화했다. 아무 정당성 없이 메넴 정부와 델라루아 정부는 페소화-달러화 태환 정책을 유지했고, 이는 경제적 경쟁력의 심각한 하락과 실업의 급증을 낳았다. 다시 한 번 투기꾼들이 가지고 있는 돈을 투입하여 값싼 달러화를 사들이는 동안 〈코랄리토corralito〉(아르헨티나 페소화 체제를 지키기 위해 취해진 부분적인 은행 예금 동결 조치 - 옮긴이)로 알려진 메커니즘을 통해 예금이 동결되자, 중산층의 소비주의적 열망은 실현할 수 없는 것이 되어버렸다. 2001년 12월, 단 몇 주 만에 여러 명의 대통령을 퇴진시킨 인상적인 대중 투쟁의 한복판에서 위기가 발발했다. 달러화 예금을 페소화로 태

---

12) Joseph Stiglitz, *Globalization and Its Discontents*(London : Allen Lane/Penguin Press, 2002), 198~199쪽.

환한 예금주들은 크나큰 손실을 입었다. 중소 규모 예금주들은 엄청난 비율의 구매력 감소를 확인하게 되었다.

라틴 아메리카 다른 나라들에서도 유사한 유형이 반복되었는데, 부패가 횡행하는 가운데 투기를 막기 위한 적절한 규율 제도 없이 금융이 개방되었다. 최근 라틴 아메리카에서 발생한 막대한 부가 금융 부문과 연계되어 있다는 사실은 우연이 아니다. 최고 부유층은 공기업 민영화 덕택에 부를 축적할 수 있었다.

몰수를 의미하는 민영화

공기업 매각은 지난 20년 동안 라틴 아메리카에서 가장 뜨겁게 논쟁된 주제 중 하나다. 강렬한 논의가 1980년대와 1990년대의 첫 번째 민영화 프로그램과 함께 시작되었고, 오늘날에도 또 다시 민영화를 단행해야 하는지 아니면 이전의 것이 유지되어야 하는지를 둔 격렬한 논쟁이 벌어지고 있다. 아르헨티나에서는 아직도 1990년대 국유기업의 대부분을 매각한 것을 두고 메넴을 비판하는 목소리가 들리고 있으며, 볼리비아에서는 상수도와 가스의 민영화에 반대하는 강력한 시위가 있었다.

이 논쟁에서 중립적 입장은 거의 없고 대부분의 관찰자들은 민영화가 좋은 것이라는 입장 또는 끔찍한 것이라는 입장 둘 중 하나의 입장을 취한다. 양측 모두 공격 논리를 가지고 있다. 국유 기업 반대론자들을 정당화하는 논리는 라틴 아메리카 내에서 운영되는 국유기업 대부분이 효율성에 대해 거의 주목하지 않으며 정치인, 관리인, 노동조합에 의한 부패가 집중되는 분야라는 것이다. 중대한 구조조정이 반드시 필요하며 이런 점에서 사적 자본과 일정 정도의 시장 압력이 담당할 중요한 역할이 있다는 것이다. 반면 민영화 비판론자를 정당화하는 논리는 민영화 과정 대부분이 부패로 괴롭힘을 당하거나 사회 전체가 아닌 손꼽히는 사적 집단이 이익을 얻는다는 것이다.

1980년대 이후 라틴 아메리카 내 국유기업 중 다수는 불충분한 투자, 기술적 후진성, 침체된 생산성, 낮은 질과 혁신 역량, 수익성의 결핍을 비롯한 무수한 문제를 겪어왔다. 이런 문제 중 몇몇은 부패와 관직 제공, 정부 운영의 비유연성 등과 관련이 있다. 그러나 이 문제들의 더욱 중요한 원인은 국가 예산이 부족하여 공기업의 자본을 가져다 국가 예산에 충당했다는 데 있다. 공기업은 또한 소비자들을 위한 막대한 보조금을 부담할 것을 요청 받았으나, 이 상황은 1980년대의 극심한 금융 위기와 함께 더 이상 유지될 수 없었다. 분명하게 철저한 구조조정은 필요했다. 문제는 이 구조조정을 추진할 방법이었다. 국유기업이 직면한 모든 문제가 공적 자산과 연관된 부패와 이윤 추구 행위에서 비롯된 것이며, 민영화가 이런 문제들을 극복하는데 충분하다는 해석이 우세했다. 불평등의 관점에서 보면 민영화는 목욕물을 버리려다가 아이까지 함께 버리는 모험을 무릅쓰는 것이었다. 민영화는 많은 국유기업에 만연한 부패와 이윤 추구 행위를 제거할 수 있었지만, 빈민에 대한 보조 등을 통해 이들이 발생시키는 평등 촉진 과정마저도 제거해 버릴 수 있었다. 민영화는 새로운 불평등을 발생시키는 방식으로 추진되었는데, 왜냐하면 이들이 특히 투명하지 못한 내부 거래로 국유기업을 인수하거나 민영화를 실질적인 공적 자금의 몰수로 바꿔버린 부유층에 이익을 가져다주었기 때문이다.

칠레에서 민영화는 1970년대 피노체트 군사 독재 하에서 아옌데 정부가 몰수했던 기업들을 이전 소유자들에게 돌려주는 것으로 시작했다. 그 뒤 1980년대에 대중적으로 지지받는 사회보장체제를 대체하는 연금 기금을 차지한 사기업들이 형성되었다. 동시에 거대 공기업들은 무력화되었고, 교육 재정에 시장의 기준이 도입되었다. 이러한 조치는 칠레 경제의 많은 부분을 역동적으로 만들었지만 동시에 엄청난 부의 집중을 불러일으켰다. 겨우 8개 거대 기업이 1974~1978년 사이 민영화된 기업을 인수하는 데 있어서 자본 투자의 65%를 차지했고 주요 은행과 연계된 몇 안 되는 사적 연금 기금의 운용을 지배했다. 거대 산업 · 금융 기업이 정부 관료와 제휴하여 민영화 과정을 통제했다. 따라서 독재 정권의 경제 정책을 책임지던 공무원들이 주요 은행과 전기, 그리고 장거리 전화 회사의 중책을 맡았다.[13]

또 다른 큰 문제는 에너지와 통신 기업이 독점기업으로 민영화되어 상수도와 위성 접근권에 대한 지적 재산권과 관련 특혜를 누렸다는 점이다. 이윤 추구 행위를 제거하기는커녕 새로운 형태의 부당 이득자가 형성되었고 막대한 부의 집중이 발생했다. 이에 더해, 군사 독재의 첫 해 동안 발생한 엄청난 임금 하락을 감안한다면 크게 놀랄 것도 없지만, 라틴 아메리카에서 가장 평등한 나라 중 하나였던 칠레가 가장 불평등한 나라가 되었다. 오늘날 최상위 10%가 전체 소득의 47%를 손에 쥐고 있는 것이다.[14]

불평등이 크게 증가한 또 다른 나라는 아르헨티나다. 1970년대 이

---

13) Hector Schamis, *Reforming the State : The Politics of Privatization in Latin America and Europe*(Ann Arbor : university of Michigan Press, 2002), 35~57쪽 및 61~64쪽.
14) UNDP, *Human Development Report* 2005.

전의 아르헨티나는 코스타리카·우루과이와 함께 일반적인 라틴아메리카의 불평등 유형과는 예외적인 모습을 띠었다. 그러나 이는 지나간 일이 되어버렸다. 1976~1983년 군사 독재는 노동자 및 중간 계급의 소득을 감소시키는 데 중요한 역할을 했다. 1980년대 인플레이션 및 심각한 경제 위기에서도 마찬가지였다.

1990년대 전 기간 동안 집권했던 페론주의자 메넴 정부는 라틴 아메리카 내에서 가스, 전기, 상·하수도, 철강, 석유, 사회 보장을 아울러 가장 공격적인 민영화 프로그램을 진행했다. 라틴 아메리카의 민영화는 경쟁적이고 투명하게 펼쳐지지 않았다. 대부분은 요금 인상에 따른 즉각적인 이익, 시장 보호 유지, 규제 메커니즘의 부재를 누리는 독점 혹은 복점複占, duopoly을 불러일으켰다. 전통적으로 아르헨티나 경제를 통제하던 대규모 사적 기업은 이 과정에서 강화되었고 미국과 유럽의 일부 다국적 기업들도 마찬가지였다. 공기업 매각은 정부와 긴밀하게 연계된 재계 및 노동계 지도자들이 참여하는 협약에 따라 이루어졌고, 고위급 관료들은 새롭게 민영화된 기업에서 고위직을 차지했다.[15] 역설적으로, 메넴 정부는 지지 세력과 반대 세력 모두에게 경제 자유화의 옹호자로 칭해졌지만, 실제로는 신자유주의 정책을 따르지 않았다. 정반대로 그는 이윤 추구 협상과 후견주의 협정을 통해 경제를 지배했다.

멕시코에서 경제 개방과 민영화와 함께 새로운 지배 연합이 출현했다. 내부 시장 지향적인 산업 자본은 경제 자유화 뒤에 숨은 연합에 참여하는 세력으로 대체되었다. 여기에는 거대 산업·상업 기업,

15) Sebastián Etchemendy, "Construir coaliciones reformistas : la política do las compensaciones en el camino argentino hacìa la liberalización económica," *Desarrollo Económico. Revista de Ciencias Sociales* 4o, no.160 (2001) : 675~706 쪽.

거대 금융 복합체, 시장 지향적 정책 우위로 뭉친 새로운 세대의 정치인 등이 포함된다. 이 새로운 엘리트들은 1983년부터 1993년 수천 개의 기업을 휩쓴 민영화 과정을 이끌었다. 이 중 가장 중요한 것은 멕시코통신TELMEX으로, 1990년 프랑스 텔레콤France Telecom과 사우스웨스턴 벨Southwestern Bell과 결탁한 카를로스 슬림Carlos Slim 소유의 카르소 그룹Grupo Carso이 이를 인수했다. 멕시코통신을 차지하기 위한 경쟁은 은밀하게 진행되었고, 새 기업은 북미자유무역협정 기본 틀 내에서 특혜를 누렸고 이로써 수년 동안 독점적으로 운영되다가 다른 기업들로부터 엄청나게 높은 접속료를 걷어 들일 수 있었다.[16] 통신 부문의 경쟁적 탈규제와 더불어 새로운 사적 독점에 이익이 되는 새로운 규제가 탄생했는데, 이는 단지 소수 기업이 통제하는 분야를 지배하게 되었다. 오늘날까지 멕시코통신은 멕시코의 시내전화, 장거리전화, 이동전화 시장 대부분을 통제하고 있으며 이 기업은 라틴 아메리카 여러 나라의 통신 회사 지분을 인수했다. 멕시코통신 민영화는 카를로스 슬림을 단 몇 년 만에 라틴 아메리카에서 가장 부유한 사람으로 만들었다. 페루, 베네수엘라를 비롯한 라틴 아메리카 여타 나라에서도 이와 유사한 유형의 민영화가 두드러졌다. 정부 관료와 선도적인 기업인을 묶는 분배 연합의 주도로 민영화 과정은 부의 집중을 증가시키고 전 지역에 기존의 흐름을 더하여 불평등의 새로운 바탕을 만들어냈다.

문제는 단지 부패 사건 하나가 아니라 적절한 규제 · 감독 제도의 부재로 민영화의 긍정적 효과는 축소되고 반대의 결과가 확대되는 것이다. 전반적으로 민영화는 불평등을 축소하기보다는 더욱 악화

---

16) Schamis, *Reforming the state* 120~121쪽.

하는 데 기여했다고 할 수 있다. 민영화는 특권층을 강화하는 방식으로 진행되었고, 필요한 시장 경쟁력을 강화하고 변화의 이익을 일반 대중에게 분배하는 데 필요한 조치는 취해지지 않았다. 대부분의 경우 제도는 개혁되지 않았고, 행위자들 사이의 관계를 통치하는 공식·비공식 규범은 그대로 유지되었다. 따라서 불평등을 지속시키는 조건이 재생산되었다.

고용 불안과 배제의 새로운 형태

금융 약탈과 민영화가 부자들이 막대한 부를 형성하는 데 영향을 미친 반면, 노동 시장의 변형은 라틴 아메리카를 빈곤의 늪에 빠뜨린 구조조정의 한 요소였다. 노동 시장에서 일어난 변화의 핵심적인 특징은 고용 불안의 증가였다. 전 지역 노동자의 1/10이 실업 상태며, 1/5은 불완전 고용 상태다.[17] 불완전 고용으로 분류되는 민중의 대다수는 극단적인 불안정, 저임금, 열악한 노동 조건, 극히 낮은 직업 안정성의 상태에 있으며, 대부분은 수당을 받지 못한다. 빈곤의 새로운 형태 중 하나는 안정적인 일자리가 안정적인 사람과 없는 사람, 불안정한 사람을 구별한다는 것이다.

1980년대 이후 공공 부문 고용은 이 지역 노동 시장에서 상대적 중요성을 잃었다. 이는 민영화 및 외채 상환에 필요한 잉여 예산을 유지하기 위한 노력과 동반된 정부 지출의 감소가 낳은 산물이다. 지난 10년 동안 공공 부문 고용이 전체 고용에서 차지하는 비중은

---

17) Victor Tokman, *Una voz en el camino. Empleo y equidad en América Latina : 40 años de búsqueda*(Santiago : Fondo de Cultura Económica, 2004), 131쪽.

1990년 41.7%에서 40.6%로 감소했다.[18] 이와 동시에 사적 기업은 신규 일자리를 거의 창출하지 않았고 파트타임, 도급都給, 그리고 극도로 불안정한 일자리만을 양산했다. 세계 시장에 널리 퍼진 조건은 기업과 정부로 하여금 효율성과 생산성을 증가시킬 것을 강요했지만, 이러한 목표는 거의 대부분 임금 삭감을 수반했고, 특히 덜 숙련된 노동에 대해 그러했다.

라틴 아메리카에서 경쟁력을 향한 이 경로의 채택은 구체적인 역사적 조건과 관련이 있었는데, 노동조합에 불리한 세력 관계, 1980년대와 1990년대의 반국가 통제 이데올로기의 진전, 노동의 세계 내에서 지속적인 양극화가 그것이다. 이 모두는 정확히 이때 고위급 정부 관료와 기업 간부들의 소득이 증가했다는 점을 관찰한다면 더욱 분명해진다. 예산 삭감의 부담은 정치 · 사회적 구조를 유지하는 데로 돌려졌고, 구조조정 비용은 매우 불평등했다. 몇몇 경우, 멕시코와 중앙아메리카 및 카리브해 지역 여러 나라에서처럼 마킬라 수출 산업이 촉진되면서 많은 일자리가 생겨났지만 대부분은 질이 낮았고, 임금은 제조업 분야 평균 임금에 훨씬 못 미쳤다. 다른 경우로, 우루과이와 아르헨티나에서는 저임금, 수출 주도의 경로를 따르지는 않았지만 그럼에도 불구하고 일자리는 줄어들었다.

따라서 몇몇 나라에서는 공공 부문과 민간 기업 모두에서 고용이 감소했고, 다른 나라에서는 정도는 덜 했지만 훨씬 조건이 열악해졌다. 지난 20년 간, 사적 기업과 공공 부문을 막론하고 경제의 공식 부문에서는 신규의, 그리고 질 높은 일자리를 창출할 역량이 감소되

---

18) Juan Pablo Pérez Sáinz and Minor Mora, "De la oportunidad del empleo formal al riesgo de exclusión laboral. Desigualdades estructurales y dinámicas en los mercados latinoamericanos de trabajo," *Alteridades* 14, no. 28(2004) : 37~49쪽, 42쪽 ; Tokman, *Una voz en el camino*, 185쪽.

었다.

이것이 비공식 부문의 막대한 팽창을 설명하는 맥락이다. 지역 전체에서 비공식 부문은 확대되었다. 1980년 비공식 부문은 전체 일자리의 28.9%를 차지했지만, 그 수는 증가하여 1990년에는 42.8%, 21세기 초반에는 46.4%를 차지했다. 25년이 조금 못되는 기간 동안 비공식 부문은 전체 일자리의 1/3 미만에서 도시 고용의 거의 절반으로 늘었다. 1990~1999년 라틴 아메리카에서 신규 창출된 2천9백만 개의 일자리 중 2천만 개가 비공식 부문에 해당한다.[19]

최근 수십 년 동안 실업의 증가는 우려할 만한 수준에 이르렀다. 도시 평균 실업률은 2000년 8.3%에 달했고 이는 라틴 아메리카의 외채 위기가 극단에 이르렀던 때인 1985년과 같은 수준이다. 1990년대 말, 8개국이 두 자리 수의 실업률에 시달렸다.[20] 1994~1995년의 멕시코 위기는 실업의 급증을 낳았고, 아르헨티나, 우루과이, 칠레는 오랜 기간 동안 높은 수준의 실업률을 기록했다. 아르헨티나에서는 한때 노동자로서 혹은 피고용인으로서 좋은 직업을 가졌다가 장기간의 실업을 겪는 이들을 지칭하는 "새로운 빈곤층"이라는 개념이 생겨났다. "피케테로스piqueteros(아르헨티나 실업자 운동)"라는 소문난 운동의 기원은 노동 계급 밀집 지역에서 장기간 실업을 경험한 노동자들이 일자리나 정부 보조를 요구하며 일으킨 운동이다.

모든 실업자들, 일자리가 없어서 해외로 이주한 이들, 결국 비공식 부문으로 빠지게 된 이들, 공식 부문에 있지만 적절한 보호를 받지 못하는 이들을 포함하면 불안정한 노동은 훨씬 커져 전체 노동력

---

19) Comisión Económica para América Latina(CEPAL), *Panorama Social de América Latina,*(Santiago, Chile : CEPAL/United Nations, 2001).
20) Pérez Sáinz and Mora, "De la oportunidad," 43~44쪽.

의 3/4를 차지한다.

세계화의 역설은 라틴 아메리카의 미숙련 노동자에 대한 지속적인 저임금이다. 부유한 나라에서 많은 노동 집약적 산업이 라틴 아메리카로 이전했으며 이 나라들에서 이론상으로는 임금이 상승해야 했다. 그러나 실제로는 그렇지 않았다. 수출 산업은 급속도로 성장했으나 노동자의 임금은 그렇지 못했고 강력한 산업화가 일어난 지역에서 인력 삭감이 거의 없었음에도 불구하고 마찬가지 상황이었다. 노동자들의 합법 이주에 대한 제약, 자본의 더 큰 이동성, 다국적 기업의 권한 증대, 노동조합의 약화가 모두 결합하여 마킬라 산업의 대대적인 유입으로 가용 인력의 부족이 발생했던 지역에서조차도 임금이 삭감되었다. 새로운 산업은 이 지역의 특징인 임금 양극화에 영향을 받았으며 왜 마킬라 지역의 관리자들이 높은 소득을 누리는 반면 미숙련 노동자들은 낮은 임금을 받았는지를 설명해준다.[21] 이것은 특히 라틴 아메리카가 역사의 다른 시기와 마찬가지로 이 지역을 오랫동안 특징지어왔던 불평등의 구조를 수정하지 않고 축적 모델을 변화시킬 수 있음을 시사한다는 점에서 특히 문제가 된다.

현재 라틴 아메리카 노동 시장에서 숙련 노동자와 미숙련 노동자의 임금 격차는 늘어나고 있다. 4개국(아르헨티나, 칠레, 멕시코, 우루과이)에서 실시된 연구에 따르면 1990년과 2000년 사이 숙련 노동자와 미숙련 노동자 간의 불균형은 증가했다. 소득, 사회적 보호, 고용 수준이 훨씬 불평등해졌다.[22] 특히 교육 수준이 불평등해졌고 수출 부문에서 미숙련 노동자에 대한 수요가 숙련 노동자와 미숙련 노동

---

21) Graciela Bensusán and Luis Reygadas, "Relaciones laborales en Chihuahua : un caso de abatimiento artificial de los salarios," *Revista Mexicana de Sociología*, no. 2(2000).

자 사이의 임금 격차를 감소시키는 데 기여했을 영향을 증가시킨 점을 감안할 때 상식을 벗어난다. 기업들은 교육·숙련 수준을 노동자를 채용하는 기준으로 삼았는데, 그 이유는 높은 교육 수준을 지닌 노동자가 필요해서가 아니라 노동자의 과잉이 채용에 대한 선택을 넓혔기 때문이다.

디지털 분리와 차단

라틴 아메리카를 휩쓴 새로운 불평등의 또 다른 측면은 새로운 기술에 접근할 수 있는 이들과 그렇지 못한 이들을 분리한 디지털 차단이다. 그 결과 지식 불평등이 확산된다. 여러 세기 동안 토지와 천연자원이 엘리트에게 집중되면서 라틴 아메리카에서 불평등을 발생시키는 주요 요소가 되어 왔다. 19세기와 20세기 일부 동안, 제조업 및 서비스 기업의 자산과 통제력은 매우 중요했다. 1970년대부터 2000년대 초반까지 더욱 중요해진 것은 과학 기술과 현대 기술 접근성이다. 문제는 불평등의 원천이 다른 것을 대체하는 것이 아니라, 중첩되고 결합된다는 점이다. 이른바 디지털 분리는 거의 대부분 오래된 사회·경제적 파멸을 둘러싸고 형성되었다. 부유한 나라와 특권을 지닌 사회 집단은 새로운 자원을 영유하기에 더 좋은 조건을 갖추었다. 왜냐하면 이들은 이를 가능케 하는 경제적·사회적·정치적·문화적 자본을 가지고 있기 때문이다.

---

22) Rubén Katzman and Guillermo Wormald, eds., *Trabajo y ciudadanía. Los cambiantes rostros de la intergación y la exculusión social en cuatro áreas metropolitanas de América Latina*(Montevideo : Errandonea, 2002), 46~49쪽.

라틴 아메리카는 부유한 나라들에 비해 훨씬 늦게 컴퓨터와 인터넷에 접근했다. 최근 몇 년 동안 인터넷 사용은 지역 전체에서 급속도로 증가했으나 디지털 분리를 제거하기에 충분한 만큼은 아니었다. 2004~2005년, 라틴 아메리카와 카리브해 지역의 인터넷 사용자는 겨우 5,500만 명을 넘었는데, 이는 전체 인구의 10%에 해당했고 미국의 66.8%에 훨씬 못 미치는 수치였다. 부유한 나라에서는 전체 인구의 2/3가 인터넷을 사용한 반면, 라틴 아메리카의 수치는 여기에 훨씬 미달했고, 빈곤 및 불평등과 관련이 있다. 라틴 아메리카에서의 인터넷 접근성은 빈곤율이 감소한 칠레(23.1%)나, 덜 불평등한 코스타리카(18.7%), 우루과이(11.7%), 그리고 거대 경제권인 브라질(11.2%), 멕시코(9.8%), 아르헨티나(10.9%)에서 훨씬 높았다. 가장 빈곤하고 불평등한 나라의 인터넷 보급은 미미했는데, 니카라과에서는 겨우 1.5%만 인터넷에 접근할 수 있었고 2.6%인 온두라스, 3.0%인 볼리비아, 3.4%인 과테말라도 비슷했다.[23]

고소득에 높은 교육을 받은 부류는 가장 먼저 인터넷에 접근하는 반면 나머지 인구는 여전히 인터넷을 보유하지 못했거나 훨씬 느리게, 그리고 어렵게 여기에 접근했다. 2002년 멕시코에서 가장 부유한 8% 인구의 절반은 집에 컴퓨터가 있었다. 반면 전체 가구의 3/4을 차지하는 최하위층의 두 집단(1.06%와 7.82%)은 컴퓨터에 거의 접근하지 못했다. 교육 수준에 따라 분리한 집단 간의 분할은 주목할 만하다. 초등교육만을 마친 집단은 겨우 1.3%만 인터넷을 사용했고 4.2%가 컴퓨터를 갖춘 반면, 고등교육을 마친 집단은 41.5%가 인터넷을 사용했고 66.6%가 컴퓨터를 가지고 있었다.[24] 지식이 부의

---

23) Exito Exportador Web site, www.exitoexportador.com

영유를 결정한다고 했을 때, 라틴 아메리카에는 새로운 불평등이 추가되고 있다. 부와 교육, 새로운 정보 통신 기술에 대한 통계 수치는 동일하다.

몰수에 따른 불평등과 차단에 따른 불평등

라틴 아메리카에서 새로운 불평등에 관해 어떤 결론을 내릴 수 있을 것인가? 최근 수십 년 동안의 구조조정과 변화의 결과는 무엇인가? 라틴 아메리카가 불평등의 역사와 단절했다는 낙관적 전망은 근거가 없어 보인다. 그러나 세계화와 구조조정이 불평등을 확대한 주된 원인이었다는 견해를 확인할 수도 없다. 가장 큰 문제는 라틴 아메리카가 세계화된 네트워크에 편입했던 독특한 방식을 형성한 사회적 과정에 있다. 한편 기존의 불평등이 중대한 역할을 했다는 증거도 있다. 현존하는 구조와 제도, 관계, 문화, 관행의 강도는 무역 개방, 민영화, 노동시장 유연화, 컴퓨터와 인터넷의 도입이 가져온 결과와 특징의 조건을 형성했다. 시작부터 각기 다른 사회 집단은 이러한 변화가 창조한 기회와 위험에 맞설 자원을 불평등하게 지녔다. 더 많은 경제적 자원, 강력한 사회적 네트워크, 높은 교육적 자본을 지닌 사회 집단은 세계화가 만들어낸 이익 중 지나치게 많은 몫을 획득한 반면 인구 대다수는 이러한 자원으로부터 일찌감치 제한되어 변화된 환경을 다루는 데 막대한 어려움을 겪었다.

---

24) INEGI, *Módulo Nacional de Computación*(Mexico City : Instituto Nacional de Estadística, Geografía e Informática, Encuesta Nacional de Ingresos y Gastos de los Hogares, 2002).

다른 한편에서, 최근 몇 년간의 변화는 불평등을 심화했다. 무역 개방 자체는 긍정적이지만, 아무런 준비 없이, 대기업 권력에 대한 통제 없이 진행되었고, 그 결과 이익은 소수 부문에 집중되었다. 동시에 수출 활동에 참여한 이들과 그렇지 않은 이들 간의 격차가 확대되고 있음이 목격됐다. 환율 및 재정 정책은 신자유주의적 원칙과는 거리가 멀게 실제로는 약탈적 특징을 띠었다. 정부와 국제 금융 기관은 은행과 투기꾼들을 적극 지지했고, 훨씬 심각한 부의 집중을 야기했다. 민영화는 투명성이 결여된 가운데 진행되었으며 가끔 공적 부를 몰수하여 국가 관료와 제휴한 집단에게 혜택을 주었다. 마지막으로 노동 시장 유연화는 노동자와 노동조합에 매우 불리한 세력 관계를 반영했으며 이는 실업을 증가시키는 한편 일자리를 유지한 이들까지 더욱 취약하게 만들었다.

가장 가난한 이들에 대한 착취와 여성, 흑인, 원주민에 대한 차별의 오래된 유형에 뿌리내린 과거의 불평등에 더하여 새로운 불평등이 추가되었다. 이런 불평등은 배제와 더 큰 불안정성에 기초하여 인구 대다수로부터 경제적 시민권을 박탈하고, 이들이 생산 네트워크, 질 좋은 교육, 유용한 지식과 안정적인 직업을 누릴 수 없도록 내몰았다. 현재 라틴 아메리카의 전반적 모습은 불평등의 중심축이 이동했음을 보여준다. 다양한 착취의 오래된 유형·약탈·차별(몰수에 따른 불평등)은 활발하게 벌어지고 있으며, 기회의 축적·배제·전 세계적 네트워크 편입의 각기 다른 층위 간의 격차(단절에 따른 불평등)와 같은 새로운 메커니즘이 추가되고 있다.

전반적으로 과거의 불평등을 겪었던 동일한 부문이 새로운 불평등을 경험하고 있다. 과거에 좋은 토지를 지니지 못했던 이들은 오늘날 학교 교육에서 소외되고 불안정한 일자리에 처해 있다. 이와 유사하게 코스타리카, 우루과이처럼 세계화 이전에 가장 평등했던 라틴 아메리카 나라들은 오늘날에도 그 상태를 유지하고 있으나 경제 개방 이전부터 불평등했던 나라들은 현재까지 그런 상태로 남아 있다. 그러나 중요한 변화가 있었다. 1970년대에 아르헨티나, 칠레와 같이 유혈 군사 쿠데타를 경험한 나라들에서 불평등이 확대되었다. 1980년대 경제 개방과 신기술 도입 이전에 라틴 아메리카 전반에서 불평등이 심화되었는데, 다소 브라질, 파나마, 페루, 베네수엘라[25]에서 심각했다. 경제가 다소 성장하고 몇몇 나라에서는 정치적 민주화를 향한 변화가 일어났던 지난 15년 동안에도 불평등은 일정 정도 유지되었다.[26] 1990년대에는 엘살바도르, 니카라과, 페루, 베네수엘라에서 불평등이 증가했으며 브라질, 온두라스, 파나마, 우루과이에서도 정도는 덜했지만 역시 증가했다. 다른 나라들은 불평등 지수에서 거의 변화를 보이지 않았다. 볼리비아, 칠레, 콜롬비아, 코스타리카, 에콰도르가 여기에 해당한다. 멕시코에서 불평등은 1990년대에 미미하게 증가했으나 2000년 이후에는 약간 감소했다.[27]

정치적 변화와 불평등의 전망

라틴 아메리카는 끊임없이 제기되는 불평등의 문제를 해결하지

---

25) Juan Luis Londoño and Miguel Szekely, "Persistent Poverty and Excess Inequality : Latin America 1970-1995," *Journal of Applied Economics* 3(2000) : 93 ~134쪽.
26) Adelman and Hershberg, "Paradoxical Inequalities."
27) Miguel Szekely and Marianne Hilgert, *The 1990s in Latin America : Another Decade of Persistent Inequality*, Luxembourg Income Study, Working Paper No. 235, Syracuse, NY, 1999, 5~7쪽.

못한 채 21세기를 맞이했다. 라틴 아메리카의 많은 부분과 여러 사회 집단은 세계화를 향한 길 위에서 뒤처져 있다. 그러나 라틴 아메리카 인들은 이러한 조건을 수동적으로 바라보고만 있지는 않는다. 오히려 이들은 이를 극복하기 위해 모든 노력을 기울인다. 하층 집단은 국내외 이주에서부터 자가 고용, 마킬라 수출 산업 참여에 이르는 다양한 경로를 통해, 그리고 다양한 사회 · 정치적 운동에 참여함으로써 세계적 흐름에 편입하고자 했다. 이 중에는 불평등에 의해 가장 불리한 위치에 놓인 원주민이 중심적인 역할을 하는 운동도 있다. 에콰도르 원주민연맹CONAIE, 치아파스 주의 사파티스타 민족해방군EZIN, 그리고 볼리비아의 원주민 집단이 이 지역에서 출현한 주목할 만한 사례로 잘 알려져 있다. 또한 여러 농민 운동이 있는데, 가장 돋보이는 운동은 브라질의 무토지농민운동MST이다.

동시에 라틴 아메리카 여러 도시에서 신자유주의에 공감하는 정부에 맞선 수많은 투쟁이 일어났다. 구조조정 정책 및 라틴 아메리카 정부가 세계화에 대응해온 방식에 대해 무수한 불만이 쏟아졌다. 2000년에는 중대한 정치적 변화가 있었다. 좌파 혹은 중도좌파 대통령이 여러 나라에서 집권했다. 칠레의 리카르도 라고스Ricardo Lagos, 베네수엘라의 차베스, 브라질의 룰라, 아르헨티나의 키르츠네르Néstor Kirchner, 우루과이의 바스케스Tabaré Vásquez 등이 그들이다. 멕시코에서 70년 이상 집권했던 제도혁명당PRI이 2000년 선거에서 대통령직을 잃었다. 몇몇 나라에서 신자유주의 정책과 결합된 정부가 강력한 대중 투쟁으로 몰락했다. 2001~2002년 아르헨티나, 2000~2005년 에콰도르, 2003~2005년 볼리비아에서 이런 사건이 발생했다.

이러한 정치적 변화의 중장기적 결과를 평가하기는 아직 이르다. 볼리비아, 에콰도르와 같은 몇몇 나라는 봉기와 정부 교체로 불안정한 상태다. 차베스가 자신의 지지 기반을 확장했지만 베네수엘라는 대통령에 대한 지지와 반대가 양극단을 달리고 있다. 아르헨티나는 경제적 곤경과 2001~2002년 사이의 통치의 위기를 간신히 극복했지만, 정치적 동맹은 취약하며 중단기적 경제 전망은 불확실하다. 이 글이 작성되는 시점에서 룰라 정부는 빈곤과 불평등을 조금이나마 감소시켰지만, 여러 부패 스캔들의 결과로 초반의 인기를 상당히 잃을 것으로 보인다. 멕시코는 거시 경제적 안정성과 이주자들의 송금, 높은 석유 가격, 어네스토 세디요Ernesto Zedillo 정부가 개시한 지속적인 빈곤 감축 정책이 결합되어 극도의 빈곤은 다소 완화되었다. 그러나 정치 세력들은 날카롭게 분화되어 있고 경제 성장은 제한적이면서 취약하다. 칠레는 지역 내에서 유일하게 중대한 제도적 정리와 지속되는 경제 성장을 이끌어낸 것으로 유명하다. 칠레는 2015년을 기한으로 하는 빈곤 감축을 위한 밀레니엄 개발 목표를 달성할 것으로 보이는 유일한 나라지만 여전히 불평등 지수는 높다. 우루과이와 코스타리카는 예외적으로 다른 나라에 비해 훨씬 평등하지만 이들은 심각한 경기 침체 문제를 겪고 있고, 우루과이의 경우 지속적인 심각한 실업으로 불평등 지수가 악화되고 있다.

 이러한 우울한 상황 속에서도 한 가지 사실은 분명하다. 라틴 아메리카의 가장 빈곤한 부문은, 특히 원주민과 흑인, 그리고 도시 빈민도 마찬가지로 널리 퍼진 불평등에 문제를 제기하는 한편 신자유주의로 기운 정책에 활발하게 반대하는 정치적 주체가 되었다. 이들은 구조조정 정책을 중단시키고 심지어 정부를 퇴진시킬 역량을 보여주었다. 이는 불평등을 확대하는 착취와 차별이 날카로운 저항에 부딪칠 것이라는 사실을 알린다는 점에서 희망의 근거를 제공한다. 그러나 이는 단절로 인한 불평등을 해결하지 못할 뿐만 아니라 보다

평등하고 비배제적인 발전 전략을 보장하지도 않는다. 후자를 달성하기 위해서는 장기적인 정치적 합의, 제도적 강화, 지속성, 사회 정책과 빈곤 경감 전략의 확대, 금융적 안정성과 경제 성장 등이 필요하다.

신자유주의 시대에, 대다수의 라틴 아메리카 나라들은 경제 개방과 수출 확대에 사활을 걸고 있다. 이는 지속되는 불평등을 감축하기에 충분하지 않다. 칠레와 멕시코는 수출을 확대하는 데에 대대적인 성공을 거두었지만 불평등 지수는 좋게든지, 나쁘게든지 변화하지 않고 있다. 이 사실은 경제 개방이 불평등을 확대한다거나 반대로 이를 축소할 것이라는 단순한 주장에 이의를 제기한다. 라틴 아메리카 몇몇 지역과 부문은 세계화 과정에 간신히 통합한 반면 다른 지역은 지속적인 빈민 지역으로 남아 역동적인 활동으로부터 단절된 채, 또는 불안정한 방법으로 연결된 채 뒤처져 있다.

경제를 개방하는 것, 그리고 구조조정을 수행하는 것에 저항해 온 나라들의 상황도 그리 좋지만은 않다. 이 경우에도 빈곤이 재생산된다면, 라틴 아메리카가 세계화에 개방했기 때문이 아니라 인구의 중요한 부문이 배제·단절된 상태로 남아 경제 개방 참여가 매우 불균형하게 이루어졌기 때문이다. 반면 덜 불평등한 라틴 아메리카 나라들에서 더욱 견고한 제도, 평등한 교육과 의료 체계, 더욱 지속적인 사회 프로그램, 모든 시민들에게 기회를 제공하는 비배제적 문화 등을 갖추고 있음을 발견할 수 있다. 라틴 아메리카가 처한 현재의 딜레마는 세계화가 요청하는 경제 개방과 구조조정을 어떻게 강화할 것인가가 아니라 어떻게 역사를 통틀어 이 지역을 특징지어 왔던 불평등의 오랜 유형을 역전시키는 방식으로 이를 이루어낼 것인가 하는 것이다.

7장

식탁
—라틴 아메리카 빈곤 계측의 의미

아라셀리 다미안Araceli Damián, **훌리오 볼트비닉**Julio Boltvinik

이 장은 지난 25년 동안 라틴 아메리카에서 빈곤이 변천해 온 경로를 사회·경제 정책의 주요 변화의 맥락에서 추적한다. 서두에서는 유엔 라틴 아메리카 카리브해 경제위원회(ECLAC 또는 스페인어 약자로 CEPAL)의 빈곤 계산에 바탕을 둔다. ECLAC가 비록 소득 빈곤(이것이 부분적이고 왜곡된 방법임을 뒤에서 보여줄 것이다.)만을 언급하지만, 입수 가능한 유일한 자료일뿐더러 이것으로 어느 정도 비교가 가능하기 때문이다. 뒤이어 빈곤을 계측하는 방법으로 국제기구 및 각국 정부가 널리 사용하는 소득 빈곤(또는 빈곤선)의 한계를 논의한다. 그후 이를 통합적 빈곤 계측 방식IPMM : Integrated Poverty Measurement Method과 비교한다. 이는 더 넓은 시각에서 빈곤을 계측하려는 대안적 접근이다.[1] 뒤이어 IPMM을 사용하여 멕시코에서 계측한 빈곤 수치를 제시한 후, 이 수치를 각기 다른 세 가지 빈곤선 계측 방식의 결과들과 비교할 것이다. 마지막으로 성별의 관점에서 라틴 아메리카 빈곤의 변천 과정을 분석하여, 빈곤이 남성화되고 있다는 증거를 제시할 것이다.

빈곤의 증가

지난 25년 동안 국제기구 및 라틴 아메리카 각국 정부는 "밑바닥을 향한 경주"에 해당하는 "자유 시장" 원칙에 입각한 경제, 사회 정책을 실행해왔다. 그 결과 빈곤은 증가했고 노동 · 사회 정책 기준은 점진적으로 축소하여 최소치에 이르렀다.[2]

이 "밑바닥을 향한 경주" 전략은 노동 비용을 감축하면 그 지역 경제가 국제 시장에서 효과적으로 경쟁할 수 있다고 가정했다. 그러나 국제기구와 각국 정부는 노동 비용이 라틴 아메리카보다 훨씬 낮은 인도와 중국이 세계 시장에 참여할 것이라는 점을 예견하지 못했다. 이들은 또한 낮은 노동 비용 정책의 결과로써 수출이 증가하더

---

1) 이 방식에 대한 자세한 설명으로는 Julio Boltvinik, "Anexo metodológico," in Julio Boltvinik and Enrique Hernández-Laos, *Pobreza y distribución del ingreso en México*(Mexico City : Siglo XXI Editores,1999), 313~350쪽을 참조하시오.

2) 휴버(Evelyne Huber)는 서유럽과 라틴 아메리카에서 지난 수십 년 동안 세계화가 전개되는 과정에서 나타난 복지국가의 변화를 비교한 후 다음과 같은 5가지 근본적인 차이를 지적한다. (1) (이전부터 국제 시장에 높게 통합되었던) 유럽 경제와 비교할 때 라틴 아메리카에서 더 큰 폭의 변화가 발생했다. (2) 사회 정책을 지지했던 유럽 내 민주적 기구 및 국내 세력들은 보편성과 연대라는 원칙을 따랐으나, 라틴 아메리카에서 이런 기구는 매우 취약했다. (3)라틴 아메리카 내 정당은 매우 취약했다(좌파 혹은 사민당이 가장 취약했다). (4) 라틴 아메리카 노동조합의 취약성. 이들은 일반적으로 신자유주의 개혁을 실행한 정당에 흡수됐다. (5) 유럽 각국의 부채 수준은 낮았고, 이는 자체적인 긴축 정책을 설계하는 데 유리하도록 만들었으나, 라틴 아메리카는 국제 기구에 종속되었다. Evelyne Huber, "Globalización y desarrollo de políticas sociales en Latinoamérica," in *La Pobreza en México y el mundo*, ed. Julio Boltvinik and Araceli Damián(Mexico City : Siglo XXI Editores, 2004), 200~239쪽.

라도 국내 유효 수요가 감소하고 경제 성장이 둔화될 것이라는 점을 예상하지 못했다.

라틴 아메리카 각국 정부는 국제기구의 권고에 따라, 또는 자체적인 확신에 따라 자신의 적극적 역할을 포기한 채 경제에 개입하지 않았고, 불공정한 국제 경쟁의 재량에 맡겨두었다. 자본 시장 자유화는 민족 경제를 투기 자본의 변덕에 종속시킴으로써 불안정해지도록 만들었다. 제로 인플레이션의 추구는 완전 고용과 경제 성장이라는 목표를 포기한다는 뜻이었다. 민영화는 독점을 낳았고, 공공부문이 소유하던 이윤을 사기업으로 이전시켰다.

마찬가지로 각국 정부는 신자유주의적 원칙에 따라 오랫동안 국가 책임으로 받아들여지던 소득 재분배 정책을 바꿔, 대다수의 빈곤층을 무시하고 소득 재분배 효과를 낳는 누진세를 거부한 채, 공적 자금을 통해 오직 극빈층만을 대상으로 이들이 시장에서 경쟁력을 갖추도록 지원하는 정책을 추진했다. 신자유주의적 원칙에 따라 공공 수입은 간접세에 의존해야 했다.[3]

라틴 아메리카의 빈곤은 1980년대 초반부터 증가하는 경향을 보였다. 인구 전체에서 빈곤 인구의 비중은 1980년에서 2002년 사이 40.5%에서 44%로 증가했다(표 7 - 1 참조). 빈민의 숫자는 1980년 1억 3,600만 명에서 2002년 2억 2,000만 명으로 8,400만 명이 증가했고 이는 증가율 61.8%에 해당한다. 이 수치로 우리는 라틴 아메리카에서 구조조정 정책이 부적절하고 보잘것없는 결과를 낳았음을 확인할 수 있다.

---

3) 라틴 아메리카 경제 정책의 변화 비판에 대해서는 Joseph Stiglitz, "El rumbo de las reformas. Hacia una nueva agenda para América Latina," *Revista de la CEPAL* (*CEPAL Review*), August 2003, 7~40쪽.

표 7-1 라틴 아메리카의 빈곤과 극빈곤 : 1980~2002년* (단위 : %)

년도	빈곤선 이하			극빈곤선 이하		
	전체	도시지역	시골지역	전체	도시지역	시골지역
1980년	40.5	29.8	59.9	18.6	10.6	32.7
1990년	48.3	41.4	65.4	22.5	15.3	40.4
2000년	42.5	35.9	62.5	18.1	11.7	37.8
2002년	44.0	37.8	61.8	19.4	13.5	37.9

* 모든 수치는 전체 인구 가운데 비율을 말함.
출처 : 2001년도 CEPAL 〈라틴 아메리카 사회 개관〉, 14쪽 표1과 2003년도 CEPAL 〈라틴 아메리카 사회 개관〉, 50쪽 표1-2. 비율은 빈곤 가정과 극빈곤 가정에 거주하는 개인들을 말함.

한편, 라틴 아메리카 각국 간 빈곤 수준의 차이는 표 7 – 2에서 볼 수 있는 것처럼 매우 넓다. 여기서 빈곤율은 총 7개 항목으로 분류되는데, 극히 높음에 해당하는 나라는 온두라스 하나뿐이며(77.3%), 아주 낮음에 해당하는 나라도 빈곤 인구가 전체의 15.4%인 우루과이 한 곳뿐이다.

1990년대 후반에 경험한 경제 위기가 라틴 아메리카 여러 나라에 매우 심각한 결과를 가져왔다는 사실을 인식하는 것은 중요하다. 예를 들어, 아르헨티나 도시 빈민의 비율은 1994년 16%였다가 2002년 41.5%로 증가하여, 아르헨티나는 도시 지역 빈곤 수준이 낮은 나라에서 높은 나라로 바뀌었다. 그동안 우루과이는 라틴 아메리카에서 가장 덜 빈곤한 나라였지만, 동일한 기간 동안 빈곤 수준이 10% 미만에서 15% 이상으로 증가했다.

1980~2002년에 라틴 아메리카에서 전반적인 빈곤의 변천 추이와 2002년의 빈곤 수준의 실상은 통계 수치보다 훨씬 비참할 것이다. 왜냐하면 공식 통계상으로는 경기 수축 시기인 2000년에서 2002년 사이에 멕시코에서 빈곤이 감소된 것으로 나타나지만 이를 그대로

표 7-2 2002년 라틴 아메리카 국가들의 빈곤 순위

국가	빈곤 수준
극도로 높음	
온두라스	77.3
매우 높은	
니카라과	69.4
볼리비아	62.5
파라과이	61.0
과테말라	59.9
높은	
페루	54.8
콜롬비아	50.6
에콰도르(도시 지역)	49.0
엘살바도르	48.9
베네수엘라	48.6
도미니카 공화국	44.9
아르헨티나(도시 지역)	41.5
중간 수준	
멕시코	39.4
브라질	37.5
파나마	25.3
낮은	
칠레	20.6
코스타리카	20.3
매우 낮은	
우루과이	15.4

출처 : 2004년 CEPAL 〈라틴 아메리카 사회 개관〉 324~325쪽 도표 15의 자료에 근거한 저자의 계산.

받아들일 수는 없다. ECLAC가 실시한 2000년과 2002년의 전국가계소득지출조사ENIGH는 다른 기간의 수치와 비교할 수 없다.[4] ECLAC

---

4) ECLAC는 이러한 비교 불가능성이 다음에서 기인하는 것이라고 지적했다. (1) 2002년 조사 설계에서 발생한 변화. 이때, 표본의 수가 거의 2배로 늘어났다(1만 가구에

는 조사 표본을 대부분 농촌 지역(2,500가구 미만)으로 설정했는데, 이런 지역은 극빈층이 집중되어 있어서 빈곤이 감소한 것으로 나타났다.[5]

빈곤 계측

빈곤 계측은 두 가지 요소를 필요로 한다. (1)가계 및 개인의 상황 관찰 (2) 누가 빈곤하며 누가 아닌지를 판단할 기준, 인간 생활이 존엄성과 품위를 잃게 되는 밑바닥 기준이 그것이다.

빈곤에 대한 지배적인 접근은 가구 소득을 빈곤 기준선 또는 빈곤 선과 비교하는 것인데, 양자 모두 1인당 소득을 기준으로 표현된다. 세계은행의 작업에서 빈곤선의 수준은 임의로 설정된다. ECLAC가 빈곤선의 수준을 계측할 때 사용하는 방식은 표준 장바구니 NFB 방식이다.[6] 이 장바구니는 양과 가격을 포함한 상품이 목록으로 구성 되며 필요 영양과 각국의 식습관을 반영하도록 공식화되었다. 이 식습관과 가격이 나라마다 다르기 때문에 장바구니 상품의 목록과 그

서 1만 7,000가구). (2) 표본을 추출할 때 가구를 선택하는 기준이 변화했다. (3) 문항, 특히 소득에 관한 문항에 변경되었다. Comisión Económica para América Latina (CEPAL), *Panorama Social de América Latina*(Santiago, Chile : United Nations/CEPAL, 2003), 58쪽.

5) ECLAC(ibid)는 "언급된 요소들이 빈곤과 소득 분배의 결과에 중대한 영향을 미쳤음이 분명해졌다. 자세히 설명하자면, 저소득 (농촌) 가구의 크기가 진화해왔다면 (2002년), 예를 들어 2000년대 수치의 2/10가 감소했다면 극빈 가구의 수치는 18% 이며 2002년 ENIGH의 통계수치로부터 추정한 수치보다 높다."고 언급한다. 그러나 이 기구는 2002년 ENIGH의 통계수치를 계속 사용하며 멕시코의 농촌 빈곤 가구는 12.6 %로 계산된다.

6) ECLAC의 방식과 다소 차이가 있었지만 미국 정부는 1960년대부터, 멕시코 정부는 최근에(2000~2006년) 이 방식도 사용했다.

가격 역시 다르다.

ECLAC는 극빈선EPL을 표준 장바구니 비용CNFB과 동일하게 설정한다. 또한 극빈선의 2배를 빈곤선으로 설정하는데, 이는 식품 이외의 다른 상품도 구입할 수 있는 수준을 말한다. 한 가구가 표준 장바구니를 구입할 때, 소득이 극빈선과 일치하는 가구는 벌어들인 돈의 100%를 식재료를 구입하는 데 사용해야 하며, 이들은 이를 소비할 수 없다. 왜냐하면 표준 장바구니는 이를 조리하고 소비하는 데 필요한 것들(가스, 주방도구, 접시, 식탁 등)을 포함하지 않기 때문이다. 이 극빈선 정의는 인간을 바닥에서 손으로 날 음식을 먹는 동물의 상태로 전락시킨다.

이 방법은 식품 소비를 기준으로 하는 최저선을 설정하지만 각 가구가 나머지 필요를 충족하는 데 필요한 것들을 정의하지는 않는다. 빈곤선을 추정하기 위해서 표준 장바구니 비용 대상 집단을 관찰하여 식품 구입하는 데 할당되는 소득 또는 지출 비율의 역수로 곱한다. 이 비율을 엥겔계수라고 한다. 표준 장바구니 방식은 엥겔계수의 불안정성 때문에 비판을 받아왔다.[7] 대상 집단을 선정하는 기준 역시 각기 다르다. 대상 집단이 가난할수록 식비의 비중이 높아지며, 따라서 빈곤선은 낮아진다. 그러므로 빈곤선 설정은 자의적인 정치적 관행이다.

---

7) 가구 소득이 증가하는 한 식품에 소요되는 비용은 감소한다. 예를 들어, 멕시코에서 2002년 도시 가구 중 최하위 10%는 총 지출의 40.7%를 식품 구입에 사용했으나, 최상위 10%는 겨우 17%를 사용했다. NFB 방식은 엥겔계수의 불안정성 때문에 비판받아왔다. 하게나스(Aldi J.M Hagenaars)는 빈곤선이 이를 계측하는 데 이용된 엥겔계수의 값에 극도로 민감하다는 점을 지적했다. 엥겔계수에 관한 연구들에 따르면 조사마다 추정치가 매우 다르게 나타난다. Aldi J.M Hagenaars, *The perception of Poverty*(Amsterdam : North-Holland, 1986)를 참조하시오. 미국의 공식적 빈곤 계측 방법의 창시자인 오션키(Mollie Orshansky)는 미국 인구에 관한 두 연구에서 엥겔계수가 각각 0.25, 0.33이라는 사실을 발견했다.

ECLAC의 계측 방법을 고안한 알티미르에 따르면, 대상 집단은 식비 지출이 표준 장바구니 비용(또는 극빈선)과 일치하도록 설정되어야 한다.[8] 그는 필요 식품을 충족한 가계는 나머지 필요 도구(가스, 주방 도구, 접시, 식탁 등) 역시 충족한다고 가정한다. 경험적으로 이 가정은 사실과 다르다. 미충족 기본필요UBN 방식에 따르면 필요 식품을 충족함에도 불구하고 가난한 가구가 있다. 개념적으로 이 가정을 신뢰할 수 없는 이유는 가구들이 모든 필요를 동시에 충족한다고 가정하기 때문인데, 이를 인정하는 이론은 없다. 따라서 빈곤선에 도달하기 위해 극빈선에 추가되어야 할 추가 필요 소득은 이 기준에 따르면 어떤 생활 기준이 허용되는지를 파악할 수 없도록 만드는 블랙박스다.

빈곤선 방식은 또한 빈곤 문제의 복잡성을 파악하는 것에 심각한 한계를 지닌다. 예를 들어, ECLAC는 가구의 화폐 자원이 확대되어 (소득에 따른) 빈곤이 감소한다고 하더라도 이는 반드시 자동적으로 영양 결핍의 감소로 귀결되지 않는다고 단언했다. 위생적인 생활 환경, 식수 접근, 적절한 하수도 시설, 보건 서비스 접근 등을 포함한 다른 위험 요소의 부정적 효과 역시 감소해야 하기 때문이다.[9]

빈곤선 방식의 가장 중요한 한계 중 하나는 기본 필요의 충족이 현재의 가구 소득 혹은 사적인 가구 소비에 전적으로 의존한다는 점이다. 따라서 이는 (주택 소유권을 포함하여) 가구가 축적한 부나 무자산, 무상 교육·보건 의료 및 여타 무상 서비스 접근성, 여가 시간, 가사노동 및 공부에 투여할 시간, 지식과 기술 등 복지의 다른

---

8) Óscar Altimir, "La dimensión de la pobreza en América Latina," *Cuadernos de la CEPAL*, no. 27(1979).
9) CEPAL, *Panorama Social de América Latina*, 2003.

원천을 고려하지 않는다.[10] 1인당 소득이 동일하더라도, 무상 의료 서비스나 사회 보장에 접근할 수 없는 가구는 이에 접근할 수 있는 가구와 생활수준이 다르다.

훌리오 볼트비닉Julio Boltvinik은 앞서 열거한 복지의 모든 원천을 고려한 빈곤 계측의 대안적 접근 방식을 개발했다. 통합적 빈곤계측 방식 IPMM은 빈곤선 방식과 미충족 기본필요 방식, 초과 노동시간 지수를 결합한 것으로 이는 시간빈곤time poverty을 밝힐 수 있게 해준다.[11]

현재 가구 소득이라는 복지 원천만을 고려하여 빈곤을 계산하는 빈곤선 방식은 센Amartya Sen이 빈곤 계측의 간접적 접근이라고 불렀던 것에 해당한다. 반면 미충족 기본필요 방식은 앞서 복지의 원천으로 언급했던 것들을 고려하여 주거, 교육과 같은 특정 기본 필요의 충족 또는 결핍을 관찰하기 때문에 직접적 방식이지만, 소득과 시간은 고려하지 않는다. 통합적 빈곤계측 방식은 모든 복지의 원천을 고려하는 데 더하여 볼트비닉이 지적하는 바 전통적인 미충족 기본필요 방식을 적용했을 때 나타나는 다음과 같은 심각한 한계를 극복한다.[12] (1) 궁핍의 강도를 계산할 수 없고 따라서 빈민의 비율 또

---

10) Julio Boltvink, "El método de la medición integrada de la pobreza. Unapropuesta para su desarrollo," *Comercio Exterior* 42. no. 4(April 1992) : 354~365쪽 및 "Poverty Measurement and Alternative Indicators of Development," in *Poverty Monitoring : An International concern*, ed. Rolph Van der Hoeven and Richard Anker(New York : St. Martin's Press, 1994), 57~83쪽, 그리고 "Anexo metodológico," in Julio Boltvinik and Enrique Hernandez-Laos, Pobreza y distribucion del ingreso en Mexico(Mexico city : Siglo XXI Editores, 1999), 313~350쪽을 참조하시오. Ampliar la mirada. Un nuevo enfoque de la pobreza y el florecimiento humano, PhD diss., centro de InvestigaciOn y Estudios Avanzados de Occidente(CIESAS), Guadalajara, Mexico, 2005.

11) 같은 책.

12) 같은 책.

는 빈곤율을 넘는 총 빈곤 지수를 계산할 수 없다. (2) 빈곤율이 사용된 척도의 개수에 의존한다. 더 많은 척도가 사용될수록 빈곤율이 커진다. 통합적 빈곤계측 방식은 기본필요 방식에 사용된 모든 척도를 복지 단위 비율로 바꾸고 가중 평균을 결합하여 미충족 기본필요 방식의 전통적 적용의 두 가지 한계를 극복한다.[13]

통합적 빈곤계측 방식에서 기본 필요의 충족 또는 결핍은 소득을 통한 간접적 방식을 통해 규명된다. 이 필요는 일반적으로, 식품·연료·개인 혹은 가구의 보살핌·의복 및 신발, 대중교통, 기본적인 통신, 여가와 문화, 주택 서비스 지출, 학교 및 보건 의료 관련 지출 등이다. 다른 한편으로 주거에 대한 만족, 주거 서비스 접근(물, 전기, 하수), 가구 설비, 교육 수준, 보건 의료 서비스 접근, 사회 보장 등은 미충족 기본필요 방식을 통해 직접적으로 규명된다. 마지막으로, 가정 밖의 초과 노동 지수는 여가 시간 및 휴식, 교육, 가사노동을 위한 시간의 이용 가능성을 간접적으로 표현한다.

통합적 빈곤계측 방식에서 포괄적 빈곤 지수는 각 가구에서 두 단계로 계산된다. 첫 번째 단계에서 가구 소득은 소득 시간 빈곤을 구하기 위해 빈곤선과 비교하기 전에 가정 밖의 초과 노동 지수로 나눠 조정한다. 두 번째 결합된 미충족 기본필요지수(각 지수의 가중 평균으로 산출)를 소득 시간 가중 평균과 결합한다. 통합적 빈곤 지수로 얻은 값이 플러스인 가구는 빈곤 가구로 분류된다.[14] 마찬가지로, 통합적 빈곤계측 방식은 한 가지 차원 또는 한 가지 요소만을 고려

---

13) 각기 다른 미충족기본필요의 구성 요소가 각 그룹의 필요를 충족하는 상대적인 사회적 비용에 따라 그 비중이 달라지므로, 미충족기본필요의 각 항목 수치의 종합 (IPMM에 따라 조정)은 이 차원의 빈곤을 제거하기 위해 필요한 노력이라는 조치를 제공한다.

14) Boltvinik, 1992, 1994, 1999, 2005.

하여(소득 빈곤, 미충족 기본필요, 시간 빈곤, 미충족 기본필요 내 한 요소
로 묘사된 빈곤 등) 각 가구를 부분적 관점에서도 평가할 수 있다. 이
방법은 소득만을 바탕으로 계측할 때보다 포괄적이고도 정확하고
역동적인 계측을 가능하게 해준다.

멕시코의 사례

  통합적 빈곤계측 방식이 ECLAC 방식의 결과보다 빈곤 지수가 높
게 나오는 현상은 두 가지로 설명할 수 있다. 첫째, 통합적 빈곤계측
방식은 복지의 모든 원천을 고려하기 때문에 훨씬 폭넓다. 둘째, 소
득 차원에서 활용되는 기준은 두 가지 방식이 공유하는 유일한 요소
인데, 통합적 빈곤계측 방식의 기준이 식품뿐 아니라 다른 상품과
서비스에서 훨씬 관대하고 정확하다.
  표 7-3은 통합적 빈곤계측 방식과 빈곤선 모델의 다음과 같은 세
가지 변종을 통해 멕시코 빈곤의 변천 과정을 보여준다. (1) ECLAC
방식은 1968년에서 2000년 사이의 기간을 포괄하는 데 국가 회계를
적용했다.[15] (2) 세계은행의 방식은 1968~1996년을 다루는데, 방법

---

15) 가구소득지출조사(가구조사)는 일반적으로 소득을 과소평가한다. 그 이유는 한 편
   으로는 조사가 필요하지만 이런 식의 조사를 꺼리는 진짜 부유한 사람들을 면담하
   는 것이 쉽지 않고, 다른 한편으로는 표본 설계에 어려움이 따르기 때문이다. 조사
   대상으로 선정된 가구들은 비슷한 소득 지출 유형을 지닌 다른 가구들을 대표한다
   고 간주된다. 이런 방식으로 전체 인구의 표본을 추정함으로써, 면담 대상이 된 각
   가구는 1천여 개의 가구를 대표한다고 간주된다. 부유한 사람들과 관련된 문제는
   이들이 아무도 대표하지 않으며, 대표되지도 않는다는 사실이다. 이것이 사실이라
   면, 부유한 이들도 표본으로 추출되어야 한다. 마지막으로 면담에 응한 사람들은 소
   득과 지출을 실제보다 낮춰서 이야기하는 경향이 있다. 이런 경향은 세금을 회피하
   는 인구가 많고, 이들이 이 조사가 세금 관련 기관과 연계되어 있을 것을 우려할 때
   급속도로 나타난다.

표 7 - 3 멕시코 빈곤의 네 가지 유형 (1968~2000년)

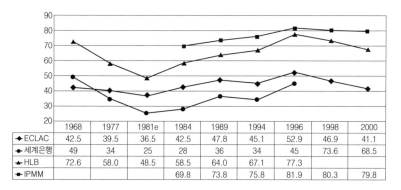

	1968	1977	1981e	1984	1989	1994	1996	1998	2000
◆ ECLAC	42.5	39.5	36.5	42.5	47.8	45.1	52.9	46.9	41.1
● 세계은행	49	34	25	28	36	34	45	73.6	68.5
▲ HLB	72.6	58.0	48.5	58.5	64.0	67.1	77.3		
■ IPMM				69.8	73.8	75.8	81.9	80.3	79.8

모든 측정치는 빈곤하다고 여겨지는 멕시코 인구의 비율이다.
출처 : 1968, 1977, 1984년의 수치는 유엔개발계획(UNDP)이 확인한 내용으로 빈곤한 가정에
거주하는 개인의 비율을 뜻한다. 1989-2000년의 측정치는 CEPAL의 자료이다. 1968~1984년
의 수치는 엔리께 에르난데스 라오스의 자료를 인용한 것이며, 1989~2000년의 수치는 국내
가정 소득과 지출 조사 자료에 근거하여 필자가 계산한 것이다.

이 정확하지 않다.[16] (3) 엔리께 에르난데스 라오스Enrique Hernández
Laos와 볼트비닉의 계산HLB은 1968~2000년의 기간을 다루는데, 정
부 단위인Coplamar(빈민과 주변집단을 위한 전국 계획 일반 조정의 줄임말
로 멕시코의 사회보장 정책 실행 단위 - 옮긴이)가 규정한 표준 장바구니
필수 품목을 기준으로 한 빈곤선에 바탕을 두는데 1984년까지의 국
가 회계만을 적용했다.[17] 통합적 빈곤계측 방식의 계산은 1984~

---

16) 출처는 World Bank, *Global Economic Prospects and the Developing Countries*
(Washington, DC : World Bank, 2000)이다. 그러나 세계은행은 Miguel Szekely와
Nora Lustig의 여러 보고서를 토대로 이를 작성했다. 이 저자들은 종종 자료를 국민
계정에 맞추기 때문에 자료들은 조정이 되기도 하고 그렇지 않기도 한다.
17) Coordinación Nacional del Plan Nacional de Zonas Deprimidas y Grupos
Marginados(Coplamar), *Macroeconomía de las necesidades esenciales en México,
situación actual y perspectivas al año 2000*, Serie Necesidades Esenciales en
México, 2nd ed.(Mexico City : Siglo XXI Editores, 1983).

2000년의 기간을 다루며 1992년까지의 국가 회계를 적용했다. 그래프에 2002~2004년의 빈곤 수치는 나타나지 않는데, 이 기간의 수치는 이전 기간의 것과 비교가 불가능하기 때문이다.

멕시코의 2002~2004년의 전국가계소득지출조사 ENIGH는 2000년(빈곤선 방식과 통합적 빈곤계측 방식 둘 다 마찬가지다.)과 비교할 때 극빈층이 감소하는 것으로 나타나지만 비-극단적 빈곤층은 증가했다. 비-극단적 빈곤층이란, 우리가 고안한 개념으로 (ECLAC이나 세계은행은 이 개념을 사용하지 않는다.), 기본적인 필요뿐만 아니라 존엄한 삶을 위해 꼭 있어야 할 인간의 모든 필요를 포함하여 기준선을 관대하게 선정한 개념이다. 그러나 극빈층의 감소는 경제적 수치의 변천과 일치하지 않는다. 예를 들어, 1인당 국내총생산GDP는 겨우 0.3% 상승했고, 실업은 이 기간 동안 늘었으며, 멕시코 사회보장기구 IMSS에 등록된 공식 노동자의 숫자는 20만 명 이상이 감소했다. 따라서 2002년, 2004년 ENIGH 자료는 논란의 여지가 있다.[18]

---

18) ECLAC의 2003년 《라틴 아메리카 사회 개관》에서 2002년 ENIGH의 비교 가능성과 관련된 몇 가지 문제를 지적한다. ("공식적인" 빈곤 계측 방법론을 책임지는 전문위원회를 포함하여) 멕시코의 몇몇 전문가들도 같은 시기에 이러한 문제점을 발견했다. 지적된 문제는 다음과 같다. (1) 표본 크기의 증가와 표본 틀의 변화는 수집된 정보의 질을 변화시켰는데, 이는 빈곤 계측의 추세를 바꿀 수 있다. (2) 문항도 변경되었는데, 무엇보다도 가구 소득에 관한 정보를 수집하기 위한 질문이 많이 추가되었다. 중요한 것은, 새로 추가된 질문에 의해 농촌의 최하층 10%에서 소득의 원천이 2배나 늘어난 것으로 파악되었다(2000년 8%에서 2002년 16%로). ECLAC는 최하층 10%의 소득 증가에 대해 놀라움을 표현했는데, 전체 소득의 20%, 노동 연계 소득의 17%가 증가한 것으로 나타났다. (3) 많은 가구들이 자기 소유 주택에 따른 귀속임대료(imputed rent) 형태의 실질 가구 소득의 증가로 인해 더 이상 빈곤하지 않은 가구로 분류되었다. (4) 가구 규모의 축소가 농촌의 최하층 10%에서 발견되었는데(6%와 18%) 이는 빈곤율을 떨어뜨리는 효과를 낳았다. 왜냐하면 정부의 방식이 1인당 가구 소득에 바탕을 두기 때문이다. CEPAL은 농촌 가구 규모가 예상한대로 반영된다면 수치가 15.2%에서 12.6%로 감소하는 것이 아니라 18.6%로 상승해야 한다고 계산했다. (5) 조사를 통해 파악된 몇 가지 변동 요인에 대한 평가가 다른 정보원으로부터 얻어진 정보와 상응하지 않는다. 이는 특히 소득 이전과 관련되어 중요하다. 예를 들어, 조사에서 농촌 지역에 대한 정부 지원은 131%로 인상되었

각 수치를 연속선으로 나타내면, 빈곤선 방식에 기초를 둔 세 가지 방법은 1968~1981년 사이에 빈곤이 감소했음을 보여준다.[19] 이 추세는 바뀌어 1996년까지는 꾸준히 상승하는 것으로 나타난다. 통합적 빈곤계측 방식의 연속선은 1984년부터 시작되는데, 이것 역시 이때부터 1996년까지 빈곤이 상승하는 추세로 나타난다. 2000년까지 측정한 두 가지 빈곤선 방식ECLAC, HLB은 1996년부터 2000년까지 빈곤이 급감소하는 것으로 나타나는 반면 통합적 빈곤계측 방식은 미미한 감소를 보인다.

전체 기간을 다루는 두 가지 빈곤선 방식에서 2000년 빈민 인구의 비율은 1968년보다 아주 조금 작지만 1981년보다는 훨씬 높은 것으로 나타난다. 따라서 ECLAC에 따르면 2000년에 빈곤이 인구의 41.1%에 영향을 미쳤고, 1968년에 비해 겨우 1.4%가 적은 수치이지만 1981년, 즉 거의 20년 전보다 5%가 높은 것이다. HLB의 연속선에 따르면 2000년 빈곤 수준은 1968년에 비해 약간(4%) 낮지만 2000년보다 20%가 높다. 그리고 세계은행의 연속선에서 1996년(연속선의 마지막 해)의 빈곤은 1968년에 비해 4%가 낮지만 1977년에 비해 상당히 높고 1981년에 비해 20%가 높다. 마지막으로, 통합적 빈곤계측방식은 2000년의 빈곤 수준이 1984년보다 높은 것으로 나타난다.[20]

는데, 이는 2%가 감소되었다고 명시하고 있는 행정 통계 수치와 상반된다. 그리고 반빈곤 프로그램으로 인한 소득은 행정 통계수치로 보고된 것보다 2배가 늘었다. (6) ENIGH에 따르면 피고용인의 숫자는 2000년에서 2002년 사이에 1년에 130만 명이 늘었다. 이는 전문기관인 전국고용조사가 보고한 50만 명과 다르다. 2004년 ENIGH는 2002~2004년 조사의 비교 가능성을 고려하여 새롭게 수정되었다.
19) 볼트비닉의 계산에서 ENIGH가 실시되지 않았던 1981년의 수치는 모두 추정치다.
20) 1984년 IPMM 수치는 국민 계정에 맞추어졌는데, 2002년에는 그렇지 않다. 그럼에도 불구하고 우리는 1998년의 조정된 수치와 조정되지 않은 수치 사이에서 발견할 수 있는 것과 유사한 차이를 보인다고 가정할 수 있다. 1998년의 국민 계정에 맞춰

표 7-4 멕시코에서 IPMM 구성 요소의 발전상(1992~2000년)

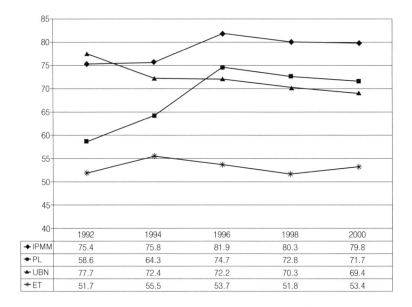

	1992	1994	1996	1998	2000
◆ IPMM	75.4	75.8	81.9	80.3	79.8
● PL	58.6	64.3	74.7	72.8	71.7
▲ UBN	77.7	72.4	72.2	70.3	69.4
✳ ET	51.7	55.5	53.7	51.8	53.4

IPMM은 통합적인 빈곤 측정 방법(Integrated Poverty Measurement Method)을 뜻하며, IP는 빈곤선 방법, UBN은 미충족 기본필요, ET는 초과 근무 시간 수치를 말한다.
출처 : 인구 통계 정보 연구소 (1992, 1994, 1996, 1998, 2000년의 자료)

　표 7-4는 통합적 빈곤계측 방식 및 그 세 가지 차원(미충족 기본
필요, 소득, 시간)에 따른 1990년대 빈곤의 변천을 보여준다. 통합적
빈곤 비율이 1992~2000년 사이에 증가했지만(75.4%에서 79.8%로),
통합적 빈곤계측 방식의 세 가지 구성요소들은 각기 다른 양상을 띄
는 것을 확인할 수 있다. 소득으로 계측한 빈곤은 큰 폭으로 증가했
다. 1992~2000년 사이 13.2%가 증가한 것이다(58.5%에서 71.7%

진 빈곤율은 75.7%이고 조정 전의 수치는 80.3%다. 1998년과 2000년의 경제 상황
이 매우 유사하기 때문에, 조정된 수치로 계산했을 때 산출되는 빈곤율은 1998년
수준과 매우 비슷해질 것이고, 따라서 1984년보다 높을 것이다.

로). 반면 시간으로 계측한 빈곤은 미미하게 증가했고, 미충족 기본
필요는 감소했다(각각 51.7%에서 53.4%, 77.7%에서 69.4%로).

소득 차원은 경제 성장 변화에 매우 민감한 반면 미충족 기본필요
차원은 시간에 따라 감소하는 경향이 있다. 이 역설은 무엇보다도
두 가지 요소로 설명할 수 있다. 첫째, 미충족 기본필요 방식의 변수
들은 대부분 비축하는 특징을 지니고 있는데 반해 소득 변수들은 유
동적 특징을 지닌다(예를 들어, 소득은 주, 또는 월 단위로 지급되며 항
상 시간 기준으로 계산된다.)는 점이다. 유동적 변수들은 그 가치가 쉽
게 변하지만 비축적 변수들은 그렇지 않고 사소한 변화만을 겪는다
(재해가 발생할 경우 몇몇 비축적 변수들은 예외다). 이런 방식으로, 해
당 기간 동안 획득한 비축 변수들의 수준은 이전 기간의 수준에 의
해 결정된다. 둘째, 미충족 기본필요 방식의 수치들 중 다수는 경기
수축 기간 동안 가구 소득과 반대 방향으로 변화하는 복지 원천에
의해 결정된다. 이는 많은 상품과 서비스의 비소비재적 성격(예를 들
어, 교육 · 의료 · 물 · 하수시설 등)으로 설명할 수 있다.[21] 소득에 의해
전적으로 결정되는 주택(공간과 질)과 같은 요소들은 토지 및 주택의
법적 소유에 대한 접근성과 같은 다른 요소에 의해 결정된다. 빈곤
인구의 경우, 주택의 상태는 도시의 효과적인 보급 정책 및 자기 집
을 지은 가족에 의해 폭넓게 영향을 받는다.

---

21) Boltvinik, 1992, 1994, 1999, 2005.

라틴 아메리카에서 빈곤의 남성화

이제 성별 문제를 살펴보자. 최근 수십 년 동안 빈민 여성에게 불리한 조건에 대한 인식이 성장했으며, 여성이 직면한 불이익은 되풀이되는 경제 위기의 발발로 심각하게 커졌다는 주장이 제기되었다. 1970년대 여성 가장 가구에게 더 큰 빈곤을 안겨준 일련의 요소들이 지적되었다. 이런 유형의 가구가 빈곤층에 가장 많이 분포해 있으며, 그 수치가 증가하고 있다는 사실은 가사 노동과 가정 밖의 노동 양자를 책임지고 있는 것으로 추정되는 빈곤 가구 여성들이 더 많이 실업에 직면하고, 노동 시간이 적으며, 낮은 임금을 받고 있다는 사실을 나타낸다. 마찬가지로 이런 유형의 가구는 피부양자의 숫자도 가장 많다.[22]

1980년대, 개도국에 영향을 미친 엄청난 경제 위기의 발발과 함께 여성, 특히 자원을 가장 적게 지닌 이들의 생활 조건은 악화되었다고 이야기된다. 몇몇 저자들에 따르면 이 위기 기간 동안 노동력을 유지 · 재생산 · 대체하는 여성의 의무는 더욱 강화되었다.[23]

1990년대, 많은 이들이 빈곤의 여성화가 세계적인 현상이라고 주장했다. 유엔여성개발기금UNIFEM 전 사무총장 헤이저Noeleen Heyzer에 따르면, 빈곤 여성의 숫자는 지난 20년 동안 배로 늘어났으며, 1990

---

22) 예를 들어, Maira Buvinic, Nadia Youssef, and Barbara Von Elm, *Women headed households : The Ignored Factor in Development Planning*, report prepared for the U.S. Agency for International Development, Washington, DC, International Center for Research on Women, 1978을 참조하시오.

23) 예를 들어, Mercedes Barquet, "Condiciones do género sobre la pobreza de las mujeres," in Javier Alatorre, Gloria Careaga, Clara Jusidman, Vania Salles, Cecialia Talamante, and John Townsend(Interdisciplinary Group on Women, Work and Poverty), *Las mujeres en la pobreza*(Mexico City : El Colegio de México,1994), 73~89쪽을 참조하시오.

년대까지 여성은 세계 10억 빈민 중 하위 60%를 차지했다.[24] 마찬가지로 ECLAC가 1995년 발행한 〈라틴 아메리카 사회 개관〉 중 빈곤과 여성 가장 가구의 관계에 관한 장에 따르면 "1980년대 이 지역에서 기록된 눈에 띄는 빈곤의 증가는 여성이 가장인 빈곤 가구의 대규모 증가를 반영한다. 양 성性을 비교해보면 11개국 중 7개국에서 남성 가장 가구보다 여성 가장 가구의 빈곤이 더 많이 나타났다. 극빈은 특히 도시의 남편이 없는 가구에서 가장 두드러졌다."[25]

1990년대 후반, 몇몇 연구는 빈곤과 여성 가장 가구 사이의 현존하는 관련성에 의문을 제기했다.[26] 이 저자들이 빈곤 발생에 영향을 미치는 다른 요소(가구 유형, 연령층, 재산 접근성 등) 들이 존재한다고 인식했음에도 불구하고, 그들은 여성 가구가 일반적으로 남성 가구보다 더 빈곤하다는 사실을 부정하지는 않았다. 아리가다Arriagada는 라틴 아메리카의 1993년 자료를 활용하여 "이 지역 내 다른 연구를 통해 확인한 것과 마찬가지로 아르헨티나, 멕시코, 우루과이를 제외하면, 확대가족 · 복합가족 · 핵가족을 불문하고 여성 가장 가구는 빈곤할 가능성이 크다.[27] 극빈의 가능성을 살펴보더라도 마찬가지 결과가 나타난다."고 말했다.

1990년대 후반, 로이드Lloyd는 최근의 문헌을 살펴볼 때 "여성 가장 가구가 일반적으로 더 가난하지만 예외도 있다."고 언급했다.

24) UNIFEM, ¿ Cuánto cuesta la pobreza de las mujeres? Una perspectiva de América Latina y el Caribe(Mexico City : UNIFEM, 1995).
25) CEPAL, Panorama Social de América Latina, 1995.
26) See Irma Arriagada, Políticas sociales, familia y trabajo en la América Latina de fin de siglo, Santiago de Chile, Naciones Unidas, CEPAL, Serie Politica Sociales, 1997, 21쪽, 그리고 Cinthia B. Lloyd, "Household Structure and Poverty : What Are the Connections?" in Population and Poverty in the Developing World, ed. Livi-bacci and G. de Santis(Oxford : Clarendon Press, 1998), 84~102쪽.
27) Arriagada, Políticas sociales, 17쪽.

성인 소득을 계측하면 빈곤과 여성 가장 가구 사이의 관계가 더욱 분명하게 드러나, 여성 가장 가구가 훨씬 더 빈곤하다.[28] 그럼에도 불구하고 그녀는 여러 개도국 자료를 분석하면서 극빈선(세계은행의 정의에 따른) 이하로 생활하는 인구의 비율과 여성 가장 가구의 비율 사이에는 아무런 관련성이 없다고 주장한다.[29] 더 나아가 그녀는 "여성 가장 가구가 가장 빈곤한 계층에 속하는 경우가 많지만, 여성 가장 가구와 빈곤 사이의 필연적인 관계는 나타나지 않는다."고 주장한다.

2000~2001년 〈라틴 아메리카 사회 개관〉에서 ECLAC에서는 라틴 아메리카에서 "여성 가장 가구에 속한 9,100만 명이 빈곤할 가능성은 평균치와 유사하다. 즉 이 특질이 그 자체로 빈곤의 조건이 되지는 않는다는 뜻이다."[30]라고 발표했다. 이 발표는 ECLAC가 1995년에 언급한 빈곤의 여성화에 관한 견해를 부정하는 것이다.

빈곤의 여성화가 존재한다는 주장은 해명하기 쉽지 않다. 빈곤이 계산될 때 관찰하여 규정하는 단위는 개인이 아니라 가구다. 빈곤은 한 사람이 얼마나 적게 버는가가 아니라 그 소득에 의존하는 사람이 얼마나 많은지에 따라 좌우된다. 성별에 관한 같은 저작이 지적하듯이, 빈곤에 대한 이런 방식의 접근은 많은 한계가 있다. 가구 구성원 간의 불평등을 드러내지 않기 때문이다. 그럼에도 불구하고, 가구 내 성별 및 세대 간의 차이를 실질적으로 관찰하는 것이 어렵기 때문에 빈곤 연구자들은 항상 가구 내 구성원이 동일하게 빈곤하거나, 빈곤하지 않다는 식의 완전한 평등을 가정할 수밖에 없다. 따라서

28) Lloyd, "Household Structure and Poverty," 95쪽.
29) 같은 쪽.
30) CEPAL, *Panorama Social de América Latina*, 2001, 51~54쪽.

빈곤의 여성화는 증명될 수도 반증될 수도 없다. 유일하게 의지할 수 있는 수단은 여성과 남성 간의 복지 지수를 비교하거나 가장의 성별에 따라 빈곤을 분석하는 것이다.

빈곤선 계측 방식의 주요 한계로 우리가 지적한 사항과 모든 빈곤 계측 방식에서 드러나지 않는 (가장의 성별에 관계없는) 가구 내의 불평등에 주목해야 한다는 요청에도 불구하고, 여기서는 라틴 아메리카 내 빈곤의 여성화 존재 여부에 관한 논쟁에 기여하고자 한다. 이 목적을 위해 우리는 ECLAC가 발행한 라틴 아메리카 각국의 빈곤 계산 및 여타 사회 – 인구학적 지수들을 활용한다.

ECLAC가 발행한 2002년 〈인구 조사 자료〉는 성별에 초점을 두고 제작되었다. 이 자료의 표 6b는 1999년 빈곤 인구 중 "여성 비율"을 언급한다. 이는 빈곤 여성의 숫자를 빈곤 남성의 숫자로 나누어 %로 그 결과를 표현한 것이다.[31] 이 표에 따르면, 자료가 있는 17개국 중 11개국의 도시와 농촌 양자에서 여성 비율이 100보다 커, 남성보다 여성이 빈곤의 영향을 받는다는 결론을 내릴 수 있다. 나머지 4개국은 도시 또는 농촌 중 한 군데에서 여성 비율이 100%를 초과했고, 오직 2개국에서만 여성 비율이 100%를 넘지 않았다.[32]

그럼에도 불구하고, ECLAC는 매우 분명한 방법론적 실수를 저질렀다. 라틴 아메리카 대부분의 나라에서 전체 인구 중 남성보다 여성의 숫자가 많다는 사실을 무시한 것이다. 따라서 빈곤의 여성 지수를 설정하는 데 이 사실을 고려하기 위해서 각국 여성의 상대적

31) CEPAL, *Panorama Social de América Latina*, 2002, 198~199쪽.
32) 도시와 농촌 모두에서 여성 비율이 100%보다 높은 나라는 볼리비아, 칠레, 콜롬비아, 코스타리카, 에콰도르, 엘살바도르, 과테말라, 온두라스, 멕시코, 파나마, 도미니카공화국, 우루과이, 베네수엘라다. 도시와 농촌 지역 중 한 곳의 비율이 100%보다 높은 나라는 브라질, 온두라스, 니카라과, 파라과이다. 이 비율이 100% 미만인 곳은 아르헨티나와 우루과이다.

비율에 따라 자료를 조절해야 한다. 표 7 – 5는 전체 인구 중 여성의 상대적 비중을 반영하여 수정한 빈곤의 여성 지수를 수록하고 있다. 수치는 도시와 농촌 지역에서 계산되었고, ECLAC의 원래 표와 대조적으로, 각국의 국가 총합 지수와 라틴 아메리카 전체의 수치를 나타낸다. 수치는 단위와 함께 표시된다. 그 값이 1.00이면 이는 여성일 때 빈곤할 가능성과 남성일 때 빈곤할 가능성이 동일하다는 뜻이다.[33]

이 수치를 바탕으로 우리는 1990년대 후반 라틴 아메리카에서 미미한 정도의 빈곤의 남성화가 나타난다는 사실을 확인할 수 있다. 빈곤은 남성과 여성에게 거의 비슷한 비율로 영향을 미친다. 왜냐하면 이 지역에서 빈민 남성 대비 빈민 여성의 평균 수치가 0.99이기 때문이다. 이 값은 도시 지역과 전체 인구에서 같다. 농촌 지역에서만 수치가 1보다 약간 커(빈민 남성 대비 빈민 여성이 1.02) 빈곤의 여성화가 나타난다.[34] 빈곤의 남성화가 크게 나타나는 나라는 파라과이, 우루과이, 브라질(이들의 값은 라틴 아메리카 전체보다 분명하다), 아르헨티나, 과테말라, 온두라스다. 다른 6개국(볼리비아, 콜롬비아, 에콰도르, 엘살바도르, 멕시코, 니카라과)에서 그 관계는 1.00이다. 마지막으로 칠레, 베네수엘라, 파나마, 도미니카공화국, 코스타리카에서만 빈곤의 여성화가 나타나는데 마지막 2개국에서 더욱 심하다.

이 자료를 통해 20세기 말 라틴 아메리카에서 평균적인 빈곤 여성의 숫자가 빈곤 남성의 숫자보다 더 크다는 증거는 없다고 주장하는 것이 가능하다. 이 계산을 보충하기 위해 우리는 가장의 성별에 따

---

33) 여성빈곤율 = (여성빈민/남성빈민)/(전체여성/전체남성)
34) 한 가지 가능한 가설은 도시 및 다른 나라에서 일하는 남성이 집에 남아 있는 남성에 비해 가구에 덜 기여한다는 것이다.

표 7-5 성별과 빈곤(1999~2002년)

나라	여성 빈곤 지수	나라	여성 빈곤 지수
라틴 아메리카	1.01	엘살바도르	1.04
도시	1.05	도시	1.12
농촌	0.95	농촌	0.98
아르헨티나	자료 없음	과테말라	0.97
도시	1.05	도시	1.04
농촌	자료 없음	농촌	0.95
볼리비아	1.01	온두라스	0.97
도시	1.04	도시	1.06
농촌	0.97	농촌	0.91
브라질	1.00	멕시코	1.02
도시	1.05	도시	1.03
농촌	0.91	농촌	1.01
칠레(1998)	1.03	니카라과	1.01
도시	1.05	도시	1.08
농촌	0.91	농촌	0.94
콜롬비아	1.03	파나마	1.02
도시	1.07	도시	1.09
농촌	0.92	농촌	0.96
코스타리카	1.10	파라과이	0.95
도시	1.17	도시	1.02
농촌	1.05	농촌	0.90
도미니카공화국 (1997)	1.07	우루과이	자료 없음
도시	1.10	도시	1.06
농촌	1.04	농촌	자료 없음
에콰도르	자료 없음	베네수엘라(1997)	1.02
도시	1.03	도시	자료 없음
농촌	자료 없음	농촌	자료 없음

모든 지수는 해당 국가의 남성 대 여성 비율로 빈곤선 이하의 삶을 사는 남성에 대한 여성의 비율을 나눈 것이다. 지수가 1보다 클 경우 빈곤의 "여성화"가 됨을 의미한다.
출처 : 2001, 2002년도 CEPAL에 근거한 필자의 계산

른 상대적 빈곤 발생률을 척도로 사용할 때 빈곤의 여성화가 존재하는지를 규명해야 한다.

자료는 1999년 소득 빈곤에 관한 한 빈곤의 가능성이 여성 가장 가구와 전체 가구가 같음을 보여준다(43.1%).[35] 그러나 극빈 가구는 여성 가장 가구에서 덜 나타나는데, 전체 비율이 18.4%인데 반해 여성 가장 가구는 17.5%다.[36] 그러므로, 가구별 극빈 정도는 1999년 미미하게 남성화되었다.

〈라틴 아메리카 사회 개관〉은 2000~2002년 도시 지역 여성 가장 가구(농촌 지역 자료는 확인할 수 없다.)의 빈곤율이 모든 도시 가구의 빈곤율보다 낮음을 보여준다. 따라서 우리는 2000~2002년 라틴 아메리카 도시가구 전체 빈곤(극빈뿐만 아니라)이 미미하게 남성화되었다고 말할 수 있다. 각국별 수치는 표 7-6에서 확인할 수 있다.

라틴 아메리카에서 1990년대 초반 빈곤의 여성화가 나타났다는 1995년 ECLAC의 발표를 수용할 경우, 이전 분석에서 도출되는 결과중 하나는 이 지역이 1990년대 전 기간에 빈곤의 남성화를 겪었다는 점이다. 이는 코스타리카, 엘살바도르, 니카라과 등 1990년대 초반과 후반 모두 여성 가장 가구의 빈곤 비율이 남성 가장 가구보다 더 높고, 양자 간의 차이가 이 기간 동안 커진 나라에서 사실로 드러난다.

남성과 여성 간 노동 연계 소득의 불평등은 빈곤과 성별의 문제와 연관된 또 다른 요소다. 확인된 자료에 따르면, 남성과 여성 간의 소득 격차는 1990년대에 줄어들었다(표 7-7 참조). 1990년 우루과이

---

35) 전체 가구의 빈곤 비율에 관한 정보를 사용했는데 왜냐하면 ECLAC가 남성 가장 가구에 관한 정보를 제공하지 않았기 때문이다.
36) CEPAL, *Panorama Social de América Latina*, 2001, 53쪽, 표 1.6

표 7-6 라틴 아메리카 도시 지역에서 가장의 성에 따른 빈곤(1990~2002년)

빈곤선 이하의 가구 비율		
국가/연도	총합	여성 가장
아르헨티나(광역 부에노스아이레스)		
1990	16.2	11.3
2002	31.6	27.4
볼리비아		
1989	49.4	55.7
2002	44.9	39.7
브라질		
1990	35.6	41.4
2002	27.4	26.5
칠레		
1990	33.3	33.0
2003	15.2	11.3
콜롬비아		
1991	47.1	47.4
2002	44.6	45.9
코스타리카		
1990	22.2	27.4
2002	15.9	27.1
도미니카공화국		
1997	31.6	38.0
2002	38.4	50.8
에콰도르		
1990	55.8	60.1
2002	42.6	46.1
엘살바도르		
1995	40.0	43.5
2001	34.7	38.5
과테말라		
1989	48.2	48.5
2002	39.0	42.5
온두라스		
1990	64.5	71.5
2002	60.5	60.7

멕시코		
1989	34.2	30.1
2002	26.0	26.9
니카라과		
1993	60.3	64.0
2001	57.7	61.0
파나마		
1991	33.6	40.0
2002	21.4	26.9
파라과이(광역 아순시온)		
1990	36.8	41.7
2002	35.0	34.3
우루과이		
1990	11.8	10.6
2002	9.3	8.0
베네수엘라		
1990	33.4	45.0
2002	43.3	48.1

출처 : 2004년 CEPAL 〈라틴 아메리카 사회 개관〉의 표 17과 표22

는 소득 격차가 가장 큰 나라로 여성의 소득이 남성의 45%로 나타
났다. 그와는 정반대의 극단적인 예로 파나마는 매우 평등한 것으로
드러났는데, 여성 평균 소득이 남성 평균의 80%였다.[37]

　21세기 초, 라틴 아메리카 대부분의 나라에서 소득 격차가 좁혀졌
지만, 아르헨티나와 과테말라는 가장 큰 불평등을 보인다(남성 소득
대비 여성 소득이 각각 59%와 58%다). 여성과 남성 간의 소득 격차는
나라마다 각기 다른 변화 과정을 통해 좁혀졌다.[38]

---

37) 급여를 받는 인구만 고려한다면 가장 큰 차이를 보이는 곳은 볼리비아다. 볼리비아
　는 여성 임금이 남성 임금의 60%다. 가장 적은 차이를 보이는 곳은 파나마인데, 여
　성 임금이 남성 임금의 80%다.
38) 다음의 증거는 ECLAC의 남성, 여성 경제활동 인구의 평균 소득에 관한 표에 따른
　것이다.(CEPAL, *Panorama Social de América Latina*, 2004, 표 7.1과 7.2).

표 7-7 도시 지역 남성 평균 소득에 대한 여성 평균 소득 비율(1990~2002년)

나라/연도	노동 총소득	임금 소득
아르헨티나(광역 부에노스아이레스)		
1990	65	76
2002	59	71
볼리비아		
1989	59	60
2002	61	71
브라질		
1990	56	65
2002	66	86
칠레		
1990	61	66
2003	64	84
콜롬비아		
1991	68	77
2002	77	99
코스타리카		
1990	72	74
2002	75	85
도미니카공화국		
1997	75	90
2002	68	89
에콰도르		
1990	66	77
2002	67	87
엘살바도르		
1995	63	79
2001	80	100
과테말라		
1989	65	82
2002	58	81
온두라스		
1990	59	78
2002	76	95

멕시코		
1989	55	73
2002	63	76
니카라과		
1993	77	77
2001	69	82
파나마		
1991	80	80
2002	76	85
파라과이(광역 아순시온)		
1990	55	63
2002	70	95
우루과이		
1990	45	64
2002	72	71
베네수엘라		
1990	66	79
2002	76	99

출처 : 2004년 CEPAL 〈라틴 아메리카 사회 개관〉

1. 볼리비아, 온두라스, 베네수엘라에서 남성과 여성 평균 소득이 하락했음에도 불구하고, 여성의 소득이 남성보다 더 큰 폭으로 하락했다. 따라서 소득 격차의 축소가 여성의 상황 개선에 영향을 미치지는 못했다. 그보다는 주로 남성 소득에 의해 영향을 받은 전반적인 상황 개선의 결과다.

2. 브라질, 멕시코, 파라과이, 우루과이에서 여성의 소득은 상승한 반면 남성의 소득은 하락했다. 따라서 이들 나라에서 남성과 비교할 때 여성의 경제적 상황이 개선되었다.

3. 콜롬비아, 코스타리카, 에콰도르, 엘살바도르, 파나마, 파라과이, 우루과이에서 격차의 감소는 여성의 소득이 남성에 비해 훨씬 빠르게 상승했다고 설명되는 반면 파나마와 도미니카공화국에서 노동 연계 소

득은 양성 모두 상승했지만, 남성에 비해 여성의 상승 속도가 느렸고, 그 결과 격차가 벌어졌다.

여성의 상황 개선과 관련된 또 다른 중요 요소는 교육 수준의 향상이다. 성별의 관점에서 여성의 평균 교육 수준이 남성보다 더 많이 개선되었다는 통계 결과를 발견할 수 없었다. 1990년대 초반 3개국(아르헨티나, 파나마, 우루과이)에서만 젊은 여성(25~29세)의 평균 교육 연수가 남성보다 많았던 반면, 1990년대 말에는 이 숫자가 5개국으로 늘어났다.[39] 그리고, 이 성과는 도미니카공화국의 농촌 지역과 놀랍게도 콜롬비아와 온두라스의 농촌 지역에서도 관찰되었다.

15~24세의 인구 사이에서도 중요한 진전이 확인된다. 1990년대 초 자료를 확인할 수 있는 17개국 중 11개국에서 여성의 교육 수준이 남성과 같거나 그보다 높았고, 2002년까지 이 상황은 라틴 아메리카 대부분의 나라에서 관찰되었다(도시와 농촌 모두). 그러나 멕시코, 과테말라, 볼리비아는 예외였다. 기본적으로 농촌 지역에서 차이가 나타났는데, 도시에서는 남성과 여성의 평균이 거의 같았다.[40]

라틴 아메리카 각국의 전반적인 소득 악화는 남성에 비해 여성의 상대적인 상황 개선으로 귀결되었는데, 이는 남성의 임금이 여성의 임금보다 훨씬 부정적인 영향을 받았기 때문이다. 그럼에도 불구하고, 복지 지수는 개선되었고 여성은 교육 등의 분야에서 가까스로 진전을 보였다.

---

39) 아르헨티나, 브라질, 파나마, 우루과이, 베네수엘라.
40) 볼리비아, 과테말라, 멕시코 도시 지역에서 15~24세의 여성들은 각각 10.2년, 7.5년, 10년 동안 교육을 받았고, 남성은 10.5년, 7.6년, 10.2년간 교육을 받았다. 한편 볼리비아, 과테말라, 멕시코 농촌 지역의 여성들은 5.6년, 3.1년, 7.5년간 교육을 받았던 반면, 남성은 6.9년, 4.1년, 8.1년간 교육을 받았다. CEPAL, *Panorama Social de América Latina*, 2001년, 258~259쪽.

결론

　1980년대와 1990년대에 실시된 구조조정 정책은 신자유주의 엘리트와 각국 정부가 약속한 경제 성장과 빈곤 감축에 성공하지 못하자 라틴 아메리카인의 경제적 불만은 확산되었다. 고용 기회가 매우 제한되어 있던 이들은 계속해서 경제의 비공식 부문에 진출했다. 노동자와 독립적인 노동조합은 역사적으로 쟁취한 권리를 파괴하려는 노동 개혁에 저항했지만, 저임금과 그들의 조직력을 약화시키고 파괴하려는 전략적인 공격을 당했다. 중산층 청년들의 교육 수준이 향상되었음에도 불구하고 실업률은 치솟았다.

　라틴 아메리카 각국 좌파 및 중도좌파 정부들이 실질적이고 장기적인 정치 세력으로 자신을 변모시켜야 하는 과제를 안고 있는 상황에서 거시적 경제 정책이 안정성을 확실하게 획득하고 민중의 생활 기준을 상승시키는 데 집중해야 한다. 20년이 넘는 기간 동안 신자유주의 모델을 경험했지만 큰 성과를 얻지 못했다.

　이번에는 좌파 및 중도좌파 정부가 공공정책을 실행할 때 고려해야 하는 몇 가지 결론을 언급하고자 한다.

　생활 기준에 영향을 미치는 근본적인 요소들을 결여한 채 1차원적으로 측정된 소득만을 근거로 한 빈곤 계측은 한 나라가 사회 발전을 얼마나 진척시켰는지를 평가하는 데 불충분하다. 이들의 시야는 소득을 복지의 유일한 원천으로 가정하는 매우 제한된 시각이다. 더 나아가 세계은행이나 ECLAC가 채택하고 있는 빈곤에 대한 최소주의적 정의는 기각되어야 한다. 이들은 극빈 기준선을 식재료를 구입하는 데 필요한 소득으로 규정한다. 마치 인간이 동물처럼 음식을 날로 씹고 소화하기라도 하는 듯이 말이다. 이번 장의 앞부분에서 논의한 다차원적 방식인 통합적 빈곤계측 방식은 복지의 모든 원천을 종합하며, 인간의 궁핍에 대한 완벽한 시각을 제공한다. 통합적 빈곤계측 방식을 통해 빈곤의 다양한 요소들을 통합적으로 살펴보고, 각 가구의 상황을 통합적 지수를 통해 평가하며, 빈곤선에 따라 계측된 빈곤, 미충족 기본필요, 여가 시간과 같은 부분적인 측면들을 확인할 수도 있다. 이 방식을 통해 더 정확하고 역동적으로 빈곤을 계측하고, 여러 형태의 사회적 궁핍을 극복하는 것을 목표로 하는 사회 정책의 이행을 위한 적절한 토대를 획득할 수 있다.

동시에, 여러 국제 선언에 표현된 사회, 경제적 인권을 완전히 인정한 기준에 바탕을 두고 빈곤의 기준선을 설정하는 것이 중요하다. 기본필요를 충족하기 위해 필요한 요건, 이를 실질적으로 충족하기 위해 필요한 상품과 서비스 역시 빈곤 기준선을 정의하는 데 포함되어야 한다. 예를 들어, 최소한의 적절한 식품비용을 추정할 때 조리와 소비에 필요한 모든 품목(주방 도구, 조리에 필요한 가스, 식탁 등)이 포함되어야 한다.

성별 정책에 관해서, 라틴 아메리카의 진보적 정부가 경험적으로 증명되지 않은 빈곤의 여성화라는 가정이 아니라, 각국에서 실제로 관찰되는 성별 빈곤의 배경을 바탕으로 공공 정책을 설계하는 것이 반드시 필요하다. 우리는 빈곤이 양 성性에 미치는 영향이 거의 비슷하다는 것을 확인했다. 그럼에도 불구하고 가구 수준에서 라틴 아메리카의 빈곤은 1990년대에 "탈脫여성화 또는 남성화"되고 있으며, 일반적으로 남성과 비교하여 여성의 상황이 개선되는 방식을 확인했다. 생활 조건이 악화되고 있는 가구에서조차 여성 가장 가구는 남성 가장 가구보다 영향을 덜 받는 것으로 드러났다.

성별 소득 불평등의 축소는 무엇보다도 남성의 소득이 여성에 비해 감소했기 때문이다. 더 나아가 평균 소득이 상승한 각 나라에서 여성 소득의 상승은 더욱 급속도로 일어난다. 이는 특히 성별 관계와 여성의 삶의 질이 변화하는 데 기여한다.

다른 한편으로, 오늘날 노동에 종사하는 수많은 여성들 가운데 전에 비해 급여가 높은 일자리를 얻을 수도 있지만, 가족의 소득을 높이기 위해 그리고 재생산을 책임지기 위해 주어지는 이중 부담을 온전히 감수하는 데 어려움을 겪고 있다. 몇몇 여성은 공공 보육 시설의 부재로 근무 시간동안 아이들을 계속해서 혼자 내버려두게 될 것이다.[41] 다른 여성들은 가구 구성원 가운데 남성이 정리해고의 희생자가 되거나 임금이 매일 삭감되고 구매력이 점점 더 떨어지는 상황에서 좌절하게 될 것이다. 이러한 상황은 계속해서 가족 불화를 발생시켜 폭력과 가족 해체를 낳을 것이다. 따라서 우리는 성과를 과대평가하지 말아야 하며, 성별 관계의 변화를 조건으로 국가와 사회 전반이 주의 깊게 주목해야 하는 영역이 무엇인지를 밝혀야 한다. 이 중에서 공공 보육 서비스가 가장 시급하다. 비상업적인 보육시설은 기본적인 인권이며, 남성과 여성을 막론하고 자녀가 있고, 노동뿐만 아니라 학업을 포함한 집 밖에서의 활동에 참여하는 모든 성인이 누릴 수 있어야 한다.

한편 여기서 제시된 통계 자료는 라틴 아메리카 전 지역에 확산된 극빈층을 대상으로 한 조건부 소득 이전 프로그램의 실효성에 의문을 제기한다. 예를 들어, 멕시코의 "기회" 프로그램은 어린이와 청소년에게 교육적 지원을 제공하는데, 중등 교육 및 대학 입시반 수

---

41) Araceli Damián, "La pobreza de tiempo : conceptos y métodos para su medición," in Boltvinik and Damián, eds., *La Pobreza en México*. 482~518쪽을 참조하시오.

준에서 남성보다 여성에게 높은 장학금을 지급한다. 라틴 아메리카의 여성들은 차별적인 지원 없이도 남성과 같거나 더 높은 수준의 교육 수준을 달성하고 있다. 어떤 경우든 이러한 종류의 프로그램을 선택할 때 도시 지역에서의 장학금은 고등 교육에 지급되어야 한다. 왜냐하면 이미 거의 모든 나라의 청소년들은 중등 교육을 마쳤기 때문이다. 그러나 긴축 정책의 결과로 중등 교육 이후의 교육은 포기되었고 이에 대한 수요가 늘어날 여지도 별로 없다. 청소년 교육 문제는 공급 부족에서 유래하며, "기회" 프로그램과 같이 교육에 대한 수요를 보조함으로써 해결될 수 있는 것이 아니다.

빈곤을 극복하기 위해서 교육 수준을 향상시키는 것뿐만 아니라 경제활동의 발전을 위한 조건을 창출하고, 보수가 높은 고용을 획득할 수 있는 기회를 확대하는 것이 필요하다.[42] 마찬가지 방법으로 여기서 제시된 통계 수치들은 현재 교육 기회의 박탈로 가장 큰 고통을 당한 성인의 교육 수준을 높이기 위한 요구를 무시하는 프로그램을 재설계할 필요가 있음을 분명하게 확인시켜 준다. 고용 기회와 성인 교육 수준 향상은 가구의 모든 구성원의 생활 조건을 향상시키는 데 기여할 것이다.

---

42) Agustín Escobar Latapí, "La evaluación cualitativa del programa de desarrollo humano Oportunidades, 2001~2002(expansión a pequeñas ciudades). Reflexiones y resultados ," in Boltvinik and Damián, eds., *La pobreza en México*, 364~408쪽.

$8_장$

라틴 아메리카에서 범죄와 시민 안전

마크 웅거Mark Ungar

포위당한 지역

라틴 아메리카는 범죄로 포위당한 상태다. 살인에서 강도에 이르는 신체적 위해, 폭행, 협박을 포함하는 폭력 범죄는 심각한 비율로 증가했다. 1990년대에만 살인 사건이 41% 증가했는데, 이는 세계 평균의 3배에 이르는 수치로, 라틴 아메리카는 전 세계 최고 범죄 다발 지역이다.[1] 세계보건기구wHO에 따르면 2004년 라틴 아메리카에서 인구 10만 명당 27.5건의 살인이 발생했는데 이는 아프리카의 22건, 동유럽의 15건과 비교된다. 1995년 이후 인구의 거의 1/3이 폭행 또는 절도를 당한 것으로 기록되며, 이는 전 세계 평균인 18%

---

1) 범미주지역 보건기구의 보건 상태 분석 프로그램, 1997.

를 훨씬 넘는다.[2] 조사 전문기관인 라티노바로메트로Latinobarómetro의 여론조사에서 주변 사람이 범죄 피해를 입은 적이 있다고 응답한 사람은 2004~2005년 사이 33%에서 41%로 증가했다. 1990년에서 2004년 사이, 살인율은 중앙아메리카, 안데스 지역, 그리고 브라질 여러 주에서 3배나 증가했다.[3] 1990~2003년 사이 베네수엘라의 개인 범죄는 거의 2배로 증가했으며, 재산 침해 범죄는 3배 증가했다. 신뢰할 만한 추산에 따르면 범죄로 손실을 입은 생명과 생산성의 비용은 1,450억 달러로 매년 이 지역 국내총생산의 12%를 차지한다.[4]

라틴 아메리카 전 지역에 걸친 경제·정치적 붕괴 가운데에서도, 1990년대 중반부터 실시된 거의 모든 국가의 여론조사 결과, 시민 안전이 첫 번째 또는 두 번째로 긴급한 여론의 관심임이 드러났다. 안전성의 증대를 향한 요구는 민주화 이행 이래로 가장 큰 대중 시위를 촉발했다. 2004년 부에노스아이레스와 멕시코시티에 각각 20만 명이 결집했다. 2000년 이후 경찰에 의한 살인과 이들의 질서 유지에 대한 무능력은 5개의 입헌 정부를 무너뜨렸다.

경찰 및 형사 관련 사법 체계의 보잘것없는 실적은 널리 퍼진 공포, 권력 남용, 폭력의 기운을 악화할 뿐이었다. 이 위기에 대한 대응 중 하나는 범죄의 원인을 다루지 않는 철권鐵拳 정책의 도입을 증가시키는 것이었다. 또 다른 대응은 권력을 남용하면서도 비효율성

2) M. Búvenic and Andrew Morrison, "Notas Técnicas Sobre la Violencia," Inter-American Development Bank, Washington, DC, 1999.
3) J. M. Cruz, A. Trigueros Arguello, and F. González, "E1 crimen violento en E1 Salvador : Factores sociales y económicos asociados," lUDOP, San Salvador, 2000. Homicide rose by 379% in Peru in the 1990s.
4) In J.L. Londoño, A. Gaviria, and R. Guerrero, eds., *Asalto al Desarrollo : Violencia en América Latina*(Washington, DC : Inter-American Development Bank, 2000).

이 증대되는 치안 활동이다. 세 번째 대응은 가장 문제적인 것으로 선정주의적 언론이 불러일으킨 공포로 인해 사회가 혼란에 빠져 자경단원自警團員 및 다른 형태의 폭력이 증가하는 것이다. 경찰은 이러한 사회에서 작동되는 더 큰 형사 사법 체계의 한 부분이다.

물론 라틴 아메리카에서 시민 안전의 위기는 경제·사회적인 위기이기도 하다. 지역 내 거의 모든 나라에서 불평등과 빈곤, 도시 이주, 실업의 치명적인 조합이 로켓처럼 솟아오르는 범죄율에 기름을 끼얹었다. 1980년 이후 라틴 아메리카의 인구는 30% 증가했고, 도시 거주 인구 비율은 65.1%에서 75.6%로 증가했다. 사실 거의 모든 나라에서 도시 폭력 범죄는 전국 비율을 추월한다. 카라카스에서 살인은 5배로 증가했고, 산살바도르의 살인율은 세계에서 가장 높은데 전국 평균의 2배다. 상파울루와 리우데자네이루의 살인 발생 횟수는 브라질 전국 평균의 거의 3배에 이른다. 악화하는 도시화의 혼란은 심각한 불평등으로 레이가다스가 이 책의 6장에서 상세하게 다루었다. 불평등 지수로, 0일 때 완벽한 평등을 뜻하는 지니계수를 살펴보면 2004년 이 지역의 평균은 0.517로 세계 평균 0.4를 훨씬 웃돈다. 라틴 아메리카인 중 가장 부유한 10%는 전체 소득의 48%를 차지하는 반면 가장 빈곤한 10%는 1.6%를 차지한다. 선진국에서는 이 수치가 각각 29.1%와 2.5%다.[5] 폭력과 재산 범죄의 증가는 시민 안전의 경제적 차원을 반영하고 강화한다.

오랫동안 차별적인 사회에서, 범죄에 대한 비난의 화살은 제일 먼저 청소년, 이민자, 빈민, 원주민 또는 흑인 등에게로 향한다.[6] 이런 차별은 경제적 기회의 부족과 교육과 같은 서비스의 축소로 부랑 청

---

5) "Inequality in Latin America and the Caribbean : Breaking with History?" World Bank, October 2003.

소년의 살인에서부터 무장한 폭력집단의 마약 거래에 이르는 청소년에 의한, 그리고 청소년에 대한 범죄를 초래했다. 라틴 아메리카에서 발생한 살인의 약 30%가 15~24세의 청소년 사이에서 발생한 것이다.[7] 범죄와 동일시된 집단에 초점을 두는 여론 및 정책적 개입은, 범죄의 근본적 원인에 눈감은 채 지역사회와 경찰 간 관계 개선 같은 정책만을 낳았다. 범죄는 또한 공포의 확산을 낳았는데, 대중이 이러한 공포를 표출하는 방식은 철권 정책을 지지하면서 사설 무기 또는 자경주의를 증가시키는 것이었다. 전 세계에서 발생한 살인 중 총기에 의한 것은 63%를 차지하지만, 범죄 조직과 보안 기관에 의한 거래로 이미 무기를 이용하는 것이 가능한 라틴 아메리카에서는 이 수치가 80%에 이르러, 라틴 아메리카 및 카리브해 지역은 전 세계에서 치명적인 총기 폭력 발생률이 가장 높다.[8]

이러한 무기 중 다수는 이 지역에서 심각한 수준으로 증가하는 자경주의에 사용되는데, 가해자는 우발적 집단 폭력에서부터 "사회사업" 집단 또는 경찰과 연계된 불법 조직에 이르는 분포를 그린다. 유엔의 자료에 따르면 과테말라만 해도 1996년에서 2002년 사이 500건의 린치 사건이 발생했다. 조직된 여러 자경단은 사법 또는 지역치안위원회에서 성장한다. 볼리비아의 도시 지역과 에콰도르 고원의 "복수단Justicieros"이 그 예다. 자경주의에 대한 수용과 지지는

---

6) 원주민 남성의 소득은 백인 남성보다 35~65% 적다. 예를 들어, 아프리카계 브라질인은 백인 남성보다 45%를 덜 번다.
7) 이 지역의 가장 큰 나라에서 살인이 이 연령대의 사람들의 주된 사망 원인이다. K. Wearer and M. Maddaleno, "Youth Violaence in Latin America : Current Situation and Violence Prevention Strategies," *Revista Panamericana de Salud/Pan American Journal of Public Health* 5, no 4-5(April/May 1999) : 338~343쪽.
8) World Health Organization, "Injury : A Leading Cause of the Global Burden of Disease"(Geneva : WHO, 1999).

지역 전역에서 매우 높은 비율로 나타난다. 베네수엘라인의 1/3 이상, 그리고 몇몇 도시에서는 70%에 이르는 이들이 준 - 경찰대에 의한 "사회정화"에 찬성한다고[9] 최소 7개 주 및 수도에서 발표되었다. 범죄 혐의자는 자경단의 첫 번째 목표물이 되는데, 시장, 경찰, 그리고 "바람직하지 못한" 개인들이 현재 피해자에 포함된다. 2004년 5월, 페루의 야베라는 도시 내의 폭력단은 시장에게 횡령 혐의를 제기한 후 구타하여 결국 사망하게 만들었다. 멕시코에서 1990년대에 100건이 넘는 린치가 발생했는데, 2004년 멕시코시티의 성난 주민들이 두 명의 비밀경찰을 납치범으로 오인하여 가솔린을 들이붓는 장면이 녹화 테이프에 잡혔다.

미봉책이자 실패한 개혁

범죄 행위에 대한 대응의 부인할 수 없는 실패, 그리고 이러한 대응과 전 지역에서 갓 탄생한 민주주의를 강화하려는 노력 사이의 긴장은 개혁을 위한 다양한 전략을 발생시켰고, 그 성공 여부는 매우 불균등했다. 엄청난 압력을 받은 정부는 세 가지 일반적 영역으로 구분되는 폭넓은 개혁 정책을 실행했다. 첫 번째 영역은 지방 분권화, 위계질서 철폐, 기술 개선, 경비를 위한 전문성 강화, 임금 인상, 감시감독 기관, 훈련 강화 등을 통해 효율성과 책임감이 높아지도록 경찰력을 구조적으로 재조직하는 것이었다. 과거 매우 군사화, 중앙

---

9) R. Briceño-León, A. Camardiel, and O. Avila, "Violencia y Actitudes de Apoyo a la Violencia en Caracas," *Fermentum* 9, no. 26(September/December 1999) : 325 ~335쪽.

집권화 된 경찰은 이제 예방 분과, 수사 분과, 특수범죄 분과로 분화되었고, 멕시코에서는 공안국과 연방 경찰청도 설치했다.

변화의 두 번째 영역은 판사 임명 과정의 투명성 제고에서부터 시민권의 명료한 법제화에 이르는 사법 및 법률 분야의 개혁이었다. 14개국이 새로운 형사절차법을 도입하여 피고 및 법절차상의 권리를 강화하고, 더디고 편향적인 서면 절차를 구두 재판으로 대체했으며, 수사권을 경찰에서 법무부 소속 검찰로 이관하는 한편 수사 및 선고 단계에서 재판을 진행하도록 했다. 마지막으로, 가장 혁신적인 새로운 시민안전정책은 거리 순찰, 주 관료들과 공동으로 구성하는 정책협의회, 지방경찰청장의 자율성 강화, 마약 남용 및 가정폭력 같은 문제를 대상으로 하는 프로그램을 통해 시민들이 범죄에 직접 대응할 수 있는 힘을 제공하도록 설계된 지역사회 치안 활동이다.

이러한 개혁 중 다수는 중앙아메리카 내에서 평화협정을 통한 새로운 시민안전 구조 구축에 따른 광범위한 정치적 변화의 일부다. 여러 나라의 새로운 대통령, 주지사, 시장은 자신의 임기를, 이전부터 전해 내려오는 결함이 많은 안전 체계를 손질하는 데 투여했다. 이러한 변화 중 많은 부분은 상당한 개선을 이루어냈다. 구조조정은 경찰을 더욱 효율적으로 만들었고, 새로 도입된 형사절차법은 형사사법 절차의 속도를 높였고, 지역사회 치안 활동은 가정 폭력과 같은 범죄를 줄였다. 경찰 훈련을 개선하여 가장 평가가 좋지 않았던 기구에서 가장 높이 평가되는 기구로 탈바꿈시킨 우루과이에서부터 지역사회 치안 활동, 경찰 교육 강화, 정보의 체계화로 시민의 불안감을 반감한 코스타리카에 이르기까지 진보는 명백했다. 칠레의 중앙 경찰은 지역사회 자치단위인 플란 콰드란테를 통해 안전을 향상시켰지만, 멕시코의 게레로 주와 온두라스의 단리 시와 같이 분쟁이

격한 지역에서는 자체적인 안전 프로그램을 형성했다. 내전이 지속되는 가운데 콜롬비아 각 도시는 성공적인 시민 안전 정책을 실행했다. 1983~1993년 사이 인구 10만 명당 살인율이 23건에서 90건으로 치솟았던[10] 칼리에 경찰 기반 기구를 강화하고 반폭력 전략에 대한 시민 참여를 증가시키기 위한 계획이 도입되었다. 그 결과 1년 만에 살인이 600건이나 줄어들었다.[11] 수도인 보고타에서는 지역사회 자문위원회, 시민 안전학교, 마을범죄예방센터 등이 폭력 범죄를 감소시켰다.[12]

그러나 즉각적인 결과를 내야 한다는 압력 때문에 대부분의 범죄 정책은 체포와 수감에 초점을 둔 단기적 조치였다. 경찰에 대한 오래된 불신으로 시민적 권리와 경찰에 대한 법적 감시를 요구하게 되었고, 특히 엄청난 경찰 폭력이 행사되거나, 경찰 부패가 폭로된 후에는 전 지역에 만연한 공포로 인해 이러한 요구가 더욱 크게 제기되었다. 그러나 경찰을 두려워하는 시민들도 경찰의 범죄 척결에 방해되는 것을 원하지는 않았다. 임기가 짧고 국가 기구에 대한 강력한 통제력을 발휘하지 못하는 정치인들은 수사, 재정, 관리에 대해 필요한 개선을 책임질 수 없거나 그러기를 주저했다. 따라서 이들은 이러한 개혁 대신 철권 정책과 불관용-Zero Tolerance을 도입했다. 이 정책이 인기가 있었고 입법 기관에 의해 쉽게 형성되고 확산될 수 있

---

10) R.G. Concha-Eastman, "An Epidemiological Approarh for the Pr·evention of Urban Violence : The Case of Cali, Colombia," *Journal of Health and Population in Developing Countries* 4, no.1(2001).

11) World Bank Department of Finance, Private Sector and Infrastructure, Latin American Region, *A Resourse Guide for Municipalities : Community Based Crime and Violence Prevention in Urban Latin America*, 2003.

12) H. Velasquez, *La Seguridad Ciudadana en Entornos Urbanos Complejos*, Alcaldía Mayor de Bogotá, 2002.

었지만, 지속적으로 실행되지는 않았다.

철권 정책은 라틴 아메리카에서 남용되었고 효과도 없었다. 왜냐
하면 이는 깨진 창문broken windows 이론에 선택적으로 적용되었기 때
문이다.13 이 이론은 범죄가 빈곤과 법을 준수하는 시민을 위협하는
다양한 형태의 괴롭힘에서 시작하기 때문에 비행 및 반사회적 범죄
를 격리하는 것만으로 범죄를 막을 수 있다고 주장한다. 뉴욕 시에
서 살인율이 전례 없이 1990년대 수준의 70%로 감소한 것은 이러한
조치 때문이라고 여겨졌고, 라틴 아메리카에서도 이와 같은 노력이
행해졌다. 그러나 불관용 정책이 효과를 거두되 시민권을 침해하지
않도록 하기 위해서는 경찰 간부에 대한 확실한 훈련, 분명한 법, 강
력한 감시감독, 범죄의 원인을 해결하기 위한 사회 서비스와의 조
화, 수감자들을 위한 법정의 확대가 필요했다. 그러나 라틴 아메리
카에서 불관용은 이러한 뒷받침이나 책임 메커니즘 없이 실행되었
고, 따라서 이는 민주주의 이전의 관행의 지속으로 변질되었다. 전
형적인 사례를 엘살바도르에서 확인할 수 있는데, 2004년 2,500건의
살인 사건 중 1/3이 폭력집단과 연관된 것이었고,14 2003년 7월 철
권 계획으로 정부가 집중 단속을 벌여 8,000명 이상을 체포했다. 그
러나 이 비상조치는 폭력을 근절하는 데 실패했고, 판사들은 수감자
다수를 증거 불충분으로 석방했다. 따라서 2004년, 신임 대통령은
경찰의 체포 권한을 확대했고 "특별 철권 계획"을 개시했다. 이 불
관용 강화는 국민 중 70%의 지지를 받았지만 인권단체들은 체포가
자의적으로 이루어지고 차별을 정당화한다는 이유로 이를 비판했다.

---

13) George Kelling and Catherine Coles, *Fixing Broken Windows*(New
York : Touchstone, 1996).
14) Teresa Borden, "El Salvador Racked by Gangs," Cox News Service, 19 January
2005.

실제로 불관용은 공공질서와 경찰을 한편으로, 인권과 범죄를 다른 한편으로 가르고 그 사이에 굵은 선을 그었다. 안전 담당 경찰관은 종종 인권 단체와 공익 변호사를 "범죄가 발생할 때 그들은 어디 있었는가?"라며 비판했다. 이러한 잘못된 분할은 정부 정책 입안자들이 새로 도입된 형사절차법이 라틴 아메리카의 폭력 현실에 비추어 볼 때 너무 느긋하다고 비판하는 지경에 이르렀다.

이렇게 실패한 실험은 시민의 권한을 강화하고 국가기구의 역기능을 회피하기 위해 고안된 지역사회 치안 활동에의 호소력을 증가시켰다. 우루과이의 시민 안전 프로그램은 실무 지원 센터와의 정기 회합과 지방경찰청장의 권한 증대와 결합했다. 과테말라에서는 시민을 위한 안전 학교를 개설했다. 상파울루에는 풀뿌리 참여가 보장되는 적극적인 시민위원회가 있으며, 파라과이 수도의 지역사회 치안활동 프로그램은 전국적인 계획을 이끌었다. 많은 나라에서 평화중재센터의 판결을 통해 사소한 분쟁을 해결했다. 이렇게 각 나라마다 다르게 실행되었지만 지역사회 치안 활동은 라틴 아메리카 전역에서 범죄와 공포를 줄였다. 그러나 많은 프로그램이 필요한 재정적·제도적 지원을 받지 못했고, 경찰에 의해 "사회사업"으로 규정되어 해체되었다. 일반적으로 경찰은 보통 현장 경찰을 위한 의사소통 훈련 또는 증가하는 수요에 걸맞은 인력 충원 같은 구조적 보완이나 변화를 실행하지 않았다. 또한 여러 프로그램이 중앙 기관인 경찰과 불안전의 원인을 해결하는 거리 조명, 여성 쉼터 등의 서비스를 제공하는 지방 정부 간의 협조가 부족하여 쇠퇴하였다. 덧붙여 지역사회 치안 활동에서 핵심적인 시민포럼은 가끔 소집되지 않았고 이로 인해 많은 프로그램이 지방경찰청창이나 조직된 범죄자를 포섭하는 데 취약했다. 대부분의 지역사회는 이렇듯 부족한 점을 보충하기 위한 경험이나 자원이 부족했고, 하물며 그들과 경찰 사이의 관계를 특징짓는 오해와 공포, 불신과 범죄를 해소하지도 못했다.

철권 정책에 대한 유혹과 지역사회 치안 활동의 실행에 대한 취약성이 라틴 아메리카 시민 안전 위험의 두 가지 차원을 대표한다면, 세 번째 차원은 이것의 일선에 있는 기관, 즉 경찰과 관련이 있다. 경찰 기관이 이 지역을 통틀어 적응하거나 개선되지 못하는 한가지 이유는 이들의 관행과 권력에 깊게 스며든 특성 때문이다. 라틴 아메리카 역사를 통틀어 경찰의 책임은 범죄를 중단시키는 것보다 정치적 반대 세력 및 주변화 된 사회 부문을 억압하는 데 더 크게 집중되었다. 식민주의 시절, 치안 활동은 지역 의회나 지역 토호세력의 재량에 의해 통제되는 비정규 기관이 수행했다. 독립 직후 이 지역이 국내 또는 지역적 내전으로 혼란을 겪음에 따라, 이러한 현상은 수십 년 동안 지속되었다.

좀 더 안정화된 19세기 후반, 대부분의 나라는 법적 절차를 보호하는 헌법, 성문화된 민법과 형법, 전문화된 경찰력을 도입하게 되었다. 그러나 사법부가 취약하고 사회적 참여가 저조함으로 인해 이러한 발전은 실질적인 효과를 거두지 못했다. 대부분의 경찰은 계속해서 지역 토호세력 또는 서로 싸우는 보수주의 정당과 자유주의 정당의 통제 아래 있었다. 예를 들어, 상대적으로 소규모인 에콰도르에서도 경찰을 국가기관화 하려는 노력은 독립 이후 107년이 지나고 나서야 실현되었다.

20세기 초 이민과 산업화로 노조주의 및 사회주의, 여타 현재 상황에 대한 도전이 성장하게 되었고 이는 종족 국가의 폭력과 범죄에 직면했다. 예를 들어, 남부 원추지대에서의 노동자 파업은 경찰과 군대에 의해 잔혹하게 해산되었다. 군대가 1920년대와 1930년대에

이 지역에서 권력을 장악하자 경찰과 형사사법 체계는 억압적 국가 기구와 결탁하여 모든 형태의 정치적 반대를 무너뜨리는 데 사용되었다. 이는 특히 냉전 시기에 두드러졌다. 법원, 입법 기관, 관리감독 기관은 이러한 억압에 연루되거나 아니면 침묵으로 일관했다.

이런 유산은 라틴 아메리카의 민주화로의 이행에서도 살아남았다. 경찰과 강력한 대통령의 연계는 개혁이 범죄 퇴치를 둔화할지도 모른다는 공포와 결합되어 공안 기관이 자신의 이익과 충돌하는 변화를 간섭과 복수라고 여기면서 이에 저항하도록 만들었다. 예를 들어, 현재의 불관용 정책의 한 가지 토대는 라틴 아메리카의 경찰이 식민주의 시절부터 획득해 온 무수한 내부 규정과 규칙인데, 이는 부랑에서 범죄 의향 혐의에 이르는 주관적으로 폭넓게 규정한 성향과 행동을 보이는 자들을 구속하는 것을 허용한다. 예를 들어, 칠레의 1901년 형사법의 한 조항은 경찰 관료가 외모만을 보고 체포하는 것을 허용했고, 이는 1998년까지 삭제되지 않았다. 베네수엘라의 1939년 베가본드 - 크룩스 법은 "의심스러워" 보이는 자는 누구든 체포할 수 있도록 규정했고, 1997년 위헌이라는 판결이 나기 전까지 경찰 구속의 주된 근거가 되었다. 그러나 이러한 규정이 폐지되고서도 대부분의 정부는 이른바 새로운 "사회통제"법으로 대체하고자 했고, 이러한 규정이 효력을 잃을 때까지 일시적으로 작동되도록 하거나 전과를 확인하기 위해 구속하는 등의 다른 권한으로 발전시켰다.

경찰은 훈련과 범죄학에 대한 지식이 부족하여 이러한 전술에 대한 의존도는 커졌다. 대부분의 경찰학교는 여전히 범죄 정책 또는 사회 상황에 대한 분석과 토론보다는 신체 단련과 법에 대한 형식적 지식을 강조한다. 멕시코에 있는 41개 경찰학교는 입학에 필요한 최소 교육 요건 규정을 두지 않고 있으며, 재직 중인 경찰 간부 중 56%가 공식 교육을 받지 못했고, 각 정부는 요건을 강화하거나 표준화하는 것으로 대응했다. 그러나 대부분의 나라는 경찰 간부에게 3~5개월간의 훈련만을 제공하거나, 과테말라에서처럼 필요한 직책을 채우기 위해 기준을 낮췄다. 이렇게 열악한 계획은 법의 불명료함과 결합하여 시민 안전에 심각한 우려를 낳았고, 다른 무엇보다도 권력을 남용하도록 부추겼다. 대부분의 경찰은 권력을 사용하는 것에 관한 유엔의 일반 기준만을 가지고 있을 뿐, 이런 기준을 어떻게 현실에 적용할 것인지에 대한 훈련도 토론도 하지 않는다. 실제로 많은 나라에서 경찰 후보생은 총기를 지급받기 전 두세 번의 실습만을 거칠 뿐이라고 불평한다. 그 결과로 과도한 폭력과 경찰에 의한 의도적인 은폐 문화가 양산된다. 베네수엘라에서, 민간인이 경찰에 저항하는 사건 중 40%가 사망으로 귀결된다. 2003년 리우데자네이루에서는 경찰이 1,195명을 살해했으며, 같은 해 미국은 전체를 통틀어도 300명 정도였다. 1990~2000년 상파울루에서는 경찰이 7,500명을 죽였으며, 이는 1964년부터 1985년까지 21년간의 군사독재 기간보다도 훨씬 많은 수치다. 치안 활동에 대한 경찰 개입의 증가는 이러한 폭력을 급증시켰다. 군대는 내부 치안 활동에 적절하지도 않고 준비도 안 되어 있을 뿐만 아니라, 이들의 개입은 시민권과 시민 통제를 위협한다. 그러나 거의 모든 나라에서 군대는 거리 순찰, 특별 작전, 시위 진압, 민감 지역 접수, 마약 거래 활동, 감옥 통제, 범죄율이 높은 지역 침투 등에 참여했다.

19세기를 통해 알 수 있듯이 경찰이 정부 혹은 정당 간의 논쟁으로 정치쟁점화 될 때 변화는 훨씬 요원해진다. 예를 들어, 베네수엘라에서 경찰력과 정치는 국가 권력을 통솔하는 대통령과 야당에 의

해 운영되는 지방 권력 기관간의 경쟁에 끼어 있었다. 국제적 지원
은 국내의 정치와 재정 한계를 극복하도록 도왔고, 많은 시민 안전
계획은 전적으로나 부분적으로 해외 기금에 의존해왔다. 중요한 사
례로 유엔의 지원을 받은 안전 부문 재건 사업, 미주개발은행의 지
원을 받은 반폭력 프로그램, 미국이 추진한 경찰 훈련, 그리고 경제
통합을 위한 중앙아메리카은행BCIE의 니카라과 통신 현대화와 농촌
경찰을 위한 부채상환 기한 연장과 같은 포괄적 정책안을 들 수 있
다. 그러나 외부적 지원은 종종 국내 개혁의 부족으로 인해 일시적
인 개선을 가져오기도 했다. 예를 들어, 과테말라의 잘 설계된 지역
사회의 치안활동 프로그램의 사법적 변화와 시민 훈련은 국제적인
지원의 단계가 끝나자 쇠퇴했다. 이와 유사하게 도미니카공화국에
서 미주기구로부터 후원을 받은 지역사회 치안 활동 프로그램은 신
임 대통령이 야당과 연계를 갖고 있는 경찰 간부를 숙청하면서 지체
되었다.

경찰 기관은 변화를 개시할 때도 이를 책임질 능력이 없다. 예방
부서와 수사부서의 공조가 잘 이루어지지 않고, 부서 간의 정보 교
류도 불충분하거나 전무하며, 제도적 텃세, 예산 부족, 열악한 훈련
과 임금 체계, 직업 안전의 결여, 고질적 위계질서, 과다한 업무 일
정으로 대부분의 관료들은 새로운 정책을 실행하기 위해 추가적인
일을 떠맡는 것에 분개하거나 선뜻 나서지 않았다. 이러한 어려움은
불필요한 기관의 확대로 배가되었다. 라틴 아메리카 각 정부는 실적
을 강화하고 시민들에게 보다 가깝게 다가서기 위해 의료에서 교육
에 이르기까지 거의 모든 문제에 관해 분권화하고 있다. 그러나 안
전 분야에서 분권화는 중앙경찰의 비효율성과 권력 남용을 반복하
는 지방 경찰을 양산하고 있다. 불평등이 확대되는 가운데 서로 간

의 장려와 협력이 이루어지지 않는 기관의 경제적 파편화만을 낳고 있다. 예를 들어, 리마의 23개 지방 가운데 몇몇은 최고 수준의 사설 서비스에 지출을 하는가 하면 다른 지방은 간신히 경찰 부대 하나를 운영할 수 있는 수준이다. 베네수엘라의 연방 관할 구역 내 12개 경찰부대 중 예산이 풍족한 부대는 그렇지 않은 부대보다 10배 많은 경찰 간부를 보유하고 있다.

범죄 수사의 열악한 상황은 시민 안전의 발목을 잡는다. 라틴 아메리카 전역에 분포하는 적절한 훈련을 거치지 못한 경찰과 검찰은 범죄 현장 보존과 같은 기초적인 절차도 제대로 수행하지 못한다. 이는 범죄 해결을 위해 필요한 과학적 능력과 정보를 박탈하기 때문에 경찰은 협박, 기습, 대량 검거에만 의존하며, 믿을 만하고 협력적인 목격자를 비롯해서 성공적 수사를 위해 필요한 여타 요소들을 결여한다. 리마의 빈민 지역에서 실행된 기습작전에서 한 명의 용의자를 잡기 위해 수백만 명의 사람들이 체포되었다. 페루의 한 경찰 간부는 대중적인 지지와 취약한 사법적 통제가 이러한 치안 활동의 "뿌리 깊은 관행"을 형성했다고 말했다.[15] 형사 사법 체계의 계속되는 병목현상으로 인하여, 이와 같은 소탕 작전에서 체포된 사람들은 대부분의 나라에서 48시간으로 규정된, 기소하지 않고 구금할 수 있는 법정 최대 시간을 넘겨서 붙잡혀 있게 된다. 이에 대한 경찰 간부의 대답은 시간제한을 이틀 또는 그 이상 늘려야 한다는 것이다.

수사와 함께 정보 역시 시민 안전 정책의 한 기둥이다. 범죄 통계는 일상적인 작동, 내부 운영, 장기간의 계획 등을 나타낼 수 있어야 한다. 브라질의 미나스 제라이스Minas Gerais 주와 같은 몇몇 정부들은

---

15) 저자 인터뷰. *defensor adjunto* Samuel Abad Yupanqui, 20 June 2001, Lima, Peru.

대학의 전문가들과 협력하여 새로운 포괄적 데이터베이스를 구축했다. 그러나 라틴 아메리카 대부분의 나라에서 통계는 불균등하고 비교불가능하며 신뢰할 수도 없다. 전형적으로 범죄 예방 경찰과 수사 경찰, 사법부, 검찰이 보고한 범죄율은 각기 다르다. 대부분의 나라는 전산화된 데이터베이스와 전문적인 통계를 갖추지 못하고 있으며 이는 경찰의 분권화와 맞물려 열악한 조건을 낳고 있다. 그러나 정보의 불신을 구성하는 가장 큰 이유는 대부분의 범죄가 신고 되지 않는다는 사실이다. 어떤 나라에서는 대략 75%의 범죄가 신고 되지 않는다고 추정된다.

경찰 기관의 취약성과 투명성의 부재는 예산과 관련하여 더욱 분명하다. 왜냐하면 각 정부가 법 집행 기금의 지급과 지출에 대해 아무런 통제도 하지 않기 때문이다. 경찰 간부는 국가 공무원 중 보수가 가장 낮아 대략 1개월에 200달러 정도를 집으로 가져간다. 이는 대부분의 나라에서 겨우 한 가족을 부양할 수 있는 금액이다. 예산 문제는 니카라과 같은 나라에서 승진과 급여 지급을 중단하도록 만들었다. 낮은 보수는 취약한 감시감독 및 훈련과 더불어 치안 분야에도 길거리 뇌물에서 조직된 범죄를 아우르는 부패가 흘러들어오도록 만들었다. 페루의 상급경찰학교의 생도들은 "비공식적 소득"이 경찰이 되도록 이끄는 주요 요소라고 이야기한다.[16] 각국은 상급 간부를 고소하거나 뇌물이 많이 오고가는 교통 부서에 여성을 배치하는 등 부패를 근절하기 위한 조치를 취해왔다. 그러나 마약 거래와 여러 조직적 범죄 네트워크는 이러한 조치의 효과를 반감시켰다. 수지를 맞추기 위해 많은 경찰관들은 야간에 사설 경비 업체에 근무

---

16) 저자 인터뷰, Escuela de Altos Estudios Policiales, Policía Nacional de Perú, 18 June 2001.

한다. 이 분야는 1980년대 이후 천문학적으로 증가해서 대부분의 대도시에서는 사설 경비 업체가 공공 기관보다 규모가 크다. 이곳에 근무하는 많은 이들은 육체 피로 또는 일과 후 고객을 선호하여 정규 업무를 소홀히 한다.

이러한 조건은 국가 기관 중 경찰을 가장 신뢰받지 못하는 집단으로 만들었다. 여론조사에서 멕시코인의 56% 이상이 경찰에 대해 "신뢰하지 못한다."고 대답했고, 75% 이상은 이들이 부패하여 범죄를 저지른다고 여긴다.[17] 관리 부실은 실적 저하를 낳는다. 직위가 낮을수록 실수가 많고 혁신의 의지가 없다. 대부분의 현장 경찰관은 상호 소통할 수 있는 관리자 없이 한 구역을 감시하는 데 대부분의 시간을 보낸다. 그리고 대다수가 무전기조차 없다.[18] 승진은 긍정적 행위 또는 특별한 기술 개발에 대한 보상이기 보다는 근속연수, 시험 성적, 그리고 상관과의 관계에 따른다. 대부분의 개별 승진 심사에 제출되는 서류는 한 페이지를 넘기지 않으며 구체적인 성과나 기술에 대한 질문은 거의 없다.

그러나 경찰의 실적은 이것이 작동하는 더 넓은 형사 사법 체계에 의해 제한된다. 불충분한 훈련, 빈약한 예산, 부패, 관료주의, 정치 청탁 등은 판사와 검사, 공익 변호사, 그리고 여타 형사 사법 관료들을 비효율성, 근시안적 사고, 대중적 멸시의 순환에 빠뜨렸다. 라틴 아메리카의 더디고 편향적이기로 악명 높은 형사 사법 체계가 해결

---

17) Benjamin Mendez Bahena, Juan Carlos Hernand Esquival, and Gerogine Isunza Vizuet, "Seguridad Pública y Percepción Ciudadana : Estudio de caso en quince colonias del Distrito Federal" in Fernando Carrion, *Seguridad Ciudadana : Espejismo o Realidad?*(Quito : FLACSO, OPS.PMS, June 2002), 141~166쪽.
18) 아르헨티나 연방 경찰청, 지방 경찰서의 서장, 부서장, 및 2명의 간부와 저자의 인터뷰, 2004년 5월 25일. 그리고 라 리오하 지방 경찰서장과의 인터뷰, 2005년 8월.

한 살인 사건은 2%도 채 안 된다. 멕시코에서는 모든 범죄의 고작 3%만 재판을 거쳐 선고를 받았다.[19] 1970년대에 콜롬비아에서는 살인사건 중 35%가 재판에 이르렀지만, 1990년대에는 고작 6%만 재판을 받았다.[20] 놀라울 것 없이, 라틴 아메리카에서 사법체계에 대한 신뢰는 25%에도 못 미친다.[21]

새로운 형사절차법은 삐걱거리던 범죄 처리 속도를 높이기 시작했지만 동시에 한계를 드러냈다. 증거 수집, 구속 수감, 심문에 관한 엄격한 규범, 입증 수준, 판사와 검사의 새로운 책임감 등은 훈련과 기금의 뒷받침을 받지 못하고 있다. 지속되는 병목현상과 면책 특권에 대한 상호 비방으로 경찰과 검찰 사이의 적대는 전 지역에 만연해 있다. 사법경찰이 사법부에 속하지 않고 행정부에 속해 있을 때 신뢰와 협력은 특히 드물다. 재판에서 몇몇 재판관은 새 형사법을 따르고 다른 재판관은 이전의 법을 따르고 있으며 그 결과로 초래되는 혼란은 새로운 형사절차법이 범죄에 대해 너무 온건하다는 주장을 정치적으로 뒷받침하고 있다. 그리고 경찰은 폭넓고 동정적인 언론 보도의 영향을 받아 범인들을 석방해야 한다는 사실에 불만을 품고 있다.

많은 나라에서 권력 남용에 대한 조사가 국가 옴부즈맨이나 경찰 내 내부 업무 전담 부서에 의해 실시되고 있다. 페루, 에콰도르, 아르헨티나 내 부서들은 경찰의 책임감을 유지하는 데 앞장서왔다. 그러나 다른 나라에서는 재정적 · 정치적 제약에 의해 뒷전으로 밀려

19) Susana Rotker, "Cities Written by Violence," in Susana Rotker, *Citizens of Fear:Urban Violence in Latin America*(New Brunswick, NJ : Rutgers University Press, 2002).

20) M. Rubio, "El desbordamiento de la violence en Colombia," in Londoño, Gaviria and Guerrero, *Asalto al Desarrollo*.

21) World Values Survey, www.worldvaluessurvey.org/statistics/index.html

났다. 독립적 수사 역량의 부족으로 과테말라의 직업 윤리국은 많은 사건을 처리하지 못했다. 멕시코에서는 감독 절차가 지속되지 못하거나 정치쟁점화 되어 기각되거나 자료가 불충분해서 법원이 권력 남용으로 고발된 경찰 또는 법관 중 다수를 복직시켰다. 그리고 재판이 반드시 면책 특권을 축소시키지는 않았다. 예를 들어, 베네수엘라에서 경찰 간부에 대한 유죄 판결 비율은 유사한 범죄로 기소된 민간인에 대한 유죄 판결 비율과 비교할 때 20%가 낮았다.

형사절차 개혁은 공익 변호와 감옥에 미치는 효과를 제한했다. 무료 변호가 보장되어 있음에도 불구하고, 그리고 대다수의 피고가 이를 필요로 함에도 불구하고 라틴 아메리카에서 공익 변호사를 충분히 갖추고 있는 나라는 코스타리카뿐이다. 그 밖의 다른 나라에서 공익 변호사는 제 역할을 충분히 다하기에는 너무 많은 사건을 맡고 있다. 평균적으로 담당 건수가 300건에 이른다.[22] 철권 정책과 함께 공익 변호사의 부족은 라틴 아메리카의 수감 인원을 50%나 증가시켜, 수용 가능 인원보다 4배 많은 인원이 수감되어 있다. 페루의 루리간초 감옥은 수용 인원이 1,000명이지만 7,000명 이상을 수용하고 있으며,[23] 리우데자네이루의 경미한 마약 사범 기결수 중 60~70%가 더 좋은 변호사를 선임할 수 있으면 수감되지 않는다.[24] 해충과

22) "Memoria y Cuenta del Consejo de la Judicatura, Dirección de Planificación, Consejo de la Judicatura." 이는 *Consejo de la Judicatura*(전국사법위원회)가 자체적으로 연 1회 발행하는 보고서다. 1994년 보고서에서 위원회는 현재 복무 중인 158명 외에 100명의 피고인을 위한 공익 변호사가 추가적으로 필요하다고 추정했다.

23) Ximena Sierralta Patron, "Cárceles en Crisis : el Problema más explosivo de América Latina. El caso de Perú," report for the 2003~2006 Project *Cárceles en Crisis* of the Ford Foundation and Latin American Studies Association.

24) Julita Lemgruber, "The Enigma of Overcrowding," in *Justicia Encarcelada*, ed. Barbara J. Fraser and Elsa Chanduví Jaña(Lima, Perú : Noticias Aliadas/Latinamerica Press, 2001). Free legal aid centers do not make up for such

질병, 단식, 치명적인 폭동은 이 지역 감옥 체계의 일상을 구성하고 있다. 감옥 수감자 중 절반 이상이 지역 법이 법정 상한선으로 권고하고 있는 2년을 초과하여 재판을 기다리고 있다. 그러나 정부는 경범죄를 범했거나 자신이 저지른 범죄에 대한 최고 형량을 초과하여 복역한 이들을 석방시킴으로써 대응하고 있다.

중재센터와 지역사회 봉사를 통해 선고하는 대안이 여러 나라에서 긍정적인 결과를 낳으며 추진되고 있다. 예를 들어, 코스타리카에서 지역사회 봉사에 참여하는 4,000명의 범죄 재발률은 6%에 불과한데, 이는 감옥에서 복역한 이들의 재발률 80%와 비교할 때 훨씬 낮은 수치다. 그러나 이런 대안이 있더라도 대부분의 판사들은 여전히 징역형을 택한다. 이는 대부분의 국가에서 철권 정책을 사법적으로 뒷받침하는 것이다. 여론 조사에 따르면 감옥을 개선하기 위한 조치에 여론이 적대적임을 보여주며, 이 지역 후보들은 죄수들에 대한 관심의 표명이 선거운동을 훼손시킬 수 있다고 말한다.

세 가지 상징적 사례

시민 안전의 위기가 라틴 아메리카에 얼마나 확산되어 있는지를 확인하기 위해서 온두라스, 볼리비아, 아르헨티나 세 나라를 좀 더 상세하게 들여다보기로 하자. 이들 나라의 상황은 전 지역에서 광범위하게 나타나는 유형을 상징한다. 온두라스는 범죄를 단속하기 위해 철권 정책을 동원했고 그 과정에서 새로운 민주적 개혁은 약화되

---

inadequacies.

었는데, 이는 여러 나라 및 소 지역에서 분명하게 나타나는 현상이다. 볼리비아는 안데스 지역의 다른 많은 나라와 마찬가지로 취약한 국가와 불안정한 정부가 강고한 정책의 성공적 실행을 막고 있다. 아르헨티나는 남부 원추지역 내 많은 나라에서와 마찬가지로 억압적 모델의 법 집행이 책임성과 시민 참여의 토대를 이루고 있다. 라틴 아메리카 내 각기 다른 지역에 속해 있고 서로 다른 경제·정치 구조를 가지고 있는 이 나라들은 시민 안전의 위기가 라틴 아메리카 전역에 영향을 미치고 있는 정도를 보여준다. 이들 사이에 차이가 있음에도 불구하고 각각의 사례는 서로 결합하여 라틴 아메리카 전역을 흥분의 도가니로 몰아넣는 대중적 공포, 단기 정책, 국가의 비효율성 등의 조건을 부각시킨다.

온두라스 : 철권 정책

온두라스와 같은 나라에서 위기는 민주적 개혁에 그림자를 드리우는 철권 정책을 특징으로 한다. 아마 반대였을지도 모른다. 냉전의 산물로 출현한 중앙아메리카의 가난한 나라인 온두라스는 1996년 공공 안전에 관한 권한을 군사력으로부터 새롭게 형성된 민간 경찰 부대로 변화시켰고 1997년 새로운 경찰법을 수립했다. 새로운 형사 절차법은 구두 재판을 만들었고 법무부의 권한과 더불어 중재와 같은 대안적 분쟁 해결 메커니즘을 강화했으며, 수사와 선고 과정에서 진행되는 새로운 법정을 설치했다. 또한 재판관을 선출하기 위한 사법위원회를 창설하는 등 사법 개혁을 실행했다.

그러나 반反범죄 정책 강령으로 2002년에 당선된 리카르도 마두라Ricardo Maduro 대통령의 공격적인 불관용 정책은 이러한 변화를 무력화했다. 리카르도 정부 정책의 초점은 청소년 폭력집단이었으며 전체 범죄 중 오직 1/3만이 이들에 의해 저질러졌음에도 불구하고 비난은 대부분 이들에게 향한다. 반-폭력집단이라는 수사는 언론을 흠뻑 적셨고 높은 수준의 대중적 지지를 획득했다. 온두라스 의회와 사법부는 형사 관련 입법과 법률을 지배했다. 이러한 정책의 핵심 요소는 322조로, 폭력집단에 속한 이를 징역 12년 이하로 처벌하도록 규정한 수정된 형법이다. 2002년 경찰법 및 사회적 공존법은 특정 영역의 시민을 "통제"할 수 있는 모호한 권한과 적절한 생계 수단 없이 "방랑"하는 이들을 구금할 수 있는 권한을 경찰에게 부여했다.

이러한 갈등은 라틴 아메리카 시민 안전의 위기 아래 놓여 있는 헌법적 권리와 철권 사이의 근본적 분할을 반영한다. 예를 들어, 온두라스의 많은 폭력집단은 폭력집단 소속임을 확인시켜주는 증거가 될 만한 문신 따위를 피한다. 이에 따라 판사나 검사는 유죄 판결을 내리기 위해 법이 요구하는 수준만큼 증거가 불충분하다고 선언하곤 한다. 기소에 대한 소극적인 자세는 경찰 관료들의 분노를 촉발하여 대대적인 기습 체포, 진술 강요, 예방적 구금, 초법적 살해 등을 증가시킨다.[25] 치안 담당 장관은 새로운 형사절차법이 지나치게 "온건"하다고 선언하며 피의자에 대한 보호가 범죄 근절을 방해하기 때문에 이는 폐기되어야 한다고 말한다.[26]

열악한 경찰 준비 과정과 부족한 재정 역시 시민 안전과 시민의 권리를 해친다. 경찰 후보생에 대한 6개월 과정의 훈련은 무기 사용

---

25) 저자 인터뷰, Víctor Parelló, northern region human rights commissioner, 20 February 2004.
26) 2003년 7월 18일 치안 장관과 저자 인터뷰.

법에만 초점을 두고 법적, 사회학적 교육은 거의 이루어지지 않는다. 많은 경찰이 실질적으로 문맹이며, 평균적으로 225달러라는 낮은 임금을 받는다. 차 한 대를 타고 7만 명 이상이 거주하는 마을을 장시간 동안 순찰한다. 시민의 안전을 해치는 또 다른 요소는 열악한 수사 조건이다. 경찰 예산의 90%가 예방 경찰에게 할당되고 예방경찰 간부는 수사 훈련을 거의 받지 않은 채 수사 경찰로 이전하여 목격자를 협박하고 범죄 현장을 보존하지 못할 정도의 미숙함을 보인다. 그러나 이러한 문제를 인식한 국가 관료들이 제시한 해법은 경찰에게 수감자를 24시간 이상 조사할 수 있도록 허용하는 등 더 많은 자율성을 부여하는 것이다. 중앙 집중적 정보 네트워크의 부재는 더 큰 형사 정책을 수립하지 못하도록 방해한다. 예방 경찰, 수사 경찰, 자료실, 사법부는 살인 사건과 같은 심각한 범죄에 관해 각기 다른 통계를 보고하기 때문에 장기적인 계획을 수립하기란 불가능하다.

온두라스의 안전 재구축과 동반되는 책임 견제 조치 또한 약화되었다. 두 개의 주요 책임 기관은 주로 정부의 형사 정책에 관해 자문하는 역할을 하는 국가보안위원회CONASIN와 잘못된 관행을 수사하는 국내업무부UAI 양자가 있다. 그러나 국내보안전국위원회는 별로 소집되지 않으며,[27] 1997년 보안국이 설립되었을 때 법집행 기관에 대한 이 위원회의 통제력은 권리 침해와 암살단 활동에 연루된 부패한 경찰 간부를 숙청하는 과정을 중단시킨 "반反개혁"을 불러일으켰다.[28] 치안부의 수사 경찰과 범죄 수사 시에 공식적으로 경찰을 지

27) 2005년 국가인권위원장(Ramón Custodio)과 저자 인터뷰.
28) Julieta Castellanos, "El Tortuoso Camino de la Reforma Policial," *El Heraldo*, 8 October 2002.

휘하는 법무부 간의 불신은 시민의 안전을 더욱 방해했다. 동시에 내부사건부서는 자원 부족, 불분명한 규제, 치안부의 직업윤리국과의 경쟁으로 창설 초기부터 계속 약화되었고 이로써 새로운 경찰법은 폐지될 것으로 보였다.

그러나 가장 논란이 되었던 것은 청소년 살해에 관한 국내업무부의 수사였다. 대부분의 경찰 간부들은 1999년부터 2003년 사이에 23세 이하에 대한 초법적 살인이 1,600건 넘게 발생했으며 이 중 39%는 경찰에 책임이 있다는 기록에 대해 비공개적으로 동의를 표했다.[29] 그러나 내부사건부서의 책임자인 마리아 루이사 보르하스 Mariía Luisa Borjas[30]가 2002년 9월 최소한 20건의 살해에 경찰이 연루되었다고 하자, 그녀는 살해 위협을 받았고 그녀의 부하는 칼로 공격을 받았으며 두 달 후 그녀는 해고되었다. 동시에, 검찰의 수사는 실질적인 변화를 촉발하기 위한 제도적 · 정치적 · 법적 지원을 받지 못했다.[31]

다른 여러 국가들에서와 같이, 마약전쟁은 경찰의 무장을 심화시키고 정기적 검문을 강화하는 계기를 제공했다. 2002년 이후로 군부는 범죄 소탕과 폭력단이 장악한 도시 지역의 범람, 그리고 수감소 폭동을 통제하는 데 활용되었다. 2003년에서 2005년 사이에 수감소 폭력으로 사망한 수감자들은 질서를 회복하기 위해 투입된 군부에

---

29) *La Prensa*, Tegucigalpa, 17 July 2003 ; 및 Casa Alianza, at www.casa-alianza.org/EN/about/offices/honduras/

30) 2003년 7월 18일 테구시갈파 전 UAI 수석 부서장, María Luisa Borjas과 저자 인터뷰.

31) 2003년 7월 22일 , 인권 검사 Aída Estella Romero와 저자 인터뷰, 이에 대한 대응으로 치안 장관은 로메로를 경찰에 "주관적이고 임의적인 반대 행위"를 했다는 혐의로 기소했다. "Álvarez molesto con fiscalía de Derechos Humanos," *La Prensa*, 26 February 2004, 14쪽.

의해 살해당했다. 그러나 관리들은 전혀 책임 문책을 당하지 않았다.[32]

그러나 새로운 치안 활동 전략이 몇몇 지역에서 범죄를 감소시켰다는 사실을 지적하는 것은 중요하다. 전국적 지역사회 치안활동 프로그램의 정기적인 지역사회 회의와 가로등 보수와 같은 예방 전략이 범죄 다발 지역에서 살인, 절도, 가정 폭력을 감소하기 위해 활용되어왔다. 예를 들어, 가장 위험하기로 악명 높은 산 페드로 술라 구역에서 살인율이 절반으로 줄었다.[33] 다른 경찰들은 이 프로그램에 저항하기도 했지만[34] 더욱 심각한 우려는 이 프로그램이 권력 남용의 도구로 활용되었던 사례다. 가장 성공적인 지역사회 치안 활동을 이끌었던 경찰 간부가 범죄 박멸 작전 중 청소년을 살해한 혐의로 체포되었다. 그리고 이 사건은 이 프로그램이 어떻게 지역의 하층 청소년들을 공격하는지를 보여준다.[35] 검찰과 인권담당위원들은 2002년 이후 신고 되지 않은 자경주의적 공격이 수천 건에 이른다고 여긴다.[36]

---

32) 2005년 4월 7일 국가인권위원장 Ramó Custodio와 저자 인터뷰 및 2005년 7월 살인에 대한 조사위원회를 맞았던 비정부기구 〈카사 알리안사〉 법률 담당 Gustavo Zelaya와 인터뷰.

33) 콜롬비아 빈민가에서는 2002년 1월 9건의 살인이 있었는데, 2003년 초 4개월 동안 4건이 발생했다. 2002년 1월에는 7건의 절도 사건이 있었는데, 2003년 초 4개월에는 한 건도 없었다. 출처 : 2004년 2월 19일 톨로마 지역 지역사회 치안유지 위원회 회의, "Presidente Maduro inaugura programa 'Comunidad Srgura' en Choloma, Cortés," 3 May 2003, www.casapresidencial.hn/seguridad

34) 2003년 7월 22일, 테구시칼파, 더욱 안전한 공동체 Comunidad Más Segura 사무총장 Carios Chincilla와 저자 인터뷰.

35) 2004년 2월 25일 온두라스 라세이바, 저자 인터뷰.

36) 2003년 7월 15일, 테구시칼파, Eduardo Villanueva와 저자 인터뷰. 북부지역 검찰 책임자인 Walter Menjivar Mendoza는(2004년 2월 26일 산 페드로 술라, 저자 인터

볼리비아 : 좌초를 겪지만 지속되는 개혁

온두라스와 마찬가지로, 안데스 지역의 나라들도 사회적 양극화, 마약 거래, 1990년대에 시도된 경찰·사법 개혁에 대한 지원 부족을 특징으로 하는 시민 안전의 위기에 직면해 있다. 볼리비아에서는 1982년 민주화 이행 이후 인구 10만 명당 살인 사건 발생률이 60건에 이를 정도로 범죄율이 높아 범죄 단속에 대한 요구가 제기되고 있다.[37] 그러나 극심한 경제적 불평등, 분리주의적 압력, 폭력적인 코카 근절 작전, 그리고 2003년 이후 두 명의 대통령을 하야시킨 시위 등이 지속되는 가운데 공적 질서, 정치적 질서를 안착시켜야 했다. 그러나 이렇게 하기 위해서는 위기의 주된 원인인 경찰력을 사용해야 한다. 사실 경찰 구타가 2003년 10월 곤잘레스 산체스 로사다Gonzalo Sánchez de Lozada 대통령의 퇴진으로 이어진 폭력을 촉발했다. 1990년 이후 12가지 치안 계획이 실패했으며 치안 예산은 1990년 이후 5배로 늘어났으나 눈에 띄는 성과는 없었다.[38] 볼리비아 시민 안전이 매우 심각하다는 사실은 의심의 여지가 없다. 여론 조사에서 경찰은 이 나라에서 가장 부패하고 믿을 만하지 못한 기관으로 지목되었으며, 경찰 간부에 의한 구타는 대규모 정치 시위를 촉발했다. 경찰이 심각한 정치적 불안의 시기 동안 평화로운 통제력을 발휘하

뷰) 자경주의가 통제 불가능한 상태에 이르렀으나, 사건이 발생한 건수를 추정하기를 원하지는 않았다.

37) Juan Ramón Quintana, "Bolivia : militares y policías Fuego cruzado en democracia"(La Paz : Observatorio Democracia y Seguridad, 2004).

38) 2000~2004년 이 부서의 예산은 실질적으로 56% 인상되었다. 출처 : Contaduría General del Estado-Área de Estadísticas Fiscales ; "The Budget for State Security in Bolivia 2004," Fundación Libertad, Democracia y Desarrollo, Santa Cruz, April 2004, 11~14쪽.

는 데 무능하다는 점이 밝혀졌다.

"은혜를 모르는" 사람들에게 "잔혹하고 권위적이며 폭력적으로" 대응해 왔다고 경찰 스스로 고백했다.[39] 경찰법은 인권에 대해 충분하게 논의하지 않는다. 경찰이 영장 없이 강제로 침입하는 것은 일반적이고 마약 거래 퇴치법은 원주민 공동체에 대한 차별을 공고히 한다.[40] 경찰학교를 정비하여 신체 단련에 초점을 두던 것에서 법집행에 초점을 맞추었음에도 불구하고 무기를 사용하고 사회 집단을 통제하는 것에 초점을 두는 환경은 여전하다. 경찰 기관과 1981년 개시된 코카 근절 작전을 실행하기 위한 군-경 합동 작전에 의한 무수한 폭력이 발생하고 있다.[41] 마약 근절 특수부대, 농촌지역 경찰순찰대, 합동 특수임무부대, 전과자 전담부대, 여타 마약근절부대가 초법적 살인, 대량 구속, 비상 계엄작전을 수행하고 있다. 이러한 폭력이 코카 지역을 축소, 혹은 제거했을지라도 이는 지속되는 반정부 반란으로 확대되는 사회적 균열을 초래했다.

이러한 행위에 대해 경찰에 책임을 묻는 메커니즘은 취약하다. 볼리비아의 주요 책임 기관인 공익 변호단은 비밀요원 투입과 같은 경찰의 위헌적 활동을 중단시키고자 할 때, 법원의 비효율성 및 인권과 시민안전을 부당하게 분할하면서 자신을 "악"으로 내모는 정부의 공격에 가로막힌다는 점을 불만으로 제기한다.[42] 경찰에 대한 대

---

39) 2000년 7월 13일 중앙 경찰 인권 국장 Colonel Jaime Gutiérrez와 저자 인터뷰.
40) 한 예로 공판 전 석방을 금지함으로써 법적 절차를 악화하는 1988년 법 1008호를 들 수 있다.
41) 1990년 이래 경찰에 의한 150건의 살인 사건 대부분은 마약퇴치 작전의 일환으로 이루어졌다. Juan R. Quintana, "Bolivia : militares y policía-Fuego cruzado en democracia," 미발표 원고(La Paz : Observatio Democracia y Seguridad, 2004).
42) 2000년 7월 12일 볼리비아 국방 장관 Ana María Romero de Campero와 저자 인터뷰.

부분의 다른 기소는 사건을 수사하는 직업 윤리국DNRP으로 보내진 후에 기소자에게 판결을 내리고 징계하는 최고징계법정TDS으로 보내진다. 징계 규정의 수정, 예산 증액, 그리고 새로운 법 절차는 최고징계법정 고소 고발 건수를 증가시켰다.[43] 동시에 법무부는 2004년 경찰총장에게 최초로 유죄 판결을 내린 후 더 많은 사건을 재판하고 있다. 그러나 고위급 간부에 대한 기소는 거의 없을뿐더러, 징계 체계를 통해 다뤄지는 대다수 사건에 대해 낮은 보수를 받는 하급의 담당자들은 포기하고 만다. 볼리비아에 존재하는 명확한 민족과 계급적 구분을 감안할 때, 이러한 서열은 볼리비아 인들 대부분을 차지하는 원주민 그룹에 의해 구성된다.

볼리비아의 다른 부문과 마찬가지로 경찰 수사에서 선고에 이르는 형사 사법 체계 역시 문제가 많다. 경찰 내에서 장비의 부족과 끝없는 보직 순환으로 인해 전문적이고 안정적인 운영은 저해된다. 사법부 내에서 서면 절차를 구두절차로 대체하고 법무부 장관을 수사에 대한 총책임자로 두어 1999년 재정한 새로운 형사절차법COPP은 공적 접근성을 높이기 위한 국제적 자금 지원과 연구 용역의 지원을 받아서 재정된 것이다. 그러나 이러한 개혁은 확실하게 실행되지 못하고 있다. 준비되지 않은 검찰은 여전히 예전 법제를 사용하고 있으며 구두 절차에서 쓸데없는 질문을 남발하며 혼란을 초래하고 있다. 경찰 고위 간부들은 경찰관들이 증거 수집, 피의자 심문, 범죄 현장 보존 등 새 절차를 따르기 위한 훈련이 안 되어 있다고 말한다. 법무부 장관은 경찰에 대한 "통제권"을 행사할 수 없으며 형사 사건에 대한 정보에 접근하는 것도 "불안정하다"고 말한다.[44]

---

43) 2004년 TDS는 2003년보다 70% 더 많은 관료들이 징계되었는데 550건에서 920건으로 늘어났다. 그러나 고발이 처리되는 기간은 7~10년에서 10일로 줄어들었다.

동시에, 공익 변호사가 턱없이 부족하여 이들을 필요로 하는 피고인들을 지원할 수 없다. 이런 문제들의 결과로 해결되는 사건은 1/5에 불과하다.[45] 실망스러운 형사 사법 체계 또한 볼리비아에서 자경주의를 부추기고 있으며, 1990년대 후반 이래로 70건 이상의 린치 행위가 있었다고 기록된다.

경찰 부패는 개혁을 가로막는 훨씬 더 고질적인 장애물이다. 1982년 민주화 이행 이후 18명이나 되는 경찰 상급 간부가 범죄 활동, 은폐, 고문, 금품갈취 행위로 기소되어 면직되었다. 하급직은 원주민, 노점상, 빈민 여성, 청소년, 지역사회 활동가, 수감자 등을 상대로 부패행위를 하고 있다. 예산의 불투명성이 이와 같은 활동을 떠받치고 있다. 경찰은 입찰 계약에서 비용을 과도하게 책정하고, 퇴직금은 불법 자금으로 변질되며, 세관 경찰은 해고된 후에도 계속 급여를 받는가 하면,[46] 신분증 발급처에서 운전면허증이나 신분증을 발급한 후 거둬들이는 수백만 달러 중 일부만 정부로 보내진다.[47] 돈 문제에 관해 거칠 것 없는 경찰은 국가 지침을 무시하고 회계 투명성을 실현하려는 시도를 거부하며,[48] 공적관리법을 회피하고 있다.[49] 라틴 아메리카 내 다른 여러 나라와 마찬가지로 인사 청탁은 부패에 연루된 경찰관이 승진하도록 만듦으로써 부패를 지속시킨다.

44) 2004년 12월 17일 William A. Alave, Fiscal de Materia와 저자 인터뷰.
45) 2004년 12월 22일 경찰개혁위원회 Gloria Eyzaguirre와 저자 인터뷰.
46) "El escándalo no cesa en la Policía, revelan sueldos fantasmas," *La Razón*, 24 September, 2004.
47) Movimiento Autonomista : Nación Cambia, "Policía y Seguridad Ciudadana," www.nacioncamba.net
48) 2004년 12월 16일 전 부통령 Luis Ossico Sanjinés와 저자 인터뷰.
49) 경찰개혁위원회에 따르면(2004년 12월 저자 인터뷰), 국가 경영, 행정, 재정에 관한 법은 경찰에 적용되지 않는다.

아르헨티나 : 초보적 개혁

라틴 아메리카 시민 안전의 위기에 대한 초보적이면서도 장래성 있는 대응은 대안적 모델에 대한 관심을 불러일으킨다. 브라질, 멕시코, 칠레, 우루과이, 코스타리카 등과 마찬가지로 아르헨티나는 억압적 치안 체계의 방향을 재설정하여 책임성을 높이고 시민의 참여를 보장하는 방식으로 전환하고자 노력하고 있다. 그러나 이러한 노력은 아르헨티나 역사에서 민주적 정권과 군사적 정권 양자의 억압적 정책을 수행해왔던 경찰의 관행을 바꾸려는 도전과도 같다. 1983년 민주화 이행 이후 추진된 개인 숙청, 새로운 권리 보장, 규율 강화를 포함한 여러 개혁적 시도에도 불구하고 24개 지방 경찰과 연방경찰PFA은 기존의 권력과 권위를 유지했다. 1990~2000년 사이 범죄가 두 배로 늘고 폭력 범죄가 65% 증가했으며, 실업률과 불평등의 수준과 나란히 빈곤율은 22%에서 43%로 늘었다. 이에 따라 철권 정치에 대한 요구도 증가했다.[50] 그러나 증가하는 범죄는 경찰의 비효율성과 폭력성을 드러낸다. 부에노스아이레스에서는 연방경찰이 법을 집행하는데 있어 모든 경찰 행위의 절반 이상이 수감자들에 대한 범죄였고, 1983년 이전의 법에서는 이것이 허용될 정도였다. 또한 4건의 살인 중 1건은 경찰관이 저지른 것이다.

실효성 없는 철권 정책이 경찰폭력이나 부패와 결합되는 지역 내의 시민들은 결국 경찰의 질서를 바로잡기 위한 노력에 지지를 보내기 시작했다. 1997년 부에노스아이레스에서 당시 주지사이자 대통

---

50) Institute Nacional de Estadística y Censos(INDEC) ; *Registro Nacional de Reincidencia y Estadística Criminal 38*(Buenos Aires : Ministerio de Justicia de la Nación, 2000).

령 후보였던 에두아르도 두알데Eduardo Duhalde는 그 지역에서 벌어진 악명 높은 폭력과 부패에 대해 정밀 조사를 펼쳤다. 지방 경찰은 여러 사법 부서로 기능이 분화되는 한편 분권화 되어 있었으며, 각각은 지방의 민사 사건과 치안을 담당했다. 양원제兩院制의 치안 위원회, 새로운 형사절차법, 지역별 시민 포럼 등이 설치되었다. 유감스럽게도 몇 년이 지나지 않아 급증하는 범죄율과 경찰의 저항, 그리고 두알데의 후임 주지사의 반대로 인해 개혁은 마침내 좌초되고 만다.[51] 두알데의 후임자는 선거기간 동안 "살인자에게 총알을"이라는 공약을 내걸었고 취임 후 경찰력을 확대하는 한편 우파 성향의 전직 군인을 치안담당 부서장으로 임명했다.

그러나 이런 식의 범죄와 경찰 부패를 근절하려는 접근 방식은 부에노스아이레스에서 취해진 1997년의 조치와 같은 구조 하에서 개혁을 다시 추진하도록 부추겼다. 연방 정부의 국가 안보 계획은 이러한 지역사회 치안 활동에 초점을 둔 최근의 계획을 뒷받침했다. 이 계획에는 95개에 달하는 도시에서 지역사회 치안 활동단을 창설하고 시민 포럼을 통해 그 책임자를 선출하고 시장의 지휘 아래 둔다는 계획이 포함되었다. 여러 도시의 시장은 이 권한을 경찰 구조를 바꾸고 곤경에 처한 청소년과 주변화된 여러 집단을 위한 프로그램을 확대하는 데에 사용했다. 시민 포럼은 근속연수가 아닌 효율성에 따라서 경찰의 인사이동을 관장하기도 했다. 새로운 계획에는 범죄율이 높은 지역에 특수부대를 배치하고 조직범죄를 집중적으로 다루는 특수부대를 창설하기도 했다. 1990년대에 실행된 철권 계획

---

51) Aldo Rico는 1980년대 군사 반란을 지휘했던 장교로, "의무를 이행하지 않는 이들을 거리에서 아무 의심 없이, 아무런 동정심 없이 죽일 필요가 있었다."라고 말했다. "El carapintada por la boca muere," *Página/12*, 10 March 1998, 12쪽.

을 받아들이는 지역에서도 유사한 계획들이 추진되기에 이르렀다. 1999년 부에노스아이레스에 이어 포괄적 경찰 개혁을 실행했다가 반발에 직면했던 멘도사는 여러 지역사회의 치안 활동 프로그램을 다시 채택했다. 범죄율이 높은 어떤 지역에서는 비행 청소년 문제와 시간 외 주류 판매, 그리고 여러 불안 요소들을 겨냥하여 시민위원회가 고안한 일련의 프로그램을 실행하고 있었다.[52] 산타페, 미시오네스, 코르도바, 추붓 등의 지역은 시민안전위원회와 대안적 분쟁 해결 메커니즘을 구축하거나 재정비하고 있다. 그런가하면 라 리오하 지역은 경찰력 전체를 지역사회 치안 유지 모델로 구조조정하고 있다.

분명한 것은 이런 식의 접근 방식이 아르헨티나의 철권 계획을 압도할 정도로 충분히 확산되지는 못했다는 점이다. 예를 들어, 2004년 4월 대중 시위 후 의회는 형법을 강화하기 위한 일련의 조치를 승인했다. 멘도사 지역에서 최근 개혁을 통해 형성된 책임 기관 및 시민 포럼은 자원 고갈을 겪고 있는데, 지방 의회는 아무런 토론 없이 반나절 만에 17개의 철권 법안을 통과시켰다. 나라 전역의 감옥 체계는 여전히 비인간적이고 만원을 이루고 있으며, 정치인들은 시민권을 토론할 때 소심한 태도를 취한다.

아르헨티나를 포함한 여러 나라의 사례를 보면 라틴 아메리카의 시민 안전의 위기를 해결하기 위한 노력이 장애물을 극복할 정도로 강력하지 못하다는 점을 보여준다. 이러한 노력이 별다른 진전을 보이지 못하면서 민주주의는 지역 전체에서 파괴된다. 자유선거와 헌법에 기반을 둔 통치는 라틴 아메리카의 민주적 정권이 생존하기에

---

52) 2004년 1월과 2005년 8월 Rubén Miranda와 저자 인터뷰.

충분한 조건이 되지 못한다. 공안과 같은 근본적인 책임에 관한 유효성도 민주화의 대상으로 삼아야 한다. 그러나 시민들은 범죄에 관한 공허한 약속과 끝없는 논란에 점차 환멸을 느낀다. 최소한의 공공질서라도 수호해 주던 것으로 여겨지는 군사 정권과 비교했을 때 형편없기 때문이다. 범죄는 헌법 정신을 약화한다. 행정 관료들은 치안 기구 및 정치적 의제에 대해 통제력을 행사하면서 입법기관과 사법기관을 통해 정책을 추진하며 입법부, 사법부, 행정부 간의 힘의 균형을 깨뜨린다. 길거리 살인에서부터 법원에서의 법 집행절차 위반, 감옥 안의 비인간적 환경 등 사법 체계 내에서 발생하는 인권 침해로 헌법의 보장은 파괴되고 있다. 더욱 문제가 되는 것은 시민들이 개혁을 위해 조직화하기 보다는 자체적으로 무장을 하고 서로를 적대시함에 따라 범죄는 법 절차와 평등을 지지하면서 시민 사회를 쇠퇴하게 만든다는 점이다.

그러나 동시에 민주주의는 가장 실행 가능한 해법을 제공한다. 시민 안전은 대중적 참여, 경찰 운영의 투명성, 인권 준수, 소외된 분야에 대한 사회 서비스가 없으면 개선될 수 없다. 이 모든 것은 민주 정부 하에서만 가능하다. 따라서 라틴 아메리카 내 시민 안전을 개선하기 위한 많은 시도들이 단기적 장애물을 극복할 수 있을지 모르겠지만, 공정하고 신속한 법적 절차와 좀 더 책임감 있는 경찰 구조, 그리고 지역 사회의 기반을 다지는 프로젝트들이 더욱 장기적으로 추진될 수 있음을 증명해야 한다.

9장

기억의 정치, 인권의 언어

캐서린 하이트Katherine Hite

> 인권은 타협이나 거짓 화해의 언어가 아니라, 사회 정의 프로그램이 주
> 도하는 정교한 정치적 의지를 추구하는 수단이 되어야 한다.
> —리차드 윌슨, 남아프리카의 진실의 정치와 화해 : 인종차별 이후 국가
> 의 헌정질서

    오늘날 라틴 아메리카에서 과거의 망령과 "화해"라는 어려운 문
제에서 벗어난 나라나 사회는 없다. 이 지역 여러 나라가 체계적으
로 혹은 대대적으로 인권을 침해한 체제로부터 중요한 변화를 겪었
지만, 정도에 상관없이 대량 학살에 관한 논란이 종결된 곳은 없다.
많은 개인과 가족, 지역사회는 폭력적이게도 무수한 사람들이 목숨
을 잃은 사건을 두고 화해해야 하는 처지에 놓여 있다. 아르헨티나
에서는 3만 명에 이르는 사람이, 페루에서는 7만 명, 과테말라에서
는 20만 명이 죽거나 실종되었다. 강간을 당한 후 실종된 딸, 형제
의 싸늘한 죽음, 강제로 건물에 갇힌 채로 불에 탄 아이들을 놓고
"화해"한다는 것이 무슨 의미가 있겠는가? 인권 유린의 아픈 기억
은 쉽게 사라지지 않는다.

    잔혹한 과거를 기억하고 학살자를 법정에 세우자는 요청은 현재

도 진행 중인 폭력과 사회적 부정의不正義, 즉 경찰의 잔혹성, 높은 범죄율, 정치적 부패, 사회적 불평등을 포함한 긴급한 문제들을 제기한다. 과거의 인권 침해에 대한 면책은 당연하게도 현재 폭력을 행사하는 가해자들에 대한 면책으로 이어진다. 인권 피해자의 대다수는 사회의 극빈층 출신이다. 과거의 부정의를 바로잡자는 요구는 현재 이곳에서 변함없이 제기되는 사회 정의를 위한 요구를 가린다.

기억과 과거 인권 침해를 해결하려는 정치는 일련의 중요한 분석적 질문과 문제를 제기한다. 여기서는 아르헨티나, 칠레, 과테말라, 페루의 사례를 끌어옴으로써 어떤 정치적 목적이 기억 논쟁에 도움이 되는지를 탐색한다. 과거의 인권 침해를 다루는 과정과 정치가 민주주의적 실천을 촉진하는지도 여기에 포함된다. 이상적으로, 민주주의는 시민들이 아픈 과거를 보복에 대한 두려움 없이 맞서고 논쟁할 수 있는 틀이다. 기억의 정치는 부정의에 대한 인식은 물론 문화적 · 정치적 차이를 더욱 잘 이해하도록 추진할 수 있다. 그러나 여기서 논의하고자 하는 것처럼 고통스러운 기억을 탐색하는 것은 제약되어 왔다. 승자를 옹호하거나, 힘 있고 침묵하는 목소리에 특권을 주는 한편, 논쟁을 포기하도록 만드는 방식으로, 과거에 대한 토론 안에 공포가 확산되어 왔다. 게다가 정치인들은 점차 기억 논쟁을 조작하며 자신의 계획에 따라 문화, 정치적 차이를 억압한다는 목표를 추구해왔다. 화해, 혹은, 인류학자 존 보너맨John Borneman이 "과거의 적을 더 이상 반대하지 않는다."고 규정했던 것은 매우 어렵고 다면적이라는 것이 확인되었다.[1]

---

1) John Borneman, "Reconciliation after Ethnic Cleansing : Listening, Retribution Affliation," *Public Culture* 14, no. 2(Spring 2002) : 281~304쪽.

진실을 말하다

  과거의 인권 침해를 해결하자는 정책 제안이나 소급적 정의 정책에는 일반적으로 진실위원회라고 알려진 조사위원회, 제소된 가해자에 대한 재판, 피해자 및 가족에 대한 보상(장학금과 학비 보조), 대중적 기념, 희생자 가족에 대한 병역 의무 면제 등이 포함된다. 소급적 정의 정책의 성과와 한계는 인권 침해 책임자와 그 동조자에게 행사될 수 있는 권위의 정도에 대한 지도자나 사회의 인식을 반영한다.

  정부 지원의 진실 말하기 과정은 과거의 잔혹 행위에 대한 공식적, 사회적 인식을 형성하고 다시는 안 된다는 메시지를 분명히 전달하기 위한 상징적인 실천이다. 혹독한 군사 정권(1976~1982년)에 뒤이어, 아르헨티나의 이행기 정부는 이 지역의 중요한 모델이 된 진실위원회를 설립했다. 라울 알폰신Raúl Alfonsín(1983~1989년) 대통령은 저명한 소설가 어네스토 사바토Ernesto Sábato를 위원장으로 하는 국가실종자조사위원회CONADEP를 대통령 직속 위원회로 두었다. 인권 침해 감독관, 인권 침해 피해자 가족, 인권단체 등은 증언과 자료를 제출했다. 1984년 국가실종자조사위원회는 〈다시는 안 된다Nunca Más〉라는 보고서를 발표했는데, 이 보고서는 아르헨티나의 고통스러운 과거를 시간 순서대로 정리하고, 교육하고, 이해도를 높이려고 시도했다. 위원회는 미래의 인권 침해를 방지하기 위해서 일련의 제도적 개혁 권고안을 제출했다. 보고서 〈다시는 안 된다〉는 베스트셀러가 되었고, 공식적인 상징 자료로써 인정받아 라틴 아메리카와 다른 모든 곳에 설치되는 진실위원회에 영향을 주었다.

  그럼에도 불구하고 정부가 관장하고 엘살바도르와 과테말라에서 유엔이 주관하는 진실 말하기 과정은 정치적 의도에 관한 논쟁이 뒤따랐다. 어떤 진실이 중요하게 취급되고, 어떤 진실이 경시되는가? 기억은 어디서부터 시작되어야 하는가? 증언은 공적인 것인가, 사적인 것인가? 증인들을 소환할 수 있나? 실종자들을 어떻게 찾을 것인가? 진실 말하기의 설계는 중대한 정치적 함의를 지닌다. 몇 가지는 예상되는 것이지만, 갑작스러운 기억의 폭발과 같은 예상치 못한 것들도 있다.[2]

인류학자인 리차드 윌슨Richard Wilson은 정부가 뒷받침하는 진실위원회는 과거에 관한 서술을 더욱 정교하게 만듦으로써 현재를 더욱 통치 가능하게 만든다고 주장한다. 이는 국가를 위한 "관료주의적 정당성의 형성"이다.[3] 한눈에 보기에도 칠레(1991)와 페루(2003)의 진실위원회는 이에 해당한다. 양자 모두 공식 명칭에 화해라는 표현을 담았는데, 이는 합의를 형성하고 국가 통합을 강화한다는 의도를 보인다. 유엔이 뒷받침하는 과테말라의 진실위원회는 이와 반대로 "역사적 사실 규명"을 위한 기구를 표방하며, 화해와는 거리가 멀게 폭력과 부정의의 긴 역사를 밝혀낸다는 의도를 보인다.

칠레의 파트리치오 아일윈Patricio Aylwin 대통령(1990~1994년)은, 17년의 군사 정권이 끝난 후 최초로 선거를 통해 당선되었는데, "화해를 위한 피할 수 없는 긴급한 과제로써, 진실을 규명하고 인권이라는 주제에 대해 정의를 실현할 필요"를 민주적 지도력을 구축하기 위한 과제로 설정했다. 이는 정부의 역할에서 중요한 5가지 프로그

---

2) Alex Wilde, "Irruptions of Memory : Expressive Politics in Chile's Transition to Democracy," *Journal of Latin American studies* 31, no. 2(1999) : 473~500쪽.
3) Richard Wilson, *The Politics of Truth and Reconciliation in South Africa : Legitimizing the Post-Apartheit State*(Cambridge : Cambridge University Press, 2001), 17~20쪽.

램 중 가장 우선시 되는 것이었다. 아르헨티나에서와 마찬가지로, 아일원 정부는 독재 정권 아래 발생한 죽음과 실종(고문을 당하고 생존한 사람들을 통해)에 관한 세부 사항을 조사하는 책임을 지는 대통령 직속 진실위원회를 설치했다. 위원회는 소환장을 발부할 권한이 없었기 때문에 밀실에서 활동했고, 처형자나 실종자의 가족으로부터 자료를 입수했다. 위원들과 사무국 직원들은 노동조합과 정당이 제공한 사망자나 실종자의 명단과 칠레 인권 단체의 과거 작업과 자료를 상세하게 검토했다.

1991년, 6개월의 활동 후 진실과 화해위원회는 희생자 가족의 배상 문제를 해결하고 인권 문화를 수립하기 위한 일련의 권고안은 물론 칠레의 과거에 대한 간결한 보고서를 작성했다. 보고서의 역사 말하기는 과거를 어떻게 시기 구분할 것인지가 정치적으로 얼마나 중요한지를 묘사하면서, 냉전, 쿠바 혁명, 세계와 지역적 맥락에서 칠레의 정치적 개입 등으로 시작한다.[4] 보고서가 초점을 두고 있는 칠레 내 단체는 혁명적 좌파운동MIR이다. 이 단체는 1965년에 창설됐는데, 쿠바에서 영감을 얻어 사회주의적 이행을 옹호하며, 필요하다면 폭력을 사용할 수도 있다는 입장을 지니고 있었다. 보고서는 칠레 내 광범위한 좌파와 그 분파, 그리고 혁명적 담론이 어떻게 정치적 양극화에 기여하여 결국 아옌데(1970~1973년)의 좌파성향인 민중 연합의 축출로 귀결되었는지를 묘사한다.

민족적 급진 좌파가 부상했던 냉전의 맥락 내에서 폭력을 파악하려고 했던 것은 신중한 선택이었다. 사망 및 실종을 포함한 국가가

---

4) *Report of the Chilean National Commision on Truth and Reconciliation*, trans. Phillip E. Berryman(Notre Dame, IN : Center for Civil and Human Rights, Notre Dame Law School, 1993), 1권, 48~49쪽.

보증하는 모든 폭력, 모든 체계적 인권 유린이 독재 정권 이전이 아니라 독재정권 하에서 발생한다는 사실에도 불구하고, 위원들은 칠레의 강력한 우파를 자극하지 않으려고 이러한 폭력이 좌파의 출현과 함께 국가 화해에 대한 관심에서 비롯된 것이라고 판단했다. 위원회는 좌파와 우파의 정치적 양극화는 좌파를 제거하겠다는 우익 독재 정권의 목표를 결코 정당화할 수 없다는 점을 강조했다.

위원회는 누가 처형당하고 실종되었는지에 관한 구체적인 자료를 제시했고, 피해자 가족 보상에 관한 일련의 권고를 제시했다. 위원회는 유죄인지 무죄인지에 대해서는 법원이 판결할 필요가 있음을 언급하며 인권 침해자의 이름을 공개하지 않았으며, 자신들의 역할을 가장 흉악한 인권 유린을 상세하게 기록하고, 건전한 접근 방식을 제시하는 한편, 차후에 이러한 인권 침해가 재발하지 않도록 막기 위한 일련의 기준과 권고를 제출하고 칠레의 민주주의를 보증해 온 정치적 합의의 악화에 대한 전말을 보고하는 것으로 설정했다. 흥미롭게도 위원회는 인권 기준과 이에 대한 침해를 정의하는 데 신중했으나, 보고서는 화해를 개념으로써 정의하지 않았다.

텔레비전을 통해 방송된 연설에서 아일윈 대통령은 정치적 스펙트럼 내의 중도 좌파와 우파 출신으로 구성된 위원회의 노력에 대해 감사의 뜻을 전하며 국가의 수반으로서 모든 인권 침해 희생자들에게 사죄하는 마음을 표했다. 아일윈은 군부에 자발적으로 협조할 것을 권고했고, 사법부에 화해를 위한 인권을 중시하는 의제를 앞을 내다보고 추진할 것을 권고했으나, 둘 다 그의 임기 동안에는 실현되지 않았다. 보고서와 아일윈의 호소가 발표된 지 3주 후 좌파 극단주의자들은 급진적인 우익 지도자와 피노체트 정권의 정치적, 법적 기획자였던 구스만Jaime Guzmán 상원 의원을 암살했다. 칠레의 우파들은 칠레의 과거를 집단적으로 탐색하려는 대중의 참여를 방해하기 위해 구스만의 암살을 성공적으로 활용했다.

1999년 유엔이 관장하는 역사규명위원회CEH의 보고서는 과테말라 군부가 회피하려고 했던 결과를 매우 잘 끌어낸 자료와 분석을 담았다. 1994년 과테말라 군부는 표면적으로 진실위원회와 타협하고자 했는데, 마리오 엔리케스Mario Enriquez 과테말라 국방 장관의 표현에 따르면 "칠레에서와 마찬가지로, 진실은 밝히되 판결은 하지 말자."[5]는 것이었다. 이는 당시 칠레에서 벌어지는 상황과 딱 들어맞았다. 더 나아가 과테말라 군부는 역사규명위원회가 진상조사 작업을 진행하되, 학살 책임자 개개인의 이름을 지목하지는 않는다는 데 동의해야 한다고 주장했다.

역사규명위원회 사무국 구성원들은 과테말라 곳곳을 횡단하며 자체적인 면담과 유명한 과테말라 인권 및 원주민 권리 단체의 작업으로부터 8,000건 이상의 증언을 수집했다. 실제로, 역사규명위원회는 진실 말하기 모델과 기억 복원REMHI으로 알려진 과테말라 가톨릭 교회의 프로젝트를 통해 작성된 보고서를 바탕으로 했다. 이 모델은 희생자들의 증언을 민감하고 신중하게 끌어내는 것에 바탕을 두면서, 오랜 기간 동안의 폭력적 상황의 한가운데서 살아남은 주체들과 그 의미를 인식하는 과거의 복원이라는 개념을 강조했다.[6] 1998년 4월, 기억 복원 사업단의 보고서가 발표된 지 이틀 후 증언과 자료를 제출하는 것에 대한 위험이 드러났는데, 바로 기억 복원 사업단의

---

5) 인권감시(Human Rights Watch) José Miguel Vivanco가 Priscilla Hayner에게 상술한 것을 Hayner가 전 세계 진실위원회에 관한 연구에 인용. *Unspeakable Truths: Confronting State Terror and Atrocity*(NewYork : Routledge, 2001), 86쪽.

6) Marcie Mersky, "History as an Instrument of Social Reparation : Reflections on an Experience in Guatemala," *The Just World* V, no.1(Spring 2000) : 14쪽.

국장이었던 후안 헤라르디Juan Gerardi 주교 암살 사건이었다. 그의 죽음은 과테말라 내에서 면책으로 잔혹한 행위가 계속해서 발생하고 있다는 점에 대한 중대한 관심을 불러일으켰으며, 기억 복원 사업단은 역사규명위원회의 작업 진행에 도움이 되었다.

역사규명위원회 사무국에는 과테말라 국내외의 외교관, 사회사업가, 인류학자, 역사학자 등이 참여했다. 그 성과는 과테말라의 불평등과 인종주의적 사회·문화·정치 관계의 역사를 깊이 파헤친 보고서로 발표되었다. 〈침묵의 기억Memory of Silence〉이라는 제목의 보고서는 체계적 유형을 띠는 군사 안보 세력의 인권 침해의 증거를 제시했는데, 농촌 고원 원주민 마을 전역에서 발생한 무수한 학살 등도 이에 포함되어 있었다. 역사규명위원회는 과테말라의 36년에 걸친 군사 통치 및 무장 분쟁 기간 동안 살해된 20만 명 중 93% 이상이 군부 및 국가 안보 기관에 의해 살해된 민간인이었고, 나머지가 게릴라에 의해 살해되었다고 밝혔다.[7] 에프라인 리오스 몬트Efraín Rios Montt 장군(1981~1983년)의 초토화 전술이 학살의 일부였다는 결론을 내렸는데, 이는 1996년 과테말라의 사면법이 적용되지 않는 범죄였다. 과테말라 원주민 활동가이자 노벨평화상 수상자인 리고베르타 멘추Rigoberta Menchú는 역사규명위원회의 보고서를 리오스를 스페인 법정에 기소하는 데 활용했다.

페루의 진실과 화해위원회CVR의 임무는 칠레와 과테말라보다 훨씬 더 복잡했다. 칠레와 대조적으로 페루는 서로 다른 정당 및 동맹 출신의 민주적으로 선출된 세 명의 대통령(1980~1985년 페르난도 벨

---

7) Rachel Sieder, "War, Peace, and Memory Politics in Central America," in *The Politics of Memory : Transitional Justice in Democratizing Societies*, ed. Alexandra Barahona de Brito, Carmen Gonzalez-Enriquez, and Paloma Aguilar(Oxford : Oxford University Press, 2001), 164~165쪽. ; Historical Clarification Commission.

라운데Fernando Belaúnde, 1985~1990년 알렝 가르시아Alan Gárcia, 1990~2000년 알베르토 후지모리Alberto Fujimori) 아래서 체계적인 인권 침해를 겪었다. 각 정권은 '빛나는 길'이라는 강력하고 극도로 폭력적인 게릴라 운동과 맞섰다. 과테말라 진실위원회가 국제적 무장 분쟁에서 양쪽 모두에 의해 행해진 인권 침해를 다루었지만, 과테말라의 반란 세력은 빛나는 길에 비하면 훨씬 약했고, 과테말라의 사례에 나타난 인권 침해는 압도적으로 국가에 의해 자행되었다. 반면 페루에서는 경찰과 게릴라 양자가 대량 학살을 저질렀고, 과테말라와 마찬가지로 잔혹 사건의 대부분은 고원에서 원주민들에게 행해졌다. 더불어 지방 및 지역 원주민 사회는 자기방어위원회를 결성해 빛나는 길에 맞서 싸웠고, '빛나는 길' 활동가 및 협력 세력으로 의심되는 이들을 죽였다. 이들은 때로는 경찰과 협력하기도 했지만, 그렇지 않기도 했다. 다른 원주민 단체는 빛나는 길에 합류했다. 진실과 화해위원회가 조사해야 하는 사건은 선출된 지방 및 중앙 정치인이 억압에 연루되고, 원주민 공동체 구성원이 살인에 협력했던 것으로, 이들의 임무는 만만치 않았다. 이에 더하여 위원회는 주요 무장 분쟁이 발생한 기간(1980~1993년) 동안의 인권 탄압에 대해서만 조사를 하는 것이 아니라, 군사 정권이 게릴라 운동을 패퇴시킨 후의 후지모리 대통령의 점증하는 권력 남용(1993~2000년)을 기록하는 임무도 부여받았다.

남아공 진실과 화해위원회의 영향을 받아 페루의 진실과 화해위원회는 자신의 임무를 (1) 20년간의 폭력 분쟁을 집중적으로 조사하고 분석함으로써 화해를 촉진하고, (2) 분쟁에 의해 가장 직접적으로 영향을 받은 마을을 주목하며, (3) 공청회를 전국적으로 방송하며(남아프리카와는 다르게 진실을 말하는 대가로 사면 받을 수 없었다),

(4) 화해와 미래의 분쟁을 막기 위해 필요하다고 여겨지는 제도적 개혁에 대한 구체적인 권고안을 제시하는 것으로 설정했다. 페루 및 국제 인류학자들이 진실과 화해위원회의 임무 중 원주민 마을과 소통하고, 증언을 모으는 데 중요한 역할을 했다. 고원 지대에서의 인권 침해를 조사하는 데 열중했음을 보여주기 위해 진실과 화해위원회는 발굴된 몇몇 시신 집합소를 증거로 제출했다.

페루의 위원회는 경찰에서 선출된 관료, 정당, 자경단, 게릴라에 이르는 전국, 지역, 지방 차원의 학살자들을 언급한 총 9권의 보고서를 발간했으며, 진실과 화해위원회에 따르면 이들 모두는 폭력에 연루되어 있었다. 위원회는 전체 내용을 요약한 보고서에서 화해라는 개념과 그 구성 요소에 대한 논의를 담았다. 진실과 화해위원회는 화해를 "페루 국민들 간의 근본적인 유대를 재건하고 개조하는 과정이며, 여기에는 다음과 같은 세 가지 차원이 있다. 첫째는 정치적 차원으로 국가와 사회 간, 정당과 국가와 사회 간의 화해가 포함된다. 둘째는 사회적 차원으로 시민 사회 기구와 사회 전체의 공적 공간이 포함되며, 소외된 원주민 집단을 특별히 고려해야 한다. 셋째는 국제적 차원으로 분쟁에 참여했던 개인, 공동체, 기구 등이 포함된다."고 정의했다.[8] 화해를 이렇게 정의하는 것은 20년 간의 분쟁이 공동체적 신뢰를 폭력적으로 약화하고, 심지어 파괴한 적도 많다는 점을 인식한다는 것이다. 또한 폭력에 대해 공동으로 책임져야 하며 화해는 다민족, 다언어, 다문화, 그리고 전반적인 민감한 사안임이라는 점을 인식한다는 것을 증명한다.

---

8) *Final Report of the Truth and Reconciliation Commission : Summary of Recommendations Section, Volume IX*, trans. International Center for Transitional Justice, 2003, www.cverdad.org.pe에서 확인할 수 있음.

진실과 화해위원회 보고서는 출간되자마자 중요한 논쟁을 지속적으로 촉발해 왔다. 보고서는 페루의 주로 도시에 거주하는 중간 계급에게 농촌에 대한 구조적 주변화를 해결할 것을 제기하며, 본질적으로 원주민에 대한 인종주의적 묘사에 문제를 제기한다. 보고서는 정당과 지도자들이 군대와 '빛나는 길'이 저지른 인권 침해의 물결을 근절하지 못했던 것을 비판한다. 이에 대한 대응으로 2005년 8월 초, 보고서 발간 2주년을 즈음하여 진실과 화해위원회에 대한 비판이 늘었다. 정치인들은 위원회를 핑계로 불화를 지속했다. 우파 정치인들은 군대가 빛나는 길로부터 나라를 구했다고 주장하며, 진실과 화해위원회가 이런 군대를 비난한다고 규탄했다. 좌파 정치인들은 보고서의 뼈대가 모든 성향의 기존 정당 지도자들이 나라를 망치는 동안 늘어나는 게릴라 위협에 대응하도록 만든다는 점을 비판했다.[9] 게다가, 좌파와 우파 양 진영의 논평가들은 진실과 화해위원회가 추산한 사망자 수인 6만 9,000명이 너무 높다고 주장하면서 의문을 제기했다.[10]

진실과 화해위원회에 대한 늘어나는 비판에도 불구하고, 이들의 보고서는 교육 기관, 적극적인 언론, 활발한 인권 옹호 단체 및 연구소를 포함하는 비정부 기구에 의해 지속적으로 추진되는 대화의 촉매 역할을 했다. 1980~1990년 동안 민주주의에 대한 좌우파 양쪽

---

9) 예를 들어, "Francisco Diez Canseco : Ex comisionados usaron políticamente a la CVR," *La Primera*(Lima), 5 May 2005.

10) CVR는 페루 정부에 기록된 2만 건의 개별 사건을 추산하고 전달하는 데 사용된 방법론을 상세히 설명한다. 이 방법론에 대한 유용한 설명으로는, Patrick Ball, Jana Asller, David Sulmont, and Daniel Manrique, "How Many Peruvians Have Died? An Estimate of the Total Number of Victims Killed or Disappeared in the Armed Internal Conflict Between 1980-2000" (Washington, DC : American Academy for the Advancement of Science, 28 August 2003), www.aprodeh.org.pe/sem…verdad/otros…doc. htm#metodologia (2005년 9월 25일 게시)을 참조하시오.

의 미온적인 방어뿐만 아니라 좌파 정당이 게릴라의 인권 침해를 규탄하지 않는 것에 대해 많은 이들이 문제를 제기했다. 분석가들은 보고서를 통해 안보 문제와 반 게릴라 활동, 기구로써의 군대에 관한 민간 전문가가 부족하다는 점이 드러났다고 평가한다.[11]

진실위원회 보고서의 예상치 못한 차원이 있는데 이는 상징적인 것으로 보기는 어렵다. 스페인 판사 가르손Baltasar Garzón은 칠레의 전 독재자 피노체트에 대한 재판에서 칠레 진실위원회 보고서를 가지고 이 사건이 새로운 길을 여는 사건이 되도록 했다. 과테말라 진실위원회의 학살에 대한 기소는 민족적, 지역적, 국제적 법정에 인권 침해자를 기소할 가능성을 열었다. 페루의 진실과 화해위원회 보고서는 학살 장소라고 보고된 곳에서 시신 발굴 작업을 촉발했고, 과테말라 보고서는 주요 인권 침해자에 대한 기소의 기초 작업에 착수하도록 도왔다.

소급적 정의와 민주적 제도 수립

진실 말하기 과정은 정의 또는 책임성 문제와 관련 있다. 학살자를 재판하는 것이 실현 가능하며 바람직한가? 유죄 판결을 받은 이들을 처벌할 것인가? 사면을 고려해야 하는가? 그렇다면 사면은 어떤 조건에서 이루어져야 하는가? 정치적 분석가들은 군사 통치에서 민주화로 이행 중인 나라를 포함하여 정치 제도가 취약한 나라에서

---

11) Martín Tanaka, "Documento de discusión para el taller 'Democracia, ciudadanía y partidos politicos," Instituto do Estudios Peruanos, 9 September 2004을 참조하시오.

민주적 제도가 강화되는 것이 소급적 정의 실현의 정치와 관련이 있다는 분석에 동의하지 않는다. 반면 민주주의에 헌신하며 법적 질서가 과거의 오류를 조사하고 시민들로 하여금 인권 범죄를 책임지도록 한다는 점은 자명하다. 예를 들어, 아르헨티나는 라틴 아메리카에서 최초이자 유일하게 민주화 이후 9명의 전 군사 정권 지도자들을 독재 기간(1976~1983년)동안 시민들이 사망하고 실종되도록 만든 혐의로 재판했다.

반면 그저 진실일 뿐인 모든 진실을 말하는 것과 이전의 억압자의 책임을 묻는 것은 말은 쉽지만 행동으로 옮기기는 쉽지 않다. 특히 이전의 인권 침해자와 그들의 지지자들이 강력한 정치 행위자로 남아 있을 때는 더 그렇다. 체계적인 인권 침해의 기록에 덧붙여, 재앙적인 경제와 영국의 파크랜드 섬에서의 군사적 패배 뒤에 남겨진 채 신뢰받지 못했던 아르헨티나의 군대와 달리, 칠레나 과테말라와 같이 이행 중인 국가 내의 군대는 막대한 권력과 자율성을 행사하며 진실위원회와 협력하기를 거부하고 그 구성원들의 인권 침해에 대해 기소하는 것에 거부권을 행사했다. 권위주의적 통치로부터 이행 중인 나라에서 군사 기구는 큰 특권을 누렸고, 소급적 정의 정책은 이행을 위험에 처하게 했다.[12] 예를 들어, 페루에서 대규모 잔혹 행위는 대중적인 선거를 통해 선출된 정부가 빛나는 길을 상대로 한 전쟁에서 경찰과 군대에 전권을 부여한 상황에서 벌어졌다. 선출된 정치인은 대량 학살에 대한 인권 단체들의 비판을 무시했으며, 많은 정치인들이 대대적인 억압에 연루되었지만 이를 부인했다. 이런 현

---

12) 민주화 과정에서 특권을 누린 군사 권력에 관해서는, Alfred Stepan, *Rethinking Military Politics : Brazil and the Southern Cone* (Princeton, NJ : Princeton University Press, 1988)을 참조하시오.

실은 공세적인 소급적 정의 정책의 민주적 추진을 방해했다.

그러나 민주적 정치 체제는 소급적 정의 정책을 실행하는 데 도덕적 책임을 감수했으며, 소급적 정의 정책을 연기하거나 교묘히 빠져나가는 것은 민주적 제도의 정당성을 더욱 약화시켰다. 예를 들어, 유엔이 주관한 엘살바도르의 진실위원회가 군대 및 민간인의 인권침해를 발표하고 책임을 추궁하겠다는 점을 강조한 지 며칠 지나지 않아 정부는 일반적인 사면법을 통과시켰다. 많은 이들이 엘살바도르의 여전히 높은 폭력 범죄의 수준이 폭력 집단과 연계된 폭력에서 납치 집단에 이르는 인권 침해자에 대한 불가피하게 지속되는 면책과 관련이 있다고 주장한다.[13] 추가하여, 인권 침해자에 대한 체계적 면책은 사회 내 주요 부문이 새로운 체제에서 이탈하도록 만들어, 민주적 체제에 대한 대중적 회의를 악화시킬 수 있다.

소급적 정의 정책은 정치적으로 효과적이다. 이전의 인권 침해 체제와 긴밀히 연계된 주요 민간, 군사기구를 일소하는 것은 새로운 체계가 효과적으로 기능하는 것을 가로막는 제도적 장애물을 제거하는 데 기여할 수 있다. 더 나아가 새로운 체제는 자신의 힘과 과거의 개인 및 제도로부터 거리감과 자율성을 과시할 기회를 이용할 수 있다. 공격적인 소급적 정의 조치를 통해 앞선 체제의 폭력과 극적으로 단절함으로써 개혁주의 엘리트들은 정치적 정당성을 획득하고 민주주의적 제도에 대한 미숙한 환멸감을 피할 수 있다.

그럼에도 불구하고 상당한 정도의 민주 정치의 안정성을 달성한 나라들에서는 인권 침해자 기소가 상당히 진척되었다. 군대와 사법

---

13) 예를 들어, Joaquín M. Chavez, "An Anatomy of Violence in El Salvador," *NACLA Report on the Americas* 37, no.6(May/June 2004) : 31~37쪽을 참조하시오.

체계 내 세대교체, 국제적 압력, 이전 억압자에 대한 반대 행동, 풀뿌리에서 제기되는 요구는 법적 처리의 가능성을 촉진했다. 아르헨티나와 칠레의 사례는 대대적인 잔혹 행위에 대한 법적 종결이 진실과 책임감에 대한 요구를 가로막지는 못하며 국내적, 국제적, 정치적, 법적 변화로 이어지지 못한다는 사실을 보여준다.

아르헨티나에서 군사 정권 지도자들에 대한 1985년의 판례가 될 만한 재판이 열리기 전과 후, 알폰신 정부(1938~1989년)는 소규모의 군사 반란에 직면했다. 장교들이 군대 예산 삭감, 장군의 강제 전역, 인권 침해에 연루된 장교에 대한 계속되는 기소에 항의했다. 아르헨티나 인들은 대대적으로 군대의 반란을 비난했고, 정부가 계획을 계속 추진할 것을 촉구했다. 그러나 알폰신은 1986년과 1987년 희생자 가족이 제기한 사건에 대한 기소를 종결하는 기소 종결법The Full Stop Law과 명령을 따랐을 뿐이라고 주장하는 장교들에 대한 보호(강제명령에 따른 복종법Due Obedience Law)를 성공적으로 입법화했다.

군대의 반란에 더하여, 경제적 불안정성이 알폰신 정부를 괴롭혔고, 많은 분석가들과 자문인들은 과거에서 인플레이션, 실업, 재정위기 등을 다루도록 "페이지를 넘겨야 한다."고 조언했다. 사실 1980년대의 통념은 아르헨티나의 모호한 소급적 정의 정책, 즉 장군에 대한 재판과 유죄 판결, 다른 인권 침해에 대한 조사와 기소, 희생자에 대한 보상이 정치적·사회적·경제적 어려움에 처한 체제를 재민주화하는 것에 대한 비용이 지나치게 높았다는 것이었다. 1989년, 알폰신은 계속되는 군사적 반란과 경제 위기의 한가운데서 대통령직을 떠났다.

메넴 대통령(1989~1999년)은 취임 직후 군대 봉기를 중단한다면 이에 대한 보상으로 유죄 판결을 받은 모든 이들을 사면하겠다고 선포했다. 이것은 인권 희생자들에게 심각한 타격이었다. 그러나 인권 운동 및 여타 중요한 시민 사회 단체, 사법부의 핵심 구성원들은 군부독재 아래서 벌어진 인권 범죄에 관한 책을 합법적으로 덮어버리는 것을 받아들이지 않았다. 1990년대 전 기간 동안 인권 단체, 언론인, 판사들은 새로운 유죄 판결을 끌어내기 위해 강제명령에 따른 복종법의 적용을 받지 못하는 범죄, 특히 실종자 자녀 유괴 등에 초점을 두었다. 2000년까지 공식적으로 사면 받은 4명의 군부 정권 지도자 및 수많은 하급 장교들이 어린이 납치와 불법 입양 혐의로 기소되고 수감되었다. 2005년에는 아르헨티나 상원, 하원 그리고 대법원이 군대를 인권 침해 기소로부터 보호하는 기존의 사면법을 부활했다.

아르헨티나 법률 이론가이자 알폰신의 인권 정책 입안자였던 까를로스 니노Carlos Nino는 소급적 정의가 "아르헨티나 사회를 오랫동안 특징지었던 타협주의와 아노미와 권력의 집중을 극복하는 데 도움이 되는…… 사회의 도덕적 의식"을 강화했다고 주장한다.14) 니노가 아르헨티나의 과정을 불완전하다고 인식했지만, 그는 이러한 불완전함은 역사적인 아르헨티나의 헌법의 정당성을 강화하기 위해서 법의 틀 내에서 정확하게 진실과 책임성을 이끌어내려고 시도한 정부에서 나온다고 주장했다. 니노는 주로 단기적인 정치적 자기만족에 기초를 두고 소급적 정의에 반대하는 학계가 소급적 정의가 학문에 관한 민주적 공동체에 노력을 기울였다는 점을 인식하지 못했다고 비판한다.

키르츠네르 대통령은 임기를 시작하면서부터 과거의 잔혹 사건을

---

14) Carlos Nino, *Radical Evil on Trial*(New Haven, CT : Yale University Press, 1996), 104쪽.

해결한다는 계획을 받아들였다. 몇몇 상징적이고 다방면에 걸친 행동들 중에서, 키르츠네르는 한때 악명 높은 고문의 중심이었으며 실종을 앞장서서 일으켰던 군사훈련학교인 해군 기술학교ESMA를 기억의 박물관으로 전환하겠다고 주장했다. 그 자신이 바로 독재 정권 아래서 고통 받던 좌파 청년이었던 키르츠네르는 아르헨티나의 고통스러운 과거를 해결하고 이 과거를 앞장서서 만들어낸 이에게 책임을 지우기 위한 조치를 옹호함으로써 높은 도덕적 기준을 주장했다.

칠레의 독재자였던 피노체트 장군은 현재 국제적으로 사기꾼이자 인권 침해자로 악명이 높다. 독재 정권의 여러 폭력적 차원에 맞서는 데 10여 년 동안 침묵으로 일관했던 칠레의 법원과 정치인들은 공격적인 소급적 정의 정책을 옹호하기 시작했다. 군사 정권이 사면법을 공표한 1978년에서 정확히 20년이 지난 1998년 피노체트가 런던에서 체포된 이후로 칠레 법원들은 인권 위반 사례에 대해 300명이 넘는 군인 관료를 처벌했다. 2004년에는 2만 건이 넘는 증언을 토대로 칠레의 관료들은 독재 정권 하에서 벌어진 체계적 고문에 관한 장편의 보고서를 발행했으며, 정부는 고문 피해자들에 대한 보상 정책을 수립했다. 사실, 칠레의 현 미셸 바첼렛Michelle Bachelet 대통령은 정치범이자 피노체트의 감옥에서 목숨을 잃은 공군 장성의 딸이었다.

기억의 정치가 지난 15년간 칠레를 극적으로 변화시켰지만, 이는 결코 연속적인 과정이 아니었다. 아옌데 정부의 법무부 장관으로 재직한 바 있는 사회주의 지도자 라고스 대통령은 불가사의하게 1982년 기독민주당 계열 노동조합 지도자였던 히메네스Tucapel Jiménez를 살해하고 유죄 판결을 받은 살해범을 대통령 특별사면으로 석방했다. 라고스는 아르헨티나에서 부활한 것과 유사한 기소 종결법을 수립하기 위한 법안 토론을 지지했다. 칠레 비집권 좌파의 풀뿌리운동은 집권 좌파가 과거와 현재 모두와 관련된 사회 정의로부터 멀리 떨어져 있다는 입장이었다.

1980년대와 1990년대 민주화 이행기 동안 소급적 정의 정책이 약화될 것이라는 우려가 제기되었지만, 아르헨티나와 칠레 정부는 이를 두려워하지 않는다. 두 사례는 변덕스럽고 지속적인 기억의 정치 과정을 보여준다. 다른 한편으로 페루에서는 현재의 정치적 휘발성과 위협의 한가운데에서 소급적 정의가 추진되고 있다. 장성 및 고위급 장교에 불리한 증언을 한 알베르토Luís Alberto Ramírez는 집 앞에서 두 번이나 총을 맞고 부상을 입었다. 그는 일시적으로 칠레에 망명해 있는 동안 부인, 아이들과 함께 산티아고에서 추적을 당하고 사진을 찍혔고, 리마로 돌아와 경찰의 보호 하에 생활하고 있다.[15] 페루의 진실과 화해위원회 위원장인 살로몬 레르네르Salomón Lerner도 여러 차례 살해 위협을 받았는데, 군대와 민간에 의한 인권 침해에 관한 기소(2005년 10월, 378호)가 제기됨과 동시에 발생한 것으로 보인다.

국제사면위원회는 과테말라에 관한 2003년 보고서의 제목을 〈심각한 우려의 원인Deep Cause for Concern〉이라고 붙였다. 보고서는 지방, 국가, 국제적인 인권 단체들이 유엔의 강력한 지지를 받으면서 노력을 기울였음에도 불구하고 정치와 연관된 폭력이 무장 봉기 기간을 연상케 하는 방식으로 발생했다는 점을 지적한다.[16] 1996년 과테말라 정부가 평화 협정에 서명한 후에도 원주민과 라디노ladino(멕시코

---

15) María Elena Castillo, "En peligro testigo do graves violaciones a DBHH," *La Repúblicas*(Lima), 13 july 2005.

치아파스 주와 과테말라에 거주하는 백인과 원주민 혼혈인 – 옮긴이) 권리 옹호 활동가와 법적 인권 방어 활동가들이 살해되었고, 준군사조직은 계속 활동하며, 평화 협정에 따른 제도 개혁은 요원한 일로 보인다. 또한 제라르디 주교 살해 사건과 인류학자 맥Myrna Mack 살해 사건에 대한 기소가 진행되었는데 맥의 살해범 과테말라의 상급 장교 후안 발렌시아 오소리오Juan Valencia Osorio는 항소 가능성에 관한 불확실성과 소재 불명이기는 하지만, 인권 침해 혐의에 대해 유죄 판결을 받았다. 제라르디 살해 사건에 대한 조사가 진행되고 있을 때 7명의 증인이 살해되었고, 6명의 증인과 2명의 검사, 1명의 판사는 과테말라를 떠나 피신했다.

기억 담론

집단적 기억의 선구자인 모리스 알바슈Maurice Halbwachs는 과거에 대한 개인적, 집단적 기억은 현재에 종속되며 현재의 이익에 좌우된다는 점을 강조한다. 이것이 주어진 시공간의 정치적 역학 관계와 인간관계 및 교류의 상호 종속적인 힘에 좌우된다는 주장은 설득력을 얻고 있다. 알바슈는 민족적으로 단일하게 새겨진 집단적 기억이라는 개념에 도전하는 서로 충돌하는 서사를 중요하게 여기지 않으면서도 지방적 · 민족적 권위와 관련된 가변성을 강조했다. 알바슈의 견해 외에 기억의 대한 대중적 표현을 중시하거나 경시하는, 또는 다양한 방식으로 기억을 표출하는 정신분석학적, 심리학적 문화

---

16) Amnesty International, "Guatemala Deep Cause for Contern," 1 April 2003.

전통이 있다.

예를 들어, 아르헨티나 학자들은 아르헨티나에 자신들의 잔혹 행위에 대한 기억을 공공연하게 드러내는 악명 높은 인권 침해자들이 있다는 점이 우연이 아니라고 주장한다. 가장 잘 알려진 사례는 퇴역 해군 장교 프란시스코 실링고Francisco Scilingo의 사례인데, 그는 아르헨티나 언론인 호라시온 베르비스키Horacion Verbisky에게 비행기에서 나체의 시신을 남태평양 바다로 던지는 행위와 같은 자신의 역할을 고백했다. 정신분석학의 전통이 강력한 아르헨티나에서 실링고는 자신의 고백은 외상 후 스트레스 장애에서 비롯된 것이며 자신은 더 이상 무의식을 억압할 수 없다고 주장했다.[17] 실링고의 고백은 인권 침해자에게 자신의 행위에 대해 책임지도록 하는 기층의 노력을 부활시켰다. 아르헨티나에는 실종자 아이들을 위한 모임인 HIJOS(침묵 속에 잊혀진 아이들의 정의 회복과 신원 확인을 위한 모임)가 있는데 주된 활동은 인권 침해자를 밝혀내는 것이다.

HIJOS는 칠레 내 비슷한 단체에 영감을 불어넣었으며, 칠레의 정치적·문화적 환경은 더욱 억압적이고 자기검열이 심하다. 칠레에서 공포와 분노는 1990년대를 특징지었다. 17년 동안의 군사 독재 및 군부 주도의 민주화 이행이 끝난 후, 민주적 정치 지도자들이 여전히 강력한 힘을 지니고 있는 군대 및 이들과 동등한 힘을 지니고 있는 권위주의 지지자들을 두려워하고 있다는 점이 분명히 드러났다. 매우 제도화된 정당 체계를 갖춘 나라에서 지배 집단이 기억의

---

17) Scilingo의 고백은 Horacio Verbitsky, *El vuelo*(Buenos Aires : Planeta, 1995). For a Psychoanalytic analysis of Argentina's memory discourses에서 재현되었다. Antonius C.G.M. Robben, "How Traumatized Societies Remember : The Aftermath of Argentina's Dirty War," *Cultural Critique* 59(Winter 2005) : 120~164쪽.

정치에서 퇴각했다는 점이 기억 논쟁을 주변으로 내몰았다. 여론조사는 종종 인권이 일상적인 관심사에서 후순위를 차지한다는 사실을 드러내지만, 과거의 억압에 대한 기억과 서면자료, 영화, 연극 등은 열광적으로 소비된다. 이는 칠레 밖에서 또는 칠레의 재판소와 군대를 이동하면서 열리고, 과거를 대중적으로 탐색할 수 있는 정치적 공간을 연다. 이런 새로운 공간을 상징적으로 받아들이면서 바첼렛 대통령은 피노체트의 정치범으로 목숨을 잃은 아버지부터 1985년 경찰로부터 참수당한 칠레공산당 활동가와 3명의 인권활동가에 이르는 피노체트 군사 독재 아래 희생된 이들을 추모하는 대중적인 행동과 함께 2006년 3월 임기를 시작했다. "참수당한 이들"을 기리는 추모제의 감동적인 개막식에서 바첼렛은 3명을 살해한 이들에 대해 개인적인 분노를 전달하는 취임사를 시작했다. 바첼렛은 참수당한 인권활동가 3명의 부인 중 1명인 에스텔라 오리츠Estela Oritz를 미취학 아동을 위한 전국 사업단 단장으로 임명했다.

참혹한 과거에 대한 기억을 촉구하는 것이 끊임없이 기층 부문에 의해 받아들여져 왔지만 망각하려는 욕구 또한 상당하다. 이러한 욕구는 정치 지도자들에만 국한되는 것은 아닌데, 이들에게 고통스러운 과거를 부활시키는 것은 논란의 여지가 있고 비용이 든다. 무장 분쟁으로 직접적인 영향을 받은 마을 주민들 역시 기억을 지워버리려고 한다. 이들은 사랑하는 사람을 잃고 강제 퇴거되어 자신이 살던 곳으로 돌아갈 수도 없고 폭력과 이별의 기억을 복원할 수도 없다.

페루의 군대와 빛나는 길의 접전지였던 페루의 아야쿠초 지역 연구를 바탕으로, 피노Ponciano del Pino와 킴벌리 테이돈Kimverly Theidon은 해로운 기억이라고 부르는, 최근의 기억에 대한 원주민들의 설명 유형을 밝혔다. 해로운 기억은 의지할 곳도 없고, 사회 정의가 실현되거나 학살자가 양심의 가책을 느낄 가능성도 없는 마을 내에서 발생한 강렬하고 직접적인 폭력의 경험으로부터 출현한다. 테이돈에 따르면 "폭력이 행사되고 고통을 준 유형은 싸움이 진정된 후 재건 사업이 진행되는 과정에 영향을 준다. 페루의 내부 무장 분쟁은 동족상잔의 성격을 지닌다. 이는 빛나는 길 조직원, 동조자, 남편을 빼앗긴 여성, 고아, 퇴역 군인이 한 마을에 모여 산다는 점에서 드러난다. 이는 휘발성이 강한 사회의 풍경이다. 희생자와 학살자가 뒤섞여 있다는 것이다."[18] 테이돈은 빛나는 길 조직원이 배상이나 사과의 책임을 지지 않고 자신의 마을로 돌아가도록 허락하는 것은 빛나는 길과의 정치적, 이념적, 도덕적인 전투에서 군부가 주도한 반 게릴라 전략이 패배한 것을 의미한다고 말한다.[19] 특정한 환경에서 벌어지는 대중적인 기억 논쟁은 전적으로 폭력을 행사한 특정한 행위자가 행사할 수 있는 것이 무엇인지에 관한 지식과 미래에 이러한 폭력이 예방될 것이라는 보장을 불가능하게 만드는 권력 동학에 전적으로 속한다.

더 나아가 진실위원회, 기억 논쟁과 같은 것들의 확산은 지도자가 인권 말하기와 진실 말하기의 새로운 세계에 대한 신뢰를 구축하기 위해 노력하고 있다는 신호다. 장치 지도자가 "페이지를 넘기기 위해" 고통스러운 기억을 "제거하려고" 시도하던 과거와는 대조적으로, 정치인들은 점차 기억에 대한 정치적 조작, 과거에 대한 탐색의 옹호, 자신의 정책 실행과 지위 강화를 위한 기억의 도구화에 호소한다. 정치인들은 말은 값이 싸다는 사실을 깨달아왔다. 예를 들어,

---

18) Kimberly Theidon, "Intimate Enemies : Towards a Social Psychology of Reconciliation," in *Psychological Approaches to Dealing with Conflict and War*, ed. Mari Fitzduff and Chris E. Stout(Westport, CT : Praeger Press, 근간).
19) 같은 책.

2000년 멕시코 선거에서, 폭스 당선자는 루이스 에체베리아Luis Echeverría 전 대통령 재임 시절 국가에 의해 이루어진 인권 침해를 조사하기 위해 국가 기록을 재공개하겠다고 약속했다. 폭스가 이 약속을 한 것은 그의 지도력이 과거와 크게 단절한다는 것을 상징화하기 위한 것이다. 폭스의 자문위원 중에는 1968~1971년에 벌어진 대학살을 직접 경험한 대학생 조직가 출신도 있었다.

자신을 방어하고 지탱하기 위해서 그리고 페루 군부의 입맛에 맞추기 위해 페루의 가르시아 전 대통령은 현재까지도 떠돌아다니는 영향력이자 지속되는 위협으로써 빛나는 길을 패퇴시킨 군부에 대한 기억을 부활시켰다. 가르시아는 임기 동안 군부에 빛나는 길을 대상으로 반 게릴라 활동을 펼칠 수 있는 전적인 권한을 부여했다. 경제와 안보를 책임 있게 이끌지 못하고 부패에 연루되어 대통령직에서 물러난 후 가르시아는 자신의 정당성을 주장하기 위해 망명 생활을 하던 파리에서 칠레로 귀국했다. 가르시아는 군부가 반게릴라 전술에 대해 책임지도록 하는 것은 빛나는 길의 "손아귀에서 놀아나는" 것이라고 주장했다.[20] 가르시아는 빛나는 길이 "군사적으로는 패배했지만 정치적으로는 패배하지 않았기 때문에 자신을 희생자로 만들 구실을 찾는 것"이라고 주장했다.[21] 이 주장은 1980년대에 빛나는 길의 폭력을 겪은 많은 원주민 공동체가 분명하게 느끼고 있던 분노를 더욱 크게 만들었다.

페루의 인권 단체들은 계속해서 가르시아 자신이 그의 관리 아래

---

20) Oscar Valderrama López, "Alan García : 'Al acusar a FFAA se cae en juego de lsenderismo,'" *La Razón*, 15 JuIy 2005, Asociación Pro-Derechos Humanos (APRODEH) 웹사이트 : www.aprodeh.org.pe/servicio/c_infoaprodeh.htm에서 확인할 수 있음(2005년 7월 15일 게시).
21) 같은 책.

발생한 대대적인 인권 침해에 대해 직접 책임질 것을 촉구했다. 여기에는 엘 프론톤El Frontón 감옥에서의 반란 이후 권위를 되찾기 위한 1989년의 군사 작전으로 희생된 수감자 118명도 포함된다. 군대의 전 사령관이 가르시아로부터 감옥을 공격하라는 명령을 받았다고 증언했으나, 가르시아는 기소되지 않았다. 아야쿠초 사건의 특별 검사인 크리스티나 올라사발Cristina Olazábal은 가르시아를 악코마르카 농민 69명의 암살 혐의로 기소하려고 했으나, 올라사발은 정치적 이유로 전 대통령을 기소하려고 했다는 혐의로 기소되었다.

　과테말라에서는 수년에 걸쳐 민간, 군부를 막론하고 막강한 국가 관료들이 인권 침해가 계속되고 어느 때는 확대되는 상황에서 말로만 인권에 전념하는 데 전문가가 되었다. 포르티요Alfonso Portillo 대통령(2000~2004년)이 2003년 불법 무장 단체나 비밀 보안 단체를 조사하기 위한 위원회를 임명한 지 얼마 지나지 않아, 인권 활동가들에 대한 공격이 급증했다. 포르티요의 후임 대통령인 베르헤르Oscar Berger는 1990년 인류학자 맥Mack 살해 사건에 대해 국가가 책임이 있으며 정의가 부정되었다는 사실을 인정하면서 과테말라를 대표한 공식 성명을 처음 발표했다. 그러는 동안 미르나 맥 재단에 대한 공격은 급증했다. 2004년 5월, 학살과 여타 범죄 사실에 대해 기소되어 가택 연금 상태였던 리오스Efraiín Rios Mont 전 대통령은 해밀턴 미국 대사가 참석한 가운데 딸의 결혼 파티를 가까스로 주최할 수 있었다. 리오스는 오늘날 인기 있는 정치인이자 캘리포니아 소재 선교 복음주의 교회의 목사다. 복음을 전파하는 사람과 수천 명의 목숨을 앗아간 초토 작전의 살아 있는 창시자가 같은 인물이다.

　페루와 과테말라에서 가장 크게 타격을 입고 공식적으로 강제 이주 당한 원주민 공동체는 복음주의를 통해 공동체의 정체성을 재구축하하려고 시도했다. 페루의 우추라카이 마을에 관한 중요한 연구에 따르면 1983년 페루의 언론인 8명이 학살당한 현장인 한 마을은 폭력 사태가 벌어지기 이전에 복음주의를 믿는 가구는 단 하나였다. 그러나 10년이 조금 넘게 지난 후 이 지역 절반에 가까운 인구가 이 마을을 복음주의의 마을이라고 스스로 규정했다.[22] 더 나아가 우추라카이 마을 주민들은 자신의 공동체의 정체성을 재구축하는 한편 언론인들의 학살에 대해 언론인 가족들과 이해 방식을 달리하는 서술을 전개해왔다. 가족들은 1월 26일에 사랑하는 가족이 사망했다고 기억하지만, 우추라카이 주민들은 1983년 7월 16일과 12월 24일 빛나는 길의 공격을 받고 사망했다고 기억하며, 1월 26일을 인정하지 않는다. 우추라카이 주민들에게 10월 10일은 강제 이주된 후 몇 년이 지나고 마을로 귀환한 것을 기념하는 날이다.[23]

결론

라틴 아메리카를 통틀어 우루과이, 브라질, 칠레, 아르헨티나 정부 관료들은 군사 정권과 문민정부를 막론하고 자신들이 독재 정권 아래 벌어진 인권 침해를 끝장냈다고 주장해왔으나 이제는 자신들이 근시안적이고 순진했다는 점을 인정한다. 엘살바도르와 과테말라의 평화를 위한 "미완의 사업"의 일부로 진행되고 있는 법의학 팀

22) Ponciano del Pino, "Uchuraccay : Memoria y representación de la violencia política en los Andes," in *Jamás tan cerca arremetió lo lejos : memoria y violencia en el perú* ed. Carlos Iván Degregori(Lima : Instituto de Estudios Peruanos and the Social Science Research Center, 2003), 49~93쪽.

23) 같은 책, 86~87쪽.

의 계속되는 무덤 발굴 작업은 학살자에게 책임을 지도록 하는 것이 쉽지 않더라도 대량 학살의 증거는 사라지지 않을 것이며 따라서 법적 처리가 이루어질 것이다.

멕시코에서 비밀 제한이 해제된 자료들은 1968~1971년 공식적으로는 인정되지 않은 국가가 자행한 학살을 되살리고 있으며, 1970년대 전반에 걸쳐 나타난 정치적 암살, 즉 멕시코의 "추악한 전쟁"에 대해서도 마찬가지다. 이는 대중들로 하여금 잔혹한 과거를 기억하게 만든다. 미국의 비밀 제한이 해제된 자료들은 지난 수십 년 동안 아메리카 대륙에서 자행된 인권 침해에 대한 미국 정부의 자극과 결탁의 폭과 깊이를 폭로하며, 미국 · 칠레 · 엘살바도르 · 과테말라 국민들은 미국 법정이 과거 미국 및 라틴 아메리카 정부 관료들에 책임을 묻도록 압박하고 있다. 1980년대부터 현재까지 극적인 체제 변화 및 국제적 세력 균형의 이동에도 불구하고 (그리고 때문에) 국가와 사회는 과거와 단절하고 있는 그리고 지속되고 있는 현재의 정치를 해석할 필요를 최소한 부분적으로나마 충족시키기 위해 기억과 기억 상실이 번갈아가며 쌓인 기억의 층을 하나씩 벗기고 있다.[24]

기억 논쟁은 수년 동안 반복되어 온 관례인 것처럼 보인다. 1980년대 아르헨티나, 우루과이, 브라질에서, 그리고 1990년대 칠레, 엘살바도르, 과테말라, 페루에서 기억하자는 호소는 주되게 정부와 사회가 끔찍한 인권 침해와 피해자의 고통을 인정할 것을 요구하는 데 중심을 두었다. 이러한 외침 아래에는 좌파의 정치적 · 이념적 입장

---

24) "기억의 층"이라는 개념에 대해서는 Elizabeth Jelin and Susana G. Kaufman, "Layers of Memories : Twenty Years After in Argentina," in *The Politics of War Memory and Commemoration*, ed. T.G. Ashplant, Graham Dawson, and Michael Roper(New York : Routledge, 2000), 89~110쪽을 참조하시오. Jelin, *State Repression and the Labors of Memory*(Minneapolis : University of Minnesota Press, 2003)도 참조하시오.

과 무모한 정치적 승리와 쓰디쓴 정치적 패배, 강렬한 분열, 국가 탄압을 촉발했던 분파적 분쟁의 시기로 거슬러가는 좌파의 긴장이 두텁게 감겨져 있다. 점점 라틴 아메리카의 기억 담론은 분열과 좌파 내부 및 좌파와 중도의 불화의 고통을 다시 상기하면서 동시에 국가에 의한 탄압(그리고 페루의 경우 빛나는 길에 의한 억압도 마찬가지)에 직면한 여러 형태의 저항을 열거하는 희생자화의 작동을 강조한다. 기억 담론은 정의에 대한 약속을 부활시키고 지방, 지역, 전국 차원의 과거 및 현재의 정치적 계획에 의문을 제기한다.

기억은 연상적이며, 통제 불가능하고 예상치 못했던 것, 그리고 평범한 것에 의해 촉발되기도 하며 개인적으로, 그리고 집단적으로 회상되며 갑자기, 반복적으로, 신중하게 회복된다. 더불어 분명하게도, 잔혹한 과거에 대한 기억이 현재에도 떠돌아다니는데, 이는 현재의 인권 침해, 폭력, 부정의, 면책을 구성하고 있기 때문이다. 라틴 아메리카 전역에서 좌파 활동가들은 자신의 신념 때문에 살해당하고, 이들을 지지한다고 의심되는 수천 명의 사람들도 마찬가지다. 따라서 말 그대로 인권 활동가들이 과테말라의 식당에서 총을 맞거나, 정치 활동가가 산살바도르의 하수구에서 변사체로 발견된다면 아픈 기억과 기시감이 동시에 나타난다. 가장 최선의 시나리오는 국가와 사회에 의해 인권 침해의 고통스러운 기억이 탐색되고 공개적으로 처리되는 한편 사회 정의와 관련되어 이해되는 환경을 촉진하는 것이다.

10 장

천만 명이 오고가다
—미국을 향한 이주의 역설

주디스 A. 헬만 Judith A. Hellman

지난 몇십 년 동안 미주 대륙 내에서 벌어진 이주에 대한 많은 글들은 이러한 인간의 유입을 세계화와 연결시킨다. 마치 이주의 가속화가 점차 모든 것을 아우르는 이 용어로 수렴되며, 복잡한 과정의 직접적인 결과인 것처럼 말이다. 그러나 우리가 세계화를 라틴 아메리카 각국 정권이 보호주의적 정책을 포기하고, 관세 장벽을 철폐하고, 전 세계로부터 온 수입품에 국경을 개방하기 시작한 때부터 시작한 것이라고 여긴다면, 우리는 1980년대 후반부터인 상대적으로 최근의 현상으로 여기는 것이다. 한편 미주 내에서 발생한 이주자들의 대규모 이동은 19세기로 거슬러올라갈 수 있으며 20세기에도 지속되었다. 또한 최근 40여 년간 강화되어 왔다.

확실히 라틴 아메리카 및 카리브해 지역 내 한 나라에서 다른 나라로, 또는 이 지역에서 미국, 캐나다, 유럽, 최근에는 일본으로 이주자들이 유입되는 현상을 정확하게 추적하는 것은 쉽지 않았다. 이탈리아와 스페인에서 남부 원추지대로 건너온 이민자의 후손 중 유럽으로 귀환할 권리를 주장하는 이들이 얼마나 많은지, 얼마나 많은 일본계 페루 인들이 일본에 재정착해 왔는지를 보여주는 몇몇 공식 통계자료는 있으나, 다른 이주의 흐름은 추정하는 것조차 어렵다. 얼마나 많은 아이티 인들이 도미니카공화국에서 일하고 있는가? 얼마나 많은 그레나딘 인이나 앙길라 인들이 상대적으로 활기가 있는 트리니다드 앤 토바고의 노동 시장으로 들어갔나? 얼마나 많은 니카라과 인들이 코스타리카 농장에서 농사를 시작했나? 얼마나 많은 미등록 멕시코 이주자들이 미국에서 과일을 따고, 잔디를 깎고, 접시를 닦고, 테이블을 치우고, 셔츠를 다리고, 사무실을 청소하고, 초밥을 말고, 공사 현장을 정리하고, 아이들을 돌보고, 페인트칠을 하고, 따말(멕시코의 옥수수떡 – 옮긴이)을 팔고, 피자를 배달하고, 재봉을 하고, 세차를 하는가? 일부 당국자는 미국에 거주하며 일하는 미등록 멕시코 이주자의 수를 500~600만으로 추정한다. 다른 이들은 1,000~1,500만으로 추정하기도 한다. 오고 가는 사람을 다 더하면 1,000만 정도 된다는 추정은 일리가 있다.[1]

우리가 이야기할 수 있는 것은 오래 전에 누구든 세계화라는 단어를 언급했고, 라틴 아메리카 및 카리브해 농촌 지역의 열악한 상황, 특히 농산물 가격의 감소가 민중을 농촌 지역을 떠나 근처의 도시로 이주하도록 만들었다는 점이다. 오늘날 지속되는 열악한 농촌의 조건은 더 많은 농촌 지역 민중이 희망을 찾아서, 아니면 최소한 가족

---

1) Jeffrey S. Passel, "Esitimates of the Size and Characteristics of the Undocumented Population," *Pew Hispanic Center Report*, 21 March 2005 ; and Leigh Binford, "A Generation of Migrants : Where They Leave, Where They End Up," *NACLA Report on the Americas* 39, no. 1 (July/August 2005) 32.

을 부양하기 위해 더 먼 곳으로 이동하도록 만든다. 더불어 농촌 출신 이주자들과 함께 국제적인 여행에 합류하는 도시 이주자들은 대부분 농민의 자녀 혹은 손자 · 손녀인데, 1950년대와 1960년대 이들의 농촌 탈출은 라틴 아메리카의 인구 구성을 농촌에서 도시로 크게 이동시켰다.

새로운 유형

라틴 아메리카 내 국제 이주에 관한 정확하고 신뢰할 만한 수치는 없지만, 우리가 알 수 있는 것은 최근 30년 동안 그러했듯이 오늘날에도 수백만의 여성, 남성, 때로는 어린이들이 자신이 거주하던 라틴 아메리카 및 카리브해의 농촌 및 도시를 떠나 일자리와 주택, 사회적 네트워크, 사회 서비스를 얻을 수 있는 곳을 찾아 수천 마일이나 떨어진 곳으로 이동한다는 점이다. 그러나 우리가 최근의 이주 과정을 지난 세대의 유형과 비교해보면, 몇 가지 분명한 차이가 드러난다. 이주자의 숫자는 훨씬 많고 또 증가하고 있다. 이주자들의 국내 출신지역 및 생활환경은 다양하다. 이들은 여전히 역사적으로 심각한 빈곤율을 기록했던 전통적인 이주자 배출 지역 출신인데, 현재 이전에는 대규모로 이주한 적이 별로 없는 "비전통적" 지역에서도 이주가 발생한다. 전통적인 이주자 배출 지역 출신의 이주자들은 과거처럼 농업 분야에서 일하기를 원하지 않으며, 건설업 · 제조업 · 서비스 부문에서 일자리를 찾고 싶어 한다.[2]

---

2) Jean Papail and Fermina Robles Sotelo, "Inserción laboral de los migrantes urbanos de la región centro occidental de México en la economía esta-

여성이 가사 서비스 부문에서 주로 일자리를 찾고 따라서 이전부터 여성 이민자가 훨씬 많았던 카리브해 지역 출신 이주자를 제외하면 과거에 비해 여성 이주자들이 많다. 오늘날 이주자 층은 대부분 글을 읽고 쓸 줄 알며, 도시 생활 경험과 기술을 지니고 있다. 또한 해외에 이미 구축된 다른 이민자들과 접촉할 수 있는 강고한 인맥을 갖추고 있으며, 언론의 세계화 덕분에 자신이 이주해 갈 사회에 관한 지식을 갖추고 있는 이들로 구성되어 있다.

얄궂게도 이러한 이주자들이 높은 수준의 교양, 기술, 직업 훈련 등의 형태의 자원을 갖추고 있음에도 불구하고, 압도적 다수는 최저임금, 미숙련, 미조직화된 노동 부문에 남아 있다. 국제적인 노동 분업에서 이들은 안정적인 지위가 보장되지 않는 일자리를 얻게 되는데, 북미의 여러 산업들은 아시아 생산자들과의 경쟁에 직면하여 생산 기지 일부 또는 전체를 세계 곳곳의 저임금 수출지대로 이전함으로써, 또는 이들 나라 출신의 이주자들을 미국, 캐나다 내의 노동 착취 사업장이나 노동환경이 보호되지 않는 일자리에 고용함으로써 자신을 "구출"하고자 한다. 요컨대, 가난한 자메이카 인이 얻을 수 있는 일자리의 "선택지"는 고작 자메이카 평야, 또는 자메이카 맨해튼 동강 건너편의 보스턴에 있는 최저임금이 지급되는 일자리, 아니면 자메이카 내 저임금 수출지대의 일자리뿐이다.

dounidense," in *Insercióin Laboral y Estatus Social de los Migrantes Mexicanos y Latinos en Estados Unidos*, ed. Elaine Levine(México : Universidad Nacional Autonoma do México, Centro de investigacioines sobre América del Norte, 2004), 33~48쪽, Binford, "A Generation of Migrants," 33쪽에서 재인용.

멕시코 이민자

미국으로 이주하는 약간의 합법 이주자와 무수한 미등록 이주자는 미주 대륙 내 모든 나라 출신으로 구성되지만, 미국에서 거주하며 일하고 있는 미등록 이주자 중 압도적인 다수는 멕시코 출신이다. 실제로, 합법 이주자와 미등록 이주자를 더한 멕시코 계 이주자는 미국 내 히스패닉 전체의 2/3에 이른다. 미국에 온 멕시코 이주자들은 두 나라에 근본적인 상호 영향을 미친다. 지난 20년 동안의 멕시코 인들의 이주는 미국의 정치와 문화에 영향을 끼쳤는데 그 방식은 최근 이주해 온 어떤 집단이 미친 영향을 훨씬 초과하는 것이었다. 동시에, 젊은 노동자들이 지속적으로 미국으로 유출되는 현상은 멕시코 노동 시장, 대중 문화, 가족 구조, 국민 소득에 영향을 미쳤는데, 그 방식은 해외에서 일하는 국민의 숫자가 국내 경제 활동 인구를 훨씬 초과하는 소규모 카리브해 국가들에서는 일반적이다. 그러나 라틴 아메리카 여러 나라 중에서 멕시코는 사회적 · 경제적 · 정치적 현상으로써 이주의 중요성이 비길 데 없이 중대하다. 이 모든 이유로 이 장은 멕시코에 초점을 둘 것이다.

미국 국경을 넘어 이동하는 멕시코 인들의 숫자가 점차 증가하는 현상은 그동안 지속되어 온, 항상 사회적이지만은 않은 물리적 이동에 관한 이야기의 마지막 장의 일부분이다. 1960년대 멕시코시티로의 대량 이주는 10년 만에 수도의 인구를 5배로 늘렸다. 1960년대~1980년대 사이 농민들이 하루에 천 명 이상씩 연방직할 도시로 밀려옴에 따라 (과달라하라, 몬테레이, 푸에블라, 베라크루즈와 같은) 멕시코 제2의 도시들로도 농민들이 밀집했고, 미국 국경지대는 수십만 혹은 수백만 빈민들이 농촌에서 몰려들어 새로 형성된 수출 지대

내 마킬라 공장에서 일자리를 찾게 되었다.

1990년대는 멕시코 내부에서의 이주가 급증하는 미국으로의 국제 이주에 그 자리를 내주게 된 시기다. 1994년 북미자유무역협정NAFTA 의 이행은 토지개혁을 개정하여 멕시코 농민의 농업을 미국과 캐나다의 농업 부문 사적 기업과 "동조화"하기 위해 고안된 법안으로 바꾸는 것을 포함했다. 이 조치는 멕시코 농촌 지역에서 대대적인 빈곤을 양산했고, 농민들을 자신의 마을에서 밀어냈다. 연속적인 경기 침체는 농민들의 생산 활동에 위기를 초래 했고, 멕시코 농민들은 도시로, 또한 미국 내 전통적인 이주자 유입 지역(캘리포니아, 텍사스, 시카고)으로 이주하는 것으로 대응했다. 그러나 이와 더불어 그들은 새로운 목적지, 특히 조지아, 캐롤라이나, 퍼시픽 노스웨스트, 뉴욕, 뉴잉글랜드, 심지어 알래스카로 이주하기도 했다. 현재 미국 내에서 멕시코 이민자가 없는 동네는 찾을 수가 없다.

왜 이주하는가?

멕시코인의 이주가 왜 이렇게 급속도로 증가하는지를 설명하려고 하면서, 대부분의 분석가들은 우리가 지적했듯이 신자유주의 정책이 양산하는 빈곤의 증대에 초점을 둔다. 그러나 경작지의 부족, 농산물 가격 하락, 농촌과 도시 양자에서의 고용 기회 부족과 같은 심각한 경제 문제에 더하여, 중요하지만 잘 알려지지 않은 사회적 변화들이 개인 및 가족의 이주 사업을 위해 집과 가족과 친구를 뒤로하고 떠나겠다는 충동을 자극한다.

농촌 탈출을 자극하는 한 가지 요소는 이주가 농촌에 기반을 둔 가부장제의 가장 억압적인 형태로부터 탈출구를 제공한다는 사실이다. 다수의 진보적인 사람들이 신자유주의와 그 치명적인 효과를 이데올로기적으로 비난하는 데 전념한다. 그러면서 매우 단순한 사실을 간과 하는데, 왜 여성들이 이주를 하거나 남편의 이주 계획을 나중에 이들과 합류하기를 희망하면서 지지하는가 하는 점이다. 여성들은 시집살이에서 겪는 시어머니의 학대에서 탈출하기 위해 자금을 마련하여 독립적인 가구, 즉 '신자유주의적 가구'를 구성하고자 하는 것이다. 낸시 처칠Nancy Chuchill이 설명하듯이 "시골에서 여성들은 가부장적 경계에 종속되어 남성, 남자아이들, 손위 여성들에게 미덕을 행하고 가족의 명예를 지킬 책임을 다 하고 있는지 감시당한다. 여성이 결혼하면 이 감시는 아버지와 남자 형제에서 남편과 그의 부모 소관으로 넘어간다."[3]

젊은 여성의 남편이 이주하여 그녀를 부모의 집에 남겨 놓게 되면 그녀는 시부모의 통제 하에 놓이게 된다. 젊은 여성이 속한 가구의 노동력과 노동 시간을 통제하면서 집안을 실제로 통치하는 이는 시어머니다. 남편을 미국으로 떠나보낸 젊은 여성이 시부모의 집에 유폐되어 있을 정도로 며느리에 대한 시어머니의 지배는 완전히 억압적이다. 그럼에도 불구하고 여성 종속의 이런 측면이 반세계화에 초점을 두면서 페미니즘 개념을 거스르는 이들의 범주에 들어맞지 않기 때문에 이는 이주에 관한 토론에서 간과되거나 무시된다.

진보적인 이들 내에서 이주에 관한 토론을 할 때 종종 누락되는

---

3) Nancy Churchill과의 개인적 소통. Nancy Churchill Conner, "Trabajadoras domésticas y migración internacional : Cambios en la vida cotidiana en Santo Tomás Chautla," in *La Economia politica de la migracion internacional en Puebla y Veracruz : Siete estudios de caso*, ed. Leigh Binford(Puebla, Mexico : Benemérita Universidad Autónoma de Puebla, 2004), 277, 290~292쪽.

이주의 또 다른 원인은 라틴 아메리카 및 카리브해 지역의 빈민들 사이에서 삶에서 기본적으로 필요한 것이 무엇인가에 관한 관념이 변화했다는 사실이다. 이주 과정을 살펴볼 때 이주자들을 동정하지 않는 태도를 갖는 이들은 이주자들이 사랑하는 사람들을 뒤에 남겨두고, 사막을 건너는 개인적 위험을 감수하면서, 인종주의적 사회의 하층민으로서 공식적인 권리를 포기하면서까지 물질적인 것을 획득하기 위해 그 먼 거리를 이동한다는 점을 지적한다. 확실히 이주자들은 자신의 송금액을 가장 먼저 주거 환경을 개선하고, 토지와 더 좋은 농기구를 획득하고 자동차나 트럭을 구입하거나 모험적 사업을 신중히 계약하는 데 사용한다. 더 나아가 멕시코 가구의 20%는 식품, 의복, 주거에 대한 필요를 충족하기 위해 송금에 전적으로 의존한다. 그러나 이주자를 보내는 지역사회를 신중하게 살펴본다면, 그리고 텔레비전, 컴퓨터, 무선전화, 핸드폰, DVD 플레이어 등 여러 소비재에 대한 욕구가 어느 정도인지를 부각한다면 이러한 상품이 "기본적 필요를 충족"하기 위한 것으로 재정의 되는 만큼 사치품들이 이주를 자극하는 데 중요한 역할을 하고 있다는 점을 확인할 수 있다.

떠나는 자와 남는 자

누가 이주하고 누가 남는가를 살펴보면, 떠나는 사람들이 결코 마을에서 가장 가난한 사람들이 아니라는 점이 분명해진다. 왜냐하면 이동 비용을 마련하는 데 재정적·인적 자본이 필요하기 때문이다. 실제로 북쪽을 향한 여행을 감행하기로 결정할 만한 사람이 누군지 예상해보면, 그 기준은 친구 및 친척에 합류함으로써 자신의 문제를 해결하도록 사람들을 움직이고 자극하는 가족 및 동네 네트워크를 갖춘 사람들일 것이다.

얄궂게도, 강력한 이주 네트워크는 이주자 자신뿐 아니라 미국의 고용주들에게도 핵심적인 이익을 제공한다. 이에 관해 웨인 코넬리우스Wayne Cornelius는 샌디에이고의 노동 시장 연구에서 "비용을 들여 광고할 필요가 없다. 인력 공급 업체에 비용을 지불할 필요도 없다. 비어 있는 일자리를 거의 즉각적으로 채울 수 있다. 대부분의 경우 이미 회사에서 일하고 있는 이주자들은 고용주보다 훨씬 먼저 빈자리가 생길 것이라는 점을 알아차린다. 지원서를 살펴보지 않더라도 고급 노동자를 확보할 수 있다. 왜냐하면 이주자들의 사회적 네트워크는 그들의 신뢰도, 생산성, 좋은 성격을 보증한다."[4]라고 말했다.

이 연구는 악명 높은 식당, 조경, 건물 유지·보수, 미숙련 제조업 등의 분야에서 피고용인의 80%가 이주자 네트워크를 통해서 직업을 구했다는 점을 발견했다.[5]

이주자들은 이동 경비를 어떻게 마련하는가? 남캘리포니아로 갈 것인지, 아니면 미국 동부 또는 북부로 갈 것인지에 따라 교통비와 코요테coyotes(이주알선업자)에게 지불하는 비용은 4,000달러 또는 그 이상에 달한다. 종종 이 여행은 이미 미국에 정착한 친척으로부터 후원을 받는다. 이주자들은 여행 경비뿐만 아니라 도착 직후 머무를 숙소와 구직 비용으로 사용하기 위해 임금을 가불받는다. 그렇지 않

---

4) Wayne A. Cornelius, "The Embeddedness of Demand for Mexican Immigrant Labor : New Evidence from California," in *Crossings : Mexican Immigration in Interdisciplinary Perspective*, ed. Marcelo M. Suarez-Orozco(Boston : David Rockefeller Center Series on Latin American Studies, Harvard University, 1998), 126쪽.
5) 같은 쪽.

으면 이주자들은 고향에 남아 있는 친척들로부터 후원을 받는다. 실제로 국제 이주가 가속되면서 대부업자들이 가족의 기본적인 필요를 충족시키거나 경작을 위해 필요한 종자 및 여타 농사 재료를 구입하기 위해 현금이 필요한 농민들에게 미래 수확물을 담보로 신용을 제공해왔던 역사적인 시스템이 부활하고 있다.

오늘날 농민들은 자신의 토지를 담보로 아들의 이주비용을 대출받는다. 이민자들이 미국에 도착하자마자 송금하지 않는다면 부모들은 모든 것을 잃을 수도 있다. 다른 경우, 지역의 토호 세력들이 현금을 지급하고 이를 선거에서 표로 회수하기 위해 이주자들에게 자금을 지원하기도 한다. 또 다른 자금 마련 경로는 마을의 신부들이다. 몇몇 신부들은 이주에 격렬하게 반대하지만, 특히 여성과 젊은이들의 이주에 대해 그러하지만, 다른 신부들은 북미로의 이주를 촉진하는 데 적극적인 역할을 한다. 왜냐하면 송금이 자금이 충분치 않은 교회 재정을 충당하기 위한 핵심 자원이 되어 종교 행사 및 교회 건물의 유지·보수를 지원해 왔기 때문이다.

이주자들의 정치 – 사회적 구성

미국으로 유입된 미등록 멕시코 이주자의 전체 규모와 사회적 특징을 확실하게 파악할 수 없다는 사실은 분명하지만, 북부국경연구소COLEF의 연구자들이 티후아나에서 실시한 장기적인 조사는 몇몇 흥미로운 시각을 제공한다.[6]

---

6) Jorge A. Bustamante, "La migración de los indocumentados," *El Cotidiano*, Número especial 1, 1987, 13~29쪽.

COLEF 팀이 1980년대에 연구를 시작하기 전에는 이주에 관한 자료는 국경을 넘는 데 실패한 이들에게만 초점을 두었다. 미국 연방 이민국INS은 국경 경찰에 체포되어 강제출국을 앞둔 이들의 설문조사를 통해 얻은 통계수치를 보유하고 있었다. 그러나 COLEF 팀은 티후아나와 캘리포니아 샌이시드로를 가르는 장벽을 뛰어넘기 위해 해가 지기를 기다리고 있는 이주 희망자들을 인터뷰했다. 따라서 COLEF의 연구 결과는 국경을 넘는 데 성공하게 될 이들과 이민국에 붙잡히게 될 이들 모두를 포함하는 더욱 완벽한 표본을 바탕으로 하는 것이었다. 친지와 동행하지 않은 여성의 숫자가 더 많은데다가, 예상했던 것과는 다르게 교육 수준이 높은 도시 출신의 숫자가 더 많다는 점에 덧붙여, COLEF 팀이 수집한 자료는 멕시코 출신 이주 희망자의 구성이 과거 농촌 지도층의 구성과 유사하다는 점을 보여준다. 특히 농촌의 학교 교사는 마을에서 가장 영향력 있는 인물로(종종 마을 신부보다 훨씬 중요하다.) 다국적 이주 유입의 압도적 다수를 차지한다. 실제로 이 연구에 따르면 농촌을 떠나 미국에서의 행운을 추구하는 이들은 교양 수준, 교육 수준, 기술 훈련 수준이 농촌에 남아 있는 사람들보다 높다. 비록 우리가 미등록 이주자 전체에 관해 지적했듯이 결국 서비스 경제의 최하층에 있는 일자리를 얻게 되더라도 말이다.

정치적 의미

누가 이주하고 누가 남게 되는가의 문제는 멕시코의 정치와 사회 운동에 관해 분명한 의미를 지닌다. 멕시코 내 생계형 농업 부분에 빈곤이 획일적으로 확산되어 있는 상황에서, 멕시코 전역의 일시적이거나 미발달된 이주 네트워크에 대한 접근 가능성이 일반화되는 조건에서 우리는 자신의 환경을 바꾸기 위해 집단적 행동에 참여하거나 조직하는 사람들과 개인적인 탈출구, 즉 국내·국외 이주를 추구하는 사람을 구분해야 한다. 누가 대안적 삶의 전략을 선택하는지를 설명하자면 많은 핵심 질문이 제기된다. 농촌에 남아 있는 이들이 과거에 멕시코 농촌의 중요한 지역에서 조직되었던 농민 운동을 이끌거나 참여했던 이들과 같은 이들인가? 풍부한 문화적 자원을 지니고 있는 멕시코 농민들이 이주해 갈 가능성이 많은 이들인가? 만약 그렇다면 현재 남아 있는 이들에게는 어떤 일이 벌어졌는가? 미국행 이민이라는 탈출 전략을 택한 이들이 어떤 환경 아래서 정치적 행동을 추구하는 집단적 힘을 재구축할 수 있는가?

미국행 이주가 훨씬 어렵고, 비싸며, 위험해짐에 따라 사람들이 왜 그리고 어떻게 이주를 할지, 아니면 남아 있을지에 관한 사회적·경제적·정치적 선택을 하는지를 설명하는 것은 쉽지 않다. 최근까지 농민들의 목숨을 건(재판을 받거나 군인, 지주의 친위대 또는 준군사집단의 손에 죽을 수 있는) 활동이었던 농민운동 참여는 오늘날 국경 수비대의 경비가 덜 삼엄한 지점에서 미국으로 넘어가는 것만큼이나 위험한데, 이를 위해서는 2~3일 동안 애리조나-소로나 사막을 횡단해야 한다. 더구나 농민들이 동네를 떠날 것인지 아니면 남을 것인지 선택하는 것은 표현의 자유, 결사의 자유가 더욱 확대된 점차 다양해지는 정치 체계라는 국내적인 맥락 안에서 이루어지는 결정이다.

따라서 멕시코 인들은 고향 마을에 남아 정치 투쟁에 참여할지 아니면 이주할지를 가늠하면서 결정을 내리는 가운데, 현재의 민주화 이전보다 집단행동의 가능성이 열린 정치적 기회의 구조 내에서 행동한다. 동시에 이주를 결정하는 멕시코 인들은 미국-멕시코 간 국경 통제가 강화되고, 미국에 거주하는 합법적인 또는 미등록 이주민들의 권리가 약화된 9.11 이후라는 맥락에서 그렇게 하는 것이다. 이러한 상황에서 누가 남고 누가 떠나는지, 누가 돌아오고, 누가 집단행동에 참여하는지, 이런 행동이 어디서 펼쳐지는지에 관한 근본적인 질문은 멕시코 내 지방적 · 전국적 차원의 중대한 정치적 결과를 낳는다.

그러나 이주의 정치적 의미는 멕시코의 지방적 · 전국적 정치에 국한되지 않는다. 자신의 고향에서 멀리 떨어진 해외에서 하층민으로 살면서도 멕시코에서 미국으로 이주한 합법 또는 미등록 이주자들은 "다국적 공동체"로 모여서 고향 마을과 연계를 강화하기 위해 고안된 다양한 활동에 참여하는 향우회를 결성한다. 이러한 모임은 구성원들의 송금액을 모아 보건소 건설, 마을 중앙 광장 수리, 학교 및 교회 보수를 위한 재정을 지원한다. 이들은 또한 대중적 행사, 수호신을 기리는 축제, 팀 스포츠, 카니발, 로데오, 콘서트 등을 후원한다. 가르시아 사모라Garcia Zamora가 지적하듯이, 이러한 모임의 궤적은 일반적으로 대중적 행사나 사업에 대한 후원으로 시작하지만, 고향 마을에 필요한 기반 시설 구축이 완료되면 그 다음 단계로는 고향의 고용 기회 부족이라는 중심적인 문제를 인식하면서 소득을 발생시키는 사업으로 발전한다.[7]

향우회의 집단적 활동이 왕성할지 몰라도, 이들은 특정 후보를 지원하는 마을의 정치 활동에 집중하지는 않는다. 그럼에도 불구하고

---

7) Rodolfo Garcia Zamora, "Economic Challenges for Mexican Hometown Associations in the United States : Federations of Zacatecan Associations," unpublished paper, 16쪽. Also Rodolfo Garcia Zamora, *Migración, remesas y desarrollo local*, Doctorado en Estudios del Desarrollo, UAZ, Zacatecas, 2003을 참조하시오.

이들이 특정 정당에 속해 있지는 않지만, 향우회는 이주율이 높은 멕시코 각 주의 주지사들에게 인정을 받는다. 그리고 이런 정치인들은 미국에 가서 선거 운동을 진행하는 한편 향우회 회원 또는 지도자들과 자주 면담을 갖고 이주자들이 출신 주에 투자하도록 압력을 가한다.[8]

이주자들은 미국에서의 고된 노동으로 얻은 성과를 가지고 여러 가지 사업을 전개하고 있는데, 이에 더해 정치인들은 경제적 발전을 추진하는 것과 관련된 문제에 대한 해답으로 이주자들의 모습을 제시한다. 그도 그럴 것이, 해외에서 일하는 이주자들이 멕시코에 거주하는 가족에게 개인적으로, 혹은 집단적으로 송금해오는 금액은 2004년에 166억 달러였고, 2005년에는 200억 달러로 추정되는데, 이는 수많은 마을과 도시 경제 전체 중 주된 요소가 된다. 송금액 전체는 관광산업, 제조업, 농업 수출을 통해 벌어들이는 외화의 규모를 훨씬 초과하며, 이를 넘는 부문은 석유 수출밖에 없을 정도로 외화 소득에서 큰 비중을 차지한다.

그러나 마치 고향에 남겨진 이들의 생활을 개선해야만 하고 국가의 사회적 지출의 부족분을 보충하기 위해 이주자들의 자기 착취가 불충분한 것처럼, 오늘날 멕시코의 정부는 점차 이주자들의 송금이 고향에, 특히 기반시설을 개발하는 데 생산적으로 투자되어야 하며, 이 투자가 공공 지출의 부족분을 메울 수 있어야 한다고 전제한다. 이를 추동하기 위해서 사적 기금으로 공적 기금을 보조하는 프로그램이 추진되고 있다. 예를 들어, 1992년 이후 사카테카스 향우회가 고향의 개발 사업을 지원하기 위해 보내오는 모든 달러화는 사카테

---

8) 멕시코 내에서 이주자 비중이 높은 주는 두랑고, 과나후아토, 할리스코, 미코아칸, 와하카, 산 루이스 포토시, 사카테가스다.

카스 주 정부 및 멕시코 연방정부의 예산을 보조하여 "두 기관이 함께 추진하는 하나의 사업Dos-por-Uno" 프로그램에 투입되고 있다. 1998년에는 여기에 지방 의회 예산을 추가하여 "세 기관이 함께 추진하는 하나의 사업Tres-por-Uno"이 되었고, 2000년 폭스 정부는 이를 "시민 발의 프로그램Citizens Initiative Program"이라는 형태의 국가 정책으로 확대했다.[9]

멕시코 정부는 가족 부양, 고향의 기반 시설 개발, 투자 자본 제공을 위한 이주자들의 자기 착취에 대한 보답으로, 이주자들이 자신의 고향과 문화, 가족을 "포기"했다고 비난하던 입장을 바꿔 이들은 국가적 영웅이며 이들의 송금은 애국심의 표현이라고 추켜세운다. 멕시코 정부가 이주자들을 애국적 영웅으로 칭송하는 것은 이주자들이 미국에서 고국으로 돌아오는 공항 입국장에 써 놓은 문구에서 분명히 드러난다.

고향에 오신 걸 환영합니다. 오랜 기간 동안 여러분이 사랑하는 이들과 고국의 품을 멀리 떠나 노력하고 희생해온 것에 경의를 표합니다. 이주자들은 훌륭한 모범을 보여주고 있습니다. 이들의 불굴의 의지와 용기를 모든 이들을 존경합니다. 여러분이 없는 동안 우리는 여러분의 권리를 지키고, 여러분이 가능한 한 즐겁게 고국 멕시코를 방문할 수 있도록 노력을 지속해왔습니다. 여러분의 안전한 출입국을 보장하기 위해 주의사항과 정보, 안내를 제공하는 한편, 불편사항을 접수하는 국민을 위한 프로그램을 실시하고 있습니다. ─폭스 대통령.

---

9) Zamora, "Economic Challenges."

송금 이주자들이 공식적인 찬사를 받고 "세 기관이 함께 추진하는 하나의 사업" 프로그램이 멕시코 전역으로 확산되었지만, 미국에서 가난한 이주자들이 벌어들이는 돈은 국가 또는 사적 부문의 투자를 대체할 수는 없다. "민간 부문은 그렇게 하지 않는데도 왜 이주자들에게 그들의 송금을 생산적으로 투자하고 (지역 또는 지방 경제에 몇 배의 효과를 내도록) 효율적으로 사용하라고 요청하는가?" 이는 2005년 4월 모렐로스 주 쿠에르나바카에 모인 32명의 멕시코 이민 문제 전문가들이 발표한 성명서에 수록된 문구다.

현존 다국적 이주 기관들은 자신의 노동에 힘입어, 그리고 정도는 덜하지만 정부의 노력과 혜택으로 확산되어 왔다. 그 결과 이 조직들은 현재 일정 정도의 특권과 정치적 힘을 누리고 있다. 지역 발전에 대한 이주자들의 집단적인 중요성을 인식하는 것은 근본적이다. 그러나 다시 한 번 강조하건대 이러한 집단적인 기여는 전 세계적으로 깊게 뿌리 내린 구조적 불균형을 해결할 수 없음은 물론, 효과적인 지역적·민족적 발전 정책의 부재라는 문제를 해결할 수도 없다.[10]

점점 멕시코 정부는 공공 지출을 집단적 송금에 의존하고 있다. 이는 신자유주의 아래 진행된 국가의 축소가 만든 상황이며 신자유주의 이데올로그들이 예견하고 찬양했던 수순이기도 하다. 이렇듯 국가가 억압받는 개인에게 의존하는 정도를 더욱 키우고 있는 부적절한 상황은 향우회가 모아온 기금이 단순히 가난하기만 한 것이 아

---

10) "Declaration of Cuernavaca, 2005," 3쪽. *La Jornada* 2005년 6월 5일자에 스페인어로 수록되었다. meme.phpwebhosting.com/~migracion/modules/noticias/declaration_of_cuernavaca.pdf

니라 극도의 착취 환경에서 개인적 위험을 무릅쓰고 이 돈을 버는 사람들의 기여로 움직인다는 사실을 감안하면 더욱 놀랍다.

이주자들이 처한 위험

클린턴 정부와 부시 정부의 임기 동안 국경을 넘는 것은 가족의 생존 전략으로써 미국에서 일자리를 찾기로 결심한 미등록 멕시코 이주자들에게 더욱 비싸고 위험한 일이 되었다. 두 미국 정부는 국경에 대한 통제력을 상실했다는 불평에 대한 대응으로 국경 보안의 수위를 높이기 위해 높은 장벽을 설치하고 전자 감지기, 낮 동안의 헬리콥터 감시, 야간 카메라 등의 정교하고 효과적인 탐지 장비를 구입해 설치했다. 또한 월경이 가장 많이 일어나는 장소인 티후아나, 태평양 해안, 텍사스 국경 등에 국경 수비대를 더 많이 배치하기로 했다. 1993년 엘 파소 국경 차단 작전Operation Blokade(얼마 지나지 않아 Operation Hold-the-Line으로 개칭), 뒤이은 1994년 샌디에이고 국경 지대 문지기 작전Operation Gatekeeper 등과 같은 국경 강화를 위한 지출은 매해 늘어 2000년대에 들어서는 3배가 되었다.

코넬리우스가 생생하게 묘사하듯이 국경 강화의 결과로 이주 희망자들은 경비가 삼엄해진 전통적인 월경 지대를 떠나 애리조나-소노라 사막을 찾게 되었는데, 이곳은 극단적인 추위와 더위 및 물 부족으로 대륙 내에서 가장 살기 어려우며, 대낮에는 탈수로 혹은 독사에 물리거나, 미국에 근거지를 둔 자경단 또는 강도의 손에 죽을 수도 있는 위험을 감수해야 하는 곳이다. 코요테의 개입은 더욱 확대되었고, 국경을 넘는데 소요되는 비용은 4~5배 증가했으며, 국경을 넘다 사망하는 사람의 숫자는 평균적으로 1년에 400명 이상으로 증가했는데 이는 미국의 국경수비대 또는 멕시코 경찰이 수비하고 있는 지역에서만 계산한 수치다.[11]

앞서 밝혀진 것처럼 멕시코 국경을 폐쇄하기 위한 재정적·인적 자원의 막대한 지출은 미국 내 미등록 멕시코 인들이 계속 존재하고 심지어 확대되는 것을 볼 때 아무런 효과를 거두지 못하고 있는 것으로 보인다. 연방 이민국은 "체포자" 숫자로 통계를 내지만, 이 수치는 문지기 작전과 같은 프로그램의 효율성에 대해 아무것도 말해주지 않는다. 왜냐하면 운 나쁘게 한 번 잡힌 이주 희망자가 하룻밤에도 여러 차례 잡힐 수 있으며, 성공할 때까지 국경을 넘기 위한 노력을 지속하려 할 것이기 때문이다. 이 점은 연방 이민국의 통계 기록에 잡히지 않는다. 클린턴과 부시 행정부 양자는 체포자 수가 늘어난 것은 국경 수비 및 탐지 장치의 효율성을 증명해주며, 체포자 수가 줄어들면 국경 수비 작전이 성공적으로 멕시코 이주자들을 차단하여 국경 수비 넘기를 시도하는 멕시코 인이 줄어들었음을 나타낸다고 주장했다. 이는 대단히 모순적이다.[12]

---

11) Wayne A. Cornelius, "Death at the Border : The Efficacy and 'Unintended' Consequences of U. S. Immigration Control policy, 1993~2000," Center for Comparative Immigration Studies Working Paper No. 27, November 2000 및 Wayne A. Cornelius, "Controlling 'Unwanted' Immigration : Lessons from the United States, 1993~2004," *Journal of Ethnic and Migration Studies* 31, no. 2(April 2005).
12) 같은 책, 6쪽.

모순

앞서 지적한 것처럼, 실제로 멕시코 인은 미국 도처에 존재하며 널리 퍼져 있어서, 미국에서 주변을 살펴보면 멕시코 인(뿐만 아니라 중남미인)에 대한 국경 폐쇄는 미등록 이주자들이 지속적으로 유입되는 것을 막지 못했다는 점을 직관적으로 알아차릴 수 있다. 이주 희망자는 어떤 어려움을 헤치고라도 가고자 하는 길을 가며, 이주자를 차단하려는 노력의 강화는 국경을 넘으려는 이들을 더욱 위험한 상황으로 몰아넣고 그 비용을 증가시킬 뿐이다. 이러한 조치에 대한 미등록 멕시코 인들의 대응은, 당연하게도 연례적인 귀향을 포기하고 더 오랫동안 미국에 머무르며, 고향에 있는 가족을 미국에 데려오는 데 필요한 돈을 지불하게 위해 더 많은 희생을 감내하는 것이다. 그러므로 국경을 강화하고 이주자의 입국을 막는 것을 의도하는 정책은, 거꾸로 미국 내 이주자를 더욱 확대하는 결과를 낳는다.

미국의 여론은 이제 이런 현실을 반영하고 있다. 2005년 1월 〈워싱턴포스트지*Washington post*〉가 실시한 설문조사에서 설문에 응한 미국 시민의 61%가 미등록 이주자들이 직업을 유지하도록 허용하고, 합법적 지위를 획득할 수 있도록 해야 한다고 응답했다.[13] 자신과 함께 사는 이주자들이 미등록 상태에 놓여 있지 않기를 원하는 것이 미국 시민의 정치적 의지라면, 그 대표들은 미국에 사는 미등록 이주자들이 적절한 서류를 발급받고 완전한 권리와 합법적 거주를 보장받을 수 있도록 만들 방법을 찾아야 한다. 국경에 높은 담장을 설치하고 더 많은 인력과 장비를 배치하는 것으로는 이러한 목표를 달

---

13) "Special Report : American Immigration," *The Economist*, 12 March 2005, 28~29쪽.

성할 수 없다.

주목할 만한 것은 국경을 봉쇄하기 위한 조치는 두드러지지만, 불법적으로 미등록 이주자를 고용하는 고용주들을 겨냥한 대안적 접근은 최근까지 방기되어 왔다. 미 의회는 미국 고용주들이 미등록 이주자로 구성된 노동력을 고용하는 것에 대한 법적인 책임에서 빠져나갈 수 있도록 빈틈을 제공해왔다. 고용주들은 노동자가 제출하는 노동허가증이나 사회보장 카드를 검증할 법적 책임을 전혀 지지 않으며, 수백 명의 미등록 이주자들로 공장을 채우는 것에 대한 처벌도 받지 않는다. 그러므로 빈틈 많은 국경에 대한 열띤 수사에도 불구하고, 더불어 의원들이 이주에 대한 반대를 주기적으로 표출함에도 불구하고, 입법자들은 미국 고용주들이 값싼 노동력으로 미등록 상태의 보호 받지 못하는 이주자들을 고용하는 것을 표준적인 사업 전략으로 채택하지 못하게 하는 조치를 실행한 적이 없다.

미국 경제 내 노동자들의 이주와 신분증 교부에 관한 연방 정책의 분명한 모순은 정치 엘리트들의 뿌리 깊은 양면성을 드러낸다. 이들은 자유로운 상품 교역 촉진을 희망하지만, 노동 시장의 자유로운 교류는 금지하겠다고 주장한다. 국경을 넘나드는 노동력의 자유로운 이동을 배제하는 공식적인 입장은 이러한 노동자들이 필요하다는 선언과 들어맞지 않는 정책을 생산한다.

실제로 이런 모순은 미국 정치권 내에서 가장 이상한 연합을 발생시킨다. 필수 노동자 이민 연합은 패스트푸드 식당 체인점, 호텔 산업, 도살 및 육류 포장 업체, 양로원, 농산업을 대표하여 의회와 백악관에 로비를 펼치며, 이런 종류의 친親이민 연합은 합법, 미등록을 막론하고 이민자가 확대되면 임금 삭감이 불가피할 것이라고 두려워하는 포퓰리즘적 반이민 집단과 대립한다. 이민자들의 복지에 대해 관심을 쏟는 사회정의 옹호 그룹은 이민자들이 값싼 노동력으로 써 착취당하더라도 이들과 소기업 경영인들을 이어준다. 해외의 낮은 생산 비용이라는 난제를 미국 내 미등록 이주자들을 고용함으로 써 해결하려는 기업인들은 어떤 비용을 감수하더라도 외국인들의 이주를 근절하고자 하는 이들과 함께 공화당에 속해 있다. 여기에는 국경수비대를 자처하는 인종주의적 자경단도 포함되어 있다. 더불어 의회가 2000년 수만 명의 고숙련 임시 노동자들에게 비자를 발급하는 법안을 통과시키자, 기업인 및 이주자 집단은 이 비자 프로그램을 미숙련 임시 노동자들에게도 확대할 것을 요구했다.

이민 개혁 : 9.11 전과 후

이익이 복합적이고도 모순적인 특징을 지니기 때문에, 노동 시장 이동성, 국경 보안, 이주 노동자의 권리를 다루려는 공식적인 일방 혹은 쌍방의 시도는 막다른 골목에 처한다. 최근 두 정부 아래서 벌어진 논쟁과 그 결과만을 살펴보거나, 브라세로 프로그램bracero program(팔이라는 뜻으로 1942~1964년, 미국과 멕시코 양국 정부의 공식 협상을 통해 미국에 멕시코 출신 임시 계약직 노동자를 받아들이는 프로그램-옮긴이)에서부터 1986년 이미 미국에 거주하는 300만 명의 미등록 이주자들에게 제공된 사면 조치에 이르는 양국 간의 오래고 슬픈 역사를 살펴보든지 간에, 우리는 이 문제들이 빠른 시일 내에 해결될 수 없는 다루기 힘든 문제라는 결론을 낼 수밖에 없다. 확실히 미국의 우월한 협상력이 북미자유무역협정에서 노동의 이동 문제를 협상 테이블에서 제외하도록 했던 당시부터, 미국에 거주하며 노동하는 모든 이들에게 미국 내에서의 권리와 안전, 존엄한 삶을 위한 기회를 보장한다는 목표는 달성할 수 없게 되었다.

아마도 가장 큰 희망은 2000년 부시의 첫 번째 선거 운동 당시 제기되었을 것이다. 부시는 히스패닉 유권자들로 하여금 공화당에 투표하도록 만들기 위해 그의 "친구"이자 "이웃"이며 동료 "목장주"인 멕시코의 과나후아토 주지사인 폭스와 허심탄회한 만남을 자주 가졌다. 폭스 역시 2000년 7월까지 앞서가는 대통령 후보였고, 결국 당선되었다. 부시는 취임하자마자 대통령 고문 수준의 패널들을 임명하고, 미국 내 고용 경력과 거주 기간을 근거로 한 적절한 요건을 갖춘 300만 명으로 추산되는 미등록 멕시코 이주자들에게 합법적 신분을 부여할 방법에 관한 권고안을 만드는 임무를 주었다. 물론 이 제안과 단기 노동 비자를 보유한 이들을 대상으로 한 임시직 노동자 채용 프로그램은, 동일한 기회를 얻고자 하는 비-멕시코계 이민자 집단으로부터, 그리고 미국 내에서 외국인을, 특히 비백인 외국인을 무조건 추방하기를 원하는 인종주의 집단으로부터 즉각적인 항의를 받았다.

그럼에도 불구하고, 미국노총AFL-CIO 지도부는 이 제안을 지지했는데, 이들은 미등록 노동력이 합법화될 때 조직된 노동자들이 저임금 노동자를 조직하고, 고용주들이 저임금 노동자 집단을 활용할 수 있을 때 발생하는 착취에 맞서 싸울 수 있게 된다고 생각했다. 〈뉴욕타임즈The New York Times〉는 2001년 7월 23일자 사설에 다음과 같이 썼다.

임시 비자 소유자에게 의미 있는 권리를 부여하는 것은 저숙련 미국 노동자들에게도 중요하다. 이는 노동조합이 미등록 노동자 지위 합법화에 반대하던 기존의 입장을 뒤집은 것이다. 이들은 더이상 불법 이주자들이 미국 출신 구직자들을 쫓아낼 것이라고 우려하지 않으며, 미국 내 멕시코 노동자들이 모든 저숙련 노동자들의 임금을 하락시킬 것이라고 우려하지도 않는다. 미국에 계속 머무르게 될 미등록 노동자들을 지하 경제로 몰아넣음으로써 이익을 얻을 사람은 아무도 없다.

2001년 9월 6일, 부시 대통령과 폭스 대통령이 이러한 변화를 추진하겠다는 의향을 발표하고 이 계획의 실현 가능성이 엿보였지만, 5일 후에 발생한 테러 공격은 모든 논의를 종결시켰다. 설상가상으로, 필립 마틴Philip Martin이 지적하듯이, "경제 침체와 2001년 9월 11일 테러 공격의 조합은 미국의 이민 논쟁을 확 바꿔놓았다."[14] 9.11 테러가 발생하기 전 긴박한 이민 문제는 미국 내 300~400만 미등록 멕시코 인들의 지위를 어떻게 합법화할 것인가 하는 문제였다. 합법화는 허가 받지 않은 외국인들의 입국을 막는 것에서 이들의 지위를 미국 내에서 규제하는 것으로 초점을 옮기는 것이었다. 테러 공격이 발생한 이후 큰 문제는 미국에 들어와 테러 공격을 자행하는 외국인들을 어떻게 막을 것인가 하는 것이었다. 9.11 이후, 많은 미국인들의 마음속에서 이주자의 이미지는 아메리칸 드림을 추구하며 열심히 일하는 외국인에서 치명적인 위협을 가할 가능성이 있는 자로 바뀌었다.

실제로 9.11 이후 연방 이민국은 이민 및 비자 신청 처리를 중단했다. 이 정책 결정은 이미 모든 생활을 청산하고 미국으로 온 2만여 명을 난민 캠프 수용소에서 대기하도록 방치했다. 비자 발급 절차를 바꿈으로써 "미래의 테러 행위"를 예방하는 법률안이 고안되

---

14) Philip Martin, ed., *Migration News* 8, no. 11(November 2001) 1면.

었는데, 비자 발급 건수를 대폭 축소하고, 입국장에서 근무하는 세관 검사관의 숫자를 3배로 늘려 캐나다와 멕시코 국경에서 검사와 통제를 강화하는 것이었다.

부시의 2004년 선거 운동은 이민 정책에 관한 토론을 신속하게 재개하도록 했다. 그는 다시 한 번 미등록 노동자들에게 최초 3년 동안 일시적인 초청 노동자 지위를 적용하여 이를 횟수에 상관없이 갱신할 수 있도록 허용하는 정책으로 히스패닉 표를 얻으려고 했다. 이 프로그램을 통해 초청 노동자는 최저임금 보장, 합법적인 사회보장번호 획득, 운전면허증 발급, 영주권자에게 지급되는 노동허가증 발급 등 미국 노동자들이 누리는 대부분의 혜택을 누릴 수 있게 된다. 더불어 이 제안은 "노동 시장에 민감한" 것이었는데, 고용주들이 필요로 하면 더 많은 비자를 발급해주도록 되어 있었다. 동시에 노동 계약이 만료된 후 이들이 확실히 미국을 떠나도록 만들기 위해 임금 중 일부를 원천징수하여 귀국 시 돌려주도록 했다.

이 프로그램이 이민자의 권리를 옹호하는 집단이나 우익적 반反이민 집단 모두에게 호응을 얻지 못한 것은 별로 놀랍지 않다. 슬픈 현실은 정책 입안자들에 대한 요구가 지니는 모순적 성격 때문에 의미 있는 입법의 기회가 전혀 없었다는 것이다. 이민 노동은 미국의 서비스 경제에 결정적이다. 더구나 미래의 미국 경제의 국제적 경쟁력은 전적으로 보호받지 못하는 저임금 노동, 즉 미국 내에서 제3세계의 수출 지대와 유사한 임금과 노동 조건에서 일할 사람의 지속적 공급에 달려 있다. 확실히 미국 제조업은 중국 공장의 밑바닥 임금 및 처절한 조건과 겨룰 수가 없다. 그러나 세계화된 자본주의의 논리는 제조업자로 하여금 생산비용을 가능한 한 최저선으로 낮추고, 고용주의 관점에서 법적 지위가 불안정하고 노동권을 보호받지 못하는 이들을 최대한 착취할 것을 요구한다.

노동자들의 조직화 역량을 강화하는 대응책만이 이런 상황을 개선할 것으로 보인다. 이는 이 글에서 상세하게 제시한 이민 유형의 변화에도 불구하고 최근 미국행 이민자들이 처하는 곤란은 여러 면에서 20세기 말 "대중"이 직면하고 있는 상황과 같다. 일자리를 구하고 유지하는 것에 대한 이주 노동자들의 좌절은 이들을 착취에 더욱 취약하게 만든다. 그러므로 이러한 취약성에 대응하기 위한 최선의 방법이 무엇인가에 관한 대답은 조 힐Joe Hill이 인식하고 확신한 그것이다.[15] 해결책을 찾을 수 있다면 그것은 특별하게 기발한 것은 아니다. 오늘날 널리 확산된 조건이 불러일으킨 반응이지만 또한 누군가가 신자유주의라고 불리는 모델이 강제될 것이라고 생각하기 100년 전 이민 시대의 특징이기도 했다. "대답"은 이민자들이 오늘날 미국과 다른 선진산업국 사회와 경제에서 차지하는 중대한 역할을 인정하기를 요구하는 것이다. 이는 "유입국"에서 시민권을 얻을 만큼 운 좋은 이들에게 자신이 살고 또 자녀들이 살기 원하는 사회가 어떤 사회인지에 대해 깊게 생각해 보기를 요청한다. 그리고 이는 노동권과 일반적인 인권을 강화하기 위한 투쟁의 성공에 달려 있다.

참고 : 이 글은 이민에 대한 미국의 논쟁에서 2006년 중반에 개선이 이루어지기 이전에 씌어졌다.

---

15) 〈전세계산업노동자(the Wobblies)〉의 전설적인 노동자 조직가인 조 힐(Joe Hill)은 그가 이끌었던 파업을 탄압하기 위해 고용된 갱단의 총격을 받고 사망했다. 포크송 가수인 우디 거스리(Woody Guthrie)는 조는 결코 죽지 않으며 계속해서 부활할 것이라고 외쳤다. "노동자들이 조직되는 어느 곳에서나, 조 힐을 볼 수 있을 것이다."

11장

남아메리카 좌파와
민족적-민중적 정부의 부활

카를로스 M. 빌라스Carlos M. Vilas

좌파 : 이데올로기와 정치

다른 정치적 구분법과 마찬가지로 좌파와 우파의 양자 관계는 역사적으로 규정된다. 이는 시간과 조건에 따라 변화하며 정치적 과정, 조직, 또는 정부를 이해하는 데 이것이 가지는 중요성은 여러 요소들에 따라 불확정적이다. 광의의 "좌파"를 "진보와 변화의 추구"와 관련 있는 것으로 언급할 수 있지만, 최근의 경험은 "변화"와 "진보"가 항상 함께 나타나지는 않는다는 사실을 보여준다.[1] 구 소비에트 공화국에서 지난 15년 동안 발생한 많은 정치적·사회경제적 변화의 결과는 이를 추진하던 많은 이들에게 영감을 불러일으킨

---

1) Alfio Mastropaolo, "Izquierda," in *Diccionario de política*, ed. Norberto Bobbio 및 Nicola Matteucci(México : Siglo XXI, 1985), 1권, 862~863쪽.

진보에 대한 관념과 잘 들어맞지 않는다. 뿐만 아니라 지난 20년 동안 신자유주의적 거시경제 조정이 불러일으킨 변화들, 즉 빈곤과 불평등의 증가, 노동시장의 해체, 사회 분열의 심화, 대중적 불안의 증가를 진보라고 볼 수도 없다.

뿐만 아니라 좌파와 우파를 가르는 근본적인 구분은 "수평적이고 평등한 사회 전망과 수직적이고 불평등한 사회 전망"이라는, 다시 말해 "평등이라는 이상에 관해 인간이 취하는 구별되는 태도"라는 노베르토 보비오Norberto Bobbio의 주장을 액면 그대로 받아들일 수도 없다.² 사실 칠레의 민주적 타협을 추구하던, 통상적으로 좌파라고 여겨지던 정부가 실행한 경제적 · 사회적 정책은 빈곤을 감축하는 데 효과적이었지만 심각한 사회적 불평등을 초래했다.³ 게다가 지난 10년 동안 사회적 불평등의 문제는 금융 세계화와 신자유주의적 자본주의 구조조정의 주요 행위자, 예를 들어 IMF, 국제개발은행IBD, 세계은행 등의 의제와 결합되었다.⁴ 불평등에 대한 우려는 신자유주의 개혁의 도입으로 인해 사회 불안이 증가하는 상황에 직면한 정부의 제도적 안정성을 강화할 필요성과 결합되었다. 이러한 공식적인 우려는 경제 성장의 속도를 높여야 할 필요성과 결합되었다. 무엇보

2) Norberto Bobbio, *Derecha e izquierda : Razones y significados de una distinción política*(Madrid : Taurus, 1995).
3) Alejandro Portes and Kelly Hoffman, "Latin American Class Structures : Their Composition and Change during the Neoliberal Era," *Latin American Research Review* 38, no.1(2003) : 41~82쪽.
4) 예를 들어, Nancy Birdsall et al., "La desigualdad como limitación del crecimiento en América Latina," *Gestión y política pública* 5, no. 1(1996) : 29~75쪽. Inter American-Development Bank, "América Latina frente a la desigualdad : Progreso económico y social de América Latina," 1998~1999 ; World Bank, *Attacking Poverty : World Development Report 2000/2001*(Washington, DC : World Bank, 2001) 및 David De Ferranti et al., *Inequality in Latin America:Breaking With History?*(Washington, DC : World Bank, 2004)를 참조하시오.

다도 보비오가 주장한 "평등이라는 이상"과 정의에 앞서 이 기구들은 사회적 불평등과 정치적 통치성이 양립하기 쉽지 않다는 점을 우려했다.

좌파의 정치가 다루고자 하는 불평등의 종류를 구분할 수 있는 기준은 없다. 모든 사회는 다양한 불평등을 포함한다. 그러나 정치적 분석과 정책 수립 양자에 중요한 불평등은 집단적 행위자를 포함하는 것, 다시 말해 개인과 그들의 가족을 휩쓰는 사회적 불평등이다. 왜냐하면 이들은 특정한 사회집단 즉, 사회 계급, 종족, 국적, 성별, 나이, 거주 지역, 종교, 습관, 선호하는 생활 등에 속해 있기 때문이다. 개인이 각기 다르다는 사실, 혹은 다르다고 여겨지는 사실은 불충분하다. 제도적 권력 관계의 구조가 이러한 차이에 특별한 효과, 예를 들어 경제적 자원에 대한 접근성, 정치적 참여 자격, 사회적 특권 등을 부여할 때 차이는 불평등이 된다. 사회의 권력 관계를 이렇게 언급하고 이 관계를 이데올로기, 상징, 가치로 주관적으로 해석하며 이 권력을 사회적 관행과 제도로 객관화할 때 불평등은 결국 몇몇 개인의 타인과 다른 개성이라는 추상적인 문제가 되어버린다.

좌파를 일반적으로 정의하려는 시도는 종종 그 정치적 차원에 대한 시야를 잃어버린다. 이런 시도를 통해 얻을 것은 한 사회 내 권력 구조와 그 구조가 낳는 효과에 대한 구체적인 정치적 입장을 밝히는 것이다. 이것이 이론적 혹은 이데올로기적 차원의 과제라면, 정치적 좌파를 규정하는 것은 이러한 차원을 어떻게 다른 행위자 및 다른 사회 조직, 그리고 국제적 정치 무대에 개입과 관련된 집단행동으로 해석할지에 초점을 두어야 한다.

특정한 입장을 정치적 스펙트럼 위에 분류하는 것은 그 입장을 지니고 있는 행위자가 권력 관계, 자원 분배, 사회의 조직에 개입하는 것의 효과에 대해 언급하는 것이기도 하고, 그 입장에 영감을 불어 넣은 일반적인 견해를 언급하는 것이기도 하다. 이러한 효과는 여러 요소에 의존한다. 이념은 그것이 정치적 행동으로 향하는 목표와 범위를 설정하는 한 그 요소 중 하나가 된다. 그러나 우리가 염두에 두어야 할 것은 이 궤적을 따르는 진전이 그 길이 지니는 특성에 따라 나타나는 결과라는 점이다. 다시 말해 그 전진은 다른 행위자들의 동일성, 목표, 관심뿐만 아니라 제도적·실질적 조건의 결과이고, 그 행동과 반응의 결과이며, 획득 가능한 자원, 역사적 궤적 등의 결과다. "열매를 보고 판단한다."는 성경 구절은 정치에 기계적으로 적용할 수 없다. 왜냐하면 정치적 행동의 열매는 단순히 그 행위자의 의지에 따라 좌우되는 것이 아니기 때문이다. 그러나 이는 의도(이념)와 결과 사이의 거리에 관한 흥미로운 경고다.

라틴 아메리카에서 20세기 내내 진행된 진보적 사회 변화의 과정은 민주주의의 사회적·경제적 경계를 확장하려는 시도 등 국가 소득을 진보적으로 재분배하는 한편 당시까지는 배제되었던 사회 집단의 참여를 확대하는 것을 목표로 하는 정치 체계의 개혁을 강조했다. 개혁을 위한 제안에는 사회적 생산조직에 맞서기, 사적 재산을 개조하기(반半봉건적 대농지의 제거와 다양한 형태의 혼합 경제 구성에서부터 생산 수단의 자본주의적 소유 철폐에 이르는), 노동자 및 다른 민중 부문의 정치적·사회적 참여 강화하기, 문화와 종교의 분리, 국제적 체계에 상대적으로 자율성을 가지고 편입하기 등이 포함되었다. 기본적인 이상의 핵심을 둘러싸고 누구든 다소 급진적일 수도 있고 다소 "개혁적"일 수도 있는 입장과 전략을 구별할 수 있으며, 이러한 입장과 전략은 국제사회주의나 국제사민주의, 또는 "제3의 길The

Third Way"을 틀로 하는 국제적인 조류 및 조직과 결합된다. 또한 무장 투쟁이냐 제도적 투쟁이냐와 같은 다양한 방법과 기능상의 차이점을 판단할 수도 있다.

라틴 아메리카에서 좌파가 무엇을 나타내는지에 대해서 합의를 이루는 것이 쉬운 적은 없었다. 오랫동안 사회 및 정치적 제도를 설계하는 데 영향을 미쳐 온 대중적 호소, 예를 들어 멕시코 혁명이나 볼리비아 혁명, 그리고 다양한 민족적 – 인민적 정권들, 예를 들어 아르헨티나의 페론주의, 브라질의 바르가주의, 코스타리카의 민족해방, 에콰도르의 발라스케주의 등을 좌파에 대한 표준적 개념과 연결짓는 것은 어렵다.[5] 누구도 피노체트나 비델라Videla의 군사 독재 정권을 우파라고 규정하고 칠레의 민중연합을 좌파라고 규정하는 데에 이견을 갖지 않을 것이지만, 이런 극단적인 경우를 제외한다면 라틴 아메리카 정치의 기록은 전통적인 좌우 이분법이 충분치 않을 뿐만 아니라 부자연스럽기까지 하다는 지배적인 현실을 보여준다.

이러한 문제는 "좌파"라는 상표를 사회당 또는 공산당, 그리고 그들의 이념으로 축소하려는 특정한 경향에 뿌리를 두고 있다. 정치적 제안 및 진보적인 이행의 경험이 이들만의 자산이었던 적은 없으며, 진보적인 정치 변화 과정을 활성화하는 정치 체제에서 이들이 지속적으로 중요한 역할을 해온 것도 아니었다. 몇 차례 존재했던 진보적 정권은 보통선거권, 진보적인 노동 및 사회보장 입법, 노동자들의 노조 조직화 확대, 토지 개혁 실시, 천연 자원의 국가 소유 강화, 소득의 진보적 재분배와 같은 정치, 사회적 이행의 정책을 강요하는

---

5) 나는 "민족적 – 민중적"이라는 용어를 제르마니의 견해를 빌려 와서 사용하고 있다. (Gino Germani, "Democracia representativa y clases populares," in Alain Touraine and Gino Germani, *América del Sur:un proletariado nuevo* [Barcelona : Nova terra, 1965]).

동안, 이들은 자신의 헤게모니가 위협받는다고 여기는 전통적인 권력자 및 해외의 권력에 반대했을 뿐만 아니라 사회당 및 공산당과의 힘겨루기에 빠져들었다.

불균등한 조치, 다각적이고 상호적인 조합, 가장 다양한 이론적 입장(자유주의, 실증주의, 낭만주의, 마르크스주의, 민족주의, 사회가톨릭주의 등)에서 끌어온 요소들 가운데, 변화와 사회 진보를 향한 제안은 폭넓고 다양한 사회, 정치 조직을 통해 구체화된다. 이들은 라틴 아메리카 전역에 만연한 자본주의에 대해 불만을 표한다. 다시 말해 식민주의적 강제, 기존 사회 구조의 종속적 결합, 국제적인 권력 구조 내 주변적인 편입, 일국적·지역적 경제 조정의 결과, 가속화된 도시화 과정과 결합된 자본주의 말이다. 요컨대, 유럽식 모델과는 완전히 다른 현상을 띠는 유형의 자본주의다.

정치조직 대부분이 이념적으로 명확한 설명만을 전달할 뿐, 이념을 사회·정치적 변화를 이끌어내기 위한, 더 나아가 정권을 장악하기 위한 조직된 집단 전략으로 개조한 경우는 극히 드물다. 이는 1960년 칠레의 정치 체계에서 확인할 수 있다. 칠레는 정치적 연합과 대결, 사회 계급과 정치 이념 간의 전통적인 상호 관계 면에서 유럽과 가까운 모습을 띠었다. 칠레에는 노동 계급 내에서 굳건한 입장을 지니고 활동하는 사회주의, 공산주의 좌파가 있었고, 경제 엘리트와 그들과 결탁한 해외 세력의 이익을 대변하는 보수 우파, 그리고 중간 계급에 호소력 있는 자유주의 중도파가 있었다.

그러나 서반구 내 다른 나라의 민주화 이행 과정은 앞서 언급한 민족적 – 민중적 정권에 의해 추진되었는데, 이는 중간 계급 및 상층 계급의 일부뿐만 아니라 도시와 농촌의 인민 대중에 뿌리내리고 있었다. 또한 민족적 발전, 사회, 정치적 민주화를 강조했고, 경제적 민족주의에 대한 선호를 공개적으로 드러냈다.

항상 조화롭지만은 않았던 사상과 사회적 뿌리의 복합체는 정권을 장악하게 되었는데, 몇몇 경우는 선거를 통한 것이었고(우루과이의 바틀주의, 아르헨티나의 페론주의, 1936년 칠레의 인민전선, 1951년 브라질의 바르가스), 다른 경우는 무장 혁명의 산물이었으며(1910~1915년 멕시코, 1952년 볼리비아, 1959년 쿠바, 1979년 니카라과), 또 다른 경우는 제도적 단절을 이끌었던 민간군부의 행동이었다(1937년 브라질, 1944년 과테말라, 1948년 코스타리카, 1968년 페루). 공산당 또는 사회당의 대응은 우파 정당과의 선거 연합 및 첫 번째 페론주의 정부 재임시절 아르헨티나에서의 군사쿠데타 참여 등을 포함한 공개적인 반대에서부터 동맹과 지지에 이르는 분포를 보였다. 칠레는 인민전선(1936~1941년)과 민중연합(1970~1973년)을 통해 사회당과 공산당이 급진당과 공동정부를 구성하거나, 쿠바의 인민사회당과 함께 7월 26일 운동이 이끈 혁명에 참여하는 경험을 했는데, 이 경험은 공산당 및 사회당의 지배적인 입장이었던 것과 완전한 대조를 이룬다. 이 지역 내에서, 그리고 몇몇 정당 및 노동조합 내에서 "민족주의 좌파"로 알려진 것은 마르크스주의의 비소비에트적 판형을 고수하면서 여기에 라틴 아메리카의 반식민주의 국가에서는 즉각적인 임무가 사회주의적 변혁이 아니라 반봉건, 반제국주의 변혁이라는 주장을 결합시킨 것이었다.

적응과 개혁

잘 알려져 있듯이, 지난 20년 동안 다수의 혁명 또는 개혁의 경험은 수많은 후퇴를 겪게 되었고, 라틴 아메리카 내에서 정치에 참여하는 많은 이들이 자본주의와의 체계적인 대결 및 뒤따르는 근본적인 사회 변혁의 실행 가능성을, 또는 이것이 바람직한 것인지를 의심하는 상황에 직면했다. 여기서는 "체계적 대립"이라는 말을 통해 생산 양식으로써 자본주의라는 문제를 언급하려는 것이 아니라, 지난 20~30년 동안 신자유주의 개혁의 결과로써 효과적으로 출현한 특정한 형태의 자본주의라는 문제를 언급하려는 것이다. 사회와 국가의 구조적 재설계에 전념하면서 다양한 부문의 주도성과 훨씬 온건한 변화에 대한 제안이 등장할 수 있게 되었다.[6]

군사 독재 기간이 지난 후 대의제 민주주의로의 복귀는 라틴 아메리카 내 많은 나라에서 신자유주의 개혁의 이행과 동시에 일어났다. 새로운 민주주의는 이 개혁이 출발점으로 삼은 새로운 사회적·제도적 토대와 조화를 이루어야 한다고 여겼다. 그러나 신자유주의 구조조정은 사회·경제적 조직의 변화에 훨씬 더 많이 개입했는데, 이 구조조정이 사회 계급 및 여타 사회적 행위자들 사이의 권력 관계를 실질적으로 변화시켰기 때문이다. 정부의 사회 복지를 향한 노력이 새로운 거시 경제적 관심사들을 성취하는 데 집중됨에 따라 이전 시기 개혁 프로그램의 사회적 토대였던 임금 노동자, 소농, 국내 시장 지향적 중소기업, 여성과 청년들이 새로운 설계 안에서는 토대가 사라졌다.

1980~1990년대는 사회적 취약성이 강조되는 상황에서 대의제

---

6) 내가 이전 작업에서 논의했던 것처럼 이러한 방향 전환을 추동한 몇 가지 요소가 있다. Carlos M. Vilas, "La izquierda latinoamericana : búsquedas y desafíos," *Nueva Sociedad 157*(1998) : 64~74쪽 ; "Are There Left Alternatives? A Discussion From Latin America," in Are *There Alternatives? : Socialist Register 1996*, ed. Leo Panitch(London : Merlin Press, 1996), 264~285쪽.

민주주의가 재구축되었다. 유엔 라틴 아메리카 카리브해 경제위원
회 ECLAC에 따르면 1980대 라틴 아메리카 내 빈민 인구는 1억
3,600만 명이었다. 10년이 지난 후 그 숫자는 2억 명으로 늘었고,
2003년에는 2억 2,300만 명으로 추정되었다.[7] 지속적인 빈곤의 증가
는 사회적 불평등의 가속화 속에서 발생했다. 신자유주의적 실험이
진행되는 수년 동안 소득 불평등은 라틴 아메리카 전체에서 상당히
증가했으며, 소수의 예외를 제외하면 모든 나라에서 그러했다.[8] 라
틴 아메리카 대부분의 경제가 활발하게 성장하고 있었음에도 불구
하고 빈곤이 증가하고 사회적 불평등이 심화되었다는 사실은 강조
할 필요가 있다. 성장의 과실을 "흘러넘치게" 한다는 신자유주의의
위선을 거부하는 데에 더하여 이득과 손실의 불평등한 분배를 인식
하는 것은 이러한 결과에 둔감하거나 심지어 이를 촉진하는 정치 체
계의 정당성을 깎아내리는 데 기여했다.[9]

여러 라틴 아메리카의 학자들이 지적했듯이, 라틴 아메리카 민중
이 민주주의를 이해하는 방식에는 이렇게 재구축된 대의제 민주주
의의 실적이 반영되지 않았다. 정치 체제 및 민주주의에 대한 민중
들의 평가는 단지 제도적 · 절차적 문제뿐만 아니라, 이러한 제도와

---

7) Economic Commission on Latin America and the Caribbean Annual Reports,
   1998, 2003.
8) 1998년, 라틴 아메리카 소득이 최상위인 5% 인구는 다른 OECD 국가와 비교할 때
   소득 몫이 2배나 많은 반면, 최하위 30%는 전체 소득의 7.5%를 가지고 연명하는데,
   이는 선진국의 하위 30%의 소득 몫인 60%와 비교해 볼 때 턱없이 낮다. Portes and
   Hoffman, "Latin American Class Structures."를 참조하시오.
9) 라티노바로메트로(Lalinobardrnetro)라는 단체가 실시한 여론조사에서 민주주의에
   대한 지지율이 감소한 것으로 드러났다. 2001년에는 면담자의 48%가 민주주의(규칙
   에 따르며, 깨끗하며 투명한 선거의 실현으로 정의)와 권위주의 중 민주주의를 선호
   했다. 민주주의에 대한 만족도는 1997년 41%에서 1998~2000년에는 37%로 감소했
   고, 2001년에는 25%를 나타냈다. 2002년에는 그 수치가 32%로 올라갔다가 2003년
   에 다시 38%로 감소했다. www.latinobarometro.org.

절차의 틀 내에서 이루어지는 결정의 실질적인 내용에도 영향을 받는다.[10] 그러나 라틴 아메리카 대부분의 나라에서 1980년대 중반 이후 진행된 민주화 이행은 이전에 미국의 클린턴 대통령이 "시장 민주주의"라고 불렀던 이른바 워싱턴 합의의 목표 및 원리에 제도적·절차적 대의제 민주주의를 이런저런 방식으로 적응시키는 정치 체제로 귀결되었다. 이는 특정한 신자유주의적 처방에 따라 자본주의를 진전시키는 것을 일차적 책임으로 하는 대의제 정치 체계를 의미한다.[11] 사회의 개선을 향한 민중의 열망은 뒷전으로 밀려나거나 이른바 "거시 경제적 건전성"을 보존한다는 명분하에 직접적으로 폐기되었다.

민주주의에 대한 이러한 한계적인 개념과 밀도 높은 민주주의를 향한 민중의 열망 사이의 간극은, 특히 극도의 사회적 취약성이라는 조건에서, 몇몇 나라에서 폭발적인 효과를 낳았다. 최근 몇 년 동안 대대적인 대중 운동이, 계획되지 않은 정권 교체와 에콰도르, 아르헨티나, 페루, 볼리비아의 대통령 탄핵을 이끌었다. 심각한 경제 위기와 지속되는 정부 부패라는 틀 안에서, 그리고 이 양자가 결합되면서, 엄청난 규모의 시위로 불과 얼마 전 깨끗한 경쟁 선거를 통해 등장한 정부가 쫓겨나게 되었다. 대중적 분노는 에콰도르의 부카람 Abdalá Bucaram, 마와드Jamil Mahuad, 구티에레스, 페루의 후지모리, 아르

10) See Walter Alarcón, "La democracia en la mentalidad y prácticas populares," in W. Alarcón et al., ¿De qué democracia hablamos?(Lima : DESCO, 1992), 9~47쪽.; Carlos Franco, "Visión de la democracia y crisis del regimen," Nueva Sociedad 128(1993) : 50~61쪽. 및 Carlos M. Vilas, "Pobreza, desigualdad social y sustentabilidad democrática : El ciclo corto de la crisis argentina," Revista Mexicana de Sociología 57, no.2(2005) : 229~269쪽.
11) Anthony Lake, From Containment to Enlargement(Washington, DC : Johns Hopkins University School of Advanced International Studies, 1993).

헨티나의 델 라 루아Fernando de la Rúa, 볼리비아의 산체스Gonzalo Sánchez de Losada와 메사Carlos Mesa를 몰아냈다.

이러한 대중적 폭발이 그 자체로, 그리고 저절로 정치적·사회적 변혁을 발생시키지는 않았다는 사실 때문에 대중적 폭발이 중요하지 않은 것은 아니다. 이러한 사건은 우리에게 시민의 평등과 민중 주권이라는 원칙을 한 축으로 하고, 이 사회 내의 소수를 위한 불평등과 기득권을 또 다른 한 축으로 하는 갈등적 공존을 특징으로 하는 사회 환경의 불안정성에 경종을 울린다. 그러나 2002~2003년 대통령을 여러 차례 갈아치운 아르헨티나의 민중봉기 또는 더욱 최근 볼리비아에서 사회주의를 향한 운동MAS의 지도자인 모랄레스가 대통령으로 당선된 것과 같은 뒤이은 정치적 변화는 민중들의 분노와 지속적인 대중적 항의의 명백한 산물이다.

새로운 좌파

민중의 기대와 요구 사이의 간극을 줄이려고 시도하는 한편, 다국적 자본과 공공연히 갈등하는 것을 피하려고 노력하는 여러 정부들은 이런 맥락 속에서 출현했다. 언어적 관성 때문에, 또는 더욱 급진적인 성과를 남겼던 이전의 몇몇 정당과 비교하여, 이와 같은 실험은 정치적 스펙트럼 내에서 "좌파" 또는 "중도 좌파"로 분류된다. 브라질 노동자당PT, 우루과이의 확대전선Frente Amplio, 칠레의 민주화를 위한 정당 연합Concertación, 그리고 아르헨티나의 키르츠네르주의 및 그 정부가 이렇게 분류된다. 멕시코의 민주혁명당PRD과 볼리비아의 사회주의를 향한 운동MAS 역시 이 분류에 들어간다.

구체적으로는 여러 가지 차이가 있지만, 사회적 요구들을 통화 안전성, 제도적 통치성, 민주적 참여라는 틀 내에서 진보적으로 실현하기 위해 투자와 생산, 고용의 확대를 자극하는 총체적인 정책을 시행하려고 했다는 점이 이들의 공통점이다. 이를 달성하는 과정에서 시장을 감시하고 일반적으로 세금, 환율 및 이자율, 경제 규제 등 능동적인 통화 및 재정정책의 통합적 메커니즘을 통해 작동하면서, 국가는 신자유주의 전략에서 훨씬 더 적극적인 역할을 맡아야 했다. 동시에 이러한 정부는 환경 보호, 빈곤 경감, 기반 시설 개발, 일자리 창출, 세계화에 균형적 참여 등 특정한 영역에서 시장이 비효율적이며 국가가 더욱 직접적으로 책임을 지고 개입해야 한다는 점을 인정했다. 1980년대와 1990년대의 신자유주의적 처방이 워싱턴 합의에서 영감을 얻은 것이라면, 새로운 좌파의 제안은 "포스트 워싱턴 합의를 향한 이동" 및 발전과 더욱 강력한 사회적 결속을 달성한다는 "더 넓은 수단과 목표"에 호소하는 권고에서 영감을 얻었다.[12]

여러 면에서 이런 접근은 재탄생한 민주주의에 개혁과 사회 안전을 위한 효과적인 목표를 제공해야 한다는 필요로 나아가는 조직, 경향, 이론적 전망, 정치적 경험이 수렴된 성과로 이해될 수 있었다. 이를 실행하는 여러 지도자 및 정치 조직은 중앙 정부를 차지하거나 지방 정부 및 주 정부에서 좋은 실적을 거둔 후 중앙 정부를 차지하게 하기 위해 경쟁했다. 최고 수준의 정치적 의사 결정 기구에 들어서는 것은 맨땅에서 갑자기 도약한 결과가 아니라 권력 구축 및 통치에 대한 노하우 등 지속적으로 힘을 축적해온 결과였다. 대체로 이는 신자유주의적 이단자였던 후지모리나 급진적 개혁주의자인 차

---

12) Joseph Stiglitz, "Más instrumentos y metas más amplias para el desarrollo : Hacia el consenso post-Washington," *Desarrollo Económico* 151(1998) : 691~722쪽.

베스처럼 정치권력의 외부에서 집권에 참여한 것이 아니라 선거, 의회, 행정적 투쟁에 참여한 잘 알려진 경험의 성과였다. 그람시의 은유를 빌어 이야기하면 진지전War of position이었다.

이런 집권은 장단점을 동시에 지닌다. 주된 장점은 제도적 정치권력, 절차, 수단에 도전하면서 획득한 지식, 그리고 복합적인 문제들의 정치적 속도 조절을 지배하는 가운데 수집한 경험을 가지고 동맹을 형성하는 능력이다. 단점은 전통적인 정치와 공존한 후 이러한 새로운 좌파가 결국 최악의 정치 관습에 흡수되어 자신의 변혁을 위한 제안을 단기적 실용주의에 희석시켜 버린다는 것이다. 결국 새로운 좌파는 민중의 요구에 대해 자신이 비판하는 정치 체제로 화답하게 된다.

차베스의 경우는 특별하다. 그의 제안이 지니는 급진적인 입장과 그의 도전적인 스타일은 전통적인 정치 체계에서 완전히 분리된 그 자신의 정치적 궤적과 관련이 있다. 그는 잇따른 선거를 치루면서 이러한 궤적을 계속 유지했다.[13] 어떤 면에서는 아르헨티나의 키르츠네르 대통령에도 해당된다. 결코 신출내기 정치인이 아닌 키르츠네르가 정치인이자 정부 지도자로서의 경력을 발전시켜 온 곳은 주요 광물 (특히 석유와 석탄)이 풍부하게 매장되어 있고, 수산물 자원이 풍부하지만 상대적으로 전국 정치 체계에서 소외된 산타크루즈 지방이었다. 키르츠네르의 정치 스타일은 이전 정부의 전통적인 정치 방식과 대조를 이루었는데, 경제 정책, 지역 통합, 인권, 민간 – 군부 관계와 같은 문제에 관한 정부의 결정, 정책 결정에서 그

---

13) Carlos M. Vilas, "La sociología política latinoamericana y el 'caso' Chávez : Entre la sorpresa y el déjà vu," *Revista Venezolana de Economía y Ciencias Sociales* 7, no. 2(2001) : 129~145쪽.

러했다. 그는 보호를 받는 경제적·기업적 이익에 대해 대결적인 수사법을 구사하고, 국민과 직접적으로 의사소통하며, 외채 또는 다국적기업과 거칠게 협상하곤 했다.

복지와 진보에 대한 열망을 동인으로 중간·하층 계급의 표를 통해 정권을 잡게 된 새로운 좌파들은 민주적 정당성의 원천을 특정한 영역에서 등장하는 정치적 시간 및 여러 제약과 겨룰 수 있도록 만들어야 한다. 이들이 맞서게 될 이익의 막중함과 새로운 제안을 수립하는 데에서 수렴하게 될 인식과 기대, 동일성의 다양함 때문에 이는 쉬운 일이 아니다. 새로운 좌파의 조직이나 정부를 자세히 들여다보면 이 집단들의 소우주, 정치 노선과 경향, 제안된 행동과 이를 실행하는 방법의 다양성을 발견할 수 있게 된다. 각 조직 내에는 "좌파적" 경향과 "우파적" 경향이 공존한다. 이렇게 서로 다른 정치적 조류는 연합하여, 내부적 헌신과 외부적 동맹을 통해 표를 얻고 선거에서 승리하게 된다. 그러나 이들 간의 차이가 증상으로 나타나는 단계에서 실행으로 옮겨지거나, 정치적 반대에서 정부에 대한 반대로, 학술적 비판에서 실행으로 옮겨지게 되면 갈등이 발생하고 결국은 분열에 이른다. 또한 선거를 두고 계산을 하는데 적용되는 엄격한 논리가 있는데, 이는 정치적인 공통점 때문이든, 정부를 장악하는 데 필요한 표를 되도록 많이 얻기 위한 방법으로든 다른 정치세력과 동맹을 이루는 데 성공하도록 자극한다.

이러한 새로운 좌파 정부 대부분은 민중의 요구가 지니는 긴급성을 한 축으로 하고, 경제 권력과 외부적 압력을 다른 한 축으로 하는 강력한 긴장이 존재한다. 이는 이전 정부가 설정한 거시 경제적 균형을 유지하는 것과 상향식 축적과 하향식 분배를 가져올 발전의 유형을 추진하는 것 사이의 갈등을 보여준다.

칠레의 민주화를 위한 정당 연합은 내부의 긴장을 비교적 성공적으로 다룬 사례다. 진보적인 세금 개혁과 국제 금융의 유입에 대한 일시적인 규제로 경제 정책은 높은 성장률, 국제 경제와의 성공적인 접합, 사회 복지의 개선 등을 달성했다. 동시에 이전의 거시경제 정책에 깊게 뿌리박힌 습성(특히 높은 부의 집중)이 유지되면서 새롭게 설계된 정책의 성과는 각 계층이 매우 불평등하게 돌아갔다. 이로써 칠레는 라틴 아메리카 내에서 사회적 불평등이 가장 심각한 나라 중 하나가 되었다.[14]

여러 면에서 차베스 정부는 새로운 좌파 정부 중 진짜 좌파인 것처럼 보인다. 차베스는 미국의 대 중동 정책의 효과로 상승세를 유지하는 석유 가격에 힘입어, 특히 교육과 의료 분야에서, 일련의 원대한 사회 개혁에 재정을 투여하고 있다. 이는 워싱턴의 압력을 막아내기 위한 정부의 지역적 정치 네트워크를 형성하는 한편, 강력하게 대중을 동원하여 선거를 승리로 이끌어 냄으로써 대기업, 기술관료 엘리트, 주류 언론, 가톨릭 교회의 위계 등이 전통적으로 지녀왔던 권력에 도전한다. 차베스의 정치적 자율성의 핵심은 베네수엘라의 석유 자원을 국가가 통제한다는 점인데, 이를 통해 사회정책과 지역적 개입에 투여할 재정 자원을 마련할 수 있게 된다.[15] 베네수엘라가 높은 수출 가격의 행운을 누리는 것은 처음이 아니다. 과거

---

14) Hugo Fazio, *Mapa actual de la extrema riqueza en Chile*(Santiago : LOM-ARCIS, 1997) ; Portes and Hoffman, "Latin American Class Structures."

15) Luis Lander, "La insurrección de los gerentes : Pdvsa y el gobierno de Chávez," *Revista Venezolana de Economía y Ciencias Sociales*, 10 no. 2(2004) : 13~32 쪽; Bernard Mommer, "Petróleo subversive," in *La política venezolana en la época de Chávez*, ed. Steve Ellner and Daniel Hellinger(Caracas : Nueva Sociedad, 2003), 167~185쪽, Patricia Márquez, "¿Por qué la gente votó por Hugo Chávez?," in Ellner and Hellinger, *La Política venezolana* 253~272쪽 및 Vilas, "La sociología política latinoamericana."

에는 오일 소득이 비센테Juan Vicente Gómez나 페레스Marcos Pérez Jiménez
등의 독재 정권을 유지하는 데 투여되거나 안드레스Carlos Andrés Pérez
의 첫 번째 임기 동안 발생했던 부패한 재정 운영을 뒷받침했다. 현
재의 상황은 대안적인 정책 목표를 지닌 정부의 차별성을 보여주고
있다.

다른 한편으로 브라질 노동자당 정부는 유보적인데, 어떤 점에서
는 산업 엘리트를 고립시키거나 심지어 노동자당의 전통적 지지층
이었던 노동 계급이라는 중요한 요소를 버리는 것을 대가로 신자유
주의적 거시경제 계획을 강화하기도 한다. "기아 제로"와 같은 유명
한 사회 프로그램은, 이들이 직면해 있는 문제나 정부가 움직여야
하는 제도적 공간이 복잡함으로 인해 눈에 띄는 성과를 낳기도 전에
많은 시간이 흘러버렸다. 마찬가지로 소농의 토지 접근권에 대해서
도 아무런 진척이 이루어지지 않았다. 노동자당은 이전의 급진적 좌
파, 마르크스주의 정당으로서의 실천 때문에 생긴 금융 부문 및 미
국 정부의 불안을 달래기 위해 지난 몇 년 동안의 선거 운동을 이끌
었던 급진주의적 제안, 개념, 정치 스타일을 철저하게 재규정하고
있다. 이런 재규정은 국내의 논쟁과 의견 차이, 정당 분열 등 카르도
주Fernado H. Cardoso 전 대통령이 교묘한 반어법으로 지적한 불편한 상
황이라는 불에 기름을 끼얹는 것이었다.[16] 더욱 최근에는 노동자 당
의 고위급 간부들이 부패와 공급 횡령을 저질렀다는 주장이 제기되
어 새로운 실용적 좌파 역시 전통적 정치 안에 있는 최악의 유혹으
로부터 자유롭지 못하다는 점을 보여준다.

자신의 이념을 포기한 가장 애처로운 사례는 1999~2001년 아르

---

16) Fernando H. Cardoso, "La versión brasileña del sueño americano," *Clarín*
(Buenos Aires), 20 February 2005, 30쪽.

헨티나의 국가 연대당FREPASO이다. 1990년대 신자유주의적 메넴 정부에 지속적으로 반대하며 성장해온 국가 연대당은 1999년 대통령 선거에서 보수 성향의 급진당UCR과의 선거 연합으로 연합 정부를 구성할 수 있었으나, 이 연합을 운영할 능력이 없어서 결국 가장 중요한 정치적 결정을 연합에 참여한 우파들에게 넘겨주고 말았다. 국가연대당이 넘겨준 정치적 결정은 투표에 붙였다면 거부되었을 거시 경제적 신자유주의적 설계와 밀접하게 연관된 것들이었다. 선거 공약을 저버림으로써 정부는 고립되었고, 여기에 심각한 부패 및 뇌물 사건이 제기되어 정당 지도자, 의원, 특히 유권자들이 급속히 당을 떠났다. 정부의 정당성이 사라지자 결국 2001년 12월 델라 루아 대통령은 사임했고, 아르헨티나 정치에서 중요한 주체였던 국가연대당은 실질적으로 사라지고 말았다.[17]

민중적-민족적 정권의 부활인가?

우루과이 바스케스Tabaré Vásquez 대통령의 취임사는 전통적인 사회주의 · 공산주의 좌파의 "국제주의"와는 대조적으로 새로운 좌파가 실용주의와 민족주의를 자신의 제안을 실행하는 데 사용하고 있음을 보여준다.

만약 저에게 이념적 관점에서 우리 정부의 강령이 사회주의 강령이냐고 물으신다면, 저는 아니라고 대답하겠습니다. 그것은 매우 민주화된

---

17) Vilas, "Pobreza."

민족주의 강령이며 연대와 사회정의, 정의로운 경제성장, 즉 인간적 발전을 추구하는 강령입니다. 우리가 만들려고 하는 변화는 우루과이적인 변화입니다. 이것은 평화롭고, 점진적이며, 여러모로 깊이 생각한, 진지하고 근본적인 변화이며, 이 나라의 모든 경제 · 정치 · 사회적 생활의 행위자들이 폭넓게 참여하는 책임 있는 변화입니다. 이를 통해 모든 우루과이 인들의 삶의 질을 개선하겠다는 우리 정부의 주된 목표로 나아갈 것입니다. 이 목표는 우루과이가 탄생하던 그날 밤 제기된 역사적 소명에서 나온 것입니다. 우루과이의 독립 영웅인 아르티가스Jose Gervasio de Artigas가, 가장 어려움에 처한 이들이 가장 특권을 누릴 것이며, 국민의 주장은 사소한 연기도 허락하지 않을 것이라고 말했을 때.[18]

아르헨티나의 키르츠네르 대통령 또한 2003년 취임 시에 비슷한 선서를 했다.

상향식 사회적 이동을 복원하기 위해서 대안을 창조하는 민족주의적 자본주의를 재건하겠다는 생각은 우리 계획의 핵심입니다. 우리는 세계와 담을 쌓고 폐쇄되기를 원하지 않습니다. 이것은 민족주의의 문제가 아니라, 민족에 대한 정보를 수집하고 정확히 관찰하고 헌신하는 문제입니다. 선진국이 얼마나 자국 생산자와 산업, 노동자를 보호하는지를 관찰하는 것으로 충분합니다. 이것은 아르헨티나를 자신의 노력과 능력, 노동을 바탕으로 아이들이 부모보다 더 나은 삶을 꿈꿀 수 있는 진보적인 나라로 다시 태어나도록 만드는 문제입니다. 이를 이루기 위해서 우리는 우리나라에서 발전과 경제성장, 일자리 창출, 더욱 많은 그리고 더

---

18) *El País*(Montevideo), 4 March 2005.

욱 공정한 소득 분배가 가능하도록 만드는 정치를 추진해야 합니다. 국
가는 여기서 주된 역할을 할 것입니다. 이는 사적인 활동이 버려진, 부
재한 국가와 충돌하는 보편적인 국가로부터 벗어나도록 만들고, 이쪽
극단에서 저쪽 극단으로 끊임없이 오락가락하도록 동요하자는 말이 아
닙니다. 우리가 정의롭고 분별력 있으며 꼭 필요한 균형 감각을 갖는 것
을 방해하는 민족주의적 열광에 빠져들자는 말이 아닙니다. 우리는 현
명한 국가로 나아가기 위한 새로운 계획 속에서 우리의 발전에 필요한
것을 갖고자 하는 것입니다.[19]

새 술을 오래된 부대에 담게 될 위험이 있지만, 이러한 선언과 20
세기에 라틴 아메리카에 등장했던 민중적-민족적 정권 사이의 유
사성을 강조하는 것은 중요하다. 이전의 여러 정권과 유사하게 현재
의 경험은 대중 동원을 주기적인 선거 과정에 결합시키는 광범위한
정치-사회적 수렴의 한 결과다. 다시 말해, 특정한 정치적 계기 내
에서 부문적 목표를 우선시하는 것이 전체에 이익이 되는 영향을 미
칠 수 있다고 여겨지는 순간을 제외하고는, 부문적 이해를 넘는 민
족적 이해라는 미명하에 다계급적 호소에 의존한 결과라는 말이다.
바스케스가 민족적 영웅인 아르티가스를 언급한 것은 차베스의
제5공화국 운동과 볼리바르Simón Bolívar의 사상과 행동의 밀접한 관련
성을 연상케 한다. 라틴 아메리카의 오래된 전통을 부활시킴으로써
민족은 부문 또는 계급에 상관없이 행위자의 광범위한 배열 안으로
인민을 불러들이는 상징적인 준거점으로서 다시 떠오른다. 민족은
인민과 정치적 행동 프로그램을 둘러싸고 활성화된 집단적 주체의

---

19) Speech made before the Legislative Assembly, 25 May 2003, www.eldia.com.ar/
discurso-kirchner/

통합적인 표현으로 개념화된다.

따라서 민족으로 호소함으로써 시민에 대한 신자유주의적 개념이 지니는 개인주의적 원자화를 피하게 된다. 이 민족의 인민은 시민의 인민이지만, 시민은 특정한 사회경제적 배경 안에 자리 잡고 있다. 어떤 면에서 이는 프랑스 혁명과 시에예스Abbot Sieyes의 저작에서 유래한 인민과 민족에 대한 공화주의적 개념이다. 그러나 동시에 이는 사회주의 (마르크스주의, 비마르크스 주의)가 전통적인 자유주의적 시민권에 대해 비판했던 시민을 특정한 생활 조건 속에 위치하도록 하는 접근(죠르주 뷔르도Georges Burdeau의 l'homme situé)이다.

이러한 새로운 좌파는 더욱 다양성을 띠며, "인민"과 "민족"에 대해 차별적인 전망을 지니고 있으며 노동 계급과 정치적 주도자를 노동·정치의 세계 속에 미리 정해진 행위자로 국한하지 않는다는 점에서 자신들이 과거의 좌파 운동과 다르다고 주장한다.

최근 몇십 년 동안 좌파의 정치 문화가 이룩한 진보는 민중 부문의 다양성을 인식하고, 각각의 희망과 요구를 정치적 행동 프로그램으로 통합시키는 데 있어서 중요한 역할을 했다. 대중운동의 판단 기준으로써 노동자운동의 해체와 쇠퇴는 너무도 분명하다. 좌파의 정치 담론에서 계급에 대한 언급이 점차 사라진 것은 노동조합의 정치적 무게의 상대적 쇠퇴와 다양한 사회운동이 지난 수십 년간 성취한 자신감 있는 참여를 나타낸다.

다양한 사회적 정체성의 총체적 종합으로써 인민 – 민족을 파악하는 사고의 부활은 "아래로부터" 확인되는 정치적 투쟁과 갈등의 차원을 회복한다. 칠레의 민주화를 위한 정당 연합을 오른쪽에 놓고 차베스 정부를 왼쪽에 놓을 때, 정도는 다르지만 현재 정치에서 중심을 차지하는 것은 빈민 대 특권층, 배제된 자 대 포함된 자, 민중대 엘리트 등의 사회적 대립이다. 이러한 대립을 수단으로 삼는 것은 점차 설득력을 얻게 되는데, 왜냐하면 이는 노동 시장의 분화, 실업, 사회 양극화 등 사회의 가장 최악의 모습에 개입하기 때문이다. 이는 모든 사회경제적 고려를 제거한 민주주의와 독재와 같은 정치-제도적 대립을 중심에 둔 1980년대 민주화 이행의 담론과는 매우 다르다. 물론, 이는 워싱턴 합의의 시대인 1990년대 정권들의 "합의 구축"이라는 수사와도 대조적이다.

그러나 전통적인 사회주의와 공산주의 좌파와 마찬가지로 민족적-민중적 정권이 대립에 초점을 두는 것을 수단으로 삼는 것은 체계적 이행을 위한 전략적 계획으로 대체되지 않는다. 앞서 살펴본 것처럼 이는 부문적 개혁, 다국적 기업, 국제금융기구, 유럽·미국 정부 등 외부의 행위자와의 거친 대화를 동반한다. 변화를 위한 제안의 부문적인 성격은 혁명적 좌파의 통치 경험에서 흘러들어온 이념적 선택으로 해석할 수 있다. 즉 온건한 좌파는 선거에서 이기고 권력을 잡은 후 자주적 통치를 방해하는, 예상보다 훨씬 강력한 장애물을 만났을 때 직면하게 되는 딜레마에 순응하게 되는 것이다. 심각한 외채, 금융 세계화의 가설을 따르는 국내 정책 결정자들의 국제화, 국가 운영 역량의 부족, 사회적 아노미의 진전, 국제적 무대에서 헤게모니적 주체들의 의제 변화 등이 장애물에 해당한다.

투표와 민중의 진보와 복지를 향한 희망으로 압박을 받은 새로운 좌파는 근본적인 변화를 채택하기에 우호적이지 않은 국제적 무대 안에서 자신의 민주적 정당성이 조화를 이룰 수 있도록 해야 한다. 이는 새로운 운동 각각의 조직적 구성에 수렴하는 인식, 기대, 정체성이 다양한 상황에서 쉽지 않은 일이다. 새로운 좌파의 통치에서 징후에서 실행으로, 비판에서 실행으로 국면이 변화하는 시점에서 다양한 경향이 연합하여 선거를 치루고 집권했다가 나중에 분열하는 것을 흔히 목격할 수 있다. 앞서 인용한 키르츠네르와 바스케스의 선언은 룰라의 재임 기간 동안 노동자당이 겪었던 것과 유사한 분열과 해체를 막기 위한 시도로 해석할 수 있다.

정치의 민족적 특성과 국가의 역량 증대에 초점을 두는 것은 효용적인 측면에서, 지난 수십 년간 특징적으로 나타났던 세계화된 편견을 정정하는 것이다. 세계화 과정과 국내 정치 사이를 매개하는 지역이라는 차원의 기여로 양자 간의 균형이 향상되었다. 그러나 이러한 관점의 변화는 경제적 민족주의 또는 사기업의 국유화를 의미하지는 않는다. 뿐만 아니라 "고전적인" 민족적·민중적 포퓰리즘을 떠받쳤던 정부의 가격 통제, 노동 시장 규제, 정부의 수입대체 산업 촉진 등을 의미하지도 않는다.

남미공동시장Mercosur의 강화와 궁극적 확대에 관한 논쟁의 재활성화, 에너지 및 생산 특혜 협정 체결, 외교 정책 실행의 조율 등은 모두 발전과 외적 자율성의 확대를 향한 민족적 전략을 강화하는 강령의 개시로써 지역 무대의 가치가 더욱 커지고 있음을 나타낸다. 더 큰 자율성의 구축과 국제 관계의 목표를 결정하는 데 있어서 결정력의 확대는 라틴 아메리카 및 카리브해에 대한 세계화의 지배적 행위자들의 정책을 지배하는 세력과 관점과 초점을 달리 한다는 것을 의미한다. 라틴 아메리카 국내총생산의 절반을 차지하는 새로운 좌파 정부들은 미주자유무역지대FTAA 협상을 중단시켰으며, 미국의 이라크 침공에 반대하고, 쿠바에 대한 봉쇄를 비판했다. 이 세 가지는 백악관의 라틴 아메리카 정책에서 매우 중요한 문제들이다. 차베스 정권은 아르헨티나 외채의 상당량을 유기한으로 구입함으로써 외채 재협상에 성공적으로 개입했다. 더불어 쿠바에 특가로 석유를 판매함으로써 베네수엘라는 쿠바의 주요 무역 대상국이 되었다. 베네수엘라, 아르헨티나, 브라질, 우루과이는 최근 협상을 통해 4개국이 공동으로 소유하는 TV 방송국 텔레수르TeleSur를 탄생시켰는데, 이는 CNN 네트워크를 대체하는 문화적, 정치적 대안이 될 것이다.

새로운 좌파의 중도화와 실용주의, 그리고 대의제 민주주의의 가치 고수는 아직 우파만큼 분명하지는 않다. 베네수엘라는 특히 생생한 예를 제공하는데, 2002년 4월에 반차베스 쿠데타가 시도되었던 조건에서 2004년 대통령 재신임 국민투표를 앞두고 안드레스Carlos Andrés Peréz 전 대통령이 폭력을 동원할 것을 호소한 바 있고, 미국 정부의 고위급 관료들은 공격적 언사의 수준을 계속해서 높이고 있다.[20] 조금 더 정교하고 해외의 개입이 적었던 사례로는 멕시코시티의 인기 있는 시장이었던 오브라도르Andrés Manuel Lopez Obrador가 2006년 대선에서 민주혁명당PRD의 후보로 출마하지 못하도록 멕시코의 정치의 주류 세력이 조작에 나섰다가 실패했던 사례가 있다.

이러한 공격적 조작은 냉전 시기 공산주의의 위협을 놓았던 의미하는 자리에 민족적 – 민중적 제안을 놓는 미국의 외교 정책 입안자들에게서 유래한 새로운 수사와 동시에 등장했다.[21] 이러한 수사에

20) 4월 쿠데타에서 해외 세력의 개입에 대해서는, Heather Busby et al., "US Works Closely with Coup Leaders," Resource Center of the Americas, May 2002, www.americas.org/item_227 ; Christopher Marquis, "Estados Unidos financió a grupos opositores a Chávez," *Clarín*(Buenos Aires) , 26 April 2002, 10쪽, the declarations of former President Andrfs Pérez in *Clarín*(Buenos Aires) 및 *El Tiempo*(Bogota)를 참조하시오. 둘 다 2004년 8월 23일자. 또한, Agence France Press, "Carlos Andrés Pérez : Sólo queda la violencia para tumbar a Chávez," interview with Radio Caracol(Bogotá), Geneva, 2004, www.rnv.gov. ve/noticias/index.php?act=st&f=2&t=7931/. 미국의 침략 전 적대적 수사의 고조와 베네수엘라와 이라크 각각에서 미국이 침략하기 전 발표한 합참의장 성명의 비교에 대해서는 *La Nación*(Buenos Aires), 13 April 2005를 참조하시오.

21) Condoleezza Rice, "Secretary of State Condoleezza Rice at the Post," *2005 March 25*, www.washingtonpost.com/ac2/wp-dyn/A2015-2005Mar25 ; General

서 "급진적 포퓰리즘"은 전 세계를 아우르는 기업 활동의 세계와 미국의 정치 체계의 이념적 경향 내에서 의심이 가는 정권에 붙여지는 이름이다. 이런 진단에 따르면 포퓰리즘은 경제적 민족주의의 물결을 자극하고, 사회적 갈등을 부추기며, 대륙의 통치성을 위험에 빠뜨리며, 따라서 국제적 테러리즘의 정치적 · 이념적 선봉장이 된다. 결론은 명백하다. 포퓰리즘은 "불량국가" 명단에 속하는 것으로 분류되기 쉽다.[22]

아이러니하게도 차베스를 "급진적 포퓰리즘"라는 이름으로 분류하기 시작한 이들은 "급진적 포퓰리즘"에 조심스럽게 공감을 표했던 미국의 학자들이다.[23] 그들은 차베스와 다른 진보적 정부를 정치의 중심축을 사회적 갈등으로 제시하는 포퓰리즘 정부로 해석했다. 이는 앞서 논의했던 것처럼 포퓰리즘과 양립할 수 없는 것이 아니며, 정당 또는 다른 조직의 매개 없이 인민과 직접 관계를 맺는 정치 지도자들의 경험도 아니다. 더불어 이는 급진적인 경험으로 여겨지는데 그 이유는 이들이 신자유주의의 흔적 그리고 미국 정부의 라틴 아메리카 정책의 몇 가지 측면과 대조적으로 사회, 정치적 변화의 정치를 독려해왔기 때문이다. 이들은 후지모리 정권하의 페루나

James T. Hill, "Statement of GeneraI James Hill before the Armed Forces Commission of the House of Representatives," *2004 March 24*, usinfo.state.gov/espanol/ 04032904.html 및 Hill, "Statement Before the House Armed Service Committee, U.S. House of Representatives, on the State of Special Operation Forces," *2003 March 12*.

22) Hugo Alconada Mon, "El eje del mal en América Latina," *La Nación*(Buenos Aires), *2005 April 10*.

23) Kenneth Roberts, "Polarización social y resurgimiento del populismo en Venezuela," in Ellner and Hellinger, *La política Venezolana*, 75~95쪽 및 Steve Ellner, "Venezuela imprevisible : Populismo radical y globalización," *Nueva Sociedad* 183(2003) : 11~26쪽 그리고 Ellner, "Huge Chávez y Alberto Fujimori : Análisis comparativo de dos variantes do populismo," *Revista Venezolana de Ecomomía y Ciencias Sociales* 10, no. l(2004) : 13~37쪽.

메넴 정권하의 아르헨티나에서 신자유주의 개혁이 실행된 최근 몇 년을 지배했던 매우 개인화된 권위주의 정부와도, "신자유주의적 신포퓰리즘"를 키웠던 1990년대의 정권들과도 대조를 이룬다.[24] 따라서 이들 정부에 대한 긍정적인 학술적 평가는 워싱턴의 정책 입안자들의 손에서 변형되어 진정한 위험이 되었다.

가장 완강한 우파의 경고가 정확하다면, 라틴 아메리카는 민주주의의 통치성과 미국의 국제적 안전을 위협하는 신포퓰리즘의 새로운 물결에 접어든 것이 된다. 이러한 경고가 객관적으로 입증될 수 없다면 현재도, 예상되는 미래에도 이들이 가지고 있는 위험은 결코 줄어들 수 없는 것이 아니다. 가장 재앙적인 정치적 결정이, 테러 및 폭력으로부터 벗어나는 데 압도적인 물리적 우월성을 지닌다는 이유만으로, 만들어질 수 있는 부정확한 정보, 근시안적 이익, 편견에 따라 내려지는 일은 이번이 처음은 아니다.

결론

좌파, 우파, 중도는 은유의 관계에 놓여 있다. 각각의 존재는 다른 나머지의 존재를 필요로 한다. 특정 세력을 정치적 스펙트럼 위에 위치 짓는 것의 중요성에 관한 토론은 정치적 조건, 가능한 선택지, 현재의 상태를 유지하거나 변형하기 위한 효과적인 전망의 윤곽을 파악하는 것을 포함해야 한다. 이는 순수한 이념적 정의 또는 전통

---

24) Carlos M. Vilas, "¿Populismos reciclados o neoliberalismo a secas? El mito del 'neopopulismo latinoamericano,'" *Revista Venezolana de Ecomomía y Ciencias Sociales* 9, no.3(2003) : 13~36쪽.

적인 정치적 꼬리표보다 더 중요한 측면이다. 이는 우리가 정치적 선택지를 규정하고 이해하는 데 있어서 이론과 이념을 제거해야 한다는 뜻이 아니며, 표준적 견해가 실질적인 변화를 이끌어내도록 만드는 능력은 항상 권력 관계, 인간과 조직이 이를 통제할 수 있는 능력, 정치적 합의와 대결, 사회적 생활을 활발하게 만드는 긴장과 갈등에 달려 있다는 뜻이다. 새로운 좌파의 정치적 성과 중 가장 눈에 띠는 것은 정확하게 일반적인 생각이 강화될 수 있는 관계의 복합성을 인식했다는 점이다. 그럼에도 불구하고 이념적 문제를 지나치게 강조했다는 점과 더불어 원칙을 부차화했다는 점은 사소한 위험이 아니다. 실용주의와 기회주의는 매우 가까울 수 있으며, 선거에서 이루어지는 긴급한 계산에 의해 더 가까워질 수 있다.

앞에서 살펴본 다양한 라틴 아메리카의 정치적 표현을 한데 묶는데 사용된 "새로운 좌파"라는 용어는 상당히 모호하다. 더욱 상세하게 분석하면 이들의 차이점은 공통점만큼이나 많다. 여기서 나는 공통점을 우선시했는데, 그 이유는 라틴 아메리카의 정치적 특징의 새로운 요소를 파악하도록 만드는 것은 차이점이라기보다는 공통점이기 때문이다. 이러한 공통점은 20세기의 민족적 – 민중적 경험의 특정한 요소와 함께 공동체를 부각시키는데, 신자유주의가 초래한 사회적 악화의 모습에서 두드러지는 것이다.

현재의 경험과 20세기의 민족적 – 민중적 정권이 지니는 진보적 제안과 정치 스타일에 관한 일종의 유사성을 밝히는 것은 민감할 정도로 일리가 있다. 생각은 이를 탄생시킨 시대에 살아남을 수 있지만, 정치 체제는 항상 이것이 작동하는 계기를 표현하며 자신의 효과적인 정체성을 동시대의 순간에서 제거한다. 이는 이미 25세기 전 아리스토텔레스가 관찰한 것이다.

이러한 유사성에 주목하자는 호소는 새로운 좌파가 시대에 뒤떨어져 간다는 뜻이 아니다. 새로운 시대와 새로운 환경에서 제기되는 난제들과 함께 이전 경험에서 제기된 여러 문제들을 해결하고 있으며 권위주의 정권, 민주주의의 좌절, 신자유주의적 실험의 수십 년을 보낸 후 민족적 통합, 사회 안전, 대중 참여, 민주주의의 사회적 효과 등을 적절하게 유지하고 있다는 뜻이다.

12장

저항에서 제안으로

—라틴 아메리카 페미니즘의 기여와 도전

노르마 친치야 Norma Chinchilla, **리슬 하스**Liesl Haas

기로에 선 라틴 아메리카 페미니즘

지난 3년 동안, 라틴 아메리카 페미니즘은 "정치하기"라는 어휘 및 새로운 방법을 라틴 아메리카 사회운동 및 시민사회의 사전에 도입했다. 여러 가지 면에서 라틴 아메리카 페미니즘은 "개인적인 것이 정치적인 것이다.", "가족의 민주주의와 국가의 민주주의", "남성성과 여성성의 사회적 구축"과 같은 개념을 도입하며, "세상을 변혁하자"[1]는 칠레의 페미니스트 키르쿠드Julieta Kirkwood의 호소를 가슴속에 새겼다. 라틴 아메리카 페미니스트들은 일상생활의 정치와 시

---

1) Julieta Kirkwood, "Feminismo y participación politica en Chile," in *La Otra Mitad de Chile*, ed. Maria Angelica Meza(Santiago, Chile : CESOC, 1986), 69쪽. Latin America and Latin American as used throughout this discussion include the countries of the Caribbean.

민사회의 권력에 대한 이해를 높여왔고, 동시에 시민권, 민주주의, 인권 등의 보편적으로 수용되는 관념을 확대해왔다. 이들은 가부장적이고 배타적이며 권위주의적인 문화 전통의 요소를 제거하는 한편 연대와 협력, 다원성, 자유, 인권 존중을 토대로 "신자유주의를 넘어" 대안적인 사회를 가시화함으로써 라틴 아메리카 역사에 한 획을 그었다. 그 과정에서 라틴 아메리카 페미니스트들은 각국 정부가 여성에 대해 책임감을 갖추도록 싸웠을 뿐만 아니라 세계화가 촉발한 기회, 즉 지역적·세계적 차원의 여성운동을 구축하여 공동 행동을 실행할 수 있게 된 기회를 활용했다.

부인할 수 없는 성공에도 불구하고 라틴 아메리카 페미니즘은 오늘날 새로운 가능성과 심각한 도전의 기로에 서 있다. 내적 구성 및 동학, 이것이 작동해 온 맥락이 변화하고 있다. 역설적이게도, 신자유주의 경제 개혁이 여성의 삶을 더욱 힘들게 만들고 여성들이 획득해온 법적, 그리고 여타의 성과들을 무력화한다고 위협했던 그때, 라틴 아메리카 페미니즘은 자신의 토대를 얻었다. 페미니즘이 이렇듯 토대를 구축하자, 이에 대한 대응으로 초국적 자본과 연계된 강력한 우익 운동이 출현하여 이념적으로, 그리고 정치적으로 페미니즘에 도전했다.

내적으로, 라틴 아메리카 페미니즘은 더욱 다양해졌고, 다양한 현실 속에서 그 영향력과 토대를 확장해왔다. 그러나 다양성은 공동행동에 대한 도전을 제기해왔으며 페미니즘이 지리적으로 널리 그리고, 정치 기구 및 시민사회의 다양한 층으로 확산되었기 때문에 더욱 그러했다. 페미니즘은 새로운 형태의 권력에 대한 접근성을 누렸으나 동시에 자원과 발언 능력, 정치적 공간 접근성에 대한 새로운 불평등과 싸워야 했다. 다양성과 확산은 다른 사회 전체에서와 마찬가지로 여성운동 내에서도 민주주의와 다원성을 실천하는 데 새로운 난제를 형성했다. 페미니즘적 비정부기구와 문화제도 내 페미니즘의 영향력은 페미니스트들의 정당 및 국가 기구 참여와 더불어 여성의 평등을 가로막는 장애물에 맞설 수 있는 새로운 수단에 접근할 수 있는 길을 열었다.

그러나 이러한 형태의 협력은 동시에 새로운 불평등과 선택의 기회를 형성했다. 여성권에 관한 국제적 동맹 및 국제회의의 창설은 페미니즘의 가시성을 증대시켰고, 여성운동에 자원을 제공했으며, 여성들이 시민권과 권리를 행사할 수 있는 새로운 장을 제공했다. 그러나 긍정적인 변화는 해로울 수도 있는 결과를 동반한다. 국제적 행동에 대한 강조는 페미니스트들을 각국에서 여성운동 및 페미니즘운동이 처한 특정한 문제를 보지 못하게 만든다. 도미니카공화국에서 열린 제8회 라틴 아메리카-카리브해 페미니스트 회의의 한 참가자는 많은 활동가들이 보여준 관점을, "이렇게 변화된 세상을 어떻게 헤쳐 나갈 수 있을까?"라는 말로 요약했다.[2]

신자유주의와 세계화라는 맥락에서 라틴 아메리카 여성의 삶

라틴 아메리카 페미니즘의 기여와 성공을 올바르게 인식하게 위해서는 라틴 아메리카 여성이 직면하고 있는 문제의 깊이와 신자유주의 경제 정책과 미완의 민주주의가 여성에 대한 역사적인 배제를

---

2) Sonia E. Alvarez, Elisabeth Jay Friedman, Ericka Beckman, et al., "Encountering Latin American and Caribbean Feminisms," *Signs : Journal of Women in Culture and Society* 28, no. 2(2003).

더욱 악화시켜 온 방법을 인식해야 한다. 부족한 재정과 부실한 법적 체계는 평등 기회와 연관된 법 집행의 취약성과 결합되어 교육 접근성, 급여 평등, 가정 폭력, 임신과 출산 건강권 등 공적 영역에서 이루어진 진보가 여성의 삶을 변화시키는 효과를 낳지 못하도록 만들었다. 그리고 우파 및 가톨릭 교회의 반대 운동이 점차 커지면서, 정당과 국가 내 대표성 확대를 통한 정치 권력 접근성을 포함하여 페미니스트들이 얻은 성과들을 위협하고 있다.

전반적으로 라틴 아메리카에서 여성들의 교육 접근성 확대는 칭송할 만하다. 최근 몇십 년 동안 일어났던 사회적 자원에 대한 여성의 접근성과 관련된 긍정적 변화는 여성의 87%가 초중등 교육을 받게 되었으며, 대학에 입학하는 남성보다 여성이 더 많다는 점이다. 임신한 학생을 추방할 수 있도록 허용한 칠레의 법과 같이 여성 교육에 대한 제한은 많은 나라에서 폐지되었다. 그럼에도 불구하고 여성의 교육 접근성은 지역 내에서도 천차만별이다. 종합된 통계 수치는 농촌 여성, 특히 원주민 여성들의 문맹률이 높다는 (때로는 증가하고 있다는) 사실을 감춘다.

또 다른 긍정적인 변화는 집 밖에서 유급 노동에 참여하는 여성의 비율이 늘어나고 있다는 점이다. 라틴 아메리카 전역에서 현재 공식적인 유급 노동력의 1/3 가량이 여성이다. 그러나 여성의 일자리 접근 확대는 빈곤 감소를 동반하지 않는다. 뿐만 아니라 대부분의 경우 여성 및 그 가족의 경제적 복지의 현격한 증가를 발생시키지도 않는다. 안정화, 자유화, 민영화 등 신자유주의 정책의 결과로 빈곤은 급속도로 여성화되며 여성의 이중, 삼중의 부담은 무겁기만 하다. 페미니스트들이 급여 평등 법안을 통과시키는 데 성공한 곳에서도 여성의 임금은 남성의 60~80%에 불과하며 여성과 남성의 임금 격차는 교육 수준이 높아지는 만큼 높아진다. 노동 시장 내 여성 참여 증가는 불안정하고 임금이 낮으며 생산성이 낮은 곳에 집중되며 비공식 부문에서 특히 높다. 게다가 여성이 단독으로 가장인 가구(현재 라틴 아메리카 가구의 1/4~1/3을 차지한다.) 또는 남성이 있지만 실업 상태인 가구는 아메리카 대륙 전역에서 증가하고 있다. 공공 보육시설이 부족하여 집 밖에서 일하는 빈민 여성은 큰 부담을 지게 된다. 성매매가 늘어나고 있으며, 이 중 일부는 이주를 통해 이루어진다. 점차 많은 여성들이 송금을 통해 가족을 부양하기 위해서 선진국으로 이주할 것을 선택한다.

　라틴 아메리카의 여성운동은 1980년대 이래로 여성에 대한 폭력을 중심적인 문제로 다루어왔다. 그러나 최근 실행된 구조조정 정책은 사회 복지와 공공 안전 영역에 대한 국가 재정을 축소하도록 만들었으며, 이는 점차 증가하는 불평등 문제와 함께 지난 10년 동안 폭력 문제가 페미니즘 운동의 주요 의제가 되도록 만들었다. 1990년 라틴 아메리카 곳곳에서 가정 폭력 관련 입법이 통과되고, 라틴 아메리카 각국 정부가 여성에 대한 폭력의 예방과 처벌, 제거에 관한 미주 협약CEDAW을 비준했지만, 지속적인 집행으로 이어지지 않았으며, 여성에 대한 공적 · 사적 폭력이 곳곳에 풍토병처럼 남아 있다. 라틴 아메리카 대부분의 나라에서 가정 폭력 피해자를 위한 쉼터가 부족함으로 인해 가정 폭력 관련 입법은 큰 상징성을 띠게 되었는데, 여성이 학대하는 남편과 함께 살 수 없기 때문에 쉼터는 무엇보다 중요하다. 더욱 극적인 현상으로, 멕시코의 지속적인 젊은 마킬라 여성 노동자 살해는 후아레스 시에서 멕시코 여러 도시로 확산되고 있으며, 과테말라의 "여성 살해" 피해자 숫자는 훨씬 많은데, 경찰들의 공모와 위협은 하나의 유형이 되어가고 있다.

기대 수명이라는 측면에서 여성은 많은 것을 획득해 왔지만, 임신과 출산에 관한 권리와 임신과 출산에 관련된 의료서비스 접근의 문제에서는 얻은 것이 별로 없다. 라틴 아메리카에서 진행된 여론조사에서 피임약 사용과 낙태 비범죄화에 대한 찬성이 일관되게 나타났고, 브라질을 비롯한 몇몇 나라에서는 에이즈 예방을 비롯한 임신과 출산 의료서비스에서 큰 진전을 이루었음을 확인할 수 있다. 페미니스트들은 라틴 아메리카 전역에서 이 문제에 관한 대중적 논쟁을 요청해왔다. 그러나 많은 나라에서 성교육, 피임약 사용, 안전하고 합법적인 낙태에 대한 가톨릭 교회와 우파의 반대는 정부가 임신과 출산에 관한 교육 및 의료서비스에 대한 페미니스트들의 요구에 답하는 것을 가로막았다. 예를 들어, 칠레에서 에이즈가 증가하고 있으나 가톨릭 교회는 공적인 에이즈 예방 서비스를 확보하기 위한 캠페인을 정부가 비난하도록 압력을 행사했다.

라틴 아메리카 전역에서 피임약 및 안전한 낙태 수단이 부족하다는 사실은 많은 여성들이 여전히 불임 수술이나 비밀 낙태를 임신과 출산을 통제할 수 있는 유일한 수단으로 삼고 있다는 뜻이다. 예를 들어, 페루는 임신한 여성의 1/3 가량이 낙태를 한다. 칠레에서 출산 통제의 가장 일반적인 유형은 낙태고, 서투른 낙태 시술은 여성 사망의 주된 원인이다. 파라과이와 페루에서 비밀 낙태로 인한 합병증은 여성 사망의 두 번째로 중요한 원인이며, 안전하지 않은 낙태로 인한 여성 사망의 전체 비율은 라틴 아메리카 및 카리브해 지역이 전 세계 어느 곳보다 높다. 칠레, 엘살바도르와 같은 몇몇 나라에서 낙태는 산모의 생명을 구하기 위한 것일지라도 허용되지 않는다. 멕시코시티에서는 낙태가 수많은 조건을 달고 허용되었지만, 공공 의료 체계 내 대응 부족으로 여전히 가난한 여성들은 선택의 여지가 없다. 또한 공공 의료 시설을 이용할 수 없는 농촌 여성들은 낙태가 합법적이더라도 시술을 받을 수가 없다.

경제적 자원 접근성, 임신과 출산 관련 의료, 폭력 없는 환경과 같은 문제에서 드러나는 문제들은 페미니스트들이 1990년대에 다른 영역에서 획득한 정치적 성과들을 삭감하기는 하지만 아예 부정하지는 않는다. 정당에 가입한 여성, 여성 각료, 페미니스트 비정부 기구의 숫자가 점차 늘어나면서 여성들은 과거보다 이런 문제들을 다루는 데 훨씬 유리한 위치를 차지하고 있다. 그러나 라틴 아메리카 페미니스트들이 이런 문제를 다루는 능력은 이 지역 내에서 페미니스트 조직의 다양성, 페미니즘 운동 내에서 정당을 둘러싼 깊은 분열, 여성과 여성권 문제의 주변화 등으로 인해 복잡하다.

라틴 아메리카 여성운동의 출현

라틴 아메리카 페미니즘 내의 현존하는 긴장은 라틴 아메리카 내 2세대 페미니즘[3]의 기원과 급속도로 변화하는 지역적, 세계적 맥락, 그리고 1980년대 여러 나라에서 대중적 정치세력으로서 등장한 풀뿌리 여성들의 특성에 뿌리를 두고 있다. 풀뿌리 여성들의 힘이 독재에 반대하는 세력으로서 자리매김하도록 한 여러 요소의 영향력은 더욱 커졌다. 이들은 "비정치적"이며 전통적인 성별 역할을 받아들이고 있으며 상대적으로 협소한 문제들(경제적 생존과 인권)에만

---

3) 여기서 사용되는 '2세대 페미니즘'은 1970년대에 출현한 페미니즘 운동을 일컫는데, 이 운동은 생산과 재생산의 통합, 사회가 '개인적'인 것이라고 규정하는 것, 또는 가사의 영역에 속하는 것, 여성의 신체에 대한 통제권 등을 정치 쟁점화한다.

관심이 있다고 여겨졌었다. 독재 정권이 몰락한 후, 이러한 운동의 절충적인 이념과 계급 기반, 그 구성원들의 폭넓은 정치적 경험, 풀뿌리 운동이 국가와 맺었던 전통적인 대립적 관계가 결합되어 여성의 집단적 행동을 더욱 어렵게 만들었다. 더불어 남부 원추지대 국가에서 독재를 대체한 공식적 민주주의, 평화 협정이 엘살바도르, 과테말라와 같은 나라에서 이루어지고, 멕시코와 같은 나라에서 정치 개혁이 다원주의에 가능성을 가져다줌에 따라 페미니스트들의 경험은 새로운 분화를 겪게 되었다. 한편에는 여성들이 견고한 정치적 반대(저항, protesta)에서 자리를 옮겨 민주주의적인 제도 안에서 권력을 획득하고 실질적인 정치적 대안(제안, propuesta)을 발생시켜야 할 때가 됐다고 생각하는 이들이 있었다. 다른 한편에는 페미니즘이 의식 고양과 문화적 변혁에 초점을 두어야 하고, 변화를 위한 급진적이고 유토피아적인 힘을 고취해야 하며, 본래 가부장적 제도에 "흡수"됨으로써 오염돼서는 안 된다고 생각하는 이들이 있었다. 페미니즘 에너지의 적절한 초점에 관한 현재의 전략 논쟁은 부분적으로 이러한 역사적 변화에서 비롯된다.

1980년대부터 1990년대 초반까지 라틴 아메리카의 여성들은 기본적인 인권 침해와 신자유주의 개혁의 결과로 더욱 불안정해지는 일상적인 생존이라는 도전에 대응하기 위해 풀뿌리 수준에서 조직화되었다. 이런 투쟁이 전형적으로 어머니와 아내로서의 자신의 역할을 비판하기보다는 이를 실현하려는 시도에서 유래하거나, 성별에 구체적인 초점을 두기보다는 다른 사회적 집단(도시 빈민, 소농, 실종자의 어머니)의 구성원으로서의 정체성에 초점을 두었지만, 여성들이 얻은 경험과 능력은 여성들로 하여금 젠더 불평등에 대해 초기적인 비판을 제기하도록 이끌었으며, 정치적 · 사회적 변화에 대한 페미니즘적 전망을 개시하도록 만들었다.

수천 명의 라틴 아메리카 여성들은 인권 문제에 관한 조직화의 결과로 정치적인 전망을 처음으로 획득하게 되었다. 전쟁과 독재의 한가운데에서 여성들은 실종자의 아내, 어머니, 친척으로서 함께 모여, 인권 침해를 종식하기 위해, 그리고 자신의 가족과 친척에게 발생한 일을 공개적으로 알리기 위해, 강력하고 억압적인 정부에 도전했다. 풀뿌리 인권단체에 속한 많은 여성들이 의식과 이념, 변화를 위한 계획에 있어서 각기 다른 정도와 각기 다른 방식으로 변화를 경험했지만, 실제로 모든 이들이 공적 공간 안에서 정부가 억압을 중단하고 인권을 보호할 것을 요구하는 집단적인 행동을 경험함으로써 변화되었다고 이야기한다. 아르헨티나의 5월 광장 어머니회Madres de Plaza Mayo나 칠레의 구속와 실종자 가족 모임Family Members of the Detained and Disappeared, 과테말라의 GAM 같은 인권 단체 내에서 억압과 군사 독재에 맞서 계급과 나이, 이념적 노선을 초월하여 단결했던 여성의 역량은 뒤이은 더욱 폭넓은 민주주의적 대항을 고무하는 한편 그 모델을 제공하는 역할을 했다.

다른 여성들, 특히 도시 빈민 여성들은 신자유주의 경제 정책에서 유래한 심각한 경제 위기에 집단적으로 대응해 온 노력의 결과로 정치적 의식을 획득하게 되었다. 이들은 이러한 위기의 비용을 분담함으로써 가족의 생존을 보장하는 한편 주택, 식량, 물을 국가에 요구하는 방식을 실험했다. 칠레, 브라질, 아르헨티나, 에콰도르, 볼리비아에서 여성들은 지역사회 공동 부엌을 조직했는데 이는 가난한 동네에서 가장 믿을 만한 식량의 원천이 되었다. 페루의 여성들은 더 나아가 지역사회 공동 부엌 운동을 창설했고, 가톨릭 사회 서비스 기관인 카리타스Caritas와 여타 비정부 기구로부터 기금 지원을 받기 위한 로비 활동을 효과적으로 벌였다.

　인권 단체 내 여성들이 경험한 것과 마찬가지로 경제적 문제를 둘러싼 여성들의 조직화 경험은 결국 그들의 정치적 초점을 확장했다. 예를 들어, 1981년 멕시코의 도시 여성들은 도시대중운동전국연합 CINAMUP을 결성해서 구조조정 정책으로 더욱 강화된 경제 위기에 대응하고자 했다. 1982년 페소화 평가 절하, 교육, 의료, 사회 보장, 사회 복지에 대한 예산의 철저한 삭감, 기본 소비재에 대한 보조금 제거 등이 이들의 관심사였다. 도시대중운동전국연합은 빈민에 대한 자원 분배를 늘리도록 정부를 압박하는 한편, 가정 폭력 등 여성에게 영향을 미치는 억압적 사회 조건을 변화시키려고 시도했다. 이와 비슷하게, 1989년 브라질에서 결성된 농촌여성노동자운동 MMTR은 농촌 여성들이 남성과 동등한 노동 환경 및 수당을 보장받는다는 애초의 초점을 넘어 낙태, 섹슈얼리티, 성별 위계에 대한 도전 등 정치적 의제에 관심을 갖게 되었다. 1992년에 이르러 농촌여성노동자운동의 회원 수는 3만 명으로 증가했고, 500명의 간부와 브라질 남부를 중심으로 110개의 지부를 갖게 되었다.

　몇몇 라틴 아메리카 나라에서 인권 및 가족의 생존을 보장하기 위한 조직화라는 초기적인 페미니즘 의식은 좌파 출신 페미니스트들과 접촉한 후 더욱 강화되었다. 이들 중 일부는 자신을 "대중적 페미니즘"이라고 표방했다. 우연치 않게 인권 단체, 빈민, 박해받는 좌파 활동가들에 대한 라틴 아메리카 가톨릭 교회의 보호와 지지는 페미니즘 활동가들이 인권 및 경제 문제로 조직화된 여성들과 접촉할 수 있는 공간을 만들었다. 이러한 연계는 특히 브라질과 칠레에서 영향력이 있었는데, 이 두 나라에서 사회주의 페미니스트들은 인권 단체 및 공동체 조직에 참여하면서 젠더와 여성권에 관한 토론을 분명하게 제기했다. 이런 연계는 주로 기독교 기반 지역사회에서 일어 났는데, 칠레에서는 교회의 공식 인권기구인 연대교구Vicariate of Solidarity가 군사 정권을 피해 정치적 보호를 받으며 구속·실종자 가족모임 및 여타 단체에 속한 여성들과 접촉하려는 사회주의 페미니스트들을 위해 좋은 장소를 제공했다. 이러한 연계가 너무나 강력해서 교황 요한 바오로 2세는 1987년 칠레를 방문했을 때 연대교구가 페미니스트들을 추방할 것을 요청했다.[4]

라틴 아메리카에서 남부 원추지대 각국의 정치적 억압과 독재(그리고 다른 나라의 권위주의와 제한된 민주주의에 대한 비판)라는 맥락에서 페미니즘이 출현하면서 여성권이라는 문제가 자리 잡게 되는 틀이 갖추어졌다. 북미나 유럽에서 페미니스트들의 투쟁에 뒤이어 라틴 아메리카 페미니스트들은 1980년대에 여성 억압을 정치적 논쟁에서 주변화하는 데 기여한 공사 분할을 비판했다. 페미니스트들은 "개인적인 것이 정치적인 것이다."라고 주장하면서 가정 폭력, 여성의 건강, 여성에 대한 동등한 기회의 결여라는 문제에 대한 공적인 대답을 요구했다. 그러나 라틴 아메리카의 여성들은 더 나아가 여성권이 민주화를 위한 더 큰 투쟁과 불가분의 관계이며 여성의 평등 없이 민주주의를 완성할 수 없다고 주장했다. 칠레의 페미니스트 키르쿠드는 "가족의 민주주의와 국가의 민주주의"라는 구호를 만들어 냈는데, 이 구호는 전 지역 여성 운동의 주요 구호가 되었다. 군사 정권의 폭력은 집안에서 여성들이 겪는 폭력과 연계되어 있으며, 가정 폭력은 페미니스트 활동가들을 결집시킨 여성권이라는 문제의

---

4) Liesl Haas, "The Catholic Church in Chile : New Political Alliances," *Latin American Religion in Motion*, ed. Christian Smith and Joshua prokopy(New York : Routledge, 1999).

핵심적인 주제였다.

라틴 아메리카 내 페미니스트들은 부패하고 권위적인 정권을 경험하면서 여성을 포함하고 여성의 요구에 민감하게 반응하는 민주적인 사회를 형성할 것을 요구했다. 1980년대 권위주의에 반대하는 투쟁을 전개하면서, 그 뒤 여성에 대한 폭력에 반대하는 투쟁을 전개하면서 쟁취한 여성의 단결은 일시적으로 여성들 간의 분할을 가렸다. 전통적인 성별 역할을 넘어서지 않는 동원은 인권 침해와 늘어나는 빈곤에 관심을 요구하는 데 효과적인 전략으로 사고되었다. 그러나 1990년대 이행을 거친 후 많은 풀뿌리 여성 활동가들이 페미니즘을 받아들이지 않는 정도가 어느 정도인지 밝혀졌다. 헌신적인 페미니스트들 가운데 새롭게 출현한 민주적 정부에 참여할지, 참여한다면 그 방식은 무엇인지를 둘러싸고 분열이 발생했다. 1990년대 정치 지형이 변화하면서 페미니스트들은 조직의 통합성을 유지하고 다양하고 긴급한 필요에 따라 여성들을 동원하고 정당 및 국가로의 흡수에 저항하기 위한 새로운 방법을 모색했고, 가능하다면 여성권에 관한 정부 정책에 영향력을 행사하기 위한 효과적인 전략을 수립하고자 했다. 이러한 목표의 타고난 모순적 특성, 즉 정치적 독립성과 정치적 참여 사이의 민감한 균형이라는 문제는 라틴 아메리카 페미니즘의 만만치 않은 문제로 지속되었다.

라틴 아메리카 페미니즘과 민주화 이행

1990년대의 정치적 이행은 라틴 아메리카 페미니스트들에게 새로운 기회와 도전을 의미한다. 독재와 내전으로 점철된 수십 년이 지난 후 민주화 이행은 정치적 참여를 가능케 하는 새로운 경로를 확산했다. 예를 들어, 과테말라 페미니스트들은 시민사회 회의 내에 여성분과를 조직했으며, 1996년 평화 협정에 전례 없이 성별을 구체화한 요구를 포함시켰다. 이 협정을 통해 아무런 요구도 실현하지 못했지만 이는 새로운 정치적 지형 내에서 페미니스트들이 동원을 시도했던 방법의 중요한 사례다.

아르헨티나, 브라질, 칠레, 우루과이에서 민주화 이행 이후 재출현한 정당들과 브라질의 노동자당PT, 칠레의 민주주의를 위한 정당 PPD과 같은 "새로운 좌파" 정당들은 여성들을 정당에 참여시키기 위한 집중적인 노력을 펼쳤다. 1990년대 멕시코 여성들은 대안적인 정치 정당에 참여했으며 그 숫자는 날로 늘어 민주혁명당PRD에서는 지도적인 위치를 차지했고, 주 정부 관료 후보로 출마했다. 라틴 아메리카 각국 정부는 여성부를 창설하여 성별 평등 문제에 초점을 두고자 했다. 칠레의 전국 여성 서비스, 브라질의 여성권을 위한 전국위원회, 아르헨티나의 전국여성위원회는 가정 폭력, 결혼과 재산에 관한 법, 교육 개혁과 같은 법 개혁의 최선두에 섰다.

그러나 같은 시기 광범위한 기반을 갖춘 여성운동의 분열이 발생했다. 독재 정권 아래 민주화 투쟁에서 핵심적인 역할을 수행했던 여성 조직은 여성의 전적인 정치 참여를 거부하는 국가와의 관계를 급진적으로 재설정해야 하는 엄청난 과제에 직면했다. 독재 정권 시절 인권, 여성에 대한 폭력, 경제적 궁핍과 같은 문제들에 관해 공동의 동인을 형성할 수 있었던 여성들은 이제 정치 전략에 관한 근본적인 문제를 놓고 분열되어 있다. 국가 외부에서 여성들은 다양한 문제들에 관해 조직화하고 있지만, 민주화 이행이 완성된 것처럼 보이자 국제적인 기부단체로부터 자금 지원이 감소하여 이들의 노력은 제한되었다.

복잡한 정치적 맥락 안에서 여러 가지 문제들이 페미니스트 조직
내 논쟁을 지배했다. 페미니스트들이 어떻게 국가가 정치적 의제를
흡수하지 않도록 하면서 국가 정책에 영향력을 행사할 수 있을 것인
가? 페미니스트들이 어떻게 정당과 의회에서 대표성을 증대시킬 것
인가? 페미니스트들이 어떻게 새로운 여성부가 여성을 책임지도록
만들 수 있을 것인가? 마지막으로 페미니스트들이 만성적인 자금
부족과 다국적 정치 행위자들의 재등장과 지배력에 직면하여 운동
을 성장하도록 만들고 동원을 활발하게 유지할 것인가?

민주적 정치에 페미니스트들의 참여

민주화 이행에 뒤이어 시민 사회와 국가 간의 공식적인 매개자로
서 정당이 재출현하거나 새롭게 형성되었다. 좌파 정당은 특히 여성
들의 표를 얻으려고 애썼지만, 페미니스트들은 자신들의 의제를 희
석시킬 위험이 있는 정당에 참여할 것인지 아니면 국가로부터 자율
성을 유지하며 정치적으로 주변화 될 위험을 감수할 것인지를 놓고
분열했다. 이 딜레마는 남부 원추지대에서 가장 두드러졌는데 이 지
역의 나라에는 역사적으로 안정적인 정당이 뿌리내리고 있었다. 멕
시코에서는 정치 체계의 개방과 민주혁명당과 같은 대안 정당의 출
현으로 여성들의 정치적 기회가 확대되었고, 제도혁명당이 2000년
대통령 선거에서 패배하기 이전부터 멕시코 정치 체계의 중대한 변
화는 예견되었다. 중앙아메리카에서 페미니스트들은 정당 내부의
남성 지배적 문화에 영향력을 행사하려고 시도했지만, 코스타리카

를 예외로 하면 많은 페미니스트들은 정당 외부에 남아 시민권을 행사하도록 여성을 동원하는 것, 정당 및 국가와 협상하는 것, 새로운 정치 문화를 형성하는 것에 초점을 두었다.

라틴 아메리카의 좌파 정당은 일반적으로 이 기간 동안 페미니스트를 비롯한 여성들의 참여에 가장 개방적이었다. 페미니스트들은 특히 멕시코의 민주혁명당, 칠레의 민주주의를 위한 정당, 브라질의 노동자당과 같은 새로 건설된 좌파 선거 정당에서 지도부의 위치를 차지하거나 후보로 선출되는 데 성공을 거두었다. 그러나 가장 진보적인 좌파 정당 내에서도 페미니스트들은 완전한 참여를 쟁취하기 위해 투쟁했다. 좌파 정당 내에서 여성권에 대한 개방성은 페미니스트 당원들이 페미니즘 의제를 당 강령에 포함시키기 위해 펼쳤던 강도 높은 활동의 결과다. 예를 들어, 브라질에서 페미니스트들은 노동자당 안으로 상당히 진입했으나, 이는 노동조합 운동에 근간을 두고 있었던 전통적인 좌파 정당 내에서 강력한 내부 투쟁을 전개한 후에야 가능했다.[5] 멕시코의 민주혁명당은 당 구조 및 의회 등 국가 기구 내에서 여성 할당제를 도입한 최초의 당이지만, 이 문제를 둘러싼 내부 논쟁을 벌이고서도 여성의 대표성이 제도혁명당보다 낮은 수준이었다.

좌파가 여성 참여에 대해 가장 개방적이었기 때문에 라틴 아메리카 각국에서의 여성권의 진전은 좌파의 운명과 긴밀하게 연계되어 있었다. 1989년 신자유주의 개혁이 공고화된 이후, 좌파 정당은 경제 강령을 재고할 수밖에 없었고 정치적 실행 가능성은 "혁신"에 대

---

5) Liesl Haas, "Changing the System from Within? Feminist Participation in the Worker's Party in Brazil, 1989~1995," in *Radical Women in Latin America:Right and Left,* ed. Victoria Gonzalez and Karen Kampwirth(University Park : Pennsylvania State University Press, 2001).

한 의지와 자유주의적 자본주의의 기본적 신념을 수용할 것인지의 여부와 연관되었다. 칠레의 라고스와 브라질의 룰라와 같은 사회주의 대통령마저도, 정치 의제에서 급진적인 경제 개혁을 제거했고, 사회주의라기보다는 사민주의로 정치적 정체성을 새롭게 구축했다. 칠레처럼 좌파가 소수 정당이거나, 또는 정당 간 연합에 참여하고 있는 경우 좌파의 전국적인 정책 수립 능력은 제한되어 있었고, 더 나아가 정책의 희석화는 정당 내에 있는 페미니스트들에게도 영향을 미쳤다. 정당 내에서 영향력을 획득하거나 후보로 선출되기 위한 페미니스트들의 초기의 노력은 좌절되었는데, 각 정당이 선거에서 이기기 위해 또는 내부의 지도적 위치에서 배제하기 위해 페미니스트들을 후보자 명부에서 후순위로 배치했기 때문이다.

페미니스트들은 중도 좌파 정당에서, 또는 종종 우파의 보수적인 여성들과 연합하면서 여성 대표성을 확대하기 위해 성별 할당을 쟁취하기 위한 캠페인을 전개했다. 페미니스트 단체의 운동은 여성들이 이 요구에 대한 남성 당원들의 반대를 극복하도록 만드는 데 중요한 역할을 했다. 1991년 아르헨티나는 각 정당의 후보자 명단에 최소 30%의 여성 할당 의무화를 제도화했다. 1990년대 후반 페미니스트들의 압력에 반응하여 라틴 아메리카 여러 나라는 이 사례를 따랐다. 1997년 제정된 코스타리카의 할당법은 후보자 명단에서 40%를 여성에게 할당했다. 이는 라틴 아메리카 내에서 가장 높은 비율이었다. 멕시코(2001년), 에콰도르(2000년), 볼리비아(2000년), 브라질(2000년), 파나마(2000년)는 여성 대표 기준선을 최소 30%로 설정하는 할당법을 통과시켰다. 페루(1997년)와 도미니카공화국(1997년)은 25% 할당법을 통과시켰고, 역사적으로 라틴 아메리카 내에서 가장 권위주의적인 나라 중 하나인 파라과이에서조차도 1996년 20%

할당법을 통과시켰다. 베네수엘라의 페미니스트들은 1997년 통과된 할당법이 사후적으로 폐지되면서 큰 패배를 겪었다. 할당법이 강제된 이후로 여러 나라 의회에서 여성의 대표성은 극적으로 증가했다.

그러나 여성 대표성의 증가는 당선된 후 여성의 의정 활동에 대한 기대에 의문을 제기했다. 여성들이 좌파 정당뿐만 아니라 우파 정당에 진입하면서 여성의 "본질적인" 정치적 관심사에 관한 손쉬운 가정은 사라지고, 여성의 다양한 헌신과 갈등적인 이념이 인정되었다. 우파 정당에서 선출된 많은 여성들이 여성권 문제를 다루기 위해 페미니스트들이 기울여왔던 노력에 저항했지만, 여성들은 공동의 정책적 목표를 추구하기 위해 정당을 초월한 정치적 동맹을 형성했다. 예를 들어, 칠레에서 좌·우파 여성들은 가정 폭력, 보육 시설, 성폭력법에 관해 협력했다. 멕시코의 제도혁명당, 국민 행동당, 민주혁명당 출신의 여성들은 빈곤 법안 및 가정 폭력 법에 관해 함께 활동했다. 아르헨티나와 멕시코에서 정당을 초월한 여성들의 동맹은 할당법에 대한 정당의 동의를 얻어내는 데 핵심적인 역할을 했다. 이러한 사안에 따른 정당 간 동맹은 페미니스트들의 주장이 보수적인 여성들에게도 뿌리내릴 수 있다는 희망을 불러일으켰지만, 최근 이러한 상호작용은 표준적인 것이라기보다는 예외적인 것으로 남아 있다.

여성부

이행기를 겪으면서 페미니스트들이 획득한 힘과 국제적인 기부자들의 압력에 따라 더욱 강화된 정치적 힘은 1990년대 라틴 아메리카 전역에서 여성부가 창설됨으로써 확인되었다. 새로운 민주적 정부가 여성의 표를 얻으려고 노력함에 따라 페미니스트들은 국가 내에 여성권에 초점을 두는 한편, 다른 정부 기관에 페미니스트 정책 계획에 정당성을 부여하는 역할을 하는 상설기구를 창설할 것을 요구했다. 페미니스트 정책에 대한 지지를 얻기 위해 특정한 정당 또는 정치 지도자에 의존하기보다는 이러한 정부 부서가 국가 내에서 페미니즘의 요구를 위한 상설적인 공간을 제공하고 여성의 정치적 참여를 위한 새로운 경로를 형성할 것이라 희망했다.

실제로 라틴 아메리카 전역의 여성부는 성공적으로 수많은 영역에서 여성에 대한 법적 차별에 도전했다. 멕시코, 칠레, 브라질, 아르헨티나, 우루과이, 페루의 여성부는 가정 폭력에 관한 법안과 더욱 평등한 결혼·가족법을 추진했다. 결혼한 여성의 재산권은 칠레, 브라질, 아르헨티나에서 강화되었고, 임금·고용 차별은 남아메리카 전역에서 비판의 대상이 되었다. 브라질과 멕시코의 여성부는 강간과 성희롱에 관한 법률의 개정과 임신과 출산 권리에 관한 법안 재정을 추진하면서 중대한 정치적 반대에 맞섰다. 칠레의 여성부는 일하는 여성들을 위한 보육 시설을 확대했고, 고용 가사 노동자에 대한 고용 보호와 수당을 제도화했다. 라틴 아메리카 전역에서 여성부는 정부로 하여금 유엔 여성차별철폐위원회CEDAW에서 베이징 행동 강령에 이르는 여성권에 관한 국제 협약을 비준하도록 압박했다.

그러나 여성부는 정부 정책에 영향력을 행사하려고 시도하는 과정에서 수많은 도전에 직면했다. 보수적인 정부하에서 여성부의 직원은 페미니스트로 채워지지 않았으며, 차별적인 법안을 개조하려는 페미니스트들의 노력을 무력화하거나 가로막는 데 쉽게 이용당했다. 브라질의 여성권에 관한 전국위원회는 1995년 부활하기 전 수

년 동안 폐쇄된 상태였고, 우루과이와 페루의 여성부는 1990년대를 통틀어 보수적인 정권이 들어선 후 해체되기 전까지 겨우 몇 년 동안 밖에 활동하지 못했다.

멕시코의 페미니스트들은 폭스 정권하의 국민 행동당 내에서의 반대가 여성부의 활동을 가로막는다는 우려를 제기했다. 모든 행정부 내에서 모든 장관이 정치적으로 임명된다는 사실은, 장관은 정부 외부의 페미니스트들의 요구에 맞서 자신이 속한 특정 정당에 충성한다는 뜻이었다. 예를 들어, 칠레에서 여성부 장관은 창설된 1990년부터 2000년까지 기독민주당 출신이 맡았는데, 여성부는 이 기간 동안 이혼과 치료적 유산을 합법화하려는 페미니스트들의 노력을 지원할 것을 거부했다.[6] 2000년에 사회당 출신이 장관에 임명되면서 여성부는 이혼 법안을 지지하게 되었다. 그러나 여성부는 나머지 정부 부처들의 강력한 반대 때문에 임신과 출산 권리의 문제를 회피했다.

여성 부처의 정치적 특징 때문에 정부 외부의 페미니스트들과의 관계는 복잡해졌고, 국가 개입의 위험에 대한 페미니스트들의 의심은 확실해졌다. 라틴 아메리카 각국 페미니스트들의 공통된 불만은 여성부가 정책을 선택하고 계획을 실현하면서, 페미니스트 조직과 전혀 협의하지 않는다는 것이었다. 칠레의 지도급 페미니스트는 "여성부가 여성운동을 필요로 할 때는 여성운동을 가시화하지만 필요 없을 때는 그렇지 못한다."[7]고 불만을 표했다. 많은 페미니스트들은 여성부가 여성의 전통적 역할에 초점을 두는 사업을 실행하면서 다

---

6) 1989에 칠레 군사 정권은 모든 낙태를, 심지어 산모의 생명이 위험할 때조차도 범죄로 간주했다.
7) 2001년 7월 칠레 산티아고에서 〈ISIS international〉의 두케(Isabel Duque)와 하스(Liesl Haas)의 인터뷰.

른 부처와의 갈등을 회피하고 더욱 정치적으로 논쟁적인 페미니스트들의 의제를 회피한다고 불평했다. 여성부는 빈민 혹은 노동 계급 여성, 레즈비언 여성, 원주민, 흑인, 물라토 여성들과 연계되기보다는, 중산층 여성과 밀접한 연계를 맺고 있는 정치적으로 전통적이고 전문화된 비정부 기구들과의 협력을 선호했다.

여성부가 나머지 정부 부처로부터 어느 정도 독립적인지가 정부 외부 페미니스트들과의 관계와 이 부서가 추진하는 정책의 유형을 결정짓는 데 있어서 중요한 위치를 차지한다. 칠레의 여성부, 브라질의 여성권에 관한 전국위원회, 아르헨티나와 베네수엘라의 전국 여성위원회는 독립적인 기관이다. 독립적인 기관은 어떤 의제를 추진하고 자신의 제안을 어떻게 작성할 것인지에 관한 독립적인 권한을 갖는다. 다른 나라에서는 여성부가 다른 정부 부처의 관할 아래 놓여 있다. 예를 들어, 원주민, 성평등 · 세대에 관한 부처 산하 성평등 관련 부서, 문화 · 청소년 · 체육부 산하에 있는 코스타리카의 여성 · 가족 개발 센터,[8] 콜롬비아의 대통령 직속 청소년 · 여성 · 가족 위원회 등이 그 예다.

여성부서가 다른 기관에 종속되어 있는 나라에서는 이 부서들이 여성의 권리를 정부 내에서 추진하는 능력은 제한되어 있다. 그러나 칠레의 여성부와 같은 독립적인 기관은 정부 내에서 (예산을 적게 할당받는 등) 지위가 낮은 부서로 여겨지며, 여성권의 문제를 정당화하기 위해 나머지 부처들과 싸워야 한다. 몇몇 기관의 이름에서 엿볼 수 있듯이 많은 경우 여성권에 관한 기관은 어린이, 가족에 초점을 두는 부서의 산하 기관으로 편재되어 있다. 이 경우 정부 관료

---

8) 현재 코스타리카에서 전국센터를 독립적인 정부 부처인 전국여성기관으로 바꾸는 법안이 의회에 계류 중이다.

들이 가족 내에서의 전통적 역할 바깥에서의 여성의 평등을 확대하려는 정책을 추진한 것은 매우 힘들다. 연방 체계에서, 각 기관들은 전국 수준과 주 수준 양자에서 존재하는데, 아르헨티나, 멕시코, 브라질이 이러한 경우에 해당한다.

페미니즘과 문화적 변화

정부 외부에서 라틴 아메리카 페미니스트들은 1990년대에 엄청난 시민사회 기관들 사이의 그물망을 형성했다. 대학 내 여성학 프로그램, 대학 내외부의 페미니즘 연구소, 광범위한 비정부 기구는 페미니즘이 연구, 공식 · 비공식 교육, 예술, 언론 홍보, 로비 활동에 관한 전문지식을 개발할 수 있도록 했다. 이러한 비정부 기구 및 연구소, 여성학 프로그램은 "정치하기"와 문화적 변화를 위한 새롭고 중요한 수단을 제공했다.

그러나 여성부의 사례에서 전문화와 "비정부 기구화"는 페미니스트들에게 새로운 권력의 새로운 형태일 뿐만 아니라 도전과 모순이다. 한편으로 유급 인력, 자금, 제도화된 구조는 몇몇 활동가들이 소지역, 민족적, 지역적, 세계적 차원에서 작동하는 데 필요한 네트워크와 전문성을 개발하도록 했다. 동시에 이는 풀뿌리 조직에서부터 경험을 쌓은 페미니스트들의 지도력을 흡수해 버렸고, 국가와 비정부기구의 책임성을 유지하게 만들 수 있었던 비국가, 비정부 기구 운동을 약화했다. 비정부 기구 페미니스트들의 가시성과 유효성은 이들의 기술적 전문성 및 자금과 더불어 점차 정부 및 국내외 기구의 조언을 듣는 존재로 자신의 위치를 설정하도록 만들었다.

새로운 조직적 맥락에 대응하기 위한 조언 및 책임 메커니즘의 부재는 자원과 공식적인 권력의 영역에 대한 접근에서의 불평등, 누가 누구를 위해 발언할 것인가, 민주주의와 시민권이 페미니스트 내에서 그리고 사회 전체에서 어떻게 보장될 것인가에 관한 갈등으로 귀결된 대표성의 "위기"로 이어졌다. 베이징에서 열린 제4차 세계여성대회를 위한 지역적, 일국적 동원은 이런 문제를 악화했을 뿐이다. 전국적 계획과 동반된 막대한 자원의 주입은 이러한 과정과 베이징 여성대회 비정부 기구포럼에서 다양성을 보장하려고 했지만, 불가피하게 소수의 비정부 기구를 선호하도록 만들었다. 베이징 계획이 발의되자마자 이 문제에 관한 진지한 토론은 어려워졌지만 미래의 라틴 아메리카 페미니스트들의 전략과 과정에 관한 베이징대회 이후의 평가에서 전면에 나서게 되었다.

새천년의 라틴 아메리카 페미니즘 : 다국적성과 다양성

오늘날 라틴 아메리카 페미니즘의 특징을 이루는 다양성과 다국적성은 1990년대에 발생한 여러 사건들, 특히 관계망을 촉진한 세계화와 동반된 기술적 변화, 그리고 1995년 베이징에서 열린 제4차 세계여성대회로 정점을 이룬 국제회의에 의해 가속화되었다. 이러한 요소들은 남아메리카에서의 민주화 이행과 중앙아메리카에서의 평화협정으로 형성된 유리한 정치적 분위기 및 사적, 공적 국제 자금과 더불어 1975년 멕시코시티에서 개최된 제1차 세계여성대회 이후 존재했던 지역과 전 세계를 아우르는 여성들의 공통 동인을 형성하자는 욕구를 강화했다.

1980년대 후반과 1990년대 초반까지 라틴 아메리카와 북미, 유럽의 여성 단체 및 개별 활동가들 간의 인터넷을 통한, 그리고 직접적인 접촉이 확산되었다. 폭력, 의료, 재생산권리, 섹슈얼리티, 에이즈 교육, 대중교육 방법론, 원주민과 흑인 여성의 권리 등에 관한 주제별 국제 동맹이 조직되었다. 주기적인 라틴 아메리카 및 카리브해 지역 페미니스트 회합은 지역 차원의 정책 의제와 동원 전략에 관한 논의를 진행할 수 있는 기회였다. 이 회의는 콜롬비아 보고타(1981년), 페루 리마(1983년), 브라질 베르치오가(1985년), 멕시코 타스코 (1987년), 아르헨티나 산 베르나르도(1990년), 엘살바도르 코스타델 솔(1993년), 칠레 카르타헤나(1996년), 도미니카공화국 후안돌리오 (1999년), 코스타리카 플라야탐보르(2002년), 브라질 세하네그라 (2005년)에서 각각 개최되었다.

라틴 아메리카 페미니스트들의 초국적 유대는 1992년 리우데자네이루에서 열린 환경과 개발에 관한 유엔 회의, 1993년 빈에서 열린 인권에 관한 국제회의, 1994년 카이로에서 열린 인구와 개발에 관한 국제회의 등의 국제회의에서 자극을 받았다.[9]

초국적 행동주의는 오늘날 여성이 직면한 문제들이 일국적 차원만으로는 풀릴 수 없으며, 세계화된 세계는 여성권에 관한 세계화된 접근을 요청한다는 신념에 바탕을 두고 있다. 실제로, 여성권에 관한 세계적 표준의 발전이 다양한 페미니스트 의제에 관한 일국 차원의 정책 결정에 영향을 미친다는 연구 결과가 있다.[10] 그리고 라틴

---

9) Nancy Saporta Sternbach, Marysa Navarro-Arangueren, Patricia Churchryk, and Sonia Alvarez, "Feminisms in Latin America : From Bogotá to San Bernardo," *Signs : Journal of Women in Culture and Society* 17, no. 2(1992) : 393~434쪽.

10) Susan Franceschet, "Global Trends and Domestic Responses : Explaining Difference in Gender Politics in Argentina and Chile," 마운트 앨리슨 대학교

아메리카와 카리브해 지역에서 1990년대에 발전한 페미니스트 및 여성 활동가들 사이의 촘촘한 네트워크는 경제적·정치적 변화에 관한 다국적, 지역적 대응을 점차 실현 가능한 것으로 만들었다.

그러나 다국적 행동주의는 페미니스트들의 국내 정치에 대해 장점과 함께 위험을 동시에 지니고 있다. 장점은 잠재적인 행동 영역의 확대뿐만 아니라 새로운 조직화 기술, 시민권이 행사되고 인권이 주장될 수 있는 새로운 공간의 창조를 배울 수 있는 국제적인 자원 및 전문성에 대한 접근성의 획득이다. 후자는 국내에서 심각한 주변화와 탄압, 고립을 겪고 있는 여성 조직들에게 특히 중요하다. 위험은 긴급한 지역적·민족적 문제에 초점을 맞추는 대신 국제적인 연계망을 형성하고 유지하는 데 에너지와 자원을 투여하게 된다는 점이다.

유엔이 주관하는 회의의 사례에서 다국적 페미니스트 행동주의는 덜 발전된 국가와 지역 출신 페미니스트들이 미리 정해진 게임의 법칙에서는 이들을 선호하지 않는 특별한 "논리"에 개입할 수 있게 된다는 것이다. 예를 들어, 1993년 엘살바도르 코스타델솔에서 열린 제6차 라틴 아메리카 및 카리브해 지역 여성 회합에 참가한 "자율적" 페미니스트들은, "근본적으로 가부장적인 논리"가 지배하는 기구에 영향력을 행사하기 위해 에너지를 쏟아 붓게 되면 페미니즘의 봉기적이고 반역적인 역할은 약화될 것이라고 주장했다. 다른 참가자들은 미국 정부와 비정부 기구의 재정에 심하게 의존하는 한편 비정부 기구와 페미니즘에 대한 전문 지식을 갖춘 개인들을 선호하는 지역 차원의 사업을 계획하는 것에 대해 회의적이었다.

(Mount Allison University)에서 2005년 6월 24~26일 개최한 〈새로운 연구 방향: 아메리카 지역내 민주화의 초민족적 차원에 관한 대회〉에서 발표된 논문.

이러한 우려는 베이징의 경험에서 우러나온 것이지만 라틴 아메리카 페미니스트들과 중요한 국제 비정부 기구 네트워크가 어느 정도 확고하게 관료주의의 지배를 받는 이 과정을 뒤흔들고 또 영향력을 미칠 수 있는지는 예측할 수 없다. 예를 들어, 베이징 세계여성대회를 준비하기 위한 지역 비정부 기구 회의는 정부의 준비 회의와 같은 시기에 잡혔고, 이 회의 자체도 이전 회의와 다르게 의제별, 지역별 회의가 하루 단위로 자신의 행동을 조율하며 정부 대표단에 로비하는 것으로 일정이 채워졌다. 비정부 기구의 회의를 "약속을 받아내는 회의"가 되도록 수립한 전략에서 이들은 정부가 2000년까지 실행할 최종 선언문에 언급된 요소들을 명시적으로 언급하도록 압박했다.

　베이징 세계여성대회 및 1990년에 벌어진 여타의 지역적 활동을 준비하는 과정에서 어느 정도의 다양성이 출현할 것인지 역시 아무도 예측할 수 없었다. 다양성을 조건으로 내세우는 국제적 자금지원 기관으로부터 추동을 받아 열린 지역적 회합, 대회 및 주제별 네트워크에 1990년대를 통틀어 브라질 빈민가 출신의 흑인 여성, 원주민 여성, 농촌 여성, 젊은 노동 계급 여성, 종교적 정체성을 지닌 여성, 여성 조합원, 레즈비언 여성, 나이 많은 여성, 장애인 여성, 젊은 여성들의 참여가 눈에 띄게 증가했다. 1994년 베이징 세계여성대회를 준비하기 위해 아르헨티나 마르델플라타에서 열린 비정부 기구 포럼에서 일련의 페미니즘적 실천과 행동 공간을 구체화기 위해 모인 천 명이 넘는 참가자들은 전례 없이 다양하게 구성되었는데 저명한 페미니스트 학자, 라틴 아메리카 페미니즘의 "창시자", 정부 관료, 발전 기관 스태프 및 자문위원, 가톨릭 신학자, 선택을 옹호하는 가톨릭 출신의 평신도 페미니스트, 흑인 페미니스트, 에코페미니스트,

민중적 페미니스트, 페론주의 페미니스트, 정당 활동가 등이 참가했다. 후아이루의 비정부 기구 텐트(베이징 대회의 비공식 부문 회의)에 모인 라틴 아메리카 및 카리브해 지역 참가자들 역시 다양했다. "차이를 존중하는 세계화"라고 부르는, 다양성을 보장해야 한다는 외부 자금의 지원 조건은 소기의 성과를 남겼다. 1995년 베이징 세계여성 대회의 2년간의 준비 기간 동안 라틴 아메리카에서 2세대 페미니즘은 상대적으로 고립되고, 균질적이며 도시 중간 계급에 기원을 두었다는 낙인이 찍힌 상황을 초월했고, 훨씬 다양하고 분권화된 운동이 되었다는 점이 확실해졌다.

"페미니스트"라는 분류 안에 포함될 권리를 주장하는 다양한 집단 및 개인이 새로운 도전과 긴장을 형성하는 동안, 페미니즘이 어떻게 다른 정체성 및 사회적, 시민적 생활 안으로 엮어 들어갈 것인지에 관한 토론은 훨씬 풍부하고 활발하게 진행되었다. 새로운 다양성과 새로운 지역적·세계적 맥락은 페미니즘의 전망을 확대하는 데 동력으로 작용했다. 가정 폭력, 성폭력, 공공 보육 시설, 임신과 출산 권리 인정과 같은 고전적인 페미니즘 의제와 더불어, 정도는 다르지만 페미니스트들은 베이징의 행동 계획을 활용하여 폭넓은 전망과 의제를 요청했다. 브라질 단체의 말을 빌면, 성폭력 혹은 낙태와 같은, 여성들이 주되게 관심을 갖는 특수한 의제들보다는 "여성의 눈으로 세계를 보거나 성별화된 렌즈를 통해 사회적 변화를 보게" 되었다. 다른 이들은 "페미니즘적 정책 의제" 보다는 "공공 정책을 위한 페미니즘의 의제를 개발할 것"에 대하여 논의했다.

베이징 회의를 준비하는 동안 라틴 아메리카 전역의 다양한 공간에서 다양한 여성 집단의 전례 없는 활성화는 시민권을 정의하는 전통적인 경계를 밀어내는 데 기여했다. 예를 들어, 페미니즘을 자신의 정체성 중 하나로 주장하는데 주저함이 없는 원주민 여성이 점차 늘어나고 있는데, 이들은 1995년 8월 에콰도르 키토에서 1차 아브야 얄라Abya Yala(생명의 대륙이라는 뜻의 파나마 쿠나 인디언의 언어로 아메리카를 가리킴 – 옮긴이) 각국 원주민 여성 대륙 회의를 개최하면서 자율적인 공간을 형성했다. 베이징에서 이들은 자신의 정체성과 제안을 가시화 할 수 있는 세계적인 공간을 차지했으며, 여기서 에콰도르의 기원을 돌아보는 한편, 이곳에 참석하지 않았다면 획득할 수 없었을 정당성을 얻었다. 원주민 여성들은 권리의 주체로 인정을 받고 정당성을 획득하는 한편, 경험을 교류하고 미래의 조율을 위한 연대의 네트워크를 형성하면서 자신의 "주체적 시민권"(바르가스 Virginia Vargas에게서 빌려옴)을 수정하고 확장했다.

동시에 베이징 회의는 더 나아가 페미니즘에 대한 반대 세력의 힘이 점차 커지고 있음을 분명히 했다. 이 회의가 임신과 출산 건강 및 선택에 집중하면서 성별에 대한 개념에 도전하자, 바티칸 대표 및 보수적인 가톨릭 및 이슬람 단체들은 공공연하게 여성의 이익을 대표한다는 페미니스트들의 주장에 도전했다.

이러한 도전에도 불구하고 베이징 회의는(유엔이 주관한 세 차례의 여성에 관한 회의 및 인권과 인구에 관한 회의들을 포함하는) 이전 회의들을 통해 얻은 대부분의 성과를 포함하고 있는 의욕적인 행동 강령을 발표하면서 마무리되었다. 또한 빈곤 · 교육 · 건강 · 여성에 대한 폭력, 무장 분쟁, 경제 구조, 권력 분배 및 의사 결정, 여성의 발전을 촉진하는 메커니즘, 인권 · 언론 · 환경 · 여성 · 아동을 여성의 발전을 가로막는 장애물을 구성하는 12가지의 중요한 관심영역으로써 두는 것에 동의했다. 논쟁은 뜨거웠고 특히 여성의 건강에 관한 의제에서 그러했다. 결국 특정한 조항에 관해 약 40개국에서 구두 또는 서면의 유보 입장을 제출했지만, 행동 강령은 합의에 기반 해서 채택되었다.

베이징의 교훈

운동을 약화시키는 이분법을 넘어 설 필요성을 분명하게 인식하고, 국제적으로 연계된 반페미니스트 집단의 도전이 확대되고 있음을 인식하면서, 지역적·국내적·국제적 행동주의가 균형을 이룰 필요성을 분명히 인식하면서, 베이징으로부터 페미니스트들이 출현했다. 베이징 이후, 정책적 지원 대 운동 조직화, 지역 조직화 대 세계적 시민권, 자율성 대 국가 및 지배적 기구 참여로 입장이 갈리는 전략 논쟁에서 다른 입장을 취하던 페미니스트들은 베이징 회의 준비 과정을 포함하여 1990년대 페미니스트 행동주의를 비판적으로 반성함으로써 가능한 미래의 길을 밝혔다. 페미니스트의 자율성을 옹호하던 이들은 계속해서 다른 전략에 반대 입장을 취했지만, 대부분은 모든 자율성이 상대적이며 어떤 진지한 페미니스트 운동도 형식의 조합을 필요로 한다는 점을 깨달았다. 한편 정책적 옹호에 헌신했던 이들은 전적으로 정부 및 국제기구와의 협상에 의존하며, 풀뿌리 운동의 건설이나 제도의 외부와 균형을 맞추지 못하는 전략의 위험성을 인식하게 되었다.

베이징 회의가 끝난 후 세계적 시민권을 추구하는 페미니스트 옹호자들은 지역 수준의 조직화가 여러 면에서 전략을 풍부화하지만, 다른 면에서는 지역적 과정이 더 넓은 과정에 대한 초점을 잃게 만들었다는 점을 인식했다. 사실 몇몇 연구자들은 국제회의와 네트워크에 초점을 두는 것 때문에 페미니스트들이 자국 내에서 벌어지는 지역적 투쟁에 관심을 갖지 않게 되었다는 결론을 내리기도 했다. 프란세스쳇Susan Franceschet은 특정 국가 내에서 다국적 행동주의가 안은 순효과는 맥락에 따라 천차만별이라고 주장했다. 잘 조직화되고 자금이 풍부한 페미니스트 운동이 존재하는 곳과 정치 기구들이 외부 집단의 압력에 민감하게 반응하는 곳에서는, 여성권에 관한 국제적 합의의 형성이 정부로 하여금 필요한 개혁을 실행하도록 강제할 수 있다. 그러나 소규모의, 자원을 갖추지 못한 집단 및 제도적 환경이 덜 민주화된 조직들은 자신이 국제회의에 참가함으로써 중요한 국내적 논쟁에서 주변으로 밀려나게 된다는 점을 확인하게 될 것이다.

라틴 아메리카 페미니스트들은 비정부 기구와 정부 외부의 여성 운동을 재건하여 이러한 기구가 요청하는 페미니스트들의 참여에 균형감과 책임감, 자양분을 제공하고자 했다. 많은 페미니스트들이 믿듯이 변화된 맥락을 이해할 수 있는 틀과 담론이 필요하다. 페미니스트가 된다는 것이 무엇을 의미하는지(급진주의 페미니즘이 주장한 페미니스트의 척도)에 관한 협소하거나 더욱 순수한 정의를 채택하고, 과거의 주장과 틀을 기계적으로 반복하는 것보다는 오래된 의제를 새롭게 표현할 방법이 필요하다. 라틴 아메리카 페미니즘의 증가하는 다양성은 보수적인 반대 집단의 증가와 더불어 이들이 협력을 거부하거나 운동의 목표를 희석시킬지라도 새로운 동맹을 추구하도록 만든다. 예를 들어, 페미니스트들이 가톨릭 교회와 함께 빈곤에 맞서 싸우면서 교회가 임신과 출산의 권리를 인정하도록 압박할 수는 없을까? 반대를 선동하는 것이 아니라 지지를 확대하는 방식으로 인권이라는 넓은 틀 내에서 재생산의 권리를 방어하는 것이 가능할까? 라틴 아메리카 페미니스트들이 어떻게 문화적 · 정치적 영향력을 유지하면서도 집단적 행동에 필요한 전망의 선명성을 유지할 수 있을까?

결론

베이징 이후 라틴 아메리카 페미니즘은 우파 종교 집단의 지속적인 반격, 신자유주의로 인한 경제, 사회적 악조건, 각국 정부의 행동 강령 목표의 실행에 대한 미온적인 또는 노골적인 저항, 포퓰리즘적 문민 민주 정부의 취약성과 실망스러운 실적 등 수많은 도전에 직면해 있다. 더불어 라틴 아메리카 여성 운동은 과거보다 훨씬 더 파편화되었고 집단적 행동에 무능하다. 그러나 누군가는 파편화라고 하지만, 다른 이들은 국내외를 넘나들며 미래의 운동을 강력하게 만들 잠재력의 토대를 형성하는 새로운 다양성, 페미니즘의 영향력 확대라고 이야기한다.

베이징대회로부터 10년이 지난 후, 새천년이 시작된 지 5년이 지난 후, 라틴 아메리카 페미니즘은 또 다른 역사적 전략적 기로에 서 있다. 라틴 아메리카 페미니스트들은 서로 다른 변화의 경로(지배적 기구 및 국가 대 외부에서 운동 건설)를 통해 무엇을 얻을 수 있을지에 관한 비판적 성찰과 페미니즘이 우파의 공격, 심각한 경제 상태, 포섭하기보다는 배제를 촉진하는 확고한 종교적 신념과 신자유주의 등의 "근본주의"의 확대 등에 대한 폭넓은 대응 방안을 결합할 것을 요청한다. 점점 더 많은 라틴 아메리카의 핵심적 페미니스트 지도자들은 자신의 운동이 여성에게 특수한 일련의 의제와 계획에 국한되는 것이 아니라 세계를 페미니즘을 통해 바라보는 세계관이라고 여기며, "무엇이 여성에 이로운가?"뿐만 아니라 무엇이 민주주의에 이로우며 무엇이 모두를 위해 더욱 인간적이고 공정한 사회를 만드는 데 기여할 것인가를 동시에 질문한다. 라틴 아메리카의 페미니즘은 점차 프랑코Jean Franco가 주장한 모습을 띠고 있다.

페미니즘은 근본주의, 그리고 최근 자본주의와 함께 출현한 새로운 억압구조(여성에게만 해당되지 않는) 양자를 약화해야 한다. 이 세속적 비본질주의적 운동이 대항 헤게모니 운동으로써 페미니즘은 다른 세계적 기구, 즉 바티칸뿐만 아니라 세계은행과의 대결에 맞서야 한다. 페미니즘은 이들 기구들과 세계를 어떻게 해석할지를 놓고 대결해야 한다.[11]

해석력을 획득하기 위한 이러한 투쟁과 새로운 문화적 상징과 실천을 형성하고, 민주주의와 시민권을 강화하며, 지배적인 기구와 정당을 내외부에서 변혁하려는 일상적인 노력을 지속하는 가운데, 페미니즘은 오늘날 라틴 아메리카에서 "신자유주의를 넘어선 세계"를 위한 투쟁의 중심적인 위치를 유지할 수 있다.

11) Jean Franco, "Defrocking the Vatican : Feminism's Secular project," in *Politics of Culture, Culture of Politics : Re-Visioning Latin American Social Movements*, ed. Sonia Alvarez, Arturo Escobar, and Evelina Dagnino(Boulder, CO : Westview Press, 1998), 278~289쪽.

13 장

21세기 라틴 아메리카에서
다문화적 시민권과 종족 정치

셰인 그린Shane Greene

페루가 새로운 "잉카"를 선출하다

페루의 알레한드로 톨레도Alejandro Toledo 대통령은 전임자가 이끄는
권위주의 정권과 부패에 대항하여 민중을 성공적으로 동원한 직후
2001년 7월에 취임했다. 2000년 11월 후지모리는 일본으로 망명한
후, 명백한 선거 부정을 두고 톨레도가 이끌었던 대규모 항의 시위
와 뒤이은 이른바 "블라디 비디오"의 공개 방영이 진행되는 가운데
대통령 3선 "승리"를 단념했다. 후지모리의 오른팔이었던 몬테시노
스Vladimiro Montesinos가 비밀리에 만들어 보관하던 비디오가 발견되면
서 페루 정부의 입법 기관 및 사법 기관의 고위급 관료들을 매수하
려는 대대적인 공모가 밝혀졌다.

후보 시절 톨레도는 종족 정치를 대중적 논쟁의 전면에 내세웠다.

그는 자신이 페루의 새로운 파차쿠텍Pachacútec(고대 황제를 확장하고 혁신함으로써 폭넓게 창조된 잉카 제국의 황제)으로 대중적으로 지명되자 당당하게 받아들였다. 이는 정치적 "외부자", 일본인들의 페루 이민의 산물인 후지모리 전 대통령에 반하여 안데스 원주민 출신이라는 배경을 전략적으로 활용하겠다는 결정을 토대로 한 것이다. 타완틴수유Tawantinsuyu(잉카의 "네 개 지역" 제국의 케추아어 이름)의 무지개색 깃발을 흔들기도 하고, 때로는 안데스 지역의 전통의상을 입고 대규모 시위를 지도하면서, 톨레도는 자신의 위치를 "잉카로 돌아가자."라는 페루 민중의 의식 속에 여전히 존재하는 수백 년 된 신화 안에 배치했다.[1]

그의 초라한 안데스 지역 배경이 그를 더욱 "믿을 만한" 사람으로 보이도록 만들었지만, 선거 운동 기간 동안 그가 보여준 잉카 제국이라는 과거에 대한 한결같은 태도는 페루의 주류 정치에 새로운 것이 아니었다. 가장 귀족적이며 비원주민 출신의 사상가와 지식인들의 정치 담론에서조차도 페루의 잉카 제국 뿌리에 대해 수사적인 충성을 표하는 것은 두드러졌다. 역사학자인 멘데스Cecilia Méndez는 페루의 엘리트들이 잉카의 유산에 대해 지속적으로 수사적인 존중을 표하면서 어떻게 이 나라의 민족주의를 구축해 왔는지에 관해 제대로 묘사한다. 물론 여기에는 "동화된" 오늘날의 안데스 원주민과 해안 지역에 이주한 원주민들에 대한 일상적인 경멸이 내포되어 있다. 그녀에 따르면, 페루의 민족주의 이데올로기는 다음과 같은 문구에 가장 잘 표현되어 있다. "잉카는 맞다. 인디언은 아니다."[2]

---

1) 톨레도의 잉카 이미지의 차용 및 이것이 페루가 다문화 모델로 전환하는 데 끼친 영향에 대한 더욱 자세한 분석으로는 Shane Greene, "Getting over the Andes : The Geo-Eco-Politics of Indigenous Movements in Peru's 21st Century Inca Empire," *Journal of Latin American Studies* 38, no.2(2006)을 참조하시오.

톨레도는 취임 후부터 자신의 원주민으로서의 이미지를 페루의 종족적 소수자 모두를 위해 실행할 수 있는 다문화적 의제로 전환할 것을 시도하면서 신잉카적 상징주의 활용을 줄였다. 이는 라틴 아메리카 여타 나라에서 형성해 온 다문화적 모델을 좇아 안데스 지역 원주민뿐만 아니라 아마존 원주민, 아프리카계 페루인 등을 모두 포함하는 것이었다. 실제로 톨레도는 콜럼버스 도래 이전 과거에 대한 손쉽고 수사적인 일시적 관심에 지친 사회운동들이 제기하는 공공연한 정치적 요구에 직면하여 잉카로 돌아가기라는 자신의 정치적 입장을 넘어서야만 했다. 페루의 안데스 및 아마존 지역의 원주민 대표들은 현재 자신들의 사회적 동기들을 통합하면서 각기 다른 이념적 깃발 아래서 분리된 채 조직화해왔던 수십 년을 마감할 수 있는 가능성을 탐색하고 있다. 그동안 안데스인은 "소농"으로, 아마존인은 "토착민"으로 조직화되어 왔던 것이다. 아프리카계 페루인들은 종족적 요구를 톨레도 정부와 협상하면서 점차 적극성을 띠었지만 원주민 지도자들과의 동맹은 구체화되지 않았다.

페루의 종족 인구를 대표해서 발언하는 다양한 정치적 행위자들은 전 세계적 차원에서 새롭게 출현하는 사회운동에 분명하게 참여하고 있다. 이러한 사회운동은 한편으로는 초국적 원주민 시민권으로, 다른 한편으로는 아프리카 이민자 후손의 시민권으로 가능해진 권리 체계와 책임, 그리고 기회에 근거한 정당화를 추구하고 있다. 이런 점에서 페루는 급속도로 증가하여 이제는 주목을 끄는 라틴 아메리카 전역을 아우르는 다문화적 시민권 및 종족 정치로 향하는 추세를 보여주는 하나의 사례일 뿐이다.

---

2) Cecilia Méndez, "Incas sí, indios no : Notes on Peruvian Creole Nationalism and its Contemporary Crisis," *Journal of Latin American Studies* 28(1996) : 197~225쪽.

지역적이고 세계적 맥락에서 종족 정치

학자들은 라틴 아메리카의 맥락에서 분명하게 확인할 수 있는 더 넓은 세계적 추세의 견지에서 종족적 권리라는 의제의 탁월함을 입모아 설명한다. 이들은 다문화적 법률, 환경주의적 이념, 세계화, 민주주의, 신자유주의, 국제적 비정부 기구 네트워크, "정체성" 기반 운동의 확장과 상호 연관성을 가지는 계급 정치의 쇠퇴 등을 인용한다.[3] 이 주제에 관한 최근의 책에서 도나 리 반 코트Donna Lee Van Cott 는 최소한 라틴 아메리카 8개국에서 다문화적 수사를 헌법에 분명하게 포함시켰다는 사실을 보여준다.[4] 브라질(1988년), 콜롬비(1991년), 에콰도르(1998년), 베네수엘라(1999년)의 신헌법, 그리고 페루(2002년)의 헌법 개정안은 라틴 아메리카 다문화주의의 헌법적 차원을 보여주는 좋은 예다.

다문화적 법률로 향하는 최근의 추세는 국가 주도의 메스티조 Mestizo(중남미 원주민인 아메리카인디언과 에스파냐계·포르투갈계 백인과의 혼혈 인종) 이데올로기로 진화한 제도화된 인종주의와 식민주의 유산의 긴 역사를 포기할 것을 추구한다. 이전의 공화주의 시기 동안 소수의 예외를 제외하면, 라틴 아메리카 대부분의 나라에서 민족 형성의 수단으로 생물학적·사회적 혼합물의 관념을 촉진해

---

3) Margaret Keck and Kathryn Sikkink, *Activists Beyond Borders*(Ithaca, NY : Cornell University Press, 1998) ; Sonia Alvarez, Evelina Dagnino, and Arturo Escobar, *Culture of Politics/Politics of Culture*(Boulder, CO : Westview press, 1998) ; Alison Brysk, *From Tribal Village to Global Village*(Palo Alto, CA : Stanford University Press, 2000) ; Kay Warren and Jean Jackson, *Indigenous Movements, Self-Representation, and the State in Latin America*(Austin : University of Texas Press, 2002)를 참조하시오.

4) Donna Lee Van Cott, *The Friendly Liquidation of the Past : The Politics of Diversity in Latin America*(Pittsburgh : University of Pittsburgh, 2000).

왔다.[5] 따라서 메스티조의 현상은 식민주의적으로 구축된 인종간의 역사, 문화, 생식적 교류라는 단순히 사회적 요소로써만 출현한 것은 아니다. 메스티조는 결국 국가 자체를 상징화하게 되면서 국가 내의 문화적, 종족적 차이를 모호하게 만드는 데 기여했고, 심지어 이데올로기적으로 제거하기까지 했다. 이는 주되게 이러한 차이가 유럽 식민주의가 "열등한 것"으로 고안해낸, 주로 정복당한 아메리카인디언 또는 아프리카 노예의 후손이라는 인종과 결합되었음을 의미한다.

동일화할 수 있는 문화적 "특징"(예를 들어, 비유럽어 · 관습 · 영토에 대한 집단적 주장 등)을 지닌 농촌 출신의 민중들에게 종족적 차이에 대한 국가의 인정으로 나아가는 최근의 추세는 농촌 지역의 소농이라는 자신의 범주를 재고할 기회를 의미했다. 농촌 지역의 소농을 다시 원주민으로 인식하는 과정은 라틴 아메리카 전역에서 발견할 수 있다. 가장 좋은 예는 전 세계적으로 유명한 1994년 멕시코 남부의 가난한 치아파스 주에서 시작된 사파티스타 봉기인데, 이는 마야 인디언의 전투적 형태의 저항이었다. 사파티스타는 이 운동을 북미 자유무역협정NAFTA의 발효와 몰수 위협의 여지가 있는 카르데나스의 혁명 후 처음으로 등장한 공동체주의적 토지 체계가 남아 있는 멕시코 법률의 개정에 저항하는 것으로 그 시기를 절묘하게 맞췄다. 더욱 최근의 예로는 2003년 볼리비아 수도 라파스의 거리에서 일어난 혁명적 봉기인데, 이는 명백한 종족적 함의를 지녔고 볼리비아 대통령의 축출로 귀결되었다. 눈에 두드러지는 것은, 이러한 재원주민화의 움직임이 원주민은 농촌을 기반으로 하고, 계급은 도시를 기

---

5) For a possible exception to this rule, see Marisol de la Cadena, *Indigenous Mestizos*(Durham, NC : Duke University Press, 2000).

반으로 형성된다는 일반적인 가정에 도전하면서 단지 농촌 지역뿐
만 아니라 도시에서도 나타났다는 점이다.

역사적으로, 열대 수렵·채집 사회의 원주민들은 항상 유럽 식민
주의의 인종주의적 분류법에 따라 정의되었지, 한 번도 시간적으로
"승급되어" 마르크스주의적 계급이라는 근대화된 용어로 정의된 적
이 없다. 매우 분권화된 정치 조직의 형태, 숲으로 덮인 환경, 근대
화의 경계로부터 분리, 가끔 "인디언임"을 나타내는 신호의 존재(예
를 들어 나체, 바디페인트, 장신구)는 이들이 "문명화된" 세계의 인종
주의적 경멸의 명백한 목표물이 되도록 만들었다.

최근 원주민 운동의 세계화는 20세기 후반에 나타났던 확인 가능
한 전사에 기원을 둔다. 1950년대~1960년대에 라틴 아메리카 전역
에서 진행되었던 토지개혁은 중요한 역할을 했다. 또한 아메리카 인
디언의 종족적 지위를 주목하게 만드는 촉매제적인 사건, 특히 1971
년 바르바도스 회의와 1980년 러셀 법정도 마찬가지의 역할을 했
다.6 더욱 최근에는 국제 노동 기구ILO, 유엔 원주민에 관한 작업반
UN Work Group on Indigenous Peoples, 미주기구OAS 관련 국제 협약 및 활동
가들이 원주민 문제에 관한 국제적 인식을 극적으로 재고했다.

원주민/국가 정책에 관한 토론이 특정 국가의 맥락을 지배하지만
(볼리비아와 과테말라가 분명한 사례다), 다른 국가는 종족의 인정으로
향하는 추세를 원주민과 아프리카 이주민 후손 유권자 양자를 다루
는 것으로 본다. 아프리카계 페루인 운동과 원주민 운동 주체들이
국가가 어떻게 이들을 통합할 것인지에 관해 유사한 견해를 지니고
있다는 신호가 있다. 몇몇 아프리카계 페루인 공동체가, 특히 노예

---

6) Brysk, *From Tribal Village*.

제에 대한 집단적 저항의 역사와 반半자율적인 마룬 공동체maroon communities(1600년대 플랜테이션에서 탈출한 노예들이 자메이카 동부에 정착해 설립한 공동체 - 옮긴이)의 설립을 통해 정체성을 형성한 공동체가 원주민 공동체와 다르지 않게 집단적 영토, 천연자원, 문화적 전통에 대한 폭넓은 역사적 주장으로부터 원주민 공동체와 다르지 않게 진화해왔다. 사실, 중앙아메리카의 가리푸나와 같은 몇몇 사례에서 집단적 주장은 아프리카계 - 원주민 혼성 선조Hybrid ancestry라는 점에서 접합되었다.

"흑인", "인디언", "메스티조" 등으로 분류된 이들 사이에 존재하는 교류의 장구한 역사에도 불구하고 국가는 이제 반反메스티조 모델을 구축하려고 한다. 그러므로 다문화적 법안은 탈혼합적 방향으로 나아가고 있으며 국가와 종족 주체가 구분되어 별개로 튀어나온 종족적 정체성의 합리화된 "지도" 안에서 사고할 것을 요청한다. 이런 점에서, 아프리카 이주자 후손 정체성 구축은 유사한 또는 동맹을 이루는 정치적 행동의 가능성이 있음에도 불구하고, 많은 장애물을 형성하면서 여러 맥락에서 원주민 정체성 정치와 갈라진다. 예를 들어, 아프리카계 페루인은 주로 리마에서 도시생활을 하거나 (거의 전적으로 해안에 위치한) 지방의 농업 노동자로, 자신의 시민권을 향한 투쟁과 안데스 및 아마존 대표성의 의제를 결합하는 데 어려움을 겪는다. 후자의 토론은 자원에 대한 권리, 집단적 토지 요구, 원주민 언어 인정 등을 중심에 놓는데, 이 중 어떤 것도 인종주의, 동등한 기회, 빈곤 수준의 임금, 흑인들이 자신을 조직하는 바탕이 되었던 분명한 음악적 전통 등의 의제를 구체적으로 다루지 않는다. 이런 점에서 아프리카계 페루인은 여러 관찰자들이 이미 보고한 것처럼 국가가 아프리카 후손들을 원주민과 동일하게 여기는 경향이

자신들을 곤경에 빠뜨린다는 점을 자각하고 있다.[7]

아프리카 이민자 후손의 집단적인 종족적 지위에 관한 국가의 인정은 브라질과 콜롬비아에서 현저하게 드러나는데, 이들 나라에서 "마룬 잔류자" 공동체와 "흑인" 공동체를 각각 구별하는 법안이 통과되었다. 브라질의 1988년 헌법 68조는 킬롬보quilombos(마룬 혹은 탈출한 노예) 인정의 문을 열었다. 브라질 내부에서 난민의 지위를 얻어 반자율적인 마룬 공동체를 구성한, 브라질 플랜테이션 소유자들로부터 탈출한 노예들의 수 세기에 걸친 역사는 이러한 역사적 현장에서 조상으로부터 "물려받은" 집단적 칭호를 부여하겠다는 국가의 결정에 따라 이제 공식적으로 합법화되었다. 킬롬보 운동은 다문화적 개방을 차지하려고 시도하는 한편 도시 흑인 지도자들과 조율하면서 1988년 헌법의 후속 법안을 비준하라는 국가에 대한 압력을 강화하고 있다. 이렇게 하면서 이들은 전설적인 팔마레스의 줌비Zumbi와 같은 노예 저항의 문화적 영웅이 두각을 나타낸 "해방" 담론을 받아들인다. 1990년대 중반의 토론과 대중 집회의 결과로 카르도주Fernando Henrique Cardoso 대통령은 이들의 요구 사항을 다루고 토지 제공을 약속할 것을 추구하는 협약에 서명했다. 최근 몇 년 동안 공식적인 권리 인정의 속도가 예상했듯이 느렸고, 농촌 토지에 관한 갈등이 지속되는 가운데 700개나 되는 킬롬보 공동체가 형성되었다.[8]

---

7) Peter Wade, *Race and Ethnicity in Latin America*(London : Pluto Press, 1997) 및 Juliet Hooker, "Indigenous Inclusion/Black Exclusion : Race, Ethnicity, and Multicultural Citizenship in Latin America," *Journal of Latin America Studies* 37, no. 2(2005) : 285~310쪽을 참조하시오.

8) Louise Silberling, "Displacement and Quilombos in Alcântara, Brazil : Modernity, Identity, and Place," *International Social Science Journal* 55, no. 175(2003) : 145~156쪽을 참조하시오.

콜롬비아의 1991년 헌법은 농촌 아프리카계 인구에 유사한 집단적 종족성을 개방하는 데 기여했다. 흑인 조직가들은 훨씬 긴 역사를 가지고 있지만 정부가 헌법을 개정하겠다는 계획을 발표했을 때 이들의 눈은 번쩍 뜨였다. 원주민 및 아프리카계 콜롬비아인 주체 및 이들과 함께 작업해 온 학계는 1990년 헌법 개정안 심의의 임무를 부여받은 제헌의회에 다양한 주장을 제기했다. 새 헌법은 "인디언"을 구별되는 종족 집단으로 개념화한 콜롬비아의 기나긴 입법의 역사와 조화를 이루면서, 몇몇 즉각 실행되는 구체적인 정치적 혜택을 원주민 인구에 부여했다(예를 들어, 의회 내 두 원주민 그룹에 대한 할당). 종족의 언어가 상당히 취약했지만, 임시 55조는, 특히 "해당 공동체의 문화적 정체성과 권리를 보호"하는 법이 필요하다고 보이는 태평양 해안 지역의 아프리카계 콜롬비아인의 상황을 연구하기 위한 특별위원회의 설치를 원했다.[9] 헌법의 지시에 따라 1993년 콜롬비아 의회는 "태평양 연안"의 흑인을 "종족 집단"으로 규정하는 법안을 통과시켰고, 그 결과 이들의 집단적 토지를 챙기고 공식화하는 복잡한 과정이 뒤따랐다. 현재 이 영토는 흑인 공동체라는 범주 아래 법적으로 인정되었다.

라틴 아메리카 각국이 점차 종족 집단이 활용할 수 있는 다문화적인 기회를 형성하는 경향은 결코 "안전한" 전진이 아니다. 실제로, 식민주의적, 민족적 인종주의의 역사에 바탕을 둔 부정의를 해결하려는 정책과 민주적 시민권의 영역을 확장하려는 국가의 노력에는 중대한 한계가 있다. 이런 점에서 헤일Charles Hale은 국가의 다문화주의의 정치적·경제적 한계에 의문을 제기하면서, "너무 급진적"이

---

9) Quoted in Peter Wade, "The Cultural Politics of Blackness in Colombia," *American Ethnologist* 22, no. 2(1995) : 341~357, 348쪽.

라는 딱지를 얻은 종족 운동과 주체들에게 부과된 다문화적 인정이 초래할 수 있는 "위협"을 이해할 수 있는 틀을 제공한다.[10] 종족적 요구가 "급진적인 것"으로 분류될 때, 비판하는 이들은 성급히 종족 주체에게 "뒤집힌 인종주의"라는 혐의를 씌운다. 그러나 헤일이 지적하듯이 종족적 급진주의라는 혐의는 신자유주의 정책을 추진하면서 국가가 종족을 인정하도록 만드는 경향을 부추기는 세계은행과 같은 국제 발전기구의 시각에서 볼 때 매우 편리하게 활용할 수 있는 것으로 드러났다. "급진주의"라는 딱지는 국가가 다문화적 수사를 공식적으로는 종족적 참여를 허용하면서도, 전략적으로는 종족 주체가 중대한 정치, 경제적 변화를 실행할 역량을 제한하는 수단으로 사용한다는 점을 은폐한다. 다시 말해서, 제한은 원래 다문화적 개방의 일부다. 이는 종족 주체가 지속적으로 종속되어 있는 정치적 주변화와 경제적 불평등의 구조가 존재한다는 증거가 되는 "급진적" 주장에 대한 인식이 지속적으로 거부되어 왔음을 명백하게 드러낸다.

최근 안데스 지역의 대통령 정책은 어떻게 종족 정책이 대중적이고 모순적이며 잠재적인 협박이 되었는지를 나타내는 신호가 분명하다.

1990년대부터 에콰도르 전국원주민연맹CONAIE이 전 세계에서 가장 강력한 원주민 운동으로서 출현했다. 이 조직은 1980년대 중반 아마존 및 안데스 지역 원주민 집단을 분명하게 드러내려는 노력으로써 출발했다. 그러나 이는 1990년대 초반 대규모 시위 조직 및 국

---

10) Charles Hale, "Does Multiculturalism Menace? : Governance, Cultural Rights and the Politics of Identity in Guatemala," *Journal of Latin American Studies* 34, no.3(2002) : 485~524쪽.

가에 주기적으로 직접적인 압력을 행사하기 위해 사용했던 동원 전술로 세계적으로 유명해졌다. 1990년대 중반까지 에콰도르 원주민 운동은 이중 전략 정치 주체로 진화했다. 전국원주민연맹은 계속해서 사회운동으로 작동했지만 이들은 현재 복수 국적 판차쿠틱 통일 운동Movimiento de Unidad Plurinacional Panchakutik으로 알려진 정당과 연계를 이루고 있다. 이 정당은 지방정부 및 중앙정부의 선출직을 차지하는데 성공했다.[11] 실제로, 1996년 여러 차례 전국원주민연맹의 대표를 역임한 마카스Luis Macas는 에콰도르의 국회의원으로 선출된 최초의 원주민이었다.

지난 수년 동안 전국원주민연맹-판차쿠틱 당 동맹은 새로운 형태의 원주민 선거 권력으로 귀결되었다. 그러나 동시에 상당한 정치적 반격을 입었다. 원주민이 에콰도르 전체 인구의 40%를 이룬다고 추정된다는 사실에도 불구하고, 선거 전략은 전형적으로 종족 주체로 하여금 다른 정치 주체와, 특히 전국적 수준에서 동맹을 형성할 것을 추구하도록 강제했다. 그 결과는 누구든 예상할 수 있듯이 때때로 논쟁적이었고, 종종 모순적이기도 했다. 2000년 전국원주민연맹 지도자들은 마와드Jamil Mahuad 대통령을 축출한 전 대령 구티에레스가 일으킨 쿠데타를 지지했다. 이렇게 접수된 정권은 단명했으나 원주민-군대 동맹은 결국 2003년 선거에서 구티에레스가 전국원주민연맹으로부터 상당한 지지를 입어 대통령으로 당선되도록 했다. 모든 곳에서 이루어진 다문화적 동기의 확고한 "승리"로 구티에레스는 두 명의 원주민 지도자를 내각에 임명했다. 마카스Luis Macas는 농

---

11) 에콰도르 전국원주민연맹(CONAIE)과 판차쿠틱당에 대해서는 Donna Lee Van Cott, *From Movements to Parties in Latin America*(Cambridge : Cambridge University Press, 2005)를 참조하시오.

업부 장관이 되었고, 파카리Nina Pacari는 에콰도르 최초의 여성 외교부 장관으로 임명되었다.

구티에레스가 대통령으로 취임한 지 얼마 지나지 않아서, 전국원주민연맹은 이것이 실수였음을 깨달았다. 구티에레스는 사회적 평등에 대한 공약을 실행하는 대신 세금과 생계비(특히 연료, 취사용 가스, 버스 요금)를 인상시키는 결과를 낳은 IMF의 경제 계획을 실행하고자 했다. 구티에레스와 원주민 지지자들 사이에서 벌어진 경제적 조치에 관한 협상은 긴장을 불러일으켰고, 뒤이어 대통령의 경제 계획에 관한 거리 시위를 불러일으켰다. 2003년 8월에 이르러 원주민-군대 동맹은 완전히 해체되었다. 구티에레스는 마카스와 파카리를 내각에서 해임했고, 전국원주민연맹은 공식적으로 대통령에 대한 지지를 철회했다. 그러나 구티에레스의 가장 평가가 좋지 않은 조치는 2005년에 발생했다. 그는 "반부패" 캠페인을 구실로, 자의적으로 그리고 불법으로 대법원 판사를 해임했다. 이것은 명백하게 그의 마지막 업무가 되었다. 왜냐하면 이 사건은 키토에서 대중적 시위를 불러 일으켰고, 의회는 그를 탄핵할 것을 결의했다. 4월 중반, 그는 브라질로 망명했다.

2005년 한 인터뷰에서 전국원주민연맹의 전 지도자였던 마카스는, 이 연쇄적 사건을 평가할 것을 요구받고서, 구티에레스의 당선을 이끌었던 2000년의 동맹에 대한 상당한 후회를 표명했다. 그는 더 나아가 대통령 탄핵 이후 에콰도르 원주민 운동 지도자들이 향후 모든 국가 기구에 참여하는 것을 중단하기로 결정했다는 점을 분명히 밝혔다. 그는 1990년대 초반 원주민 운동의 영광스러운 "그때"를 더욱 요새화된 (그리고 난처한) "현재"와 비교하면서 옅은 향수를 내비치며 회고했다.

비교해 볼 때, 오늘날의 원주민 운동은 1990년대와 똑같은 것이 아닙니다. 그때는 매우 강력했고 실재했으며, 무엇보다도 전 사회로부터 신뢰를 받았습니다. 오늘날은 불행히도, 그리고 아마 에콰도르에서 발생한 원주민 운동의 급작스러운 발전으로 인해, 일종의 침체를 겪고 있습니다. 내가 생각하기에 이 때문에 정부가 원주민 운동 외부에서 이를 조작하는 일이 빈번해졌습니다.[12]

에콰도르의 전 원주민의 지지를 받은 전 군인, 전 대통령의 사례에, 이제 2005년 12월 대통령으로 당선된 볼리비아의 원주민 지도자의 현저한 승리를 추가해야 할 것이다. 54%라는 과반수의 표를 획득하여 당선된 모랄레스는 스스로 아이마라 인디언이자 볼리비아 코카 재배자 운동 지도자로 규정하고 있다. 미국 언론은 그를 베네수엘라 차베스 대통령과 비교하면서 사회주의자라는 자기 고백, 볼리비아의 코카 퇴치 프로그램과 연계된 미국의 "대 마약전쟁"에 반대하여 그가 선포한 "전쟁"으로 당선된, 라틴 아메리카를 휩쓴 좌파 부활의 최근 지도자로 묘사했다.[13] 원주민 권리 옹호자들은 모랄레스의 승리를 민주주의가 원주민 권리의 대변자들에게 중대한 정치적 기회를 제공한 최근의 사건으로 여겼다. 공개 선거는 그가 국가의 최고 정치권력에서 영향력을 행사하도록 했을 뿐만 아니라 이러한 자리를 장악하기 위한 정확한 조건을 제공했다.

모랄레스가 볼리비아 공적 정치의 전면에 나서게 된 것은 국가가

---

12) "Luis Macas : 'Volver a lo Nuestro,'" *BBCMundo.com*, 16 September 2005, news8.thdo.bbc.co.uk/hi/spanish/latin_america/newsid_4749000/4749969.stm (2005년 12월 30일 게시)을 저자가 번역.

13) Juan Forero, "Elections Could Tilt Latin America Further to the Left," *New York Times*, 10 December 2005.

제한한 통치에 참여하겠다는 광범위한 요구, 일련의 심화되는 정치 위기, 신자유주의와 미국의 마약 정책에 대한 불안감의 결과다. 볼리비아 신자유주의 개혁의 실험은 1985년 이른바 "신경제정책"(대법원 법령 21060호)이 통과되면서 시작되었다. 이는 볼리비아의 광업에 즉각적으로 광범위한 부정적 효과를 낳았다. 1990년대에 이르러 정부는 신자유주의 정책을 다문화적 분권화와 결합시키고자 했다. 1994년 (대중적으로는 "고니Goni"로 알려진) 산체스 행정부는 "대중 참여법"을 공표했다. 그 의도는 국가 자원의 분권화와 민주주의적 관행을 역사적으로 이로부터 주변화된 부문에서 확대한다는 것이었다. 라틴 아메리카 대부분의 나라에서와 달리(과테말라는 다른 예외), 볼리비아 원주민 시민은 사실상 인구의 다수를 구성했고, 법은 큰 부분에서 이들을 겨냥했다. 따라서 이 법의 1조는 "현재의 법은 원주민, 농민, 도시 공동체와 사법적, 정치적, 경제적 생활을 접합함으로써 대중적 참여 절차를 인정하고, 촉진하며, 공고화한다."라고 쓰여 있다.[14]

그러나 볼리비아의 원주민 대다수는 복잡하고도 단편적인 방식으로 조직화되었다. 볼리비아의 "대중 부문" 조직은 토착 아이마라 민족주의, 농민, 노동조합에서부터 코카 재배 조직 및 도시 주민 연합에 이르기까지 모든 것을 망라한다(이는 원주민의 상당수가 코차밤바, 엘알토, 라파스 외곽 등 도시에 거주하고 있기 때문이다). 볼리비아는 1990년대 말부터 잇따른 정부에 대한 대중적 실망과 깊은 종족 분할이 추동한 정치적 불안을 경험했다. 1970년대 독재 정권의 수장으로 선출된 반세르Hugo Banzer 정부 아래서, 2000년대 지방 상수도 체

---

14) "Ley#1551 : Ley de Participación Popular," www.fps.gov.bo/lega1/ley_pdf/ley1551.pdf(2005년 12월 30일 게시)을 저자가 번역.

계 민영화의 결과로 코차밤바와 같은 도시에서 대중적 시위가 일어났다. 국가가 물에 대한 권리를 미국 소재 벡텔Bechtel 사의 부속 기구에 매각한 후 코차밤바에 거주하는 압도적인 빈민들은 상수도 요금의 급증을 목격했고, 거리로 뛰쳐나왔다. 총파업과 기만적인 협상에 뒤이어 수천 명의 시위대는 2002년 2월 다시 한 번 도시의 거리를 장악했다. 여기서 반세르는 경찰의 폭력적인 탄압으로 대응했다. 갈등은 수천 명의 시위대와 군대 장교들 사이의 충돌이 재개된 4월에 정점에 이르렀고, 한 10대 청소년이 사망하는 결과를 낳았다. 국가는 최종적으로 후퇴했고, 물에 대한 권리를 지역 공동체로 되돌릴 것을 요구하는 코차밤바 시민들의 주장을 수용했다.

볼리비아의 신자유주의 국가와의 더욱 극적인 대결은, 2003년 국가가 해외 탄화수소 기업과 컨소시엄을 허용했던 볼리비아 동부 저지대에 매장된 천연가스의 수용을 둘러싸고 정점에 달했다. 이른바 볼리비아 "가스 전쟁"은 2002년 (병든 반세르를 대신하여 대통령직을 물려받은) 키로가Jorge Quiroga 대통령이 페루가 아닌 칠레를 통과하는 송유관으로 가스를 수출하겠다는 계획을 발표했을 때 발생한 초기 형태의 소동에 기원을 둔다. 국가 경제 계획에 대한 해외 기업의 영향력을 놓고 고원 지대에서 발전된 시위 문화는 볼리비아와 칠레 사이의 관계에 대해 남다르게 갖는 강력한 민족주의적 감수성의 빛깔을 띠었다. 칠레를 통과하는 가스 수출 제안은 또한 오래된 그들의 남쪽 이웃을 향한 볼리비아 인들의 대중적 분노를 다시 불러 일으켰다(이러한 분노는 1800년대 후반 태평양 전쟁 동안 볼리비아가 태평양 해안에 대한 접근권을 빼앗겼던 것에 기인한다.).

키로가는 송유관에 대한 최종 결정을 미뤘고, 대신 가스에 관한 논란을 후임자인 산체스 대통령에게 넘겼다. 산체스는 2002년 후반에 시작되는 두 번째 임기에 당선되었다. 산체스 대통령이 칠레를 선호한다는 사실이 알려지자 대중적 불안은 급증하여 2003년 9~10월 군대와의 폭력적인 대결로 전개되었다. 주로 원주민, 고지 도시 엘알토, 코차밤바 출신인 수천 명은 항의 집회와 도로 점거를 조직했다. 군대의 대응 조치는 최소한 70명을 사망에 이르게 했다. 과도한 무력 사용이 명백해지자 산체스는 실질적으로 모든 대중적 지지를 상실했을 뿐만 아니라 메사 부통령을 비롯한 문민 및 군부 출신의 상층 관료들의 지지마저도 잃었다. 10월 18일 산체스는 사임했고, 그 이전에 문제를 일으킨 라틴 아메리카의 수많은 정치 엘리트와 마찬가지로 그는 미국으로 망명했다. 산체스로부터 대통령직을 물려받은 메사에 대한 대접은 더 나을 것이 없었다. 가스 문제에 관한 국민투표에서 패배하자 메사는 2005년 자발적으로 사임하면서 볼리비아가 더이상 통치 불가능하다고 주장했다. 볼리비아 고원지대의 소농, 노동자, 원주민 운동은 가스 국유화를 요구하고, 저지대 도시인 산타크루즈의 친기업 이해 당사자들이 분리주의 경향을 띠는 지역운동의 지원을 받으며 민영화를 요구하자 갈등은 계속 깊어졌다.[15]

잇따른 정치적 혼란의 시기 동안, 모랄레스가 볼리비아 원주민의 "희망"으로서 출현했다. 그는 볼리비아 코카 재배자 운동에 적극적으로 참여했다. 이 운동은 미국이 지원하는 코카 퇴치 프로그램의 위협으로부터 코카 재배자의 생존권과 코카 경작을 방어할 것을 추구한다. 모랄레스가 대변하는 수많은 코카 재배자들은 모랄레스가

---

15) 볼리비아의 사회적 불안정에 대한 추가 정보는 Forest Hylton and Sinclair Thomson, "The Roots of Rebellion I : Insurgent Bolivia," *NACLA Report on the Americas* 38, no. 3(November/December 2004)를 참조하시오.

이끄는 사회주의를 향한 운동 MAS라는 정당에 직접 가맹되어 있다. 그의 국내 정치 경력은 1997년, 볼리비아 하원 의원으로 당선되었을 때부터 시작하지만, 그가 2002년 산체스 대통령을 두 번째 임기에 당선시켰던 선거에 출마하여 2위를 차지하면서 점차 가시화되었다. 2005년 선거 운동 당시 대중 연설에서 모랄레스는 그의 우선적인 정책은 1985년 신자유주의 경제 정책과 코카 퇴치 프로그램, 볼리비아 가스 국유화로 모든 볼리비아 인을 위해 모두를 포함하는 볼리비아의 창조임을 반복해서 강조했다. 그가 얼마나 정확하게 이러한 공약을 실행에 옮기려고 하는지는, 그가 볼리비아의 내부 혼란과 미국이라는 초강대국의 손짓과 요구를 따르는 국제기구와 협상할 것을 요구하는 내부 경쟁자 사이에 균형을 맞춰야 한다는 어려운 임무에 직면한 순간에는 분명해 보이지 않았다. 그러므로 2005년 모랄레스의 당선이 종족적, 원주민적 동기에서 진정 "승리적"이었다는 견해를 제출하는 것은 유혹적이지만, 이는 분명 지나치게 단순화한 것이다.

2001년 페루 톨레도의 당선도 "원주민"의 승리라는 비슷한 대중적 축하로 시작했다.[16] 톨레도가 세계 시장 정책과 경쟁하는 시민사회의 이익 사이에 균형을 맞출 것을 요구하는 대통령직의 현실을 깨닫게 되자, 그의 원주민으로서의 승리는 정치 - 경제적 이익을 뒷받침하는 것과는 구별되는 오래된 원주민적 수사보다는 "다문화적" 국가로부터 더 많이 기대하는 사회운동 주체들과의 대결로 진화했다. 2004년에 이르러 톨레도의 명백한 "원주민의" 승리는 한 자리 숫자의 성장률과 다문화적 제안이 다루고자 하는 바로 그 원주민 대

---

16) Clifford Krauss, "Man in the News : Peru's New Leader, an 'Indian Rebel with a Cause,'" *New York Times*, 5 June 2001, A3면.

표성에 대한 대중적 비판 때문에 슬럼프에 빠졌다. 이는 모랄레스가 종족적 다수라는 이름을 걸고 "새로운" 통합적인 볼리비아를 형성하려고 시도하기 전에 배워야 할 교훈이다.

페루의 다문화적 계기 고찰

볼리비아의 원주민 사회주의 대통령과 다르게 페루의 톨레도 대통령은 원주민 신자유주의와 더 유사한 무엇을 제공하는데, 이는 그가 스탠퍼드 대학에서 경제학을 전공하고 세계은행 관료로 일했던 상황에서 그리 놀라운 결과는 아니다. 헤일Hale의 다문화적 위협이라는 개념을 상기할 때, 우리는 페루의 국가가 원주민 및 아프리카 이민자 후손의 종족적 지위 인정을 "추진"하는 최근의 시도가 동시에 그들의 더욱 "급진적인" 요구를 "뒤로 미룰" 것을 추구하려고 한다고 말할 수 있다. 원주민 대통령이라는 이미지에도 불구하고 톨레도 정부는 합법적이고 단순히 무시할 수 없는 국가가 페루의 불평등을 유지해 온 권력 구조와 경제적 영향력을 전환하려고 노력하는 국가에 대한 종족적 요구를 인정할 것을 거부하는 기술을 갖췄다.

인류학자이며 케추아어를 배우던 유명한 외국인 영부인이 이러한 점에서 핵심적인 행위자로 출현했다. 카프Eliane Karp는 페루의 안데스, 아마존 민중들의 이익을 대표하고 나중에는 그 노력을 페루의 흑인들에게로 확대하려고 했던 안데스·아마존 주민 및 아프리카계 페루인 전국위원회CONAPA를 창설했다. CONAPA는 다양한 종족의 대변인들과 함께 헌법 개혁에 관한 작업을 하면서 야심차게 출발했다. 2003년 CONAPA가 일련의 문제들에 빠져들자 1년간, 주로 정부와 안데스, 아마존의 다양한 주체들은 냉담한 상태가 되었다. 이들은 위원회의 투명성 결여, 잘못된 재정 운영, 대부분의 의사결정에 영향을 미치는 비밀리에 행해지는 족벌주의에 대해 비판해왔다. 한 아프리카계 페루인인 리마 소재 비정부기구의 도시 대표는 카프가 시련을 겪는 내내 확고한 충성을 맹세했다. 또 따른 리마 소재 출신의 아프리카계 페루인은 위원회에서 완전히 철수했다. 후자는 위원회가 영부인이 조직한 조직으로써 이목을 끌었던 것 말고는 아무것도 없자 사퇴한 것이다. 인터뷰에서 그는 "사진 찍히는 것 말고는 아무것도 없었다."라는 말로 이를 표현했다. 2004년 7월 톨레도는 이러한 비판을 인정했고, 위원회를 해산했으며 좀 더 개선된 새로운 안데스인, 아마존인, 아프리카계 페루인 발전을 위한 전국협회 INDEPA를 만들 것을 제안했고, 그해 12월 의회의 승인을 받았다.

페루에서 인디언 정치를 관찰한 사람들이 놀라게 되는 점은 다양한 사회운동 주체들이 "원주민"이라는 깃발 아래 막 태어난, 그리고 급속도로 발전한 안데스 및 아마존 공동체 사이의 동맹을 대표하여 국가와의 논쟁적인 협상에 참여한다는 점이다. 이는 몇몇 사람들을 놀라게 했는데 당대의 학자들은 페루에 원주민 운동이 전혀 없다고 이야기해왔다.[17] 사실상, 이웃 국가인 에콰도르나 볼리비아와는 달리 페루는 종종 종족 기반 요구 운동이 계급 기반 정치를 압도하는, 라틴 아메리카의 맥락에서 예외적이고 일탈적인 나라로 언급되곤

---

17) Xavier Albó, "Ethnic Identity and Politics in the Central Andes," in *Politics in the Andes,* ed. Jo-Marie Burt and Philip Mauceri(Pittsburgh : University of Pittsburgh Press, 2004) ; Kay Warren and Jean Jackson, eds., *Indigenous Movement, Self Representation, and the State in Latin America*(Austin : University of Texas Press, 2002) ; Deborah Yashar, *Contesting Citizenship in Latin America : Indigenous Movements and the Post-Liberal Challenge*(Cambridge : Cambridge University Press, 2005).

한다.

원주민 운동의 명백한 부재에 대한 설명은 다양하지만, 이 설명들은 불가피하게 페루의 국내적 맥락이 오늘날의 전 세계적 원주민주의와 라틴 아메리카의 성장하는 풀뿌리 원주민 운동과는 특이하게 고립되어 있다고 가정한다. 몇몇 분석에서, 명백한 "원주민" 정체성은 페루의 정치적 통화currency로써 매우 평가 절하된 상태로 남아 있으며, 특히 역사적으로 농업조합 또는 "소농" 조합의 깃발 아래서 조직화해 온 안데스 인들은 더더욱 그렇다.[18] 자신의 원주민성을 정치적 도구로 영유하기보다는 농민 지위 또는 종족적 혼성에 기반을 둔 다른 이념을 활용하여 진보를 위한 정치적 계획을 접합한다. 인류학자인 카데나Marisol de la Cadena에 따르면, 안데스 인들은 원주민 정체성과 메스티조 정체성을 대립시키며 종족적 혼성의 전략을 채택하고 원주민성을 메스티조라는 논리 안에 함축된 사회적 유동성의 신호와 융합한다. 톨레도의 임기 동안 분명한 원주민 정치가 폭발했던 것을 고려하면, 이러한 가정을 고려해야 할 때가 왔다. "원주민"이라는 용어의 사용이 많은 안데스 공동체 내에서 "소농" 또는 여타의 지방적 자기 정체성과 비교할 때 여전히 일반적이지 않은 것이 사실이다. 그러나 지난 몇 년 동안 이 용어는 점차 소농 및 종족 운동의 조직적 수사에 사용되었는데, 이는 세계적인 다문화적 정치가 페루에 미친 효과와 페루 안데스 지역 내에서 원주민성을 재발견할 가능성을 보여준다.

톨레도 임기 동안 명백하게 "원주민"을 표방한 안데스 인과 아마

---

18) Carlos Degregori, "Movimientos étnicos, democracía, y nación en Perú y Bolivia," in *La construcción de la nación y la representación ciudadana en México, Guatemala, Perú, Ecuador y Bolivia*, ed. C. Dary(Guatemala : FLACSO, 1998) ; de la Cadena, *Indigenous Mestizos*.

존인의 공동권리 요구 운동이 출현한 것은 페루의 국내적, 지역적 동력을 넘어 확장한 여러 과정에 기인한다. 페루의 원주민 운동의 출현은 여러 곳에서 원주민 운동을 중심적인 것으로 만들었던 수십 년에 걸친 권리 주장 및 사회적 옹호의 국제적인 무대로부터 유래한 것이다. 여기에는 원주민의 권리를 인정한 협약들, 예를 들어, 국제노동기구ILO 협약 169조 등도 포함되는데, 이 협약은 원주민들이 자신의 영토에 영향을 미치는 공사에 대해 "협의할 권리"를 부여한다.

1980년대 초반부터 유엔 또한 원주민 운동이 지역적 동기와 더 보편적인 종족적 시민권의 맥락을 융합하는 데 주요한 국제적인 법적 배경이 되었다. 원주민에 관한 워킹그룹을 통해, 유엔은 1990년대 초 〈원주민 권리 건의 초안〉을 작성하고 배포하는 데 기여했다. 초안은 유럽 식민주의와 후기식민주의 민족국가의 동화 정책 아래 고통받아온 원주민들을 고통에 빠뜨렸던 오류를 교정할 일련의 집단적 권리를 인정할 것을 제안한다. 이 모든 국제적 · 법적 제안은 원주민 대표들 사이에서 격렬하게 논쟁되었고, 서구의 역사를 지배한 인권과 개인의 권리라는 개념과 집단적인 권리를 조화시키는 데 신중을 기했다. 원주민을 자유국가 민주주의 내에서 법적 지배와 연결하려는 시도는 종족 분리주의라는 가시 돋친 문제를 회피했는데, 대부분의 원주민 집단은 이를 지지하지 않았으며, 이는 헤일이 분류한 "급진적" 종족 의제 목록에서 첫 번째 항목을 차지한다. 그러나 국제적인 원주민 권리법은 근본적인 집단적 "자결권"을 지니는 분명한 원주민에 관한 현재적 담론을 정당화한다. 이데올로기적으로, 국제적인 원주민 권리법은 개별적인 민족국가 내에서 어느 정도의 반자율적 존재로서 원주민을 보장하며 국제적인 규모에서 새롭게 출현하는 원주민 시민의 일부로서 자신을 인식할 것을 보장한다.

원주민 환경 옹호 동맹의 극적인 세계적 효과는 여기서 매우 중요
하다. 원주민 권리는 현재 환경 정의 문제 묶음의 일부로 함께 추진
되고 있는데, 자연에 대한 존중으로 원주민들은 도덕적으로 특권적
인 위치를 점하고 있기 때문이다. 원주민을 본래 환경보존주의라고
규정하는 것은 커다란 논쟁을 불러일으키며 가끔 환경운동가들을
실망시킨다. 그러나 한 가지는 분명하다. 1980년대 말부터 여러 원
주민 집단이 가장 가시적인 세계적 환경 보전 운동의 대표로서 출현
했다. 우림 지역을 위협하는 세계은행의 댐 건설에 반대하는 투쟁에
서 아마존 사람들이 얻어낸 상징적이고 실질적인 승리를 모범 사례
로 꼽을 수 있다.[19]

　여러 원주민 대변자들은 법인 자본주의의 파괴적인 경향에 반대
하여 자신의 문화적 전통, 물질적 관행, 영적 가치를 지속가능한 사
회의 상징으로 제시한다. 또는 이 문제에 대해 그들은 현재의 "지속
가능한" 발전 및 생태 지향적 기업의 범위 안에서 자신의 시장적 기
회를 모색한다.[20] 따라서, 지속가능성의 옹호자로서의 원주민의 이
미지는 단지 상징적으로만 통용되는 것이 아니라 정치적으로 기능
하기도 하며 실제 세계에서 동원 역량, 국제적 지원, 국가에 대한 지

---

19) Beth Conklin and Laura Graham, "The Shifting Middle Ground : Amazonian
Indians and Eco-Politics," *American Anthropologist* 97, no.4 (1995), 695～710쪽.
및 Richard Smith, "Las Políticas de la Diversidad : COICA y las Federaciones
Etnicas de la Amazonia," in *Pueblos Indios, Soberanía y Globalismo,* ed. Stefano
Varese(Quito : Abya Yala, 1996), 81～125쪽. 그리고 Andrew Gray, "Development
Policy-Development Protest : The World Bank, Indigenous Peoples, and NGOs,"
in *The Struggle for Accountability : The World Bank, NGOs, and Grassroots
Movements,* ed. Jonathan A. Fox and L. David Brown (Cambridge, MA : MIT
Press, 1998).
20) Shane Greene, "Indigenous People Incorporated? Culture as Politics, Culture as
Property in Pharmaceutical Bioprospecting," *Current Anthropology* 45, no. 2
(2004) 211～237쪽을 참조하시오.

렛대로 태환되기도 한다.

페루에서, 1980년대와 1990년대에 발전한 국제적 비정부 기구 네트워크와 아마존 운동의 환경 보존주의적 동맹은 안데스 인들이 자신의 "소농" 지위를 재평가하는 데, 그리고 이것을 생태주의적 경향의 "원주민"의 지위와 교환하거나 최소한 결합할 것을 고려하는 데 필요한 이데올로기적 공간을 창출하도록 도왔다. 페루 안데스 인들의 농민 정체성은 1960년대와 1970년대 초 발라스코Juan Valasco 장군이 진행한 개혁주의적 군사 혁명 동안 국가가 안데스 인을 "원주민 공동체"에서 "농민 공동체"로 재분류하면서 공식적으로 형성된 것이다. 그러나 동일한 혁명 기간 동안 자신을 종족성과 문화적 기준으로 규정하였던 다른 대중적인 정치의식 또한 발생했다. 발라스코 정부는 안데스인을 농민으로 재규정했던 동일한 시기에 아마존 원주민의 정착지는 "토착민 공동체"로서 인정했다. 발라스코는 1974년 원주민 공동체법을 발효했고, 이는 아마존 지역의 주요 원주민 집단의 지역적 종족 조직의 급속한 성장과 전국적인 페루 정글 종족 간 발전 협회AIDESEP의 탄생으로 귀결되었다. AIDESEP는 1980년대 이래로 아마존인들을 전국적, 국제적으로 대표했다.

아마존 원주민의 조직적인 노력은 초반에 권리로 인정받은 "토착민 공동체"에 개인적으로 가입함으로써 새롭게 획득한 공동체 토지를 방어하고자 했다. 1980년대 동안 아마존 운동은 새로운 지역 연맹과 경쟁적인 전국 차원 조직의 등장과 함께 다양화되었다. AIDESEP와 창립 대표인 누그쿠아그Evaristo Nugkuag는 아마존 문제를 국제적으로 확산하는 데 절대적으로 중요한 역할을 했다. 1984년 이 조직은 옥스팜Oxfam이라는 비정부 기구의 지원을 받아 리마에서 국제회의를 개최했다.[21] AIDESEP는 아마존 지역 5개국(페루, 에콰도르,

볼리비아, 브라질, 콜롬비아)의 원주민 조직 대표들을 초청했다. 그 결과로 국제적으로 인정된 아마존 지역 원주민 조직연합 COICA이 아마존 차원의 유일한 원주민 조직으로 창설되었다. AIDESEP와 COICA 양 조직의 대표로 복무한 누그쿠아그는 아마존인과 환경운동 조직의 전략적 세계 동맹을 추진하는 핵심 인물이었다. 그의 재임기간 중인 1990년 COICA는 모든 주요 환경 단체를 페루로 초청하여 〈이키토스Iquitos 선언〉을 체결했다. 이 문서는 전 세계 환경보존주의자들과 함께 전략적 생태-원주민 동맹을 공식화했고, 이로써 아마존 사람들은 유명해졌다.

1997년이 되어서야 페루에서 "원주민" 시민권이라는 개념을 둘러싼 안데스 "농민"과 아마존 "원주민"의 정치적 계획이 수렴되기 시작했다. 쿠스코에서 개최된 인권 회의의 결과로 안데스-아마존 공동 조직화 노력이 1997년에 출현했다. 초기 구조는 안데스 "농민"과 아마존 "원주민"이 분명한 원주민의 정치적 메시지를 가지고 재편되었다. AIDESEP 출신의 아마존 지도자는 이를 구축하는 데 강력한 역할을 했다. 그러나 안데스 대표자들은 2001년 이후부터 점진적으로 개입하게 되었는데 이는 안데스 공동체를 대표하는 CONACAMI이 새롭게 조직되어 주도적인 역할을 하기 시작했기 때문이다.

후지모리의 신자유주의적 국가 산업 파괴 및 외국계 광산 사업의 팽창이 진행되는 가운데 1990년대 후반 안데스 지역에서 권리 주장 운동인 광업피해공동체 전국연합이 탄생하여 이러한 착취 활동의 사회적·환경적 영향에 대한 주목을 요청하는 활동을 전개했다. 환경 문제와 종족 문제를 오늘날의 이데올로기적 분위기 안에서 결합

---

21) Richard Chase Smith, "Las Políticas de la diversidad : COICA y las federaciones étnicas de la Amazonia," in Varese, *Pueblos indios*를 참조하시오.

하려는 전 세계적인 잠재력을 실현하면서 CONACAMI는 안데스 정체성을 "재발견"했고 이를 정치 쟁점화하고자 했다. 국가와 협상을 진행하면서 이들은 〈유엔 원주민 권리 선언〉과 〈국제노동기구협약 169호〉를 지속적으로 참조했다. 이들은 또한 페루에서 "소농"이라는 용어가 "원주민"이라는 용어와 동의어로 여겨져야 한다고 공개적으로 주장했다. 요컨대 이들은 아마존 인들이 수십 년 동안 추구했던 것과 비슷한 생태-원주민 정치를 실천하고자 했다. 톨레도의 다문화적 정부하에서 종족적 정체성 모델을 향한 명백한 변화라는 맥락에서, 그리고 생태-원주민적, 정치적 정체성을 받아들인 안데스 인이라는 한 부문을 고려하는 가운데 페루의 가장 오래되고 가장 역사적인 "소농" 연합도 예외가 아니었다. 종족적 추세에 대해 양면적 감정을 가지면서도 그들은 다른 사회 부문과 동맹을 구축하고 정부의 다문화적 개방을 다루기 위한 도구로써 자신을 "원주민"이라고 묘사했다.[22]

이 과정에서 아프리카계 페루인의 역할은 마찬가지로 복합적이었다. 잉카 제국의 유산에 사로잡힌 정부로부터 예상할 수 있듯이, 톨레도의 다문화적 모델은 과거에도, 현재도 주로 원주민 인구라는 점에서 사고된다. 아프리카계 페루인은 사후적으로 사고되었다. 이는 사실이었는데, 영부인의 초기 활동이 아프리카계를 포함하지 않았고 실제로 이들은 예비 논의 동안에는 초대받지 않았다. 아프리카계 페루인들의 직접적인 설명에 따르면, 아프리카계는 결국 후지모리 정부가 거부하고 CONAPA가 책임을 맡았던 1999년 세계은행 개발 사업을 통해 다문화 국민발의제에 참여할 것을 요청받았다. 이 프로

---

22) Greene, "Getting over the Andes."를 참조하시오.

그램은 "원주민과 아프리카계 페루인"을 구체적으로 겨냥했고, 따라서 CONAPA는 이들을 포함한 채 설립되었다. CONAPA가 INDE-PA로 점진적으로 변화하는 과정에서 아마존인과 안데스인 간의 동맹이 형성되는 동안, 아프리카계 페루인들은 상대적인 거리를 유지했다. 이들이 각기 다른 목표를 지닌 채 다른 종족을 상호 간에 미온적으로 받아들이자 원주민과 아프리카계 페루인이 동맹을 형성할 수 있을지 불확실해 보였다.

그 결과 실질적인 어려움과 국가의 더욱 직접적인 간섭에도 불구하고 아프리카계 페루인들은 국가의 다문화적 모델 호소에 대해 다소 독립적인 대응을 조직했다. 페루 내 풀뿌리 수준의 아프리카계 공동체를 대표하는 주요 사회운동은 프란시스코 콩고 흑인 운동 MNFC이었다. 아프리카계 페루인 지식인들은 1980년 중반에 MNFC를 창설했다. MNFC는 부분적으로는 미국 흑인 운동의 성공에 영감을 받았고, 더불어 지역적으로는 페루의 흑인 저항 역사 속의 한 인물을 상징적으로 복권하기 위한 행동으로서 창설되었다. 프란시스코 콩고Francisco Congo는 18세기 시마론cimarrón(탈출한 노예)이었으며, 페루 외곽은 우아치파 유적지palenque de Huachipa의 지도자였다. 초기에는 도시 리마적Limeño 현상으로 시작했지만, MNFC는 역사적으로 아프리카계 페루인들이 밀집했던 해변 지역의 농촌 대표들을 포함시키기 위해 자신을 개조했다. 1990년대 초반부터 아프리카계 페루인들의 존재는 점차 전국적으로, 그리고 국제적으로 가시화되었다. 이는 MNFC의 "전문가 부문"으로 기능했던 비정부 기구 및 현재 수사나 바카Susana Baca와 에바 아이욘Eva Ayllon과 같은 국제적, 음악적 아이콘의 실천으로 눈에 띄는 아프리카계 페루인들의 공연 활동을 촉진했던 다양한 문화협회의 창설에 부분적으로 기인한다.

페루 원주민과 아프리카계 페루인 사이의 명백한 차이에는 도시와 농촌 간의 차이도 포함되어야 한다. 이는 특히 아프리카계 리마인과 해안 지방의 아프리카계 페루인의 분열이 어떻게 국가의 다문화주의로 인해 해결되기보다는 심화되었는지 하는 점에서 분명하다. 아프리카 이주자 후손이 영부인의 다문화위원회에 포함된 후, 아프리카계 페루인 대표는 아프리카계 페루인과 함께 활동하는 리마 소재 비정부 기구 출신으로만 구성되었다. 최근 몇 년 동안 아프리카계 주체들은 여러 해안 공동체 내에서 다문화위원회의 활동에 바탕을 둔 협의 수단으로 전문가 협의회Mesas Técnicas를 건설함으로써 종족 대표성을 더욱 포괄적으로 만들기 위해 노력했다. 그러나 대부분의 협상과 의사결정은 리마에서 페루 의회 "아프리카계 페루인 테이블 Mesa Afro-Peruana"을 통해 진행되었는데, 이 테이블은 몇몇 아프리카계 페루인 비정부 기구, 문화협회, 관심 있는 개인으로 구성되었고, 국회의원 모야노Martha Moyano가 운영하는 것이었다. 모야노는 종족 정치에 관한 역사적 관심이 전혀 없었던 후지모리 지지자로서, 특히 자신을 톨레도 정부하에서 "엘 치노El chino(스페인어로 중국인이라는 뜻으로 일본계였던 후지모리를 가리키는 말 - 옮긴이)"에 대한 그녀의 신념을 포기하지 않았고, 후지모리의 귀국을 추구했던 시 쿰플레당"Sí Cumple"의 지도자였음에도 불구하고 아프리카 - 페루인 운동의 지도자로 변신했다.

페루의 다문화적 경험은 복잡하고 경쟁적인 정치의 한가운데서 계속 진화할 것이다. INDEPA가 창설된 지 딱 1년 후, 톨레도는 결국 2005년 12월 각 "마을"의 대표로 선출된 4명의 안데스 인, 3명의 아마존 인, 2명의 아프리카계 페루인을 공개적으로 소개했다. 투표 형평성에 대한 반복적인 요청이 있었음에도 불구하고, 톨레도가 직접 임명하거나 각 부처 대표로 구성된 각료회의에서 정부가 임명한 10명의 대표는 9명의 종족 대표의 수를 손쉽게 초과했다. 한 달 후 실시될 INDEPA 선거에서 다시 항의와 공개적인 참가 철수가 이루어졌다. 한 아마존 조직의 지도자는 INDEPA 지도부 및 의사결정에서 지속적인 "투명성 결여"를 언급했다. 다양한 아프리카계 페루인 비정부 기구는 모야노가 운영하는 국회 내 위원회에서 철수했음에도 불구하고 그가 계속 자신들을 대리해서 발언했고, 자신들의 문양을 아프리카계 페루인 테이블의 공식 문서의 표지에서 삭제할 것을 요구했으나 이를 계속 사용하고 있다고 비판했다. MNFC는 선거에서 지지를 철회했고, IMDEPA 법이 선거가 "각 마을 내부에서" 실시되어야 한다고 규정하고 있다는 사실에도 불구하고 대중은 실망했다. 대부분은 이 규정을 사회운동 주체와 페루의 종족 공동체를 직접 대표하는 조직의 엄격한 조정에 대한 규정으로 이해했다.[23]

여기서 교훈은 분명하다. 톨레도는 활용할 수 없는 잉카 제국의 낭만적인 이미지가 전혀 없는 상태로 사임했다. 그가 남긴 유산인 페루의 종족적 소수자들과 함께, 이들을 위해 이야기할 것을 의도했던 기구는 오히려 다양한 주체들이 다문화적 페루 건설이라는 공약을 실현하라고 요구하는 가운데 이들을 향해 이야기했고, 많은 한계를 노출했다.

---

23) Congreso de la República, "Ley del Instituto Nacional de Pueblos Andinos, Amazónicos y Afroperuano," www2.congreso.gob.pe/sicr/RelatAgenda/ proapro.nsf/ProyectosAprobadosPortal/E9F5F4BEA9BA905005256F70006A52B3 (2005년 12월 27일 게시).

결론

  최근 라틴 아메리카 내 국가가 지원하는 다문화주의의 광범위한
물결의 맥락에서 페루의 사례를 구체적으로 살펴본 후 한 가지 분명
한 메시지가 떠오른다. 종족적 운동을 국가 기구 및 국가 권력 "외
부에서", 또는 이에 반대하여 작동하는 사회 운동 또는 정치 운동으
로 정의하는 것은 잘못이다. 국가에 대항하는 민주적 동원은 또한
국가에 민주적으로 참여하는 방향으로 나아가는 것이며, 그 역도 성
립한다. 점점 더 우리는 종족적 운동과 제휴된 운동이 정부의 제도
적 장치와 우리가 "국가"라고 부르는 합법적 체계의 앞, 뒤, 내, 외
사이에서 유동적으로 움직여 왔음을 확인하고 있다. 운동은 종족 유
권자를 동원하기 위해 종족 담론을 채택하는 정당으로 변형된다. 정
당 정치가 악화된다면 당과 선거 체계 외부로부터의 "영향"을 받게
된다. 따라서 운동 지도자는 자신의 시간과 노력을 사회 운동 조직
사무실과 거리 시위, 국제적 자금 요청, 정부에서 직책을 얻으려는
시도 등으로 쪼개게 될 것이다.

  더 나아가 라틴 아메리카의 종족 주체들은 "국제 공동체"로 언급
했던 것으로부터 지지를 받고, 동시에 실질적인 제한을 받기도 한다
는 점을 인식하면서 국가와 계속해서 협상을 벌여왔다. 이들의 투쟁
은 물론 단지 그들의 민족 – 국가 및 지역적 추세뿐만 아니라, 궁극
적으로는 통치 제도의 민주화에 대한 지속적인 요구와 시장 경제의
지속적인 팽창이라는 세계화된 세계의 이중적 동학에도 얽혀 있다.
세계적 민주화는 이 지역에서의 종족적 권리 요구 운동이 계속해서
국제적 시민 사회와 변화를 열망하는 사회 정의 운동으로부터 지지
를 받을 것이라는 점을 보증한다. 세계적 시장화는 이러한 권리 주

장 운동이 지속적으로 종족적 차이가 정치적 주변화와 경제적 불평등의 중요한 지표가 되는 세계의 구조적 현실을 거스를 것이라는 점을 보증한다.

이는 수십 년 전의 계급 및 노동자가 기반이 되는 "혁명" 운동과는 다르게, 종족 운동 주체들은 필연적으로 "비혁명적" (또는 계급 분할이라는 문제를 되살리는 것으로 분리할 것)이라는 뜻이 아니다. 이것은 고전적인 마르크스주의의 프롤레타리아 유토피아보다는 다문화적 시민권이라는 이념을 바탕에 두고 혁명의 시나리오를 그릴 것이며, 새로운 위험 또한 불가피하게 출현한다는 뜻이다. 다시 말하면 원주민 투쟁, 신자유주의적 경제 권력, 민주적 통치의 상호 대립하는 이해를 다루는 과정에서 혁명적 급진주의와 함께 매우 현실적인 타협과 모순, 흡수도 발생할 것이라고 예상할 수 있다는 것이다.

14장

노동자 그리고 국경과
부문을 초월한 동맹의 도전

마크 아너Mark Anner

"아메리카 대륙 전역에서 투쟁의 수준이 현격히 높아졌으며 진정한 민주
주의와 주권, 사회적 평등이 민중 연대의 통합적 과정을 통해서만 쟁취
될 수 있다는 인식이 아메리카 대륙의 민중들 사이에서 점차 높아져가고
있다."
—2005년 4월 〈미주사회동맹〉[1]

많은 관찰자들은 노동자들이 제출한 기업 세계화corporate globalization
에 대한 대응 중 유일하게 설득력 있는 것은 국경을 초월한 노동조
합의 연대라는 점에 동의한다. 동시에 점차 많은 이들이 노동자가
비노동자 기반 사회 운동 및 비정부기구NGO와 더욱 효과적인 동맹
을 형성해야 한다는 사실을 인식하고 있다. 잠재적인 갈등의 원천
및 타고난 권력 불균형은 국경과 부문을 초월한 동맹을 괴롭혀왔다.
그러나 이러한 긴장은 극복 가능하다. 실제로 향후 노동자의 중요성
은 광범위한 사회 동맹을 구축할 역량과 관련이 있다.

＊이 장은 에반스(Peter Evans)와 함께 발행한 논문 "Building Bridges Across a
  Double-Divide : Alliances Between U.S. and Latin American Labor and NGOs,"
  Development in Practice 14, no. 1 and 2(February 2004) : 34~47쪽을 그대로 가져
  와 실은 것이다.
1) 2005년 4월 30일 쿠바 아바나에서 개최된 4차 〈미주자유무역지대 반대 대륙회의〉에
  서 발표된 성명서. www.asc-hsa.org

이 장은 노동자-비정부기구, 남반구-북반구의 분할에 가교를 놓기 위한 두 가지 힘겨운 노력을 분석한다. 첫 번째는 미국과 중앙 아메리카에서 진행된 의류 수출 가공지대에서의 근본적인 노동권 침해에 초점을 둔 노동조합과 비정부 기구의 조합이다. 두 번째는 남아메리카의 노동조합이 중요한 역할을 한 미주사회동맹HSA이다. 이 초국적 비정부 기구-노동자 연합은 미주자유무역지대FTAA를 구축하자는 현재의 제안이 지니는 반민주적 성격에 특별히 초점을 두고 통치성에 관한 거시적인 문제들을 폭넓게 제기했다.

불신의 역사를 극복하기

미국과 라틴 아메리카 노동조합 간의 관계는 항상 정치적으로 비판받았으며 때로는 논쟁적이었다. 냉전 시기에 라틴 아메리카 노동조합 활동가들은 미국의 노동조합 운동이 보호주의적이며 미국의 반동적 외교 정책의 도구였다는 혐의를 제기했다. 동시에 라틴 아메리카 노동 운동의 대부분은 지역 내 다른 나라의 노동자와 연대하지 않고, 지방 엘리트를 지지하라는 민족주의적 호소에 쉽게 빠져들었다. 노동조합 및 활동가 집단은 미국과 라틴 아메리카 내에서 수많은 어려움에 봉착했다. 미국에서 베트남 전쟁이 전개되는 동안 전쟁에 찬성하는 노동조합 지도부와 전쟁에 반대하는 활동가 사이에 극적인 분열이 발생했다. 라틴 아메리카에서 몇몇 노동조합은 여성, 비공식 노동자, 주변화된 소수자 집단의 관심사를 노동자 운동의 의제로 받아들이지 않으려고 했다.

왜곡된 냉전 시기의 노동조합의 실천은 수사적 연대와 노동조합의 실천 사이의 모순을 즉각적으로 제기하는 자들에 의해 잘 기록되어 있다. 웨딘Åke Wedin은 《국제 노동조합 "연대"와 그 희생자*International Trade Union (Solidarity)and its Victims*》라는 도발적인 제목의 책에서 라틴 아메리카에서 미국과 독일의 노동조합이 취한 정책의 유형을 묘사했고, 베스 심스Beth Sims는 《파괴되는 세계의 노동자*Workers of the World Undermined*》라는 책에서 미국노총AFL-CIO이 라틴 아메리카에서 미국의 외교 정책 목표에 협조해왔음을 상술하고 있다.[2]

남반구의 노동조합이 항상 북반구의 노동조합과 강력한 유대를 맺는 것을 우선시하지는 않았다. 수입대체 산업화가 전개되는 동안, 남아메리카와 멕시코의 여러 노동조합은 계급적 대립이 아닌 국가와의 조화로운 관계를 우선시하는 타협주의 이념을 개발했다.[3]

1970년대부터 1990년대까지의 경제적·정치적 변화는 오래된 유형을 수정해왔다. 1970년대와 1980년대 동안 라틴 아메리카 노동조합은 독재에 맞서 투쟁했고, 대중 조직과의 긴밀한 유대를 형성했으며, 지금까지도 지속되고 있다. 미국의 몇몇 부문에서 노동조합의 쇠퇴는 사회운동 노조주의가 현재의 산업 노조주의를 대체할 기회를 형성했다.[4] 다소 희박하지만 미국의 노동조합은 1999년 시애틀에

---

2) Åke Wedin, *La 'Solidaridad' Sindical Internacional y Sus Víctimas : Tres Estudios de Casos Latinoamericanos*(Göteborg : Instituto de Estudios Latinoamericanos de Estocolmo, l991) ; Beth Sims, *Workers of the World Undermined : American Labor's Role in U.S Foreign Policy*(Boston, MA : South End Press, 1992).

3) Ruth Berins Collier and David Collier, *Shaping the Political Arena : Critical Junctures, the Labor Movement, and Rigime Dynamics in Latin America* (Princeton, NJ : Princeton University Press, 1991) ; Francisco Zapata, *Autonomía y Subordinación en el Sindicalismo Latinoamericano*(Mexico City : Fondo de Cultura Económica, 1993).

4) Kim Voss and Rachel Sherman, "Breaking the Iron Law of Oligarchy : Union Revitalization in the American Labor Movement," *American Journal of Sociology*, 106, no. 2(2000) : 303쪽.

신자유주의 이후의 라틴 아메리카

서 벌어진 세계무역기구wTO에 반대하는 시위에서 확인할 수 있었던 것처럼 다른 사회운동과 연계를 형성했다. 국제적으로, 북미자유무역협정NAFTA과 같은 지역 무역협정 및 세계무역기구와 같은 국제적 무역기구는 노동조합이 국경을 초월하여 조직화하도록 만들었다. 그리고 많은 경우 활동가들은 나라를 넘나들며 선진국에서 기업의 상표 이미지를 손상시킴으로써 개도국에서의 노동권 침해에 항의하는 데 힘을 모았다. 이러한 경향은 서로 결합되어 피터 에반스Peter Evans가 "대항 헤게모니적 세계화"라고 언급했던 조건을 형성한다.[5]

그러나 세계화에 대한 퇴행적인 반응은 전혀 사라지지 않고 있다. 경제적 통합이 증대됨에도 불구하고 국제적 연대보다 국내 노동전략이 더 중요하게 여겨진다. 예를 들어, 북반구에서 노동조합 보호주의는 관심사로 남아 있다. 그리고 노동자 국제주의가 우세한 곳에서, 힘이 약한 남반구의 주체들은 북반구의 노동조합이 투쟁 전략과 의제를 지배하는 경향이 있다고 생각한다. 국제화된 부문에서조차 협소한 작업장에서의 문제를 선호하며 계급적 연대를 회피하는 비즈니스 노조주의가 우세하다.

세계적 신자유주의에 대한 진보적 대응은 이러한 경향을 극복하고 부문과 국경을 뛰어 넘는 동맹을 받아들여야 한다. 노동조합 조직력 약화, 노동 조건의 악화, 비공식 경제 확대 등의 문제는 공식 부문 노동자만의 행동으로는 역전할 수 없다. 이것이 성공하려면 실천적으로, 그리고 이념적으로 "사회 운동 노조주의"가 여성 조직, 인권 단체, 소작 농민운동, 농민공동체, 신념에 기반을 둔 조직 등을 포함해야 한다. 동시에 기업의 본부가 라틴 아메리카 바깥에 있기

---

5) Peter Evans, "Fighting Marginalization with Transnational Networks : Counter-Hegemonic Globalization," *Contemporary Sociology* 29, no. 1(2000) : 230쪽.

때문에 라틴 아메리카 활동가들은 다국적기업MNCs 및 국제기구를 겨냥하는 데 도움이 될 북반구의 동맹을 필요로 한다.

서반구는 일련의 혁신적 노력이 진행되는 현장이 되었다. 이러한 노력 중 하나는 라틴 아메리카의 억압적이고 노동 집약적인 산업 내에서 기본권 쟁취 투쟁을 전개함에 따라 직면하게 되는 세력 균형을 향상시키기 위해 협력하는 다양하고 구별되는 일련의 조직들로 구성된다. 이 "노동 착취 현장 반대 운동"은 초국적 네트워크를 능가한다. 이 운동은 참여 조직들의 분명하게 다른 역량을 각 개별 부분의 단순 합보다 효과를 훨씬 더하는 방식으로 통합한다.

두 번째 노력은 비슷하게 밀도 있는 조직적 동맹을 수반하지만, 이것의 목표는 더욱 정치적이고 실질적으로 작업 현장에서 벗어났다. 이것은 노동자 조직화 비정부 기구의 연합으로 미주자유무역지대FTAA 안에 배태된 신자유주의적 통치 모델의 반민주적 위협에 맞서 대륙에서 민주적 통치를 방어하기 위해 노력한다. 이러한 연합의 가장 분명한 조직적 실체는 미주사회동맹HSA-Hemispheric Social Alliance이라고 불리는 동맹들의 동맹이다.

이렇게 매우 다른 사례를 함께 분석함으로써 새로운 남–북 그리고 노동자–비정부 기구 동맹이 실행되는 일련의 행동에 대한 이해를 전달하고자 한다. 이를 통해 이 중의 분할에 가교를 놓는 새로운 제안의 강도와 성과를 제시한다. 또한 이러한 새로운 건설이 계속해서 대면하는 도전을 보여준다. 가장 강력한 권력 불균형, 동맹 구성원들 사이의 우선성 변화 등이 이에 해당한다. 생활 기준 하락을 극복하고 자신의 삶에 영향을 미치는 경제적 · 사회적 · 정치적 결정에 영향을 미칠 능력은 새롭게 출현하는 동맹 참가자들의 차이를 조절할 역량에 달려 있다.

수출가공 지대와 작업장 중심의 투쟁

카리브해 지역 노동자들이 직면한 가장 큰 도전 중 하나는 수출가공 지대에서 나타난다.[6] 이 지대는 조직화하기 어렵기로 악명 높지만, 무시하기에는 너무 중요하다. 더불어 제조업 부문 고용은 주로 여기에서 이루어진다. 그리고 여기에서 발생하는 순수출입은 카리브해 지역에서 백여 년 동안 주된 상품이었던 커피나 바나나의 수출 가치를 능가해왔다.

중앙아메리카에서 1990년대 초반 수출가공 지대가 호황을 이룰 때 노동조합은 전통적인 조직화 전략을 사용하여 조직화했다. 그러나 그다지 성공적이진 않았다. 엘살바도르에서 전통적인 제조업 부문의 노동조합 조직화율은 10%였으나, 새로 형성된 수출가공 지대에서의 조직화율은 1% 미만이었다. 온두라스 비수출가공 지대 조직화율은 27%였으나 수출가공 지대 노동자 중에서는 겨우 6%만 조직화되었다. 비효율적인 노동위원회, 부패한 작업장 감시관, 고위급 정부 대표들의 공공연한 반노조주의 등이 낮은 조직화율의 원인이다. 그러나 더 큰 문제는 국제적인 외주 체계다. 이 체계를 통해 다국적 의류회사들은 이 저임금 부문의 노동집약적 요소를 이동성이 높은 회사에 외주를 주는 방식으로 계약을 체결한다. 이런 맥락에서 지역적·일국적 전략이 성공하는 것은 한계적이며, 따라서 중앙아메리카의 노동조합 활동가들은 북반구의 동맹 세력을 필요로 한다.

미국에서, 직물·의류 노동조합은 다르지만 관련이 있는 이유, 즉

---

6) 이 절은 내가 쓴 6개의 논문을 종합해서 작성했다. Mark Anner, "Between Solidarity and Fragmentation : Labor Responses to Globalization in the Americas," 미발표 논문, Department of Government, Cornell University, Ithaca, NY, 2004.

중앙아메리카와 같은 저임금 지역에서의 수입 증가로 위기에 봉착했다. 1960년부터 1993년까지, 미국 직물·의류 산업의 고용은 23% 감소했고, 조직화율은 54% 감소했다. 1959년 정점에 이르렀을 때는 85만 2,000명의 노동자들이 직물·의류 노동조합에 가입했지만 2000년에 이르러서는 조합원이 22만 5,000명으로 감소했다. 이 부문 조합원 수는 74%가 감소해서 조직화율은 18% 미만이었다. 노동조합의 힘의 감소는 임금에도 영향을 미쳐, 의류 산업 생산직 노동자의 평균 실질 임금은 1968년에서 1993년 사이에 19%가 감소했다. 사실상 1957년 노동자들의 실질 임금이 1995년 노동자들보다 높았다.

과거에 미국 직물 노동조합 활동가들은 이 산업이 문제에 처했을 때 보호주의적 조치를 추진하기 위해 정치적 동맹에 의존했다. 그러나 1990년대에 이르러 클린턴 행정부가 자유무역 정책을 채택함에 따라 보호주의적 정치 전략은 더이상 실행 가능하지 않았다. 이는 새롭게 조직된 직물 노동조합인 UNITE 내에서 진보적인 활동가들이 대안적인 전략을 제안하도록 했다. 즉, "자신의 일자리를 빼앗아 가는 사람들"이라고 여기는 이들과 동맹을 형성한다는 것이었다.[7] 이러한 동맹의 목표는 수출가공 지대에서 노동조합을 조직하고, 의류 산업의 일자리를 끊임없이 저임금과 노동조합이 취약한 나라로 이전하도록 만드는 "바닥을 향한 경주"를 중단하기 위해 수출가공 지대의 노동조건을 개선한다는 것이었다. 국제직물·의류노동조합 ITG은 전 지역에서 접촉을 강화하고, "어항" 모델로 알려진 조직화 전략을 전파하기 위한 지역 워크숍을 개최했다. 이 모델은 전략을 공개하기 전 ("수면 위로 올라오기" 전) 넓은 지지 바탕을 구축하기

---

7) 미국직물섬유노동조합(UNITE)은 1995년 국제여성의류노동조합(ILGWU)과 합성의류및직물노동조합(ACTWU)의 통합을 통해 설립되었다.

위해서 천천히, 그리고 비밀리에 ("수면 밑") 조직화할 것을 장려한다. 이는 예상되는 관리자들의 반격에 가장 잘 대응할 준비를 하기 위한 것이었다. 이 모델은 (1) 자신들이 생산하는 상품의 상표명 기업이 지닌 취약성을 바탕으로 타깃으로 삼을 공장을 결정하기, (2) 주된 조직가가 될 공장 노동자를 서서히 모집하고 훈련하기, (3) 집중적인 호별 방문을 통해 가능한 많은 수의 노동자를 신속하게 조직하기, (4) 공장에서의 시위와 상표명 회사 앞에서의 초국적 항의 시위를 동반하는 노동조합 설립 신고서 제출 등을 포함한다.

미국의 노동조합 활동가들이 중앙아메리카의 조직화 모델이 지니는 문제점에 대해 주되게 비판하는 지점은 투쟁을 시작하기 전 타깃을 신중하게 정하지 않는 한편, 노동조합 설립 신고서를 조직가가 노동조합을 결성하기 위해 필요한 법적 최소인원(30~35명)을 조직했을 때 제출한다는 점이었다. 이것은 법적 요건을 충족시키기는 하지만 노동자들에게 관리자들로부터 올 예상되는 반격에 맞서기에 충분한 연합적 힘을 주지는 않는다. 노동조합은 설립 신고를 하기 전 최대한 많은 노동자를 조직해야 한다는 점에는 일반적인 동의가 이루어졌지만, 50% 기준선(특히 800인 이상 공장에서)에 도달할 때까지 기다려야 할지 여부에 대해서는 토론 중이다.

투쟁의 타깃을 결정하는 것은 미국과 중앙아메리카 노동조합 활동가들 사이에서 뜨겁게 논쟁되었다. 미국 노동조합 활동가들은 어떤 회사를 타깃으로 삼을지는 자신들이 결정해야 한다고 주장했다. 이 회사는 미국계 회사이고 자신들이 취약성에 대해 더 잘 안다는 것이 그 이유였다. 중앙아메리카 노동조합 활동가들은 이러한 전략에 대한 통제력 손실에 불만이 있었다. 더 나아가 몇몇은 투쟁 대상을 선정할 때 가장 중요한 요소는 노동자들이 노동조합에 가입하려는 의향이지, 다국적 기업의 취약성이 아니라고 주장했다. 몇몇 지역 노동조합은 미국의 노동자들과 함께 활동하기를 거부했다. 그러나 다른 이들은 받아들였고, 1990년대부터 2000년대 초반, 어항 전략을 이용한 조직화 운동이 지역에서 제안되었다. 이 조직화 운동에서 타깃으로 설정된 세 회사는 온두라스의 키미Kimi 및 유양YooYang과 엘살바도르의 타이난Tainan이었다.

키미는 갭GAP과 메이시스Macy's를 생산하는 한국인 소유의 공장이었다. 미국직물노동조합UNITE과 국제직물섬유노동조합ITG이 온두라스에 배정한 미국 노동조합 활동가들이 조직화 운동을 주도했다. 이 노동조합 활동가들의 안내로, 온두라스 활동가들은 노동자들을 지지 정도에 따라 분류(친노동조합, 미정, 반노동조합)했고, 미정항목에 해당하는 노동자들을 공세적으로 겨냥하여 호별 방문을 통해 노조 가입의 장점과 중요성을 소개했다. 노동조합은 700명 중 10%를 모집해 훈련할 수 있었고, 이 모델에서 설정한 50% 목표에 한참 못 미쳤다. 따라서 다음 단계로 회사로 하여금 노조를 인정하도록 압박하기 위한 짧은 시간 동안 작업 중단을 실행했다.[8] 결국 관리자들은 노조를 인정했다. 1999년 3월에 이르러 임금 인상과 추가적인 수당을 지급할 것에 대한 단체 협약을 체결하기 위한 교섭을 진행했다. 성공은 오래가지 않았지만, 2000년 5월, 사업주는 공장을 폐쇄했고 노동조합을 파괴했다.

필립스 – 반 호이센Phillips-Van Heusen을 생산하는 유양에서 동일한 집단의 활동가들이 조직화 운동을 전개했다. 본사에 대한 국제적인 압력을 병행하며 2000년 12월 유양 노동자들은 STEYY 노동조합을 법

---

8) Henry J. Frundt, *Trade Conditions and Labor Rights : U.S Initiatives, Dominican and Central American Responses*(Gainesville : University Press of Florida, 1998).

적으로 인정받았다. 지방 및 국제적 투쟁을 몇 년 동안 지속적으로 벌이고 난 후 노동조합과 회사는 첫 번째 단체협상안을 체결했다.[9]

2001년, 미국 노동조합 활동가들과 국제직물의류노동조합은 엘살바도르에서 투쟁을 전개했다. 이들은 대만인이 소유한 갭GAP 생산 공장인 타이난에 집중해서 이러한 투쟁을 전개했다. 국제직물섬유노동조합은 다른 곳에 비해 엘살바도르에서는 적극적인 활동을 펼치지 않았지만(엘살바도르에는 유급 활동가가 없었다.) 사무국 활동가가 엘살바도르를 수시로 방문해서 지역 조직가들에게 어항 모델의 장점을 확신시켰다. 노동조합 활동가들은 대대적인 호별 방문을 실시했고, 그 결과 작업장에서 상당한 비율의 노동자들을 모집해 2001년 7월 노동조합을 설립했다. 2002년에 이르러, 노동조합은 타이난이 소유한 두 공장 중 한 곳에서 56%의 노동자를 조직했고, 회사에 단체협상을 요구했다. 그러나 회사는 노동조합이 결성됨에 따라 주문량이 줄어들었다며 노동자들을 해고했고, 결국 노동조합은 크게 약화되었다. 뒤이어 2002년 4월, 회사는 공장을 폐쇄하겠다고 발표했다. 노동조합 활동가들은 갭과 타이완에 있는 타이난 본사를 압박하며 투쟁했다. 결국 갭은 타이난의 해고 노동자들로 운영되는 노동자가 경영하는 공장을 설립하는 데 기여하겠다고 약속했다. 새로운 공장인 공정한 의류는 그때부터 계속 운영되고 있다. 이 글을 쓰던 당시 이 공장에는 75명의 생산직 노동자와 적극적으로 활동하는 노동조합이 있었다.

한계적인 성공과 지도부 교체로, 미국직물노동조합은 전략을 변경

---

9) U.S./LEAP, "설립 허가를 받고 1년 후 STEYY는 2001년 12월 10일 첫 번째 단협을 체결했다고 발표했다." January 2003, www.usleap.org/Maquilas/PastMaquila Campaigns.html (2003년 7월 27일 게시).

하기 시작했다. 미국 직물노동조합은 미주대륙 내에서 생산직 노동자의 국경을 초월한 조직화에 초점을 두기보다는 H&M과 같은 소매업체를 조직하기 위해 유럽의 노동조합과 국경 간 동맹을 형성할 것을 모색하기 시작했다.[10] 미국노총AFL-CIO의 아메리카국제노동자센터 ACILS는 가능한 곳에서는 국경을 초월한 조직화 노력을 지속적으로 추진했다.[11] 종종, 이들은 어항 전략을 수정하여 50%의 노동자로부터 지지를 얻기 전 노조 설립 신고를 해야 한다고 생각했다. 왜냐하면 더 많은 노동자들이 가입하기를 기다리는 동안 이미 가입한 노동자들이 해고되어 버렸기 때문이다. 이들은 노조를 설립하고 이미 가입한 조합원을 보호할 것인지, 아니면 모두를 잃을 것인지 사이에서 선택해야 했다.

온두라스의 CUTH와 같은 노동 단체는 미국 노동조합 활동가들과 함께 활동하지 않을 것을 선택하고, 국가 기관에 대한 정치적 압력을 동반하는 기층에서의 전투적 행동주의를 채택했다. 이들은 국가로부터 작업장 감시관을 파견할 것을 요청했고, 노동부에 노동조합에 대한 법적 인정을 요구하며 로비했다. 그리고 이들은 비노동자 연대 집단을 접촉하여 다국적기업에 제한된 압력을 행사했다. 다시 말해 어항 모델을 멀리했지만 투쟁의 한 요소로써 다국적기업에 대한 다국적 압박을 병행하는 것의 장점은 받아들인 것이다. CUTH는 노동조합 조직화 과정에서 많은 어려움에 부딪쳤고, 많은 노동자들이 해고되었다. 그러나 1999년에 이르러서는 수출가공 지대에서 19

---

10) UNITE는 호텔 및 레스토랑 노동조합(HERE) UNITE HERE를 결성했다.
11) 미국노총 상층 지도부가 평의회를 지배하고 있으며, 약간의 재정 조달을 책임지고 있다. 그러나 대부분의 재정은 미국국제발전기관(AID)을 통해 조달되거나, 해마다 전국민주주의재단을 통해 핵심적인 지원을 받는다. ACILS는 남반구 및 이행기 경제 모든 지역을 아울러 28개 사무국 네트워크를 유지하고 있으며, 상근 직원이 160명이다.

개의 노동조합이 생겼다.

비정부기구와 반反노동착취 현장의 행동

수출가공 지대의 경쟁적이고 저부가가치적인 특성은 기본적인 인권 및 노동권 침해가 빈번하게 발생하도록 만들었고, 대부분의 노동자가 여성이었다. 이는 인권 및 노동권 단체, 종교 조직, 여성운동 단체 등 수출가공 지대에 관한 지원 단체들의 독특한 상호연계를 형성했다. 중앙아메리카에서 미국 노동조합이 활동하기 전부터 북반구의 비정부기구들은 이 지역 내 노동 착취 현장 문제를 다루는 캠페인을 전개했다. 가장 눈에 두드러지는 단체는 전국노동자위원회NLC였다. 전국노동자위원회는 엘살바도르 내 미국의 정책에 대한 미국노총의 지지를 우려하는 뉴욕의 노동조합 활동가 집단을 주축으로 1980년에 결성되었다. 전국노동자위원회는 엘살바도르 진상조사단을 조직했고, 노동조합 지도자에 대한 체계적인 투옥과 암살을 포함하여 이 지역에서 벌어지는 심각한 수준의 노동권 침해를 부각시키는 몇 편의 보고서를 썼다. 1992년 전쟁이 끝나고 더욱 극단적인 형태의 노동자 탄압이 가라앉자, 전국노동자위원회는 이 지역 버섯 수출가공 지대의 노동자들을 대신하여 캠페인을 추진했다. 이 캠페인은 순회 연설과 편지 쓰기 캠페인, 소매업체 바깥에서의 항의 행동 등으로 이루어졌다. 목표는 타깃으로 정한 공장과 생산 계약을 체결한 미국 의류 소매업자들을 조심스럽게 망신주는 것이었다.

미국의 다른 비정부기구도 유사한 캠페인을 전개했다. 예를 들어, 미국 과테말라 노동자 교육 사업은 과테말라 시티에 전업 스태프를 두고 과테말라 필립스-반 호이센이 저지른 노동권 침해 사례를 기록했으며, 최근에는 미국 노동자 교육 행동USLEAP으로 재조직화한 후 라틴 아메리카 전역에서 캠페인을 전개했다. 그 뒤 1990년대 후반 학생들이 전 세계적 고역장 문제를 캠퍼스 상품이 제조되는 조건과 연계하기 시작했다. 1998년 7월, 30개 대학 학생 대표단이 뉴욕에 모여 반고역장 학생 단체의 연대체인 노동착취 현장 반대 미국학생모임USAS을 결성했다. 2000년 1월, 노동착취 현장 반대 미국 학생모임은 미국과 캐나다 내에서 200개의 캠퍼스 가맹 조직이 생겨났다. 첫 번째 주요 캠페인으로 학생들은 대학들이 캠퍼스에서 판매되는 의류 생산업체가 지킬 강력한 기업 윤리 강령을 개발할 것을 요구했다. 결국, 마킬라 연대 네트워크Maquila Solidarity Network와 같은 캐나다 비정부기구들은 중앙아메리카 비정부기구를 지원하여 캐나다 내 회사들에 반대하는 캠페인을 전개했고, 이들에 대한 유용한 분석을 영어와 스페인어로 작성하여 제공했다.[12] 중앙아메리카 비정부기구 역시 수출가공 지대에서의 권리 침해 문제를 다루는 데 참여할 강력한 이유가 있었다. 여러 신념 기반 인권 단체들이 1980년대 폭력이 고조되는 시기에 살인과 고문, 테러를 규탄하고 범인을 처벌할 것을 촉구하기 위해 결성되었다. 1990년대에 이르러 이러한 폭력이 줄어들자 이 단체들은 다른 문제에 집중할 수 있었다. 엘살바도르의 헤수이트 대학과 가톨릭 대교구의 인권분과는 수출가공 지대의 노동권 침해를 기록하기 시작했고, 불법으로 해고된 노동자 또는 관리자로부터 학대를 받은 피해자들에게 법적 지원을 제공했다. 그

---

12) 내가 알기로, 캐나다 단체들이 가장 먼저 웹사이트를 완전한 이중 언어로 구축하여, 북미 활동가뿐만 아니라 남미 활동가들도 이 사이트에서 정보와 분석을 얻을 수 있었다.

리고 수많은 사건을 접수한 후, 이러한 문제를 해결하는 데 능력도 의지도 없는 정부 부처를 비판하는 공개성명서를 작성했다. 1992년에는 이 중 여성들이 1980년에 결성된 멜리다 아나야 몬테스 여성운동MAM이라는 저항운동과 연계를 형성했다. 이 단체는 분쟁의 후과가 남아 있는 상황에서 여성권을 촉진하고자 했다. 1996년에 이르러 이 단체는 수출가공 지대 문제를 포괄하여 노동권 침해를 겪는 여성들을 법적으로 지원했다.[13]

줄거리는 온두라스와 같다, 라는 문제에 초점을 두고 결성된 인권단체 및 여성단체가 수출가공 지대에서 펼쳐지는 사건들을 보고 우선적으로 다루어야 할 문제들을 변경하게 된 것이다. 예를 들어, 여성권리센터CDM는 늘어나는 가정 폭력을 다루는 입법을 추진하기 위해 설립되었다. 그러나 1990년대 중반에 이르러 수출가공 지대에서 권리 침해가 증가하고 있다는 소식을 접하고 여성권리센터는 지역 노동조합과 공동 사업을 전개하기로 결정했다. 노동조합이 조직화에 초점을 두었다면 여성권리센터는 여성들에게 노동자로서 자신의 법적 권리에 대한 교육을 실시했다. 이를 위해 여성권리센터는 옥스팜Oxfam, 노르웨이 민중 원조Norwegian Peoples Aid 및 여타 단체로부터 기금을 지원받았다. 법률 서비스 조직인 민중 법률 상담센터CJP도 비슷한 궤적을 그렸다. 저소득층을 위한 가족법을 다루기 위해 결성되었으나 1997년 수출가공 지대 문제에 개입하기 시작해 권리를 침해당한 노동자들에게 법률 상담을 제공했다.

---

13) 2001년 7월 19일, 엘살바도르 산살바도르에서 저자가 Melida Anaya Montes Women's Movement(MAM)의 사무국장 리오스(Marina Ríos) 인터뷰.

수출가공 지대에서 북/남, 노동자/비정부기구 동맹

역사적으로 미국의 노동운동 상층은 사회의 더욱 급진적인 요소라고 여겨지는 것과 연계하는 것을 꺼렸다. 이러한 분열은 특히 베트남 전쟁 동안 악명 높았다. 라틴 아메리카에서 오래된 타협주의적 노동조합 중앙 조직과 비정부기구들 간의 관계는 그다지 좋지 않았지만, 진보적인 노동조합과 비정부기구들의 관계는 강력했다. 분열이 존재했다면 그것은 종종 정치 분파 사이에서였지, 사회 부문 사이에서는 아니었다. 그러므로 노동착취 현장 반대 운동의 초기 국면에서, 미국의 노동조합이 노동 사안이라고 여겨지는 것에 대한 비정부기구의 역할에 대해 회의적이었던 반면, 중앙아메리카의 노동조합과 비정부기구는 동맹을 형성했다. 예를 들어, 1995년 엘살바도르에서 19개의 노동조합과 비정부기구가 함께 모여 마킬라 내 존엄한 일자리를 위한 연대체COSDEMA를 결성했다. 이 단체는 두드러지는 부문 간 연대의 사례를 보여주었다. 이 단체는 수출가공 지대법 안에 노동권 조항을 포함시키기 위한 로비를 성공적으로 전개했고, 노동조합 조직화 활동을 지원했다.[14]

시간이 지남에 따라 미국 노동조합 운동은 선별된 비정구기구와 신중하게 동맹을 형성하는 것의 장점을 깨닫게 되었다. 미국 노동자 교육 행동과 노동착취 현장 반대 미국 학생모임은 특히 신뢰할 만한 동맹 세력으로 사고되었지만, 여성 단체 및 노동자전국위원회와 같은 단체들과의 긴장은 지속되었다. 그러나 이 모든 단체들은 이 부문에서 활발하게 활동했고, 미국 및 캐나다 (그리고 유럽) 등 북반

---

14) 여기에 노동조합과 비정부기구 간의 분열은 없었지만, 이 조직은 결국 지도부 내 분쟁을 겪은 후 해산했다.

구 소재 조직들은 수많은 수출가공 지대 문제에 관해 활동하는 중앙아메리카의 노동조합 및 비정부기구들을 지원했다. 한 조사에 따르면 최소한 이 지역 내에 7개의 노동조합과 16개의 비노동자 단체(대부분 비정부기구)가 수출가공 지대에 관한 사업을 펼치고 있다. 대부분 노동조합은 노동조합과, 비노동조합은 비노동조합과 함께 활동한다. 그러나 중앙아메리카 노동조합과 함께 활동하는 북반구 비정부기구는 많지만, 중앙아메리카 비정부기구와 함께 활동하는 북반구 노동조합은 소수에 불과했다.[15]

멕시코에서, 극동Kukdong의 사례는 이러한 노동조합/비정부기구 동맹의 잠재력을 생생하게 보여준다. 2001년 9월 21일, 멕시코 아틀리스코의 극동(Mexmode에서 이름을 변경)의 400명 노동자를 대신해서 한 독립 노조와 한 멕시코 수출가공 지대 공장 사이의 최초의 단체협약이 SITEMEX에 의해 서명되었다. 이는 2002년 4월 임금과 수당의 실질적 인상에 관한 합의로 이어졌다. 많은 노동자 조직과 비정부기구가 이 승리를 이끌어내는 데 참여했는데, 멕시코의 노동자지원센터CAT, 미국노총 연대센터, 캐나다노동회의 CLC 등이 포함된다. 연대조직으로는 미국노동자교육행동, 노동권 캠페인, 글로벌 익스체인지, 노동착취 현장 감시, 유럽 깨끗한 옷 캠페인CCC, 한국의 국제민주연대, 마킬라 연대 네트워크MSN 등이 있었다. 이 단체들의 목록은 기본적인 단결권을 쟁취하기 위한 활동에 참여한 단체들이 매우 복합적임을 보여준다. 노동착취 현장 반대 미국 학생모임에 가입한 학생들은 특별한 전략적 역할을 수행했는데, 대학 티셔츠가 이들 공장에서 생산되었기 때문이다.

---

15) 저자의 인터뷰.

이러한 조직화 기반 전체는 노동조합이나 비정부기구에 속하거나, 양자를 오가는 국제주의를 지향하는 노동자 활동가들과 함께 촘촘히 짜여 있다. 이러한 활동가들 사이의 네트워크 연결망의 중요성은 이것이 마가렛 케크Margaret E. Keck과 캐서린 시킨크Kathryn Sikkink가 묘사한 다국적 의제 – 개입 네트워크TANs와 유사하게 보이도록 만들지만, 이러한 연결망이 노동자 운동에 뿌리를 두고 있다는 사실에서 이 구조는 매우 다른 특성을 보인다.[16] 다국적 의제 – 개입 네트워크는 이론적으로는 "이상 혹은 가치"를 방어하기 위해 구성된 조직을 회원조직으로 받아들인다고 하지만, 생존권과 존엄성을 쟁취하기 위해 힘든 정치적 현실 속에서 일상적 투쟁에 바탕을 둔 즉각적 이해뿐만 아니라 장기적이고 이념적인 이해 역시 지닌 유권자들을 직접적으로 책임지는 조직 또한 포함한다.

이러한 연합에 닥친 도전은 원칙적인 이상과 가치와 일상적인 이해를 통합하는 것이다. 이상적으로 조직적 관계라는 논리는 단체 및 지도자들이 즉각적인 방식으로 자신의 이익만을 추구하는 경향을 지녔을지라도 폭넓은 전망을 채택하도록 강제한다. 그러나 기본적·이념적 논리가 확고하더라도, 조직적 유대는 창조적 혁신이 지속되도록 만들기 위해 필요하다. 전체적으로 이러한 연합의 이념적·조직적 기반은 비정부기구가 포함된 동맹이 어떻게 남 – 북 노동자 동맹을 촉진하고 이 양자의 조합이 어떻게 노동자들(그리고 일반 시민들)에게 세계적 신자유주의의 불평등한 속성에 자연스럽게 저항하도록 만들 것인가에 관한 중요한 모델을 제공한다. 물론, 최선의 동맹이 있더라도 의류 산업의 높은 이동성으로 인해 실패할 수

---

16) Margaret E. Keck and Kathryn Sikkink, *Activists Beyond Borders : Advocacy Networks in International Politics*(Ithaca, NY : Cornell University Press, 1998).

있다. 이는 많은 활동가들이 더 폭넓은 캠페인을 추진하도록 이끌었고, 전 세계적 통치 구조를 공격하도록 만들었다.

민주적 통치의 심화 : 미주자유무역 지대 반대 투쟁

1994년 미국은 마이애미에서 1차 미주정상회의를 개최하고 미주자유무역 지대의 창설 계획을 수립했다. 이 계획의 목표는 미주대륙 내 쿠바만을 제외한 34개국을 한데 모아 2005년까지 전 세계에서 가장 큰 자유무역 지대를 창설한다는 것이다. 그러나 새롭게 출현한 전 세계적 사회 정의 운동은 이 계획에 도전했고, 점차 격렬한 시위를 벌였다. 1998년, 캐나다와 미국, 라틴 아메리카의 노동자 및 비정부기구들은 함께 모여 지역 통합에 대한 대안적 전망을 토론하기 위한 1차 민중정상회의People's Summit를 개최했다. 1년 후 민중정상회의의 성과를 바탕으로 미주사회동맹HSA이 결성되었다.[17]

일찍이 노동자들은 독재 정권이라는 공동의 적에 맞서 전국적인 사회 동맹에 참여했고, 현재는 노동자, 인권, 성 평등, 환경, 종족·인종 소수자 등에 불리한 효과를 낳는 신자유주의 세계화가 부문을 뛰어 넘어 남반구와 북반구 연합이 형성될 조건을 제공하고 있다. 노동자와 비정부기구 동맹이 정치와 정책에 폭넓은 영향을 미치기 위해서는 노동자의 즉각적 요구를 넘어서는 공동의 목표를 중심에 두고 결합해야 한다. 더욱 민주화된 형태의 경제적 통치를 획득하기 위한 전략이 없다면, 국내적으로나 국제적으로 노동 현장에서의 투

---

17) 이 지역 내에서는 스페인어 이름인 La Alianza Social Continental(ASC)로 더 잘 알려져 있다.

쟁은 제한적인 성공만을 거둘 수 있을 뿐이다. 현재 미주자유무역 지대에 반대하는 노동자와 비정부기구 연합은 경제적 통치의 민주화라는 더욱 큰 의제를 둘러싸고 건설된 광범위한 동맹의 가능성을 보여준다.

수많은 논쟁과 토론의 한가운데서, 미주사회동맹 구성원들은 가까스로 "아메리카를 위한 대안"을 기초할 수 있었는데, 이 문서에는 깊은 신념과 원칙에 바탕을 둔 공동의 전망이 집약되어 있다. 이 문서는 "어떤 나라도 전 세계적 경제로부터 고립된 생태로 남아 있을 수 없고 그래서도 안 된다."고 언급한다. 덧붙여 "우리는 평화와 민주주의, 지속가능한 발전과 경제 안정성을 위하여 일국적, 초국적 차원에서 통제되는 세계 경제를 제안한다. 아메리카 대륙의 시민으로서, 수요 공급 법칙에 지배당하기를 거부하며 시장의 법칙에 따라 통치되는 단순한 상품이 아닌 개인으로서의 우리의 역할을 주장한다."[18]

미주자유무역 지대에 반대하는 운동으로 표현되는 정치적 변화의 정도는 특히 북미자유무역협정NAFTA 반대 투쟁이 시작될 당시의 미주대륙 내 무역 정책의 특징과 비교할 때 더욱 두드러진다. 북미자유무역협정 반대 투쟁에서 다국적 동맹은 노동조합보다는 환경주의자, 인권단체, 신념 기반 단체, 여성단체들 사이에서 더욱 결성되기 쉬웠다. 이는 "역사적인 불신과 오해, 무시"에 기인했다.[19] 북미자유

---

18) "Alternatives for America : General Principles," www.web.net/comfront/ alts4americas/eng/01-general-e.html(2005년 10월 20일 게시). 이 문서는 1998년 작성된 문서의 두 번째 개정본이다.

19) Maria Lorena Cook, "Regional Integration and Transnational Politics : Popular Sector Strategies in the NAFTA Era," in *The New Politics of Inequality in Latin America : Rethinking Participation and Representation*, ed. Douglas A. Chalmers, Carlos M. Vilas, Katherine Hite, Scott B. Martin, Kerianne Piester, and Monique Segarra(New York : Oxford University Press, 1997), 516~540쪽.

무역협정의 노동 정책 역시 초반에는 전통적인 일자리 경쟁의 틀로 전락했다. 미국의 노동조합은 미국에서의 일자리 감소 가능성을 비판했고, 멕시코 노동조합총연맹CTM 간부들은 이 협정이 멕시코에서 일자리를 창출할 것이라는 믿음을 바탕으로 이를 지지했다. 결국 국경 간 연합으로 북미자유무역협정을 중단시킬 수는 없었지만, 북미자유무역협정의 경험은 뒤이은 성공적인 투쟁에 중대한 영향을 미쳤다. 북미자유무역협정은 각 조직들이 신뢰를 구축하고 경험을 축적하도록 만들었다. 그리고 북미자유무역협정이 일자리와 지속가능한 개발을 가져다주지 못하자 북미자유무역협정을 모델로 하는 자유무역의 확대를 중단해야 한다는 활동가들의 확신은 더욱 강화되었다.

미주자유무역지대 반대 투쟁에서 동맹의 형성은 매우 다른 결과를 약속했다. 여기서 브라질 노총CUT과 같은 남아메리카의 주요 노동조합 중앙 조직은 자유무역협정에 확고하게 반대했고, 미주지역노동자조직ORIT도 마찬가지였다.[20] 미주지역노동자조직은 미주자유무역 지대의 비민주적 성격을 강조했고 어느 나라에서 일하는지, 법적 지위가 무엇인지를 불문하고 모든 노동자의 기본권을 지켜내는 것이 가장 중요하다는 점을 강조했다. 이는 "반세계화" 입장이 아니었다. 미주지역노동자조직은 "인권, 경제적 권리, 사회적 권리, 노동권, 문화적 권리, 정치적 권리의 세계화"를 의미하는 "경제 세계화의 진보적 판본"을 주창했다. 이는 전략과 사고 양자의 변화를 보여준다. 미주지역노동자조직은 초기에는 "노동권 조항을 포함한 자유무역" 접근을 선호했던 반면 비정부기구들은 즉각적으로 "반세계화

---

20) 미주지역노동자조직은 미주 지역 내 33개 노총의 4,500만 노동자를 대표한다.

/미주자유무역 지대 반대"라는 입장을 취했다.[21] 그리고 미주지역노동자조직이 비정부기구와 전략과 행동을 조정하는 구조를 설립하는 것에 동의한 경우는 이번이 처음이었다. 이러한 변화는 현재의 경제 통합 모델이 이 지역 노동자들의 조건을 개선하지 못하고 있다는 현실을 반영하는 것이었다. 이는 미주지역노동자조직의 구성원 변화에도 드러난다. 냉전이 종결된 후 진보적인 노동조합 중앙 조직들이 이 조직에 가입하는 것을 선택했고, 이는 미주지역노동자조직의 정책을 좌익화하는데 기여했다. 결국 노동자들은 자신만으로는 미주자유무역 지대를 막아낼 힘이 없다는 사실을 깨닫게 되었다. 광범위한 사회동맹이 정치적으로 필요해졌다.

미주사회동맹은 연합들의 연합이다. 대부분의 회원 조직은 비정부기구 또는 노동조합으로 구성된 연합 조직이다. 예를 들어, 미국의 회원 조직은 책임 무역을 위한 동맹ART인데, 이는 미국노총을 포함한 노동자 단체 및 비정부기구의 연합이다. 민중통합을 위한 브라질 네트워크REBRIP도 마찬가지로 노동조합과 비정부기구의 동맹이다. 미주사회동맹은 책임 무역을 위한 동맹이나 민중통합을 위한 브라질 네트워크와 같은 지역적 노동자—비정부기구 동맹을 모든 나라에서 찾을 수는 없었지만, 지역적 노동자 - 비정부기구 동맹이 잘 발달되지 못한 경우에도 노동자 운동을 활동에 포함시키기 위해 항상 노력했다. 에콰도르에서는 노동자—비정부기구 동맹이 취약하고 에콰도르 원주민 전국연합CONAIE이 2002년 11월 키토에서 열린 미주자유무역 지대 각료회의에 즈음한 미주사회동맹의 활동을 조직하는데 주도적인 역할을 했지만, 노동자들 역시 참가했다.

---

21) Héctor De la Cueva, "Crisis y Recomposición Sindical Internacional," *Nueva Sociedad* 166(2000) : 111~122쪽.

남아메리카의 조직들이 미주사회동맹을 조직하는 데 중심적인 역할을 했다. 처음에는 자유무역에 관한 멕시코 행동 네트워크R MALC가 사무국을 맡았고 그 다음에는 민중통합을 위한 브라질 네트워크로 옮겨갔는데, 당시 클라이드 야콥슨Kjeld Jakobsen 브라질 노총 국제국장이 사무총장으로 활동했다. 조정위원회에 참여하는 8개 조직 중 5개 조직이 라틴 아메리카 단체들이었다. 스페인어가 이 단체의 실질적인 공식 언어였고, 운영위원회 회의는 남아메리카와 북아메리카를 오가며 진행된 미주자유무역 지대 각료회의를 따라 마찬가지로 남북을 번갈아가며 개최되었다.

연합의 연합을 결성하는 것이 항상 조화로운 것만은 아니다. 미주지역노동자조직이 이 동맹에 적극적으로 참여하고 있기는 했지만, 미주지역노동자조직의 가장 큰 회원 조직, 예를 들어 멕시코노총CTM, 아르헨티나노총CGT, 베네수엘라노총CTV, 브라질의 노동조합의 힘Força Sindical은 적극적으로 참여하지 않았다. 이러한 결정은 역사적인 불신에 바탕을 두고 있기도 하다. 아르헨티나의 한 노동조합 간부는 미주자유무역 지대를 지지하는 이유에 대해 다음과 같이 설명한다. "미주의 노동조합이 이에 반대한다면, 그 이유는 다른 이들의 희생으로 우리에게는 이익이 되기 때문입니다. 따라서 우리는 이에 찬성해야 합니다."[22] 미주사회동맹은 미주자유무역 지대 협상에 참여하고 있는 34개국 중 겨우 4~5개국에서만 노동조합 – 비정부기구 동맹을 완전하게, 그리고 효과적으로 조직할 수 있었다. 가장 활발한 활동을 펼치고 있는 나라는 브라질, 캐나다, 페루, 미국이다.

미주사회동맹 활동은 미주정상회의 및 각료회의와 동시에 열리는

---

22) 2002년 5월, 부에노스아이레스에서 저자와 인터뷰.

민중정상회의 및 항의 시위를 조직하는 데 초점을 둔다. 대안적인 목소리를 공식 회의에 들리도록 하는 것이 미주사회동맹이 할 수 있는 가장 큰 활동이지만 이러한 이벤트 중심적 전략은 한계가 있다. 아프리카 전역에서 활동가들이 모이려면 비용이 많이 들 뿐만 아니라, 대형 정상회의가 개최되는 중간에 각국 정부에 영향력을 행사하는 활동을 펼치는 것보다 훨씬 더 많은 에너지를 소비하게 된다.

미주사회동맹의 한계에도 불구하고, 노동조합과 비정부기구들은 1994년 마이애미에서 열린 제1차 자유무역을 위한 정상회의 이래로 중요한 진전을 이루었다. 미주사회동맹은 남반구-북반구, 노동자-비정부기구의 분할에 가교를 놓는 역할을 할 뿐만 아니라, 미주 대륙을 위한 경제적 헌법이 창설되는 과정에 개입하기를 희망했던 시민사회단체의 광범위한 복합체이기도 했다. 미주사회동맹은 대중집회 및 국민투표를 포함하는 "미주 대륙 차원의 의견 수렴" 과정을 통해 대안적 전망에 관한 논쟁에 일반 시민들을 직접 참여시키려고 노력했다. 캐나다, 엘살바도르, 멕시코, 페루의 활동가들은 모의투표, 청원 캠페인 등을 조직하는 활동을 전개했다. 브라질 단체들은 미주자유무역 지대에 관한 국민투표를 성공리에 조직했고, 천만 명이 이에 동참했다.

미주사회동맹은 남반구-북반구, 노동조합-비정부 기구 동맹이 통치 문제에 관한 긍정적인 정치 의제를 발생시킬 수 있음을 확고히 보여준다. 더 나아가 이 동맹은 분명한 효과를 남겼다. 2005년 부시 행정부는 계획대로 미주자유무역 지대를 건설한다는 목표를 실행할 수 없었고, 미주사회동맹은 이 결과에 대한 책임을 촉구할 수 있었다. 물론 다른 요소들도 이 결과에 영향을 미쳤다. 브라질, 아르헨티나, 우루과이, 베네수엘라 등에서의 정권 교체와, 이 정부들과 미국 정부 간에 농업 보조금 지급 등의 문제에 관해 합의를 이룰 수 없는 상황 등이 이에 해당한다. 그러나 라틴 아메리카 정부들의 변화는 이전 정부들의 시장 지향적 정책에 대해 쏟아지는 대중적 불만의 영향을 받은 것이다. 이 동맹에 닥친 실질적인 도전은 미주자유무역지대를 막아내는 것에서 경제적, 정치적, 사회적 통합의 대안적 전망을 실행에 옮기는 것이다. 이는 노동자 – 비정부기구 동맹을 지역 전체로 확장할 수 있는 운동의 역량뿐 아니라 기층 노동조합원 및 마을 차원에서 평범한 시민들의 움직임을 효과적으로 이끌어낼 수 있는 역량에도 달려 있다.

결론

아메리카 대륙에서 기업이 주도하는 세계화의 현재 모델에 효과적으로 도전하는 것은 엄청난 과제이다. 의류 부문에서 리즈 클레본 Liz Claiborne, 갭Gap, 나이키Nike와 같은 회사의 판매량은 중앙아메리카와 카리브해 대부분의 나라의 국민총생산을 초과할 정도이다. 회사의 이윤은 정부 예산을 초과하며, 최고경영자의 급여는 노동부 전체 예산을 뛰어넘는다. 동시에 미국 경제는 이 지역 국내총생산의 80%와 맞먹는 규모이다. 미국에 대한 라틴 아메리카의 무역 의존도는 매우 높다. 많은 나라가 수출의 절반 이상을 미국으로 보내지만, 라틴 아메리카에 대한 미국의 수출은 전체 미국 수출량의 극히 일부분에 불과하다.

강력한 저항을 형성하려고 노력하는 이 지역 활동가들은 공동의 원칙과 전술에 입각해서 힘을 모아야 한다는 점을 깨달았다. 이들이 직면한 어려움은 국경과 부문을 초월한 동맹을 각기 다른 전망과 전략을 가지고 있는 집단들 사이에서 건설하는 것이었다. 이는 특히 노동자들에게 문제가 된다. 각 노동조합이 서로 다른 우선순위를 정해 놓고 있었으며, 종종 일자리 보호와 같은 협소한 작업장의 사안에 초점을 두었을 뿐 아니라, 너무나 상이한 조직 구조를 유지하는 경우도 있었다. 노동조합은 규모가 크고 중앙 집중적이고 관료적인 구조를 가지고 있어서 전략을 바꾸는 것이 매우 느렸다. 그러나 여러 요소들의 결합은 노동조합 운동이 우선순위를 조절하고, 전술을 변경하는 한편 산업 부문의 경계를 뛰어 넘어 세력을 규합하도록 이끌었다. 동시에 남반구 – 북반구 노동자들 사이에 존재하던 분리를 극복할 수 있는 가교를 놓는 것도 필요했다. 1995년 선거를 통해 진보적인 지도부가 당선되었음에도 불구하고 미국 노동조합이 이 지역에 개입해 온 역사는 쉽게 잊혀 질 수 없었다. 그리고 몇몇 라틴아메리카 노동조합 활동가들은 미국노총이 베네수엘라 등에서 행한 최근의 활동에 대해 의문을 제기했다.

노동착취 현장 반대 운동에서 노동조합 및 비정부기구들은 각기 다른 경로를 추구했다. 노동조합은 조직화 운동에 초점을 두었고, 비정부기구는 여성권과 언론 노출에 초점을 두었다. 상호 간의 불신과 불인정에도 불구하고 두 전략은 서로를 보완했다. 비정부기구의 언론 노출 활동은 회사들이 노동권 유린의 가장 뻔뻔스러운 행위를 회피하도록 만들었고, 노동조합 조직화는 언론을 통해 작업장에서 노동자들에게 힘을 불어넣었다고 생각한다. 가끔, 노동조합 – 비정부기구/북반구 – 남반구 동맹은 구체적인 공장 기반 투쟁을 중심에 두고 형성되기도 했다. 이 경우 노동자들은 더욱 심화되고 지속성 있는 개선을 성공적으로 쟁취할 수 있었다.

국경과 부문을 뛰어 넘은 연합들의 동력은 미주사회동맹에서 매우 다른 형태를 띠었다. 여기서 때로는 노동조합과 비정부기구 간의 긴장이 강력하게 나타났지만, 남반구와 북반구의 분할은 명확하게 나타나지 않았다. 첫째, 진보적인 남반구 노동조합 센터가 일자리 보호를 넘어 사회적 평등과 지속가능한 발전이라는 폭넓은 전망으로 전환된 담론을 바탕으로 참여했다. 둘째, 남반구 조직의 규모와 대표성은 북반구의 지배를 저지했다. 소규모의 자금과 인력이 부족한 중앙아메리카의 노동조합과 달리, 미주사회동맹 참가 노동조합들은 브라질, 페루, 칠레, 멕시코, 아르헨티나 출신이었다. 브라질 노총만 해도 조합원 수가 700만 명으로, 2005년 분열을 겪은 미국노총보다 200만 명이 적은 수준이다. 미국노총이 자신이 참여한 연합에서 통제력을 발휘할 수 없는 경우는 이번이 처음일 것이다.

2005년 10월 아르헨티나 마르델플라타에서 열린 제3차 민중정상회의 참가 호소문에서 미주사회동맹은 "대중적 창의력을 지닌 아메리카, 다양한 저항의 얼굴을 지닌 아메리카, 신자유주의와 전쟁에 대항하는 아메리카, 원주민들의 아메리카, 투쟁하는 여성들의 아메리카, 농민 · 노동자 · 청년의 아메리카, 성적 · 문화적 · 종교적 다양성의 아메리카, 민중의 아메리카. 이렇게 새로운 아메리카를 만드는 공동 투쟁은 가능하다."[23]라고 언급했다. 남반구와 북반구, 노동조합과 비정부기구 동맹이 목표를 달성하기 위해서 가야 할 기나긴 길이 앞에 놓여 있다. 이들이 보여준 것은 새로운 아메리카를 만들기 위해 새로운 형태의 대중 투쟁이 필요하다는 점이다.

---

23) Alianza Social Continental, "III Cumbre de los Pueblos," www.asc-hsa.org/article.php3?id_article=276 (2005년 10월 20일 게시).

저자 소개

마크 아너Mark Anner

펜실베니아 주립대 유니버시티 파크 캠퍼스 노동학 · 산업관계 · 정치학 조교수다. 코넬대에서 박사 학위를 받기 전, 라틴 아메리카에 10년간 거주하며 노동조합에서 활동했다.

훌리오 볼트비닉Julio Boltvinik

멕시코대 사회학센터 연구교수다. 현재 민주혁명당을 대표하여 멕시코의 회 연방국장으로 일하고 있다. 라틴 아메리카 빈곤 문제에 관한 폭넓은 출판 활동을 벌였으며, 저서로는 《*Ampliar la mirada: Un nuevo enfoque de la pobreza y el florecimiento humano*》가 있다.

노르마 친치야Norma Chinchilla

롱비치 캘리포니아 주립대 사회학 · 여성학 교수다. 라틴 아메리카 여성 운동에 관한 무수한 논문을 출판했으며, 저서로는 해밀턴Nora Hamilton과 공동 작업한 《*Seeking Community in a Global City : Guatemalans and Salvadorans in Los Angeles*》가 있다.

아라셀리 다미안Araceli Damián

멕시코대 인구 · 도시 · 환경학센터 연구교수다. 저서로는 볼트비닉과 공동 작업한 《*La pobreza en México y el mundo*》가 있다.

폴 W. 드레이크Paul W. Drake

샌디에이고 캘리포니아 주립대 사회과학대학 학장이자 미주연구소Institute of the Americas 소장이며, 라틴아메리카연구협회Latin American Studies Association 회장을 역임했다. 에세이 7권을 편집했으며, 라틴 아메리카에 관한 50여 편의 논문을 출판했다. 저서로는 《*Socialism and Populism in Chile, The Money Doctor in the Andes, Labor Movements and Dictatorship*》가 있다.

셰인 그린Shane Greene

인디애나대 인류학 조교수다. 저서로는 페루 원주민 운동 및 종족 정치에 관한 그의 연구가 소개된 〈*American Ethnologist, Current Anthropology*〉, 〈*Journal of Latin American Studies*〉, 〈*NACLA Report on the Americas*〉가 있고, 현재 《*Customizing Indigeneity: Paths to a Cultural Politics in Peru*》를 집필 중이다.

리슬 하스Liesl Haas

롱비치 캘리포니아 주립대 정치학 조교수다. 경쟁적 정치 제도·여성과 정치·종교와 정치 등을 연구하고 있다. 최근에 발표된 논문으로 블로필드 Merike H. Blofield와 공동 작업한 "Defining a Democracy : Reforming the Laws on Women's Rights in Chile, 1990-2002," (〈*Latin American Politics and Society*〉 47, no.3 (2005) : 35-68)이 있다.

주디스 A. 헬만Judith A. Hellman

캐나다 요크대 정치·사회과학 교수다. 저서로는 《*Mexico in Crisis, Journeys Among Women*》, 《*Mexican Lives*》가 있고, 현재 The New Press에서 출판할 멕시코인들의 미국행 이민에 관한 책을 집필 중이다.

에릭 허쉬버그Eric Hershberg

캐나다 사이먼 프레이저대 정치학 교수이자 라틴 아메리카 연구소 소장이다. 사회과학연구위원회 자문위원이자 라틴 아메리카에 관한 북미 회의

NACLA의 운영위원이며, 라틴 아메리카에 관한 방대한 저작을 출판했다. 저서로는 폴 W. 드레이크와 공동 작업한 《*State and Society in Conflict: Comparative Perspectives on Andean Crises*》, 아구에로Felipe Aguero와 공동 작업한 《*Memorias militares: Visiones en disputa en dictadura y democracia*》가 있다.

캐서린 하이트Katherine Hite

미국 바서대 정치학 조교수다. 저서로는 《*When the Romance Ended: Leaders of the Chilean Left, 1968~1998*》, 찰머스Douglas Chalmers 등과 공동 작업한 《*The New Politics of Inequality in Latin America: Rethinking Participation and Representation*》, 체사리니Paola Cesarini와 공동 작업한 《*Authoritarian Legacies and Democracy in Latin America and Southern Europe*》 등이 있다.

루이스 레이가다스Luis Reygadas

멕시코 이차팔라파 자치대 인류학 교수다. 스토니브룩 뉴욕 주립대에서 라틴 아메리카 프로그램 내 지속적인 불평등을 주제로 록펠러재단의 지원을 받아 연구했다. 최근 저서로는 《*Globalización ecomómica y Distrito Federal: Estrategias desde el ámbito local and Ensamblando Culturas: Diversidad y conflicto en la globalización de la industria*》가 있다.

윌리엄 I. 로빈슨William I. Robinson

산타바바라 캘리포니아 주립대 사회학 · 국제학 · 라틴아메리카학 교수다. 라틴 아메리카 조사 저널리스트와 니카라과 정부 자문위원을 역임했다. 최근 저서로는 아펠바움Richard Appelbaum과 공동 작업한 《*Critical Globalization Studies*》와, 《*A Theory of Global Capitalism*》, 《*Transnational Conflicts: Central America, Social Change, and Globalization*》 등이 있다.

프레드 로젠Fred Rosen

〈마이애미 헤럴드Miami Herald〉 멕시코판 정치 컬럼니스트이자, 〈NACLA

Report on the Americas〉의 편집에 참여하고 있다. 라틴 아메리카에 관한 그의 에세이와 기사는 〈Foreign Policy in Focus, In These Times〉, 멕시코 신문 〈La Jornada〉, 〈El Financiero〉 등에 실렸다. 저서로는 공동 작업한 《Free Trade and Economic Restructuring in Latin America》가 있다.

라스 슐츠Lars Schoultz

노스 캐롤라이나 주립대 정치학 교수이며, 라틴아메리카연구협회 회장을 역임했다. 저서로는 《Human Rights and United States Policy toward Latin America》, 《The Populist Challenge: Argentine Electoral Behavior in the Poswar Era》, 《National Security and United States Policy toward Latin America》, 《Beneath the United states: A History of U.S. Policy toward Latin America》 등이 있다.

마크 웅거Mark Ungar

뉴욕 시립대, 브루클린대 정치학 조교수다. 라틴 아메리카의 정치 개혁에 관해 정부 또는 비정부기구와 함께 작업했다. 저서로는 《Elusive Reform: Democracy and the Rule of Law in Latin America》가 있다.

카를로스 M. 빌라스Carlos M. Vilas

부에노스아이레스 라누스 국립대 정부 및 공공 정책 박사후 과정 교수다. 19권의 책을 집필했으며, 현재 아르헨티나 중앙 정부에서 보건서비스에 관한 삼자그룹의 국장으로 일하고 있다.

콜레타 A. 영거스Coletta A. Youngers

라틴 아메리카에 관한 워싱턴 사무소WOLA의 자문위원이자 선임연구원이다. 인권 · 정치발전 · 미국의 대안데스 지역 정책에 관한 분석가로, 저서로는 《Drugs and Democracy in Latin America: The Impact of U.S Policy》, 《Violencia Politica y Sociedad Civil en el Peru: Historia de la Coordinadora Nacional de Derechos Humanos》 등이 있다.

찾아보기

신자유주의 이후의 라틴 아메리카
21세기에 대세를 전환하다

초판 1쇄 인쇄일 · 2008년 10월 1일
초판 1쇄 발행일 · 2008년 10월 10일

지은이 · 에릭 허쉬버그 · 프레드 로젠 외
옮긴이 · 김종돈 · 강혜정
펴낸이 · 양미자

편집 · 한고규선, 정안나
본문 디자인 · 이춘희

펴낸곳 · 도서출판 **모티브북**
등록번호 · 제 313-2004-00084호
주소 · 서울시 마포구 동교동 203-30 2층
전화 · 02-3141-6921, 6924 / 팩스 · 02-3141-5822
e-mail · motivebook@naver.com

ISBN 978-89-91195-28-8 93300